24.12.'98

Gutschein

Lieber Seppel,

wir hoffen, Du hast Spaß
an diesem Buch -
mit dem Du Dich
auf ein Spiel Deiner Wahl
im Waldstadion / Ffm.
vorbereiten kannst!

Frohe Weihnachten
wünschen Dir von
ganzem Herzen
Deine Claudia
&
Chris

Ulrich Matheja

Eintracht Frankfurt

Schlappekicker und Himmelsstürmer

Ulrich Matheja

Eintracht Frankfurt

Schlappekicker und Himmelsstürmer

In der Reihe „Große Traditionsvereine“

VERLAG DIE WERKSTATT

CIP-Titeleintrag der Deutschen Bibliothek:

Matheja, Ulrich:
Eintracht Frankfurt - Schlappekicker und Himmelsstürmer / Ulrich Matheja. - Göttingen : Verl. Die Werkstatt, 1998
(Große Traditionsvereine)
ISBN 3-89533-222-4

Danksagung

Der Verlag dankt allen Freunden und Sponsoren der Eintracht, die das Erscheinen dieses Buches freundlicherweise unterstützt haben:
Hessischer Rundfunk, Eintracht-Shop, Zeitschrift „Fan geht vor", Reisebüro Garthe & Pflug, Blitz-Tip-Verlag, Agon-Sportverlag sowie Hattrick-Fußballmagazin.

1998 1999 2000 2001 4 3 2 1

Lotzestr. 24a, D-37083 Göttingen

Gestaltung: Verlag Die Werkstatt
Druck und Bindung: Clausen & Bosse

ISBN 3-89533-222-4

Inhalt

Das Spieler-Lexikon

Anhang

Vorwort

Seit rund 100 Jahren gibt es Eintracht Frankfurt – und fast ein Drittel dieser Zeit habe ich mehr oder weniger nah miterlebt. Was am 5. Februar 1966 für mich begann, findet nun mit dem vorliegenden Buch seinen vorläufigen Höhepunkt. Vom damaligen Spiel gegen Hannover 96 weiß ich nicht mehr viel (liegt wohl auch daran, daß es mit 0:1 verloren ging). Sofort begeistert war ich jedoch vom schwarz-weißen Fahnenmeer im „Eintracht-Eck". Leider war mein Cousin Wolfgang, der mich damals mit ins Stadion genommen hatte, erst beim zweiten Spiel zu erweichen, mir eine Eintracht-Fahne zu kaufen. Denn ohne Fahne, das hatte ich schon als Neunjähriger erkannt, war man nicht richtig dabei. So mußte meine Mutter in den folgenden Jahren manches Bettuch opfern, um immer neue und größere Fahnen zu nähen: schwarz-weiße, schwarz-rote, schwarz-weiß-rote.

Nachdem der samstägliche Stadionbesuch ab 1971 zur festen Einrichtung geworden war (ab 1974/75 auch auswärts) und der Begriff „Jahr" nicht mehr die Periode von Januar bis Dezember sondern von August bis Mai/Juni umfaßte, steigerte sich bei mir auch das Interesse, mehr über die Zeit vor der Bundesliga zu erfahren. Sicher wußte ich Bescheid über die Meisterschaft 1959 und die Europapokal-Triumphe 1959/60, aber was war davor? Als mir dann mein niederländischer Freund und Eintracht-Fan Wim Slagter Anfang 1984 eine Broschüre des „Deutschen Sportclubs für Fußball-Statistiken" (DSFS) schenkte, in der alle Ergebnisse ab 1945 verzeichnet waren, stand der nächste Entschluß fest: alles über die Zeit davor herauszufinden.

Da das Land Hessen nach meinem 2. Staatsexamen 1987 keinen Wert mehr auf meine Dienste legte, hatte ich auch die notwendige Zeit, im Stadtarchiv Frankfurt sozusagen „a concordia condita" zu recherchieren. Seite für Seite wurden die zeitgenössischen Tageszeitungen nach Fußball-Meldungen durchsucht, Ergebnisse notiert, Tabellen errechnet, Mannschaftsaufstellungen herausgeschrieben. Glück hatte ich nach meinem beruflich bedingten Umzug nach Nürnberg, daß in der Universitätsbibliothek Erlangen die Jahrgänge 1915 bis 1932 der *Frankfurter Zeitung* vorhanden waren. Nutzen konnte ich natürlich auch das Archiv meines Arbeitgebers *kicker-sportmagazin.* Langsam aber sicher wurden auch die letzten Lücken geschlossen – und wenn man dazu Dutzende von Archiven anschreiben mußte oder selbst nach Köln in die

Bibliothek der Sporthochschule oder nach Leipzig in die Deutsche Bücherei fahren mußte, um die *Illustrierte Sportzeitung zur Hebung der Volkskraft* oder das *Sport-Echo aus dem Maingebiet* durchzublättern. Ohne die tatkräftige Hilfe meiner Frau Elke wäre das nicht möglich gewesen. Sie hatte übrigens schon das Glück, die Flitterwochen nicht in der Karibik oder auf Mauritius, sondern beim Abstiegskampf pur in Hannover und Saarbrücken zu verbringen.

In diesem Zusammenhang gilt mein Dank auch dem Personal der aufgesuchten Bibliotheken, insbesondere den Damen und Herren im Stadtarchiv Frankfurt, bei der Industrie- und Handelskammer Frankfurt und der Stadt- und Universitätsbibliothek Frankfurt. Zu großem Dank bin ich auch Dr. Othmar Hermann aus Frankfurt verpflichtet, der mit seiner wohl einmaligen Sammlung von Stadion- und Vereinszeitungen der Eintracht selbst die kniffligsten Anfragen beantworten konnte. Mein Dank gilt ferner Heinz Ulzheimer vom Sportmuseum der Stadion GmbH, bei dem ich Einsicht in die handschriftlichen Protokollbücher der Gründervereine „FFC Victoria" und „FCF Kickers" nehmen durfte, sowie Andreas Klünder vom Archiv der Eintracht, der mir mit Rat und Tat zur Seite stand.

Nicht vergessen werden sollen aber auch all jene, ohne die es dieses Buch nie gegeben hätte und ohne die es auch sinnlos wäre: die zahllosen Spieler, Mitglieder und Fans der Eintracht, die den Verein auch in der schwärzesten Stunde seiner Geschichte nie im Stich gelassen haben. In solch einer Stunde reifte auch mein Entschluß, das gesammelte Material zu Papier zu bringen. Als ich im Herbst 1996 auf der Buchmesse in Frankfurt Kontakt zum Verlag Die Werkstatt aufnahm, war der Verein ohne Präsidium, die Mannschaft ohne Glück und Erfolg. Dennoch entschloß sich der Verlag sofort, dieses Buch in sein Programm aufzunehmen. Auch dafür meinen Dank.

Ulrich Matheja,
im Sommer 1998.

Die Eintracht meisterhaft: Alfred Pfaff präsentiert die Schale, nachdem Kickers Offenbach am 28. Juni 1959 im Endspiel mit 5:3 bezwungen wurde.

Die Wurzeln der Eintracht
1899 bis 1911

Wie der Ball ins Rollen kam

Die ersten „Fußballer" in Frankfurt waren in Wahrheit Rugby-Spieler. Junge Engländer und Amerikaner waren es, die schon um 1876 auf der Körnerwiese dem Ball nachjagten. Sie wurden Vorbild für eine ganze Reihe junger Vereinsgründer: Aus der Taufe gehoben wurden bis 1879 etwa der „Football Club Germania" (von Schülern der Wöhler- und Klingerschule), der „Football Club Franconia" (von Schülern des Frankfurter Gymnasiums), die „Arminia", „Constantia", „Teutonia", „Fortuna" und sogar schon eine „Eintracht", die sich allerdings lateinisch „Concordia" nannte. 1880 entstand dann der „Fußball-Klub Frankfurt", der einzige dieser Vereine, der heute – unter dem Namen „Sport-Club 1880" – noch existiert.

Sie alle spielten „Fußball" nach den Regeln der „Rugby Union", nach denen die Ballaufnahme mit der Hand sowie das Treten gegen des Gegners Beine erlaubt waren. Dagegen setzte sich das Spiel der „Football Association", kurz „Soccer" genannt, in Frankfurt erst langsam durch. Der erste „richtige" Frankfurter Fußballklub entstand auch gar nicht am Main, sondern an der Spree. Der aus Sachsenhausen stammende Georg Leux gründete am 5. Mai 1885 in Berlin zusammen mit dem späteren Spielwart der Germania, Jean Freyeisen, und dem Ruderer Fritz Bender den „Berliner Fußball-Klub Frankfurt". Der BFC Frankfurt gehörte 1891 zu den Gründungsmitgliedern des „Deutschen Fußball- und Cricket-Bundes" und gewann 1898 sogar die Meisterschaft des 1894 gegründeten „Allgemeinen Deutschen Sportbundes". Freilich scheint er wenig später eingegangen zu sein, denn im Vereinsverzeichnis des ersten DFB-Jahrbuchs 1904/05 taucht er nicht mehr auf.

In der Zwischenzeit jagte die Frankfurter Jugend jedoch nicht mehr nur dem ovalen Rugby-Ei, sondern auch dem runden Leder nach. Beliebtester Spielplatz war die Hundswiese an der Eschersheimer Landstraße. Ludwig Isenburger beschreibt in seinem 1929 erschienenen Büchlein „Aus der Steinzeit des Frankfurter Fußballs" recht amüsant den Werdegang des jungen

Frankfurter Fußballs, obgleich diese Leidenschaft für ihn und seine Genossen ab und zu weniger vergnügliche Folgen hatte. Kaputte Fensterscheiben oder Schäden an der Sonntagskleidung waren schon immer ein besonderes Ärgernis für Nachbarn und Eltern gleichermaßen.

Isenburger, jüngster Sohn eines Frankfurter Lederhändlers, wurde 1892 vom „Bazillus Fußball" befallen, als der Vater von der Leipziger Herbstmesse einen richtigen Lederball mitbrachte. Zu dieser Zeit wurde Fußball nur von der Spielabteilung des Vergnügungsklubs „Fidelitas" vereinsmäßig betrieben, deren Spielplatz die Hundswiese war. Nachdem sich die „Fidelitas" 1894 nach internen Differenzen aufgelöst hatte, gründeten die übriggebliebenen Fußballenthusiasten am 26. August 1894 einen neuen Klub, den „Frankfurter Fußball-Klub Germania", heute VfL Germania 94. Anfangs kamen den Germanen die guten Verbindungen ihres Kapitäns Ernst Ohly zur in Frankfurt recht zahlreichen Engländerkolonie zugute, doch bald wurde das Spiel auch unter der Frankfurter Jugend immer populärer, so daß bald eine 2. und 3. Senioren- und eine Schülermannschaft gebildet wurden. Allerdings fehlten in Frankfurt Wettspielgegner, so daß man noch lange nach auswärts reisen mußte, etwa nach Hanau zum „1. FC 1893" (dem ältesten hessischen Fußballklub) und zu „Viktoria 1894" oder nach Mannheim zur „Fußball-Gesellschaft 1896" oder zu „Union 1897", beides Vorläufer des heutigen VfR Mannheim.

Die Germania wurde zur Keimzelle aller nachfolgenden Frankfurter Fußballvereine. Gegen Ende des Jahrhunderts war ihre Mitgliederzahl so stark gestiegen, daß nicht mehr allen Mitgliedern ein Platz in einer Mannschaft garantiert werden konnte und es zur Gründung weiterer Klubs kam. Der Kikkers- und Eintrachtspieler Fritz Becker, Frankfurts erster Nationalspieler, prägte später den Satz: „Ohne die Germania keine Victoria, keine Kickers, keine Eintracht und kein FSV!" Schon 1898 war in Bornheim der „Fußball-Klub Nordend" entstanden, aus dem dann ein Jahr später der Fußballsportverein wurde. Am 8. März 1899 schließlich verließ eine Gruppe um Albert Pohlenk, Albert Gerhardt, Hans Schnug und Emil Müller die Germania und gründete den „Frankfurter Fußball-Klub Victoria". Kurz darauf entstand mit dem „Frankfurter Fußball-Club von 1899" ein weiterer Verein.

Weitere Impulse erhielt der Frankfurter Fußball durch Walther Bensemann, der auf seinen zahlreichen Reisen den Fußball schon in anderen süddeutschen Städten eingebürgert hatte. Bensemann, der spätere Begründer des Fußballfachblatts *Der Kicker,* hatte schon 1896 mit Schülern der Klinger- und Adlerflychtschule auf der Hundswiese gekickt. Bei seinem zweiten Aufenthalt in Frankfurt 1899 sah man ihn immer häufiger auf der Hundswiese. Wie bereits in Karlsruhe und Straßburg scheute der nicht unvermögende Bensemann auch in Frankfurt weder Kosten noch Mühe, um seine Schützlinge mit

Der Berliner Fußball-Club „Frankfurt". Georg Leux, der aus Sachsenhausen stammende Gründer, ist ganz rechts zu erkennen.

allen notwendigen Fußballutensilien auszustatten. Das schicke Equipement erwies sich als wirksames Mittel der Mitgliederwerbung: Bald sah man immer mehr junge Leute in den weißen Blusen mit rotem Adler und schwarzen Hosen der „Frankfurter Kickers". Am 28. November 1900 schloß sich der Klub mit dem FFC 1899 zum „Frankfurter Fußball-Club 1899 Kickers" zusammen. Mit Germania, Victoria und Kickers auf der Hundswiese, FSV und Hermannia in Bornheim sowie dem 1. Bockenheimer FC 1899 gab es damit zur Jahrhundertwende bereits ein halbes Dutzend Fußballvereine in Frankfurt.

EINWURF

Walther Bensemann

Walther Bensemann, geboren am 13. Januar 1873, stammte aus einer wohlhabenden Berliner Familie. Er wurde in englischen Colleges erzogen, wo er mit dem Fußball in Berührung kam. Bereits 1887 gründete er in der Schweiz den FC Montreux. Später organisierte er Gastspielreisen nach Frankreich und England. 1899 war er maßgeblich am Entstehen der Frankfurter Kickers, 1900 an der Gründung des Deutschen Fußball-Bundes beteiligt. Bensemann, ein Kosmopolit und Bonvivant, schaffte es auf eigene Art, die Vorbehalte gegen den Fußball zu überwinden. In dem Buch „Neue Ausgrabungen aus der Steinzeit des Frankfurter Fußballs" heißt es über ihn: „Mit Walther Bensemann zog ein neuer Sportgeist in unsere Reihen. Was waren das für reizende Dinners im Frankfurter Hof, zu denen eine große Anzahl der damaligen Frankfurter Prominenz geladen war (...). Jetzt begegnete man auch schon einem größeren Verständnis bei den Eltern. Welche Kämpfe und Überredungen waren vorher mit den Eltern der einzelnen Spieler nötig, wenn unsere Mannschaft auswärts spielen mußte."

1920 begründete Bensemann in Konstanz das Fußball-Fachblatt *Der Kicker.* Zu seinen Mitarbeitern zählten in den 20er Jahren im Frankfurter Raum auch der Jurist Dr. Keil („Jockey") und Ludwig Isenburger. Bensemann genoß international großes Ansehen, wie eine fast zwei Seiten lange Liste von Glückwunschschreiben und Telegrammen im *Kicker* anläßlich seines 60. Geburtstages im Januar 1933 beweist, die vom französischen FIFA-Präsidenten Jules Rimet angeführt wurde. Wegen der jüdischen Abstammung seiner Mutter drängten die Nationalsozialisten Bensemann aus dem *Kicker*-Verlag. Er zog sich nach Montreux zurück, wo er am 10. Oktober 1934 starb. ■

Der Stammbaum der Eintracht

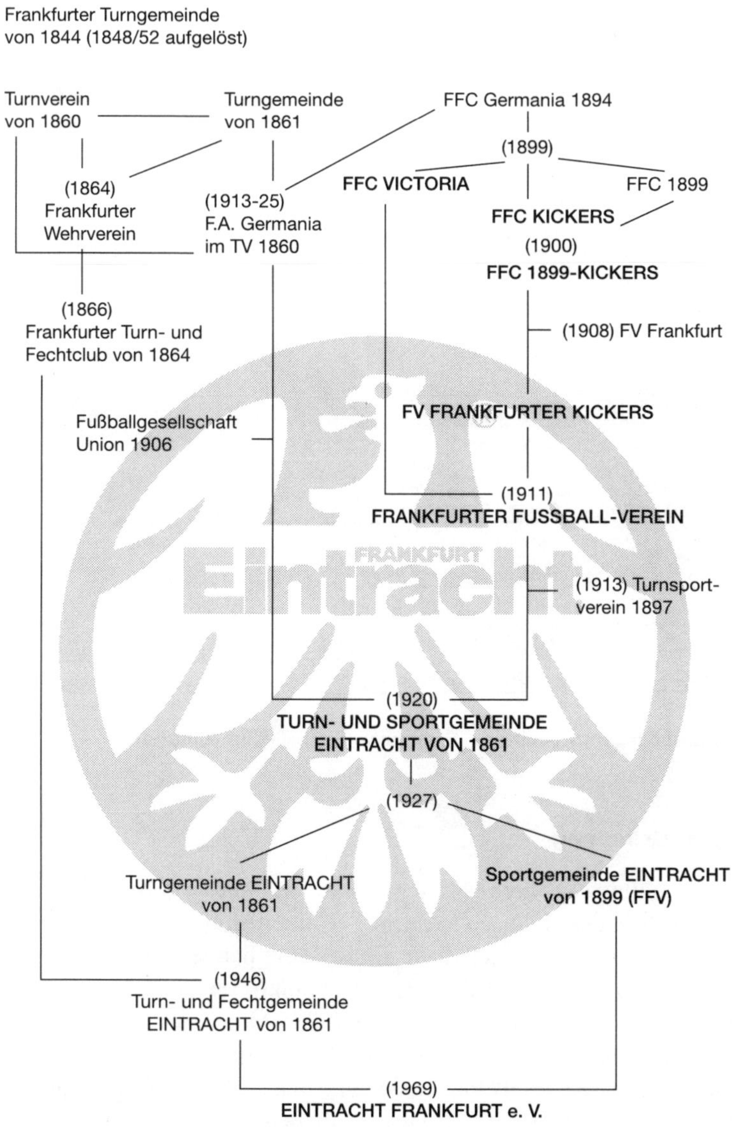

Der „Frankfurter Fußball-Club Victoria"

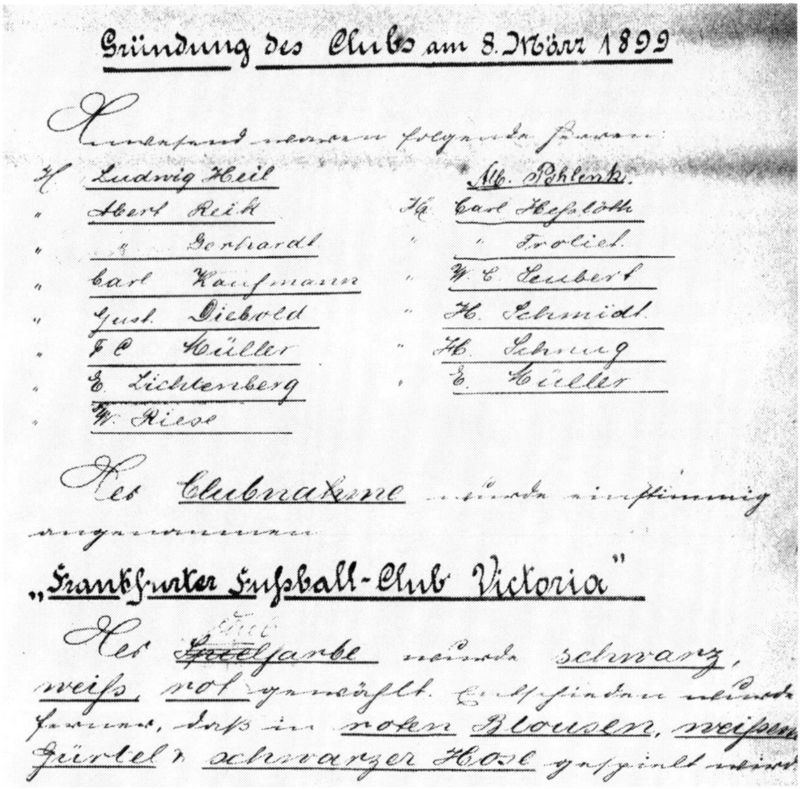

Gründung des Clubs am 8. März 1899

Anwesend waren folgende Herren:

H. Ludwig Heil	Alb. Pohlenk.
" Albert Reik	Hr. Carl Heßlöhl
" " Gerhardt	" " Frölich
" Carl Kaufmann	" W. C. Seubert
" Gust. Diebold	" H. Schmidt
" F. C. Müller	" H. Schnug
" E. Lichtenberg	" E. Müller
" W. Riese	

Der Clubname wurde einstimmig angenommen

„Frankfurter Fußball-Club Victoria"

Die ~~Spiel~~ Clubfarbe wurde schwarz, weiß, rot gewählt. Entschieden wurde ferner, daß in roten Blousen, weißen Gürtel u. schwarzer Hose gespielt wird

Das Gründungsprotokoll des „Frankfurter Fußball-Club Victoria".

1899 Gründung

Die Gründung des ersten Eintracht-Vorläufers fand am 8. März 1899 in einer Wirtschaft in der Hohenzollernstraße 14 (der heutigen Düsseldorfer Straße) statt. Im Gründungsprotokoll ist nachzulesen, daß sich die anwesenden 15 Personen einstimmig auf den Namen „Frankfurter Fußball-Club Victoria" einigten. Jeder hatte für Gründung und den Monatsbeitrag für März zwei Mark zu entrichten, für jeden folgenden Monat eine Mark. Zum ersten Vorsitzenden wurde Albert Pohlenk gewählt. Auch die Platzfrage konnte rasch geklärt werden. Dank des Entgegenkommens des städtischen Turninspektors Weidenbusch durfte der Klub die begehrte Hundswiese benutzen. Als

Umkleideraum wurde von der benachbarten Gaststätte „Milchkur" für stolze neun Mark pro Monat eine Scheune angemietet. Als Vereinslokal fungierte das „Schlesinger Eck" in der Großen Gallusstraße 2a, wo man sich jeden Donnerstagabend traf. Bereits am 19. März 1899 trat Victoria zu ihrem ersten Wettspiel gegen den 1. Bockenheimer FC 1899 an. Der Eintrag von Kapitän Pohlenk in die „Spiel-Berichte des F.F.C. Victoria 1899" lautete:

„'Victoria' tritt zum ersten mal auf & beginnt ihre Spiele mit einem Gesellschafts-Spiel C/a F.C. Bockenheim, es gelingt ihr auch, über denselben mit 4:1 Goal zu siegen. Die erste Mannschaft 'Victorias' bestand aus folgenden Mitgliedern: Müller, Birkner, (Baks) Trolliet, Riese, abwechselnd (Goal) Gerhardt, Seubert, Trolliett, (Halves) Reick, Heil, Pohlenk, Schmidt, Schnug. (Forwards) es waren dies die Leute, welche Victorias Farben zum erstenmal auf dem Spielfeld gleich siegreich vertraten." (Mit „Baks" = Backs waren Verteidiger gemeint, mit „Halves" die Läufer bzw. Mittelfeldspieler, mit „Forwards" die Stürmer.)

Bis zum 22. September 1899 trug die 1. Mannschaft 16 Spiele aus, von denen zehn gewonnen und sechs verloren wurden. Gegner waren unter anderem der FC Hanau 93 (2:3 und 0:2), Viktoria 94 Hanau (3:2) und die Mannheimer FG Union (0:8 und 2:0). Gegen den 1. FC Bockenheim 1899 gab es mit 7:1 und 5:0 zwei hohe Siege. Am prestigeträchtigsten war jedoch das 2:1 am 17. September 1899 beim alten Lehrmeister Germania. Die Farben der Victoria vertraten:
▶ Scheiterle; Letsche, Wegmann; Heil, Gerhardt, Müller; Reik, Vesper, Keller, Schnug, Pohlenk.

Die erste Victoria-Mannschaft 1899.

Obwohl die Victoria selbst noch in den Kinderschuhen steckte, war sie am 28. Januar 1900 einer von 86 Vereinen, die in Leipzig den „Deutschen Fußball-Bund“ (DFB) gründeten. Da die Gegner noch dünn gesät waren, gab es oft nur Übungsspiele untereinander, die aber mit nicht geringerem Eifer ausgetragen wurden und meist erst durch die hereinbrechende Dunkelheit ein Ende fanden. Selbst als die Stadt im Frühjahr die Hundswiese sperrte, damit sich das Gras erholen konnte, beeinträchtigte das die Spielleidenschaft keineswegs; man wich auf den Griesheimer Exerzierplatz aus. Als wertvoller Lehrmeister wirkte der Engländer Cecil Nicholas, der von November 1899 bis Februar 1900 Spielführer war.

Angeregt von den ersten Erfolgen kamen die Frankfurter Vereine Anfang 1900 auf die Idee, ein Wettspiel der gebürtigen Frankfurter gegen die „Eingeplackten“ auszutragen. Es fand am Sonntag, dem 4. Februar, auf der Hundswiese statt und brachte einen klaren 3:0-Erfolg der einheimischen Mannschaft. In ihrer Ausgabe vom 6. Februar berichteten die *Frankfurter Nachrichten* unter der Überschrift „Fußball. Assoziation-Wettspiel“:

„Vergangenen Sonntag fand ein vom Fußballklub 'Germania' veranstaltetes Wettspiel statt zwischen einer Ausländermannschaft, welche zum größten Theil aus Engländern bestand, und einer kombinierten Mannschaft geborener Frankfurter aus den Klubs 'Germania', 'Frankfurt' u. 'Viktoria'. Das Spiel begann um 2 Uhr. Kurz nach dem Anstoß konnten die Frankfurter das erste Goal erzielen, welchem bis Schluß des Spieles noch zwei weitere folgten. Die Ausländer vermochten kein einziges Goal zu erringen, so daß die Frankfurter Klubs mit 3:0 Goals trotz der starken Gegnerschaft den Sieg davon trugen.“

1900-1903 Erstmals Frankfurter Fußballmeisterschaften

Zu einer Stärkung des Frankfurter Fußballs führte im März 1900 die Gründung eines Dachverbandes, des „Frankfurter Associations-Bundes“ (FAB), durch Germania, Victoria und 1. FC Bockenheim 1899. Im Herbst wurde erstmals eine Frankfurter Meisterschaft ausgetragen, die am Ende Germania und Victoria mit je fünf Punkten an der Spitze sah. Dabei hatte es die Victoria am 4. November sogar in der Hand gehabt, aus eigener Kraft erster FAB-Meister zu werden. In einem sehr flotten Spiel ging Victoria in der 81. Minute mit 1:0 in Führung, doch konnte Germania zwei Minuten vor Schluß ausgleichen. So kam es am 18. November in Bockenheim zu einem Entscheidungsspiel, in dem der Altmeister Germania durch einen Treffer kurz nach der Pause knapp mit 1:0 die Oberhand behielt. Nur eine Woche später glückte bereits die Revanche. In einem Spiel um die Süddeutsche Meisterschaft führte Victoria mit 1:0, doch mußte das Spiel 14 Minuten vor Schluß wegen Dunkelheit abgebrochen werden. In der nächsten Runde schied man dann gegen die Studentenmannschaft des FC Darmstadt aus (1:5).

Trotzdem konnte der Klub mehr als zufrieden sein. In 21 Spielen gab es zwölf Siege, zwei Unentschieden und sieben Niederlagen. Am 21. April 1901 konnte erstmals der FC Hanau 93 geschlagen werden (1:0). Für das Spieljahr 1901/02 konnte Victoria auf zahlreiche Neuzugänge zurückgreifen. Aus Karlsruhe hatten W. Altenhain (KFV) und Firnrohr (Phönix) den Weg an den Main gefunden, aus Neuchâtel war Billeter und aus Pforzheim Fels gekommen. Mit diesen Spielern wurde 1901/02 erstmals die FAB-Meisterschaft gewonnen. Auch gegen auswärtige Konkurrenz wurden gute Ergebnisse erzielt. Selbst ein 2:4 gegen den Karlsruher FV kann als Erfolg bewertet werden, denn der KFV gehörte damals zur Creme des süddeutschen Fußballs. Ein frühes Aus bescherten allerdings wieder die Spiele um die Süddeutsche Meisterschaft. Beim FC Hanau 93 gab es bereits in der 1. Runde eine 0:2-Niederlage. Die „93er“ schalteten danach auch 1899-Kickers und Germania 94 aus und mußten sich erst im Endspiel dem Karlsruher FV mit 0:2 beugen.

1902/03 konnte der Erfolg in der FAB-Meisterschaft wiederholt werden. Zum ersten Mal umfaßte die Konkurrenz fünf Vereine. Der 1. FC Bockenheim 1899 hatte sich nach der Saison 1901/02 zwar aufgelöst, dafür waren der FSV und Hermannia Frankfurt neu hinzugekommen. In der Süddeutschen Meisterschaft zog die Victoria wieder gegen den FC Hanau 93 den Kürzeren (2:3), nachdem zuvor die Offenbacher Kickers mit 3:0 und Viktoria 94 Hanau mit 2:0 ausgeschaltet worden waren.

1903-1906 Erste Punktspielrunde im Maingau

Ab 1903 wurden die Meisterschaftsspiele des Süddeutschen Fußballverbandes in Gauen ausgetragen. Frankfurt gehörte mit Wiesbaden zum Westmaingau, in dessen erster Klasse zwölf Mannschaften in einer einfachen Runde den Gaumeister ausspielten. Von dieser Meisterschaft gab es nur wenig Positives zu berichten. Mit 9:13 Punkten und 29:29 Toren belegte Victoria nur einen enttäuschenden 9. Platz. Lediglich vier Spiele konnten gewonnen werden.

In der FAB-Meisterschaft war gleich das erste Spiel das entscheidende, denn nach einem unglücklichen 0:1 gegen 1899-Kickers war der Pokal nicht mehr zu verteidigen. Zudem wurde mit den Fußball-Göttern und dem Schiedsrichter gehadert, wie Kapitän Michael Pickel in den Spiel-Berichten vermerkte:

„Victoria I mußte bei Halbzeit die Führung Kickers I mit 1:0 überlassen. Dann schnürte Victoria die Kickers-Mannschaft vollständig ein, und nur durch den Umstand, daß solche mit 10 Backs spielte gelang es ihr, mit 1:0 zu siegen. Victoria war riesig vom Pech verfolgt. Sicher bei ein klein wenig mehr

Aufmerksamkeit des Schiedsrichters, Herrn Rahn, hätte ein anderes Resultat zustandekommen müssen, da ein Ball tatsächlich im Kickers-Netz war und außerdem mindestens 1 x 11-Meterstoß zu geben war. Durch dieses Spiel ging Victoria I der Pokal I. Cl., der andernfalls ihr endgültiges Eigentum gewesen wäre, verloren."

Dafür lief es 1904/05 wieder besser. Ohne Punktverlust wurde Victoria erstmals Gaumeister. In der Endrunde um die süddeutsche Nordkreismeisterschaft erwies sich die Konkurrenz vom FC Hanau 93 (0:6) und Union 97 Mannheim (1:3) allerdings noch als zu stark. Auch in der FAB-Meisterschaft ging Victoria wieder leer aus, da gegen den FSV eine 2:0-Pausenführung noch verspielt wurde (2:2). So kam es am 25. Juni 1905 in Hanau zu einem Entscheidungsspiel gegen den FSV. Wieder führte Victoria mit 2:0, doch wieder schafften die Bornheimer den Ausgleich und sicherten sich durch zwei weitere Treffer in der Verlängerung zum ersten Mal den Wanderpokal des FAB.

Das Kopf-an-Kopf-Rennen mit dem FSV wiederholte sich auch 1905/06. Zwar wurde der direkte Vergleich mit 1:2 verloren, doch am Ende standen beide Klubs mit 12:2 Punkten gleichauf. Dank des besseren Torverhältnisses, das Victoria mit 27:6 gegenüber FSV mit 22:12 im Vorteil sah, wurde Victoria erneut Westmaingaumeister. In der sich anschließenden Nordkreismeisterschaft wurde die Mannschaft Vierter im fünfköpfigen Feld. Zu dieser Zeit standen in der 1. Mannschaft:

► Fahrenkamp; Mortensen, Zahn; Bürckner, Schnug, Heil; Zindel, M. Pickel, Berk, Freund, Hellbach.

Mit Ausnahme von Hellbach (früher Viktoria 89 Berlin) handelte es sich ausnahmslos um Frankfurter „Buwe".

1907-1909 Eigener Sportplatz an der Eschersheimer Landstraße

Während sportlich also alles im Lot war, machte ein ganz anderes Problem den Frankfurter Vereinen zu schaffen: die Sportplatzfrage. Bereits vor Beginn der Meisterschaftsspiele 1904/05 hatten die *Frankfurter Nachrichten* das Problem in einem Artikel angesprochen:

„Daß auch das Publikum immer mehr Interesse an dem Fußballsport nimmt, zeigte wieder der Besuch auf der Hundswiese am letzten Sonntag. Es ist nur zu bedauern, daß den Fußballklubs keine besseren, womöglich abgeschlossenen Plätze, wie dies in den meisten anderen Städten schon der Fall ist, zur Verfügung stehen."

Nicht nur wegen des stetig wachsenden Zuschauerinteresses sah sich schließlich auch die Stadt Frankfurt veranlaßt, in der Sportplatzfrage tätig zu werden. Bis Mitte 1906 war die Zahl der dem DFB angehörenden Fußballvereine in Frankfurt auf 21 angewachsen. Im Osten und Norden der Stadt entstanden auf städtischem Grund die ersten geschlossenen Fußballplätze Frankfurts.

Durch den Zuwachs an Vereinen wurde der Maingau vor der Saison 1906/07 neu aufgeteilt und der Südmaingau eingerichtet. Nach schwachem Start blieb Victoria in der Rückrunde zwar ungeschlagen, mehr als ein ausgeglichenes Punktverhältnis sprang aber nicht mehr heraus. Dafür wurde mit umso größerem Eifer an der Herrichtung der eigenen Platzanlage an der Eschersheimer Landstraße gearbeitet. Aus diesem Grund ließ sich der Klub auch ins Vereinsregister eintragen und gab Anteilsscheine für die Errichtung des Sportplatzes aus. Der Eröffnung am Ostersonntag, 31. März 1907, sah das Frankfurter Publikum gespannt entgegen, denn mit dem Gallia Club Paris stellte sich erstmals eine Associations-Mannschaft aus der französischen Hauptstadt in Frankfurt vor. Victorias Aufstellung an diesem Festtag lautete:

► Fahrenkamp; Mortensen, Zahn; Schnug, Bürckner, Baumgärtner; Berk, Jockel, Häfner, Freund, Obersberger.

In den Spielberichten wurde vermerkt:

„Das Spiel war trotz der großen Hitze von Anfang bis Ende sehr interessant. Victoria führt bei der Pause 2:0, doch die aus vorzüglichen Einzelspielern zusammengesetzte Gallia-Mannschaft findet sich erst in der zweiten Hälfte zusammen und vermag gleichzuziehen. Victoria erzielt noch ein 3. Tor, das der sonst fehlerfreie & unparteiische Schiedsr. (Ohly, Frankf. Germania) aber nicht gibt. So blieb dieses bedeutendste Spiel des F. F. C. Victoria mit 2:2 unentschieden. Den Gästen muß man zu Gunsten rechnen, daß sie die Nacht über gefahren waren. V. spielte famos.

Abends fand im Hotel-Restaurant Kyffhäuser ein großer Commers statt, der einen schönen Abschluß nahm. In sportl. wie gesellschaftlicher Beziehung nahmen die Franzosen den besten Eindruck von V. mit, was die Pariser Zeitungen umfangreich dokumentierten."

Kaum hatten die Franzosen die Stadt verlassen, warf das nächste Großereignis seinen Schatten voraus. Am 5. Mai empfing eine Frankfurter Stadtauswahl vor einer großen Zuschauermenge auf dem Hermannia-Platz im Ostpark den amtierenden englischen Ligameister Newcastle United, der mit britischen Internationalen gespickt war. Von der Victoria waren Torhüter Fahrenkamp sowie Zahn und Berk dabei, die Kickers wurden von ihrem Sturmtrio Bertrand, Fritz Becker, Fay vertreten. Newcastle, dem die *Frankfurter Zeitung* in einem 43zeiligen Bericht „vornehme Ruhe der Überlegenheit" und eine „außerordentlich rasche Kombinationsfähigkeit" attestierte, ging schnell mit 2:0 in Führung, doch konnte Becker noch vor der Pause verkürzen. Der gleiche Spieler erzielte fünf Minuten vor Schluß auch den zweiten Frankfurter Treffer. Trotz „einer gewissen Zaghaftigkeit und Unausgeglichenheit der Technik“ stellte das Endergebnis von 2:6 der Frankfurter Mannschaft „ein gutes Zeugnis aus“, denn im weiteren Verlauf ihrer Deutschland-Tournee bewiesen die Engländer ihre Klasse: 5:0 bei der Mannheimer FG 96 (Neckargau-Meister), 8:1 beim Freiburger FC (der drei Wochen später die Deutsche Meisterschaft gewann!) und 7:0 beim Karlsruher FV (mittelbadischer Meister).

In den folgenden Jahren stagnierten die Leistungen der Victoria. In der ständig umgegliederten obersten Spielklasse kam sie über einen Mittelplatz nicht hinaus; tonangebend waren in Frankfurt zu jener Zeit der FFC Kickers und der FSV. Immerhin wurde Victoria 1909 in die neue eingleisige Nordkreisliga aufgenommen.

Das letzte bedeutende Ereignis der Saison bildete am 16. Mai 1909 der Auftritt des Süddeutschen und späteren Deutschen Meisters Phönix Karlsruhe, der glatt mit 6:0 gewann. Zum Trost und zum Beweis der Klasse der Karlsruher sei jedoch erwähnt, daß auch Bezirksmeister FSV bei der Eröffnung seines neuen Sportplatzes an der Seckbacher Landstraße am 6. September 1908 gegen Phönix mit 2:7 verloren hatte.

1909-1911 Ein hartes Dasein in der eingleisigen Nordkreisliga

Mit Bildung der neuen Spielklasse wurde die Konkurrenz im Rhein-Main-Gebiet immer größer. Der Liga gehörten im ersten Jahr ihres Bestehens (1909/10) zwölf Vereine an, davon kamen allein sieben aus Frankfurt. Die Meisterschaft wurde in einer Doppelrunde ausgetragen, was 22 Pflichtspiele für jeden Verein bedeutete. Da die Runde erst Mitte September begann und wegen der Ermittlung des Süddeutschen Meisters bereits im Februar entschieden sein mußte, kamen enorme Belastungen auf jeden Klub und seine Spieler zu, zumal zusätzlich noch eine ganze Reihe von Übungs- und Freundschaftsspielen ausgetragen wurden.

Andererseits bedeuteten mehr Spiele auch mehr Einnahmen für die Vereine, die diese für die Errichtung und Finanzierung ihrer Platzanlagen benötigten. Fußball hatte aufgehört, nur noch ein Sonntagnachmittagvergnügen zu sein, wie die Karikatur auf einer zeitgenössischen Postkarte aus Wiesbaden belegt, die die „Meisterschaftshatz 1909/10“ darstellt. Es ging inzwischen um Punkte und Pokale und letztendlich auch ums liebe Geld.

Für Victoria verlief die Ligasaison enttäuschend. Zwar konnte man den führenden Klubs Viktoria 94 Hanau, SV Wiesbaden und dem FSV jeweils ein Unentschieden abtrotzen, ins Titelrennen wurde jedoch in keiner Phase eingegriffen. Am Ende sprang mit 19 Punkten Rückstand auf Meister Viktoria 94

Die Meisterschaftshatz im Nordkreis.

Hanau nur der achte Platz heraus. Obwohl die Leistungen auf dem Spielfeld zu wünschen übrig ließen, ging der Klub jedoch daran, seinen Sportplatz weiter auszubauen. Durch den Niedergang der Hermannia, die sich mit der Errichtung ihres Sportparks finanziell übernommen hatte, war deren Sportgelände im Ostpark verwaist. Die Brauerei Henninger hatte die hölzerne Tribüne abtragen und auf ihrem Firmengelände am Sachsenhäuser Berg einlagern lassen. Da der Vorstand gute Verbindungen zur Brauerei hatte, konnte die Tribüne 1910 für 350 Mark erworben und auf dem Victoria-Platz aufgestellt werden. Diese Anstrengungen wurden vom DFB mit der Vergabe des Vorrundenspiels um die Deutsche Meisterschaft zwischen Titelverteidiger Phönix Karlsruhe und dem VfB Leipzig (2:1) belohnt.

Zur gleichen Zeit ließ ein anderes Projekt die Frankfurter Fußballgemeinde aufhorchen. Für die vom 15. Mai bis 15. Juli 1910 auf dem Festhallengelände stattfindende „Internationale Ausstellung für Sport und Spiel“ gab es Pläne, ein Stadion zu errichten. Obwohl die Veranstaltung von keinem Geringeren als Kronprinz Wilhelm von Preußen protegiert wurde, erwies sich ein Stadionbau als zu teuer. Statt dessen gründeten sportfreudige Bürger und die Festhallengesellschaft die „Arena, Frankfurt a.M., GmbH.“, die nordwestlich der Festhalle eine 500-m-Radrennbahn mit einem Rasenplatz im Innenraum errichtete. Dieser Sportplatz wurde 1914 Heimat des SC 1880 Frankfurt und in den 20er Jahren des SC Rot-Weiss Frankfurt. Die Arena bot 12.000 Zuschauern Platz und hatte 1.200 Sitzplätze auf einer Logentribüne. Ein erster Glanzpunkt war am 22. Mai das Aufeinandertreffen zweier englischer Profiklubs. Vor fast 6.000 Zuschauern – was neuen Besucherrekord für Frankfurt bedeutete – unterlag der Tabellendritte der 1. Division, Blackburn Rovers, dem Absteiger FC Chelsea mit 3:5. Das Publikum war von den gezeigten Leistungen sehr beeindruckt:

„Der Kampf, den sich die englischen Berufsspieler lieferten, wurde in einem Stil geführt, der für die deutschen Sportverständigen ein Genuß war, und zwar ebensosehr wegen der vollkommenen Lauf- und Schußtechnik und der sicheren Kombination der Spieler als auch wegen ihrer von Grund aus fairen Art und der Oekonomik, mit der jeder Einzelne die für die gegebene Situation anzuwendende Kraft bemaß." (*Frankfurter Zeitung* vom 23. Mai 1910)

Wer geglaubt hatte, die Victoria könne solchen Vorbildern nacheifern, sah sich leider getäuscht. Wieder war eine Mammutsaison zu absolvieren, denn mit Germania 94 umfaßte die Nordkreisliga 1910/11 sogar 13 Mannschaften. Erneut hatte Victoria mit dem Ausgang der Meisterschaft, die sich der SV Wiesbaden vor dem FSV sicherte, wenig zu tun. Mit 25:23 Punkten landete der Klub genau in der Mitte der Tabelle auf dem siebten Platz. Damit war Victoria hinter dem FSV und den Kickers nur noch die dritte Kraft in Frankfurt und mit 133 Mitgliedern hinter dem FSV (335), Amicitia und 1902 (244), Kickers (214), Bockenheimer FVgg (187) sowie Germania 94 (143) sogar nurmehr der sechstgrößte Verein. Dies schlug sich auch in der Frankfurter Presse nieder, die kaum noch von Spielen der Victoria berichtete.

Zwar besaß Victoria eine schöne Platzanlage, auf der beim Zwischenrundenspiel um den Kronprinzenpokal zwischen Süddeutschland und Berlin (3:1) im November 1910 erneut etwa 5.000 Zuschauer anwesend waren, die spielerisch bessere Mannschaft dagegen hatte der unmittelbare Nachbar Kikkers. Nach längeren Beratungen zwischen Vertretern beider Vereine – Albert Pohlenk und Michael Pickel vertraten die Victoria, Arthur Cahn, Rudolf Hetebrügge und Dr. von Goldberger („Gilly") die Kickers – schlossen sich beide Klubs schließlich im Mai 1911 zum „Frankfurter Fußball-Verein" (FFV) zusammen. Die *Frankfurter Nachrichten* hatten bereits am 21. April über die bevorstehende Fusion berichtet und „diese Stärkung des Frankfurter Fußballsports" sehr begrüßt.

Die „Frankfurter Kickers“

Für keinen der beiden Vereine, die Ende 1900 zu den „Frankfurter Kickers“ fusionierten, ist ein genaues Gründungsdatum bekannt. Weder die *Frankfurter Nachrichten* noch die *Frankfurter Zeitung* nahmen 1899 von solchen Ereignissen Notiz. Allerdings sind einige Berichte über die Umstände der Vereinsgründungen überliefert. Über die Rolle des Fußball-Globetrotters Bensemann bei den Kickers wurde bereits berichtet.

Die Wiege des Frankfurter Fußball-Clubs 1899 lag in Bockenheim. Wie Philip Wolf in seiner 1930 herausgegebenen Broschüre „Neue Ausgrabungen aus der Steinzeit des Frankfurter Fußballs“ schildert, war ihm als Jugendlicher von ärztlicher Seite sportliche Betätigung verordnet worden. Da ihm jedoch das notwendige Kleingeld fehlte, um damals etablierte Sportarten wie Rudern oder Hochradfahren zu betreiben, erinnerte er sich an ein Fußballspiel, das anläßlich des Sedanstages am 2. September 1897 zwischen Primanern und Sekundanern der Bockenheimer Realschule auf der Hohemark ausgetragen worden war und in dem er die Vorarbeit zum 1:0-Siegtreffer für die Sekundaner geleistet hatte.

Dem ärztlichen Rat folgend, war Philip Wolf im Sommer 1899 beseelt von dem Gedanken, einen Klub zu gründen, „der in Deutschland in sportlicher und gesellschaftlicher Beziehung an erster Stelle stand und der auch im Ausland einen guten Ruf genoß“. Umgehend wurde in einer Bockenheimer Gaststätte die „Spielgesellschaft“ aus der Taufe gehoben. Der Monatsbeitrag wurde auf 50 Pfennig festgesetzt. Nachdem Geld für einen Ball gesammelt und die Torstangen selbst gefertigt waren, ging es hinaus auf die Hundswiese. Dort waren auch Schüler der Klinger- und Adlerflychtschule aktiv, die sich nach und nach dem jungen Verein anschlossen, so daß dieser bald 50 Mitglieder zählte. Erstmals erwähnt wird die Spielgesellschaft in den Spielberichten der Victoria, gegen die am 30. Juli und 20. August 1899 in zwei Gesellschaftsspielen mit 0:5 und 0:7 verloren wurde. Kurz darauf muß die Umbenennung in „Frankfurter Fußball-Club 1899“ vorgenommen worden sein, denn anläßlich eines weiteren Spieles gegen Victoria am 24. September 1899 ist in deren Spielberichten als Gegner der „F. Fußballklub 1899 (früher Spielgesellschaft)“ vermerkt.

Der FFC 1899 verfügte auch über eine Rugby-Mannschaft und wäre an den internen Differenzen zwischen Rugby- und Association-Verfechtern fast zerbrochen. Eine große Mehrheit unter Führung von Ludwig Gatzert wollte nämlich nur noch dem ovalen Leder nachjagen. Erst in letzter Sekunde konnte ein Kompromiß gefunden und doch noch eine Associations-Abteilung gebildet werden, die anfangs aus gerade zwei Mitgliedern bestand: Philip Wolf und Paul Schmidt.

Von den Frankfurter Kickers findet sich der erste Hinweis in den *Frankfurter Nachrichten* vom 26. September 1900, nachdem das „Retourwettspiel" gegen die „Assoziations-Abtheilung des Fußballklubs 'Frankfurt' ... nach scharfem, aber fairen Spiel unentschieden mit 1:1 Goal" geendet hatte. Wenig später heißt es dort in einer Vorankündigung auf ein Freundschaftsspiel bei Viktoria 94 Hanau, daß „die Kickers ... gegenwärtig wohl eine der besten Frankfurter Mannschaften besitzen ..."

1900-1906 Bensemann erzielt das Siegtor gegen Viktoria 94 Hanau

Wesentlich besser wird die Quellenlage nach der Fusion von FFC 1899 und Kickers zum „Frankfurter Fußball-Klub 1899-Kickers" am 28. November 1900. Der neue Verein verfügte über drei Assoziations- und zwei Rugby-Mannschaften. Daß der neue Klub eine schlagkräftige Mannschaft besaß, bewiesen gleich die ersten Spiele. Eine Mannheimer Auswahl wurde mit 6:1 geschlagen, die 2. Mannschaft schlug die 1. Mannschaft des FSV mit 3:0. Am 9. Dezember 1900 sicherte ein Treffer Walther Bensemanns den Sieg über Viktoria 94 Hanau. Für die Sensation schlechthin sorgte der neue Fusionsklub eine Woche später in einem Spiel um die Süddeutsche Meisterschaft beim FC Hanau 93. Seit Jahren war es keinem Frankfurter Klub mehr gelungen, die „93er" zu schlagen. 1899-Kickers kam, sah und siegte mit 2:0.

Von den Vorstandswahlen Anfang Februar 1901 berichteten die *Frankfurter Nachrichten* recht ausführlich. 1. Vorsitzender wurde Ludwig Gatzert. Als Gerätewart wurde Karl Krömmelbein erwähnt, der Vater von Kurt Krömmelbein, in den 50er Jahren Oberligaspieler und 1979/80 Vizepräsident der Eintracht. 1901/02 nahm 1899-Kickers erstmals an der FAB-Meisterschaft teil und wurde hinter Victoria Zweiter. In den Spielen um die Süddeutsche Meisterschaft nahm Hanau 93 mit 5:1 deutlich Revanche für die im Vorjahr erlittene Niederlage. Insgesamt wurden 15 Spiele bestritten, wovon je sieben gewonnen und verloren wurden und eines unentschieden endete.

In der Frankfurter Meisterschaft trug 1899-Kickers 1902/03 nur die beiden Spiele gegen Victoria (0:2 und 2:8) aus; Germania, dem FSV und Hermannia wurden die Punkte kampflos überlassen. Erfolgreicher verliefen die Spiele um die Süddeutsche Meisterschaft. Nach Siegen über Germania Bokkenheim (4:2) und Hermannia Frankfurt (3:0) kam erst im Halbfinalspiel der Nordgruppe gegen den FC Darmstadt das Aus (2:3).

Der Aufschwung bei 1899-Kickers hielt auch 1903/04 an, obwohl der Saisonstart gegen Victoria mit 1:6 gründlich verhauen wurde. Infolge der stark

Eine der ersten Mannschaften der Frankfurter Kickers.

angestiegenen Mitgliederzahl wurde in der Generalversammlung am 14. August 1903 beschlossen, „vom nächsten Sonntag den 30. cr. ab jeden Sonntag vormittag von 9 Uhr an ... an der Hundswiese die dritte Mannschaft, sowie die Schüler spielen zu lassen, während der Nachmittag für die erste und zweite reserviert bleibt. Bei zu großer Beteiligung ist vorgesehen, daß sich die überzähligen Anwesenden auch mit Schleuderball, Stoßball, Schlagball, Laufen usw. beschäftigen können." (*Frankfurter Nachrichten* vom 29. August 1903)

In der Westmaingau-Meisterschaft wurde 1899-Kickers hinter Germania 94 Zweiter. Trotz nur drei Punkten Rückstand war der Abstand auf den Meister in Wirklichkeit größer, als es die Zahlen ausdrücken. 1899-Kickers bekam nämlich nachträglich die Punkte aus dem mit 0:5 verlorenen Meisterschaftsspiel gutgeschrieben, da die Germanen den Platz nicht rechtzeitig abgesteckt hatten. In der FAB-Meisterschaft gewannen die Kickers, wie sie sich seit April 1904 der Einfachheit halber nur noch nannten, alle drei Spiele gegen Victoria, Germania Bockenheim sowie den FSV und wurden erstmals Frankfurter Meister.

Trotz dieser Erfolge hatten die Kickers darunter zu leiden, über keinen eigenen Sportplatz zu verfügen. Aus diesem Grund erwog der Klub im Sommer 1904 eine Fusion mit dem FC Frankfurt 1880. Dieser hatte nämlich gerade eine neue Platzanlage an der Louisa bezogen, klagte jedoch über Mangel an jüngeren Spielern. Bei den Kickers war es wie gesagt genau umgekehrt. Auf Vorstandsebene war bereits Einigung in den wichtigsten Fragen erzielt worden, doch lehnte die Generalversammlung des FC 1880 den Zusammenschluß ab. Der FC 1880 ging alleine an die Louisa, die Kickers blieben auf der Hundswiese Nachbar von Germania und Victoria.

Die folgenden beiden Jahre blieben durchwachsen. Auf den 1903 gewählten 1. Vorsitzenden Theo Streit folgte 1905 Philip Wolf, in der Westmaingau-

Meisterschaft wurde jeweils der dritte Platz erreicht. In den Freundschaftsspielen wurde „von dem Prinzip ausgehend, daß nur vom besten und stärksten Gegner zu lernen ist", bei den süddeutschen Spitzenmannschaften Freiburger FC (Ergebnis unbekannt) und Stuttgarter Kickers (1:7) sowie zu Hause gegen den Westdeutschen Meister Kölner FC 99 (Ergebnis unbekannt) gespielt.

1907 Meisterschaft und Skandal

1906/07 trugen sich die Kickers als erste in die Meisterliste des neuen Südmaingaues ein, hatten in der anschließenden Nordkreismeisterschaft gegen den FC Hanau 93, die Mannheimer FG 96 und den SV Wiesbaden aber wenig zu bestellen. Lediglich gegen Pfalz Ludwigshafen und Amicitia Bockenheim sind Siege überliefert.

In dieser Saison gerieten die Kickers auch in eine schwere finanzielle Krise. Nachdem Kassenführer Kühn auf der Ordentlichen Generalversammlung vom 6. April 1906 noch erklärt hatte, daß sich „die Kassenverhältnisse ... im letzten Jahre gebessert haben", konnte die finanzielle Situation im Frühjahr 1907 nur noch als chaotisch bezeichnet werden, da „die Casse von ihm seit einem Jahre nicht ordnungsgemäß verwaltet worden sei". Daraufhin wurde er zur sofortigen Herausgabe sämtlichen Vereinseigentums aufgefordert, aber „außer dem Betrag von 42 Pfennig in einer Blechbüchse war kein Geld vorhanden. Herr Duntze [ein Vorstandsmitglied] wird beauftragt, die Sachen zu ordnen & danach eine Aufstellung über das vorhandene resp. nicht vorhandene Clubvermögen anzufertigen. ... Außerdem wird beschlossen, Herrn Kühn abermals einen Einschreibebrief mit der Aufforderung zu senden, das dem Verein gehörige Geld & sonstige evtl. noch in seinem [Kühns] Besitz befindlichen Clubsachen herauszugeben."

Insgesamt belief sich das vom ehemaligen Kassenführer veruntreute Klubvermögen auf ca. 900 Mark. Zwar wurde auf der Ordentlichen Hauptversammlung vom 19. April 1907 verkündet, daß Herr Kühn „den ihm vorgelegten Schuldschein unterzeichnet und sich verpflichtet [habe], das Geld so bald wie möglich zurückzuzahlen". Ob und wann das unterschlagene Geld zurückerstattet worden ist, geht aus den vorliegenden Quellen nicht hervor. Am 6. Dezember 1907 wird das Klubvermögen mit 464,89 Mark beziffert, im Kassenbericht auf der Ordentlichen Hauptversammlung vom 10. April 1908 ist unter Berücksichtigung der Außenstände in Höhe von 829,05 Mark von einem Barvermögen von 446,93 Mark die Rede.

Trotz dieser internen Schwierigkeiten wurden die Kickers auch 1907/08 wieder überlegen Meister des Südmaingaus. Die Titelverteidigung war zu keiner Zeit in Gefahr und stand spätestens nach dem 5:1-Heimsieg über den schärfsten Verfolger SV Wiesbaden kurz vor Weihnachten 1907 fest. Der höchste Saisonsieg wurde gegen den Tabellenletzten Germania Wiesbaden mit sage und schreibe 22:0 errungen. In der Nordkreis-Endrunde konnte anschließend zwar die Bockenheimer FVgg 10:0 und 9:0 geschlagen werden, doch erwiesen sich die beiden anderen Konkurrenten Hanau 93 (1:2 und 2:8) und Viktoria 97 Mannheim (0:6 und 1:5) als zu stark.

1907/08 Sportplatzfrage und Fusionspläne

Nachdem der Gauausschuß vor der Saison 1906/07 beschlossen hatte, Wettspiele der ersten Mannschaften nur noch auf geschlossenen Plätzen zuzulassen, stellte der 1. Vorsitzende Ludwig Gatzert auf einer Monatsversammlung vom 7. September 1906 die Frage: „Wie stellt sich der F.C.F. Kickers zu einem Zusammenschluß mit Germania?" Nachdem dies von den Mitgliedern vehement abgelehnt wurde, trat Gatzert zurück und übergab die Amtsgeschäfte an Heinrich Duntze. Hintergrund war die nach wie vor ungeklärte Platzfrage. Zwar waren bereits am 19. Januar 1906 250 Mark für die „Beteiligung an einem von der Stadt anzulegenden Sportplatz" bewilligt worden, konkrete Ergebnisse gab es aber nicht zu vermelden. Deshalb nahm der Klub im September 1906 Verhandlungen mit dem Nachbarn Germania bezüglich einer Mitbenutzung dessen eingezäunten Platzes auf. Obwohl das Verhältnis zwischen beiden Klubs nicht das beste war, kam es im Dezember 1906 zu einer Übereinkunft unter der Bedingung, daß den Mitgliedern der Germania bei Spielen der Kickers freier Eintritt gewährt wird.

Im Verlauf der Spielzeit 1907/08 war der in Sachen Sportplatzfrage gebildete Ausschuß dann sehr aktiv. Anfang Dezember 1907 fanden Gespräche über einen Zusammenschluß mit dem Fußball-Verein Frankfurt, einer Vereinigung junger Kaufleute, und Übernahme dessen Platzes an der Forsthausstraße statt. Die zur Herrichtung des Platzes benötigten Mittel wurden mit 200 Mark beziffert, die durch freiwillige Spenden von beiden Vereinen aufgebracht werden sollten. Nachdem die Mitglieder diesen Plänen am 10. Januar 1908 einstimmig zugestimmt hatten, wurde der Vereinsname in „Fußball-Verein Frankfurter Kickers" geändert und Herr Hugo vom ehemaligen Fußball-Verein zum 2. Vorsitzenden des neuen Vereins ernannt.

Damit verfügten die Kickers nun neben dem Platz auf der Hundswiese, der nicht aufgegeben werden sollte, über einen zweiten Sportplatz. Allerdings war der der Stadt gehörende Platz in einem sehr schlechten Zustand. Da er im Sommer zudem von den Schulen benutzt wurde, wurde versucht, die Stadtgärtnerei zur Herrichtung des Platzes zu gewinnen. Für die Rückspiele der Nordkreismeisterschaft mußte daher ein anderer Platz gesucht werden, auf dem höhere Einnahmen erzielt werden konnten.

In dieser Situation überraschte Heinrich Duntze seine Kollegen auf einer Vorstandssitzung vom 28. Februar 1908 mit der Nachricht, daß ihm am 25. Februar von der Germania der Zusammenschluß von Germania und Kickers vorgeschlagen worden sei, „um so den Frankfurter Fußballsport durch Schaffung eines großen und spieltüchtigen Vereins zu heben".

Der Vorstand unterstützte diesen Plan und kreierte bereits einen Namen für den neuen Klub: „Verein für Rasensport" (VfR). In der anschließenden Monatsversammlung wurde das Thema von den 47 anwesenden Mitgliedern leidenschaftlich diskutiert. Das Protokoll dieser Versammlung, die um 22 Uhr eröffnet wurde und bis 1.15 Uhr morgens dauerte, umfaßt nicht weniger als 15 Seiten. Die meisten Fragen betrafen finanzielle Dinge, etwa die Zukunft des Platzes an der Forsthausstraße (Herr Duntze verweist auf die langwierigen Verhandlungen mit der Stadt), die Schulden Germanias (Kassenverhältnisse seien günstiger als allgemein angenommen, später nennt Herr Gatzert die Summe von 800 Mark), die Miete für den Germania-Platz (jährlich 600 Mark, auf zehn Jahre festgeschrieben). Obwohl der Vorstand immer wieder auf die Vorteile eines Zusammenschlusses hinwies, gab es bei den Mitgliedern aufgrund der jahrelang aufgestauten Gegensätze große Widerstände. Schließlich waren 17 Mitglieder gegen und nur elf für den geplanten Zusammenschluß mit der Germania.

Auf der eine Woche später stattfindenden Außerordentlichen Hauptversammlung wurden die meisten Argumente erneut vorgetragen und diskutiert. Der Vorstand erwähnte den Erfolg der im Jahre 1900 erfolgten Vereinigung von FFC 1899 und FC Kickers und versprach sich vom neuen Großverein mit rund 300 Mitgliedern – die Mitgliederzahl der Kickers wurde mit 130/140, die der Germania mit ca. 165 angegeben – auch eine stärkere Unterstützung in der Platzfrage durch die staatlichen und städtischen Behörden.

Ein Argument, das überzeugte: Diesmal sprachen sich in der anschließenden Abstimmung bei einer Enthaltung 34 Mitglieder für und 22 gegen eine Vereinigung mit Germania aus. Danach wurde die Versammlung unterbrochen, um den Entscheid der Germania abzuwarten, deren Mitglieder den Zusammenschluß mit den Frankfurter Kickers jedoch mit 28:11 Stimmen ablehnten. (Die Idee eines „VfR Frankfurt" war damit freilich nicht vom Tisch. Im Jahre 1919 schloß sich die Bockenheimer FVgg Germania 01 mit dem FFV Amicitia und 1902 zum „VfR 01 Frankfurt" zusammen, aus dem nach dem Anschluß der Bockenheimer Helvetia 1926 der SC Rot-Weiss Frankfurt hervorging.)

Für den Vorstand bedeutete das Scheitern der Fusion eine schwere Niederlage, weshalb sich viele auf der Ordentlichen Hauptversammlung vom 10. April 1908 nicht mehr zur Wahl stellten. Neue 1. und 2. Vorsitzende wurden Arthur Cahn und Rudolf Hetebrügge, die schließlich 1911 mit ihren Fusionsplänen mehr Glück haben sollten.

1908-1910 Fritz Becker, Frankfurts erster Nationalspieler

Die Jahre 1904 bis 1908 gehörten zu den erfolgreichsten der Kickers. Den Stamm der damaligen Mannschaft bildeten Fay, Hartmann, Kalkbrenner, Becker und Maeder im Sturm, Emmerich, Max Gwinner und Meyerding in der Läuferreihe, Nissen und Schwalbe in der Verteidigung sowie Förster im Tor. Später kamen Bertrand und Hermann Kreuzer, schließlich Claus, Löffler, Unkel, Karl und Oskar Kreuzer hinzu. Bei einem Spiel in Wiesbaden standen mit Konrad, Karl, Oskar und Hermann sogar vier Kreuzer-Brüder in der Kikkers-Elf. Mit Fritz Becker waren die Kickers außerdem beim ersten deutschen Länderspiel am 5. April 1908 in Basel gegen die Schweiz vertreten. Nach den Erfolgen dieser Zeit kam daher der Formrückgang im Spieljahr 1908/09 etwas überraschend. Der dritte Platz im Bezirk I des Nordkreises hinter dem FSV und Viktoria 94 Hanau reichte aber immerhin zur Qualifikation für die

Die erste deutsche Nationalmannschaft mit dem Frankfurter Kickers-Spieler Fritz Becker (dritter von links). Er erzielte bei der 3:5-Niederlage am 5. April 1908 in Basel gegen die Schweiz das erste deutsche Länderspieltor.

neue eingleisige Nordkreisliga. Zum Saisonabschluß gab es schließlich einen 4:2-Sieg beim ehemaligen Deutschen Meister Freiburger FC.

In der neuen, 12 Vereine umfassenden Mammutliga hatten es die Kickers genau wie Victoria schwer, sich gegen die starke Konkurrenz von Viktoria 94 und Hanau 93, SV Wiesbaden und FSV zu behaupten. Immerhin sprang am Ende aber noch der sechste Platz heraus. Angesichts des Umbruchs in der Mannschaft konnte dies sogar als Erfolg gewertet werden, denn spielerisch konnten die Kickers durchaus mithalten. 1910/11 wurde erneut der sechste Platz erreicht. In diesem Jahr präsentierten die Kickers mit dem Holländer ter Horst auf Rechtsaußen, Band (Karlsruher FV) auf Halbrechts, dem ehemaligen FSVler Ph. Hohmann als Mittelstürmer und Neidhardt (Stuttgarter Kikkers) auf Halblinks der wachsenden Zuschauergemeinde einen fast kompletten neuen Sturm.

Wie groß das Interesse am runden Leder inzwischen in Frankfurt war, kann einem Vorbericht auf das Frankfurter Derby (erstmals so genannt!) zwischen dem FSV und den Kickers in den *Frankfurter Nachrichten* vom 7. Oktober 1910 entnommen werden:

„Dieser Kampf, der alljährlich ungeheure Zuschauermengen herbeilockt, bildet schon seit Wochen den Gesprächsstoff in Fußballkreisen. Wer von den beiden größten Frankfurter Fußballvereinen wird siegen, der Vertreter der schärferen Kampfart, der Sportverein, oder die technisch vollendet und fein spielenden Kickers? ... Auf alle Fälle aber wird der Unparteiische mit der größten Strenge und Sachlichkeit vorgehen und Uebergriffe ganz gehörig ahnden. ... Und an dem gastgebenden Verein, dem Sportverein, ist es, dafür zu sorgen, daß Ruhe und Ordnung auf seinem Platze herrscht und daß er der Begeisterung in ihren Ausartungen bei Freund und Feind gleichmäßig Einhalt gebietet."

Wie erwähnt, gelang im Mai 1911 dann endlich der Zusammenschluß zwischen den Kickers und der Victoria. Die wichtigste Basis für die kommende „Eintracht" war damit gelegt.

Der „Frankfurter Fußball-Verein“ 1911 bis 1920

1911 bis 1914 Der Hattrick im Nordkreis

Der erste Vorstand des „Frankfurter Fußball-Verein (Kickers-Victoria)“ wurde paritätisch mit Rudolf Hetebrügge (Kickers, 1. Vorsitzender) und Albert Pohlenk (Victoria, 2. Vorsitzender) besetzt. Obwohl die Fusion von den Mitgliederversammlungen beider Vereine mit großer Mehrheit beschlossen worden war,

„bedeutete [sie] unter den damaligen Verhältnissen, gelinde gesagt, eine Sensation und gab natürlich Anlass zu den dunkelsten Phrophezeihungen aus verschiedenen Lagern – – – Auch einige ’Ur-Kickers-Viktorianer‘, die sich nicht so schnelle dem Banne der Partei-Politik entziehen konnten, standen ob dieses ihrem geliebten Verein zugefügten Unglückes blutenden Herzens abseits…“ (Michael Pickel, Manuskript „Aus den Jahren 1911 bis 1920“)

Als sich aber die sportlichen Belange durchaus positiv entwickelten, kehrten auch diese schnell ins Vereinsschiff zurück, und es herrschte bald im wahrsten Sinne des Wortes Eintracht. Mit 333 Mitgliedern war der FFV nun nach dem FSV (439) der zweitgrößte Fußballklub in Frankfurt. Im ersten Spiel unter neuem Namen am Sonntag, 7. Mai 1911, blieben

► Charbout-Mollard; Seibel, Claus; Jockel, Dr. von Goldberger, Berger; ter Horst, Dornbusch, Dörr, Becker, Caesar

gegen den Freiburger FC mit 2:0 siegreich. Eine Woche später unterlag „Kickers-Victoria“, wie der neue Klub anfänglich in der Presse genannt wurde, bei Phönix Karlsruhe nur knapp mit 0:1. Am Himmelfahrtstag, dem 25. Mai, wurden die englischen Profis von Tottenham Hotspur empfangen, die zuvor in Hamburg und Berlin hohe Siege errungen hatten. Wie schon 1907 beim Gastspiel von Newcastle United kamen die rund 2.000 Zuschauer voll auf ihre Kosten. Obwohl die Londoner auch in Frankfurt deutlich mit 6:0 gewannen, waren „die Mitglieder und Zuschauer sehr befriedigt“ (*Vereins-Zeitung* vom 1. Juni 1911). Pech hatten die Frankfurter in der 33. Minute, als Jockel und Kirchgarth beim Stand von 0:2 nur das Holz trafen, und in der 80. Minute, als der englische Torwart Joyce einen Becker-Schuß gerade noch auf der Linie abfangen konnte.

Der Sommer wurde genutzt, das Vereinsgefüge weiter zu festigen. Spielführer Dr. von Goldberger, genannt „Gilly“, stand vor der keineswegs leichten Aufgabe, aus zwei eher mittelmäßigen Mannschaften eine schlagkräftige Truppe zusammenzuschweißen: „Ein rühriger Vergnügungs-Ausschuss, sowie die unter Karl Kremers Leitung stehende Gesangs-Abteilung sorgten für Unterhaltung und Feste aller Art und die aus 'D.U.'-Fussballern bestehende, in einer ewigen Feststimmung befindliche 'Kerwe-Mannschaft' tat noch das ihrige. Nicht zuletzt trug die Vereins-Zeitung (Schriftleiter Art. Cahn und Osk. Schneider) viel dazu bei, dass die Harmonie im Verein schnelle Fortschritte machte.“

1911/12 Auf Anhieb Nordkreismeister

Vor dem Startschuß zur Meisterschaft 1911/12 am 3. September konnte die neue Mannschaft nur in zwei Freundschaftsspielen getestet werden. Umso mehr waren die Verantwortlichen daher mit dem Saisonstart zufrieden. Nach acht Spielen war der Sprung an die Tabellenspitze geschafft, die bis Saisonende nur noch zweimal abgegeben wurde. Erst am Heiligabend gab es gegen den FSV die erste Niederlage: Ein Handelfmeter führte zum Tor des Tages. Im Januar brachte sich die Mannschaft noch einmal selbst in Bedrängnis, als sie im vorentscheidenden Spiel zu Hause gegen den FC Hanau 93 vor 2.000 Zuschauern nicht über ein 3:3 (1:2) hinauskam. Nun folgten drei Auswärtsspiele in Folge. Ausgerechnet bei der vermeintlich leichtesten Aufgabe wurde aber gepatzt: Beim Neuling SC Bürgel gab es am 28. Januar mit 0:1 überraschend die zweite Niederlage der Saison. Dafür wurden bei Viktoria 94 Hanau (2:1) und Kickers Offenbach (3:2) wichtige Siege errungen.

Mit einem 3:1 gegen Britannia wurde bereits im vorletzten Spiel am 25. Februar alles perfekt gemacht. Am Ende betrug der Vorsprung vor dem FC Hanau 93 und dem FSV Frankfurt vier Punkte. Zu den Stützen zählten Torwart Charbout-Mollart, Dr. Claus – einmal als die „Seele der Mannschaft“ beschrieben – in der Verteidigung, Spielführer Dr. von Goldberger, der anläßlich seines 350. Spiels für den Klub am 12. November 1911 gegen Kickers Offenbach mit einem Lorbeerkranz geehrt wurde, sowie die Innensturmreihe Dornbusch – Pickel – Becker.

Damit stand zum ersten Mal ein Frankfurter Verein als Vertreter des Nordkreises in der Endrunde um die Süddeutsche Meisterschaft, in der die SpVgg Fürth, der Karlsruher FV und Phönix Mannheim die Gegner waren. Viel Zeit zur Vorbereitung blieb der Mannschaft nicht, denn nur acht Tage nach

Abschluß der Nordkreisspiele mußte der Fußball-Verein das erste Endrundenspiel gegen Fürth bestreiten. Vor 2.000 Zuschauern gingen die Gäste aus Franken sehr hart zur Sache. Bereits Mitte der ersten Halbzeit war der Halbrechte Dornbusch so schwer angeschlagen, daß er ins Krankenhaus gebracht werden mußte und bis Saisonende ausfiel. Zwar konnte der Fußball-Verein das Spiel recht ausgeglichen gestalten, das goldene Tor aber erzielten die Gäste nach 70 Minuten durch Burger.

Auch im zweiten Spiel gegen Phönix Mannheim trafen die Stürmer nicht, dafür hielt diesmal die Abwehrreihe, so daß das zweite Heimspiel torlos endete. Eine immerhin achtbare Niederlage (4:5) erbrachte das Rückspiel in Fürth. Bereits zu diesem Zeitpunkt war jedoch klar, daß der Fußball-Verein noch nicht in der Lage war, im Konzert der Großen mitzuhalten. Denn schon die Fürther waren vom Karlsruher FV zuvor deklassiert worden. Anschließend konnte sich der Fußball-Verein selbst von der Klasse des KFV überzeugen, der in Karlsruhe souverän mit 7:0 siegte. Das Rückspiel eine Woche später lockte rund 3.000 Zuschauer an die Roseggerstraße, die einen erneuten 7:0-Erfolg des alten und neuen Süddeutschen Meisters sahen. Nach fünf Spielen lautete die ernüchternde Bilanz somit 4:20 Tore und 1:9 Punkte. Für einen versöhnlichen Abschluß sorgte das 1:1 im letzten Spiel beim Vizemeister Phönix Mannheim.

Mit dem Erreichten waren dennoch alle mehr als zufrieden, denn nach langen Jahren des Mittelmaßes von Kickers und Victoria gab es wieder eine Mannschaft, die nach Höherem strebte. Leider verließ der Baumeister dieser Mannschaft, Spielführer Dr. von Goldberger, nach dieser Spielzeit aus beruflichen Gründen den Verein. Ein neuer Spielausschuß mit E. Gutsch (Vorsitzender), Fay, ter Horst und Dr. Claus übernahm fortan die Geschicke der Mannschaft.

1912/13 Ein neuer Sportplatz an der Roseggerstraße

In der Sommerpause wurde das neue Vereinsgelände an der Roseggerstraße fertiggestellt. Damit verfügte der Fußball-Verein nun über einen neuen Sportplatz mit Aschenlaufbahn, Reservefeldern, Tribüne und Vereinshaus – für damalige Zeiten eine Musteranlage. Der alte Victoria-Platz wurde von nun an von den unteren Mannschaften genutzt. Da die Ligaklasse 1912/13 auf acht Vereine reduziert worden war, blieb genügend Zeit, die Mannschaft auf die Titelverteidigung vorzubereiten. Höhepunkt war die Einweihung des neuen Platzes am 8. September gegen Quick Den Haag. In folgender Aufstellung erkämpfte der Fußball-Verein ein 2:2 gegen den holländischen Meister von 1908 und Pokalsieger von 1909, 1910 und 1911:

▶ Neppach; W. Pfeiffer, Claus; Becker, Jockel, Braun; Leissing, Dornbusch, Weicz, K. Pickel, Burckhardt.

Souverän verteidigte der Fußball-Verein die Nordkreismeisterschaft. Die in München erscheinende *Illustrierte Sportzeitung zur Hebung der Volkskraft* schrieb dazu:

„Der vorjährige Nordkreismeister: Frankfurter Fußball-Verein zeigte auch in dieser Saison eine große Beständigkeit. Trotzdem verschiedene junge Kräfte in der Elf mitwirkten, verstehen diese den Mangel an Routine und Wettspielpraxis durch großen Eifer und flinkes Ballabgeben zu ersetzen. Hierdurch wird auch logischerweise mehr erzielt, als durch draufgängerisches Einzelspiel. Die Mannschaft spielte nur zweimal unentschieden (gegen Hanau, Viktoria und Kickers, Offenbach), und das Treffen gegen Wiesbadener Sportverein wurde wegen Teilnahme des disqualifizierten ungarischen Spielers Weicz für verloren gerechnet; der Frankfurter F.-V. steht somit mit nur vier Verlustpunkten an der Spitze. Allerdings schwebt wegen des genannten Spielers noch ein Verfahren, so daß es fraglich ist, ob dem Frankfurter F.-V. die Meisterschaft zuerkannt wird. Vom sportlichen Standpunkt aus betrachtet, wäre es zu bedauern, wenn die derzeit beste Elf des Nordkreises des Meistertitels verlustig ginge, aber andererseits dürften Fehler, wie sie gemacht wurden, einer umseitigen Vereinsleitung auch nicht unterlaufen."

Im ersten Saisonspiel gegen den SV Wiesbaden (der Fußball-Verein gewann glatt mit 4:0) war noch der Neuzugang Fritz Weicz eingesetzt worden, für den kein Spielerpaß seines alten Klubs FFV Amicitia und 1902 vorlag. Dafür wurde der Fußball-Verein im November 1912 von der Südmaingaubehörde erstinstanzlich für vier Monate gesperrt. Als jedoch dieses Urteil Anfang Dezember von der Nordkreisbehörde wieder aufgehoben wurde, zogen schwarze Wolken auf, die „den Fußball-Horizont im allgemeinen und den von Frankfurt-Bornheim im besonderen stark verdunkelten. Schließlich loderte ... ein Kriegsbrand zwischen dem F.F.V. und Fussballsportverein, der leichter entzündet als gelöscht war."

Wegen unfairen Spiels in der Begegnung FSV – FFV (0:2) am 29. September waren zwei Spieler des FSV nämlich nachträglich vom Vorstand des VSFV für drei Monate gesperrt worden, entgegen besseren Wissens des FFV- und Nordkreis-Vorsitzenden Hetebrügge, wie man beim FSV meinte. Als nun die viermonatige Sperre gegen den Fußball-Verein aufgehoben wurde, richteten mehrere Vereine eine Resolution an den VSFV-Vorstand, die Sperre doch aufrecht zu halten. Beim Fußball-Verein vermutete man wiederum den FSV als Drahtzieher dieser Aktion. In dieser vergifteten Atmosphäre trat Hetebrügge von seinem Amt zurück, womit sich die Wogen wieder glätteten. Emil Flasbarth wurde sein Nachfolger. Der Verbandsvorstand bestätigte schließlich

Der Frankfurter Fußball-Verein in ungewohntem Dress: Nordkreismeister 1912/13.

den Fußball-Verein als Nordkreis-Meister, lediglich die Punkte aus dem Spiel gegen den SV Wiesbaden wurden ihm aberkannt.

In der Endrunde um die Süddeutsche Meisterschaft gab der Fußball-Verein eine bessere Vorstellung ab als im Vorjahr. Zwar ging das erste Spiel mit 2:3 beim VfR Mannheim verloren, doch am 9. März 1913 genügte ein Dornbusch-Tor zum 1:0-Sieg über die Stuttgarter Kickers. Auch im Rückspiel gegen den VfR Mannheim sah es lange Zeit nach einem Erfolg des Fußball-Vereins aus, der bis zur 83. Minute mit 1:0 führte. Dann gelang den Mannheimern nach einem Eckball der Ausgleich. Das vierte Spiel führte den Fußball-Verein zur SpVgg nach Fürth, wo es knapp fünf Wochen vorher in einem Freundschaftsspiel eine deutliche 2:5-Niederlage gegeben hatte. Doch dieses Mal drehte der Fußball-Verein den Spieß um und siegte auf schwer bespielbarem Platz mit 1:0; das Rückspiel endete 0:0. Damit hätte im letzten Spiel bei den Stuttgarter Kickers ein Unentschieden zum Gewinn der Süddeutschen Meisterschaft gereicht.

Allerdings mußte der Fußball-Verein dieses Spiel ohne Mittelstürmer Weicz bestreiten, der sich nach dem zweiten Spiel gegen Fürth den Franken angeschlossen hatte. Vor 7.000 Zuschauern, darunter auch Herzog Ulrich von Württemberg, erspielten sich die Stuttgarter Kickers zunächst leichte Vorteile und gingen nach 22 Minuten durch Heilig in Führung. Zwar drängte der Fußball-Verein in der zweiten Halbzeit vehement auf den Ausgleich, doch es sollte nicht sein. Mit dem knappen 1:0-Sieg zogen die Stuttgarter Kickers am

Süddeutsche Meisterschaft 1913: FFV gegen SpVgg Fürth (0:0) auf dem Rosegger-Platz. Im Hintergrund die 1912 fertiggestellte Tribüne.

Fußball-Verein vorbei und wurden zum zweiten Mal nach 1908 Süddeutscher Meister. Dennoch gebührte der Frankfurter Mannschaft hohes Lob. Bis zum Weggang von Weicz sah die Stammformation folgermaßen aus:

► Gmelin (der den verletzten Neppach ersetzte); Pfeiffer, Claus; Becker, Jokkel, Braun; Leissing, Dornbusch, Weicz (später Schwarze, der vom Karlsruher FV gekommen war), Köllisch, Burckhardt.

1913/14 Historischer Sieg über englische Profis

In der Saison 1913/14 war die Dominanz des Fußball-Vereins im Nordkreis noch deutlicher. Am Ende hatte die Mannschaft neun Punkte Vorsprung vor dem Zweiten, SV Wiesbaden, und holte sich damit die dritte Meisterschaft in Folge. Dabei hatte die Spielzeit gar nicht berauschend begonnen, denn eine Woche vor dem Meisterschaftsstart hatte sich der Fußball-Verein eine deftige 0:9-Schlappe bei der SpVgg Fürth eingehandelt. Auch der Auftakt in die Punktrunde war holprig. Nach dem 2:0 bei den Offenbacher Kickers hatte der Fußball-Verein im zweiten Spiel den FSV zu Gast. Schon zu Zeiten von Victoria und Kickers war die Rivalität mit den Bornheimern groß gewesen, nach der Fusion zum Frankfurter Fußball-Verein und insbesondere nach der Affäre „Hetebrügge/Weicz" nahm diese dann „fast bedrohliche Ausmaße" (Harald Stenger in „80 Jahre FSV") an. Auch dieses Derby am 21. September 1913 sollte nicht ohne Mißtöne bleiben. Die *Frankfurter Zeitung* berichtete:

„Wie im Vorjahr, so kam es auch am Sonntag wieder bei dem Ligawettspiel im Nordkreis zwischen Frankfurter Fußballverein gegen Sportverein Frankfurt zu bedauerlichen Zwischenfällen. Bis Halbzeit spielte der Sportverein überlegen und führte mit 2:0. Kurz nach der Pause holte der Fußballverein auf, worauf drei Spieler vom Sportverein unfair spielten, so daß der Schiedsrichter Dr. R. Raßbach – Wiesbaden genötigt war, sie vom Platz zu verweisen. Schließlich siegte der Fußballverein 5:2."

Ebenfalls mit zwei Siegen gestartet war der nächste Gegner, der FC Hanau 93, gegen den der Fußball-Verein noch kein Punktspiel verloren hatten. Doch dieses Mal liefen die „93er" zu großer Form auf und ließen dem Fußball-Verein mit 4:1 keine Chance. Es sollte allerdings der einzige Ausrutscher bleiben. In den folgenden Spielen wurden nur noch zwei Punkte abgegeben.

Die guten Leistungen des Fußball-Vereins wurden mit der Berufung von Dr. Claus und Jockel in die süddeutsche Auswahlmannschaft honoriert. In den Endrundenspielen um die Süddeutsche Meisterschaft waren wie im Vorjahr die Stuttgarter Kickers der Stolperstein. Lediglich ein Punkt gegen die Schwaben war zu wenig, um Ostkreismeister SpVgg Fürth zu stoppen. Der spätere Süddeutsche und Deutsche Meister verlor nur sein Auftaktspiel vor 3.000 Zuschauern an der Roseggerstraße mit 1:2. Im Rückspiel führte der Fußball-Verein zur Pause zwar mit 1:0, doch nach dem Seitenwechsel drehten die Fürther auf und schossen einen glatten 5:1-Sieg heraus. Mit 7:5-Punkten wurde der Frankfurter Fußball-Verein erneut Zweiter vor den Stuttgarter Kickers (6:6) und dem abgeschlagenen VfR Mannheim (1:11).

Wenn dem Fußball-Verein die Verbandsmeisterschaft auch erneut versagt blieb, konnte dies durch einen unerwarteten Erfolg über den englischen Erstligisten Bradford City (Pokalsieger 1911) mehr als kompensiert werden. Die Engländer hatten auf dem Weg nach Frankfurt bereits die belgische Nationalmannschaft mit 4:0 geschlagen und in Anbetracht ihrer vermeintlichen Überlegenheit anscheinend auch die Begegnung in Frankfurt schon abgehakt. Das aber war ihr Fehler. Die *Frankfurter Zeitung* kommentierte den sensationellen 3:1-Sieg des Fußball-Vereins vom 2. Mai 1913 wie folgt:

„Frankfurter Fußballverein schlägt Bradford City. Die englische Berufsspielermannschaft Bradford City absolvierte am Samstag-Abend vor etwa 4.000 Zuschauern ihr erstes Gastspiel auf deutschem Boden gegen den Frankfurter Fußballverein und unterlag wider Erwarten mit 1:3. Im großen und ganzen waren die Leistungen gleichwertig, sie ließen, im Vergleich zu dem vor vier Jahren stattgefundenen Wettspiel zwischen dem Frankfurter Verein und den Tottenham Hotspurs, die damals überlegen spielten, erkennen, daß das Associations-Spiel in Deutschland gewaltige Fortschritte gemacht hat. Im einzelnen zeichnete sich die englische Mannschaft durch gutes Kopfspiel, energisches Stürmen und scharfes Schießen aus, die Frankfurter verstanden es jedoch, den Gegner durch gute Tricks zu täuschen, und sich sehr gut durchzuspielen, sie waren auch im Zusammenspiel etwas besser. Das erste Tor fiel für Frankfurt in der 30. Minute; zwei Minuten später schufen die Engländer den Ausgleich. Nach der Pause beherrschten während zehn Minuten die Engländer die Situation, dann kamen die Frankfurter sehr gut auf, und zwei erfolgreiche Durchbrüche ... führten zu dem ungeheuer bejubelten Sieg des Frankfurter Fußballvereins."

Dreifacher Torschütze war Mittelstürmer Rudi Schlüter. Die vollkommen niedergeschlagene Bradford-Mannschaft boykottierte das anschließende Festbankett und revanchierte sich in den folgenden Tagen durch Siege bei den Stuttgarter Kickers (1:0) und Phönix Mannheim (7:0) für die in Frankfurt erlittene Schmach.

In diesen Tagen war der Frankfurter Fußball-Verein auf der Höhe seiner noch jungen Entwicklung angelangt und zählte über 800 Mitglieder. Zwölf aktive Mannschaften nahmen am Spielbetrieb teil, dazu kamen zwei Hockey- und eine Cricket-Mannschaft sowie eine Fechtriege. Auch die Leichtathletik, schon bei den Kickers und der Victoria als Ausgleichssport im Sommer betrieben, war eine feste Größe im Verein. Nach dem 1913 erfolgten Anschluß des Turnsportvereins von 1897 zählte sie 100 Aktive.

Seiner nunmehrigen Bedeutung entsprechend hatte sich der Klub, der sich nun offiziell „Frankfurter Fußball-Verein (Kickers-Victoria-Turnsportver-

Sieg über englische Profis: Vor dem Spiel gegen Bradford City stellten sich beide Mannschaften dem Fotografen. Die Engländer stehend, der FFV sitzend.

ein)“ nannte, am 9. Januar 1914 auf einer außerordentlichen Hauptversammlung eine neue Satzung gegeben, in der auch seine gesellschaftliche Stellung deutlich wurde. So gab es unter anderem Beitragssätze „für akademische Korporationen“ (1,50 Mark monatlich), „für Akademiker (immatrikulierte Mitglieder der Akademie und Universität)“ (fünf Mark pro Semester) und „für auswärtige Mitglieder (außerhalb eines Umkreises von 20 km. Frankfurts wohnhaft)“ (drei Mark jährlich). Im Gegensatz etwa zum FSV, den Bockenheimer Vereinen FFV Amicitia und 1902, FVgg Germania oder der im Gallusviertel beheimateten Britannia war der Fußball-Verein nämlich kein Stadtteilklub. Wie Martin Lothar Müller in seiner Magisterarbeit (1989) über die „Sozialgeschichte des Fußballsports im Raum Frankfurt am Main 1890–1933“ ausführt, wohnten „seine Mitglieder und Anhänger ... über viele Stadtteile verstreut. ... Die Mitgliedschaft des FFV war zwar räumlich zersplittert, doch bestand deren soziale Homogenität darin, daß sie sich vor allem aus dem gehobenen Frankfurter Bürgertum zusammensetzte; die Pflege von Prestigesportarten wie Hockey und Cricket sowie die beachtliche Zahl promovierter Akademiker in ihren Reihen sind deutliche Zeichen hierfür.“

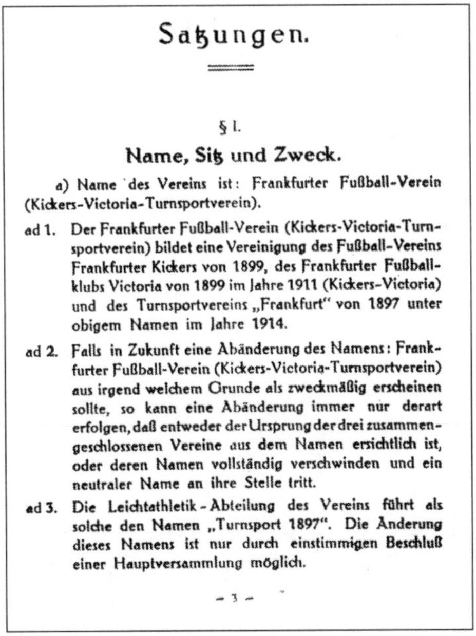

Satzungen.

§ 1.

Name, Sitz und Zweck.

a) Name des Vereins ist: Frankfurter Fußball-Verein (Kickers-Victoria-Turnsportverein).

ad 1. Der Frankfurter Fußball-Verein (Kickers-Victoria-Turnsportverein) bildet eine Vereinigung des Fußball-Vereins Frankfurter Kickers von 1899, des Frankfurter Fußballklubs Victoria von 1899 im Jahre 1911 (Kickers-Victoria) und des Turnsportvereins „Frankfurt“ von 1897 unter obigem Namen im Jahre 1914.

ad 2. Falls in Zukunft eine Abänderung des Namens: Frankfurter Fußball-Verein (Kickers-Victoria-Turnsportverein) aus irgend welchem Grunde als zweckmäßig erscheinen sollte, so kann eine Abänderung immer nur derart erfolgen, daß entweder der Ursprung der drei zusammengeschlossenen Vereine aus dem Namen ersichtlich ist, oder deren Namen vollständig verschwinden und ein neutraler Name an ihre Stelle tritt.

ad 3. Die Leichtathletik-Abteilung des Vereins führt als solche den Namen „Turnsport 1897“. Die Änderung dieses Namens ist nur durch einstimmigen Beschluß einer Hauptversammlung möglich.

– 3 –

Satzung des Frankfurter Fußball-Vereins vom Januar 1914.

Erster Weltkrieg und Revolutionswirren

Nach Ausbruch des 1. Weltkrieges im Juli 1914 war an eine normale Ligameisterschaft nicht zu denken. Zunächst einmal wurde der gesamte Spielbetrieb bis zum Frühjahr 1915 ausgesetzt, wohl auch, weil allgemein geglaubt und gehofft wurde, daß der Krieg bis Weihnachten beendet sein werde. Auch Zeitzeuge Michael Pickel schrieb in seinem Manuskript: „Wer glaubte im Ernst an einen Krieg von der Dauer, wie wir ihn erleben mußten!“ Als dieser sich aber immer länger hinzog, erklang „zuerst leise und zurückhaltend, dann immer lauter, der Ruf nach neuer Betätigung auf dem Spielfeld. Vier Gaue begannen mit der Durchführung von Jugendspielen. Im übrigen war der Betrieb zunächst beschränkt auf Privatspiele, die in einigen Fällen in Form von Kriegsrunden erledigt wurden. Aus den Einnahmen dieser Spiele wurden damals besonders Kriegswohlfahrtszwecken erhebliche Beträge zugeführt.“ (aus: Sechzig Jahre Süddeutscher Fußball-Verband 1897–1957)

Der Frankfurter Fußball-Verein bestritt sein erstes Spiel am 20. September an der Roseggerstraße gegen Viktoria 94 Hanau (3:2). Auch für die Soldaten an der Front war Fußball eine „willkommene Abwechslung“, die „von der Armeeleitung gern gefördert“ wurde (*Frankfurter Zeitung* vom 6. November 1914). Bis Sommer 1915 sind zwölf weitere Spielvereinbarungen des FFV „zugunsten der im Feld stehenden Krieger“ bekannt. Im Frühjahr wurde im Nordkreis ein Kriegspokal ausgespielt, den sich der SV Wiesbaden am 25. April vor großer Kulisse durch einen 4:1-Sieg über Kickers Offenbach sicherte. Derweil wurde die Liste der Gefallenen länger und länger. Max Rebenschütz und Alois Braun, zwei der besten Aktiven, waren die ersten Opfer aus den Reihen des Frankfurter Fußball-Vereins. „Viele, allzuviele folgten ihnen nach in unerbittlicher, grausamer Regelmäßigkeit. – Der Krieg kümmerte sich nicht um Sportsleute und nicht um Meister.“ (aus: 30 Jahre Eintracht)

1914-1916 Alte Ressentiments gegen das „Engländerspiel“

Je länger sich die Kampfhandlungen hinzogen, desto häufiger wurde auch die Zivilbevölkerung in allen kriegsführenden Ländern aufgefordert, durch Teilnahme an militärischen Übungen ihren Beitrag für die Verteidigung des Vaterlandes zu leisten. Am 30. Oktober 1914 forderte ein Erlaß des deutschen Kriegsministeriums die Aufstellung von Jugendkompanien. Durch die dazu notwendigen Requirierung von Sportplätzen wurde der Spielverkehr weiter stark behindert. Am 5. September 1915 wurde auf dem Platz des Frankfurter Fußball-Vereins im Rahmen der „olympischen Spiele des Frankfurter Verbandes für Turnsport“ Handgranatenwerfen (!) als Sportkonkurrenz vorgeführt.

Weiteren Schwierigkeiten sahen sich die Fußballer von Seiten einiger lokaler Behörden und der Deutschen Turnerschaft ausgesetzt, denn schon bald nach Kriegsausbruch lebten alte Vorurteile gegen den „rohen englischen Fußballsport“ wieder auf. Dagegen bezog der ehemalige DFB-Vorsitzende Prof. Ferdinand Hueppe im *Kriegsjahrbuch* des DFB (1915/16) energisch Position:

„Da vernehmen wir nun plötzlich zu unserem großen Erstaunen ... mit der Frage: 'Sollen wir noch englische Spiele spielen?‘ die Aufforderung, den 'englischen‘ Fußball durch den 'deutschen‘ Schlagball zu ersetzen, das heißt nichts weiter, als einen Rückschritt von zwanzig Jahren machen. Man sollte doch endlich einmal aufhören, solche Dinge mit bloßen Redensarten zu behandeln, statt einfach zu prüfen, was gut ist und für uns paßt und was nicht. ... Es muß im Gegenteil gefordert werden, daß die Schulen, in denen es noch der Fall ist, ihren Widerstand gegen dieses Spiel aufgeben. ... Jetzt haben wir im Fußball ein deutsches Nationalspiel, das allen Anforderungen für jetzt und die nächste Zeit in vollem Maße gerecht wird.“

Im Kriegsministerium war man sich dessen wohl auch bewußt. Reihenweise wurden Bälle und Fußballutensilien an die Front geschickt, um den Soldaten Abwechslung vom Kriegsalltag zu bieten. Trotz großer organisatorischer Probleme – von 59.826 Mitgliedern des Süddeutschen Fußball-Verbandes standen am 1. August 1915 immerhin 41.931 unter Waffen – wurde im Herbst 1915 auf Gauebene wieder mit der Durchführung von Meisterschaftsspielen begonnen. Unangefochten – nur gegen den SV Wiesbaden wurde ein Punkt abgegeben – gewann der Fußball-Verein zuerst die Bezirks- und am 6. Februar 1916 auch die Gaumeisterschaft. Im Entscheidungsspiel konnte Viktoria Neu-Isenburg an der Roseggerstraße glatt mit 4:1 besiegt werden.

Trotz dieses Erfolges steckte der Verein in argen Schwierigkeiten. Die von Schwamm und Sturmschäden angegriffene Tribüne bedurfte dringender Reparaturen. Verhältnismäßig hohen Ausgaben standen aber nur mäßige Einnahmen aus dem Spielbetrieb gegenüber. Zu dieser Zeit übernahm Rudolf Hetebrügge wieder den Vorsitz. Die Kontakte zwischen den Mitgliedern in der Heimat und an der Front wurde mit Hilfe von Rundbriefen aufrecht gehalten, die die Vereinszeitung ersetzten. Insgesamt erschienen sieben solcher Berichte. 54 Mitglieder kehrten von den Schlachtfeldern Europas nicht mehr in die Heimat zurück.

1916-1918 Kriegsbedingte Krise – die Spieler werden knapp

Bereits zu dieser Zeit wurde es für den Fußball-Verein immer schwieriger, eine schlagkräftige Mannschaft aufzustellen, da mit der Einberufung der jüngeren Jahrgänge fast die komplette erste Mannschaft im Felde stand und von dort ständig neue Hiobsbotschaften ihren Weg in die Heimat fanden. So war der Ligaspieler Schlüter (1914 Mitglied der Nordkreis-Meistermannschaft) bereits seit Juni 1915 in Galizien vermißt. Anfang September 1916 fiel Alfred Bertrand bei Verdun, und auch Verteidiger Schwind (im Februar noch zweifacher Torschütze im Meisterschafts-Entscheidungsspiel gegen Viktoria Neu-Isenburg) kehrte nicht mehr von der Front zurück.

Obwohl sich die allgemeine Lage zu Beginn der Spielzeit 1916/17 durch Urlaubssperren und Verkehrseinschränkungen noch zuspitzte, wurde eine Meisterschaft in zwei Klassen ausgetragen. Der Fußball-Verein setzte dabei in seinen zehn Begegnungen nicht weniger als 43 (!) Spieler ein. Einmal mußte sogar Torwart Gmelin als Verteidiger aufgeboten werden. Kein Wunder also, daß die Erfolge des Vorjahres nicht wiederholt werden konnten und die Herbstrunde mit sieben Punkten Rückstand auf den Meister FSV beendet wurde. Zu dieser Zeit hatte die Stammformation des Fußball-Vereins folgendes Aussehen:

► Torhüter: Stroh oder Roth; Verteidiger: Reußwig, „Lulu" Neureuther, Ph. Hohmann; Läufer: Leiber, Carmal, Heine, Dietrich; Stürmer: Dornbusch, Debus, Nees, Schönfeld, Knörzer, Freund, Ackermann.

Für den Großteil der Bevölkerung aber waren sportlicher Erfolg oder Mißerfolg nur mehr Nebensache. Immer stärker waren die Auswirkungen des Krieges auch in der Heimat zu spüren. Es herrschte ein strenger „Kohlrübenwinter". Die Versorgungslage der Bevölkerung war schlecht, militärisch steckte Deutschland in der Sackgasse, immer häufiger wurde die Beendigung des Krieges gefordert. So war es keineswegs verwunderlich, daß der Fußball-Verein auch in der im März 1917 beginnenden Frühjahrsrunde nichts mit dem Ausgang der Meisterschaft zu tun hatte, die sich erneut der FSV sicherte. Dennoch boten die Fußballspiele eine willkommene Abwechslung vom immer trister werdenden Alltag. Wie immer den größten Zuspruch hatte dabei das Derby mit dem FSV am 13. Mai, das der geschwächte Fußball-Verein mit 1:3 verlor. Zwar blieb der FFV auch in der Herbstrunde 1917/18 ohne Sieg gegen den FSV, profitierte aber von zwei Ausrutschern der Bornheimer und sicherte sich somit die Südmaingau-Meisterschaft. In der anschließenden Nordkreis-Endrunde konnte aber das Fehlen wichtiger Stammspieler nicht kompensiert werden. So wurden im ersten Spiel gegen den FFV Amicitia zunächst nur acht Spieler aufgeboten. Nach einem fragwürdigen Elfmeter, den die Bockenheimer zum 3:0 nutzten, wurde zudem der FFV-Spielführer wegen Reklamierens vom Platz gestellt. Doch damit nicht genug. Zehn Minuten vor Schluß mußte auch noch der Torhüter nach einem Zusammenstoß bewußtlos vom Platz getragen werden. Daraufhin wurde das Spiel beim Stand von 0:4 abgebrochen.

Ohne Zweifel: Der Fußball-Verein war im Frühjahr 1918 auf dem Tiefpunkt angelangt. Sogar beim FV Sprendlingen gab es eine 0:6-Abfuhr. Dafür konnte dem FSV der einzige Punktverlust zugefügt werden (2:2). Insgesamt sprangen aber nur 4:10 Punkte heraus – nicht viel für die erfolgsgewohnten Anhänger. Es sollten aber auch wieder bessere Zeiten kommen, denn im Sommer kehrten Carl Jockel und weitere Stammspieler aus dem Krieg an die Roseggerstraße zurück. Verstärkt durch diese alten „Ligakämpen" lieferte sich der Fußball-Verein ein spannendes Duell mit dem FSV. Nach zwei torlosen Unentschieden lagen beide am Ende gleichauf, so daß ein Entscheidungsspiel notwendig wurde. Doch in jener Zeit lieferten nicht die sportlichen sondern die politischen Ereignisse die Schlagzeilen.

Inzwischen war nämlich der wilhelminische Obrigkeitsstaat zusammengebrochen, hatten sich im ganzen Reich Arbeiter- und Soldatenräte gebildet. Kaiser und Kronprinz dankten am 9. November ab, am 11. November wurde das Waffenstillstandsabkommen unterzeichnet. Auch in Frankfurt kam es zur „Novemberrevolution". In der Nacht vom 8. auf den 9. November wollten die Unabhängigen Sozialdemokraten ihren Führungsanspruch durch Besetzung der Zeitungsredaktionen und Verhängung der Pressezensur gewaltsam durchsetzen, scheiterten aber an der Entschlossenheit des demokratisch gewählten Soldatenrates. Schließlich etablierte sich ein paritätisch besetzter Arbeiterrat als „die höchste Vertretung der Stadt". Auf dem Römer wurde die rote Fahne aufgezogen, die Kommunalverfassung blieb jedoch in Kraft, und auch die praktische Arbeit der städtischen Behörden wurde nicht behindert. Problematischer war die Aufrechterhaltung der öffentlichen Ordnung, denn zeitweise existierten nebeneinander drei verschiedene Polizeiformationen, die jedoch nicht in der Lage waren, Schwarzmarkt und Lebensmittelschiebereien zu unterbinden. Der Unmut der Bevölkerung, deren Versorgungslage nach wie vor sehr ernst war, entlud sich schließlich in Massenausschreitungen und Plünderungen. Der schwerste Zwischenfall am 31. März 1919 forderte 20 Tote und konnte erst mit Waffengewalt beendet werden, nachdem ein aufgebrachter Mob bei einer Razzia des Marine-Sicherheitsdienstes am Börneplatz die Matrosen und die anrückende Polizei attackierte, über 200 Häftlinge aus dem Untersuchungsgefängnis befreite und zahlreiche Geschäfte der Innenstadt plünderte.

Novemberrevolution in Frankfurt: Oberbürgermeister Voigt fügt sich dem Matrosenführer Stickelmann. Karikatur von Lino Salini, 1919. Stickelmann war eine zwielichtige Gestalt. Kurz vor Kriegsende zum Tode verurteilt, schließlich zu lebenslanger Festungshaft begnadigt, nutzte er die Revolutionswirren und wurde selbst zum Revolutionär. Mit seiner bis an die Zähne bewaffneten Marinetruppe übte er ein Jahr lang ein regelrechtes Terrorregiment in der Stadt aus.

1918/19 FFV beteiligt sich am Boykott der Verbandsspiele

Trotz der politischen Wirren liefen die Verbandsspiele auf Kreisebene nahezu ungestört weiter. Der Fußball-Verein zog am 17. November 1918 durch ein 3:0 über Viktoria Neu-Isenburg ins Pokalendspiel des Nordkreises ein, das er am 9. Februar 1919 mit 2:3 gegen Britannia verlor. Angesichts der schwierigen Verkehrsverhältnisse wurden die Spiele um die Süddeutsche Meisterschaft jedoch abgesetzt und statt dessen Frühjahrs-Verbandsspiele ausgeschrieben, deren Ausgang Grundlage für die Spielklasseneinteilung 1919/20 werden sollte. Bei den Großvereinen verspürte man allerdings wenig Lust, gegen Melitia Hanau, FC 06 oder FVgg Groß-Auheim anzutreten, und boykottierte diese Runde. Statt dessen ließen sie die alte Vorkriegs-Liga wieder aufleben.

Zuvor lieferten sich aber der Fußball-Verein und der FSV zwei spannende Entscheidungsspiele um die Südmaingau-Meisterschaft der Herbstrunde. Im ersten Aufeinandertreffen an der Roseggerstraße gab es am 2. März 1919 vor einer stattlichen Zuschauermenge einen Kampf auf Biegen und Brechen, bei dem auf beiden Seiten je ein Akteur des Feldes verwiesen wurde. Müller und Stumpp brachten die Bornheimer mit 2:0 in Führung, doch gelang Jockel noch vor dem Seitenwechsel durch einen Elfmeter der Anschlußtreffer. Nach Dornbuschs Ausgleich blieb es auch trotz zweifacher Verlängerung beim 2:2, so daß das Spiel nach fast 160 Minuten wegen Einbruch der Dunkelheit abgebrochen werden mußte. So standen sich beide Mannschaften eine Woche später an der Seckbacher Landstraße erneut gegenüber. Vor rund 2.000 Zuschauern ging diesmal der Fußball-Verein mit 2:0 in Führung; Böttger und Klump konnten jedoch nach der Pause für den Sportverein ausgleichen. Also wieder Verlängerung, die wiederum torlos blieb. Nach den damaligen Regeln wurde bis zur Entscheidung weitergespielt. Schließlich war der Fußball-Verein der Glücklichere und erzielte nach 155 Minuten das „golden goal".

Eine „Verlängerung" gab es auch in der Nordkreis-Endrunde. Nachdem im letzten Spiel durch ein 1:1 gegen den FFV Amicitia und 1902 die Meisterschaft verspielt worden war, legte der Fußball-Verein gegen die Wertung des Spiels erfolgreich Protest ein. So hatte er am 9. Juni eine zweite Chance, sich doch noch den Meisterlorbeer zu sichern. Doch just für jenen Tag war ein Freundschaftsspiel beim Karlsruher FV abgeschlossen worden. Während die erste Mannschaft in Karlsruhe 1:6 verlor, unterlag die Ersatzmannschaft des FFV gegen Amicitia und 1902 deutlich mit 1:5. „Warum also erst protestieren und dann die Meisterschaft verschenken?" fragte der *FN-Sport.* Zu verschenken hatte der Frankfurter Fußball-Verein in jenen Tagen wahrhaftig nichts. Von der Nordkreismeisterschaft konnte man sich nichts kaufen, wohl aber von einer Garantiesumme bei einem auswärtigen Freundschaftsspiel.

Frankfurter Fußball-Verein: Meister des Südmaingaus 1918/1919.

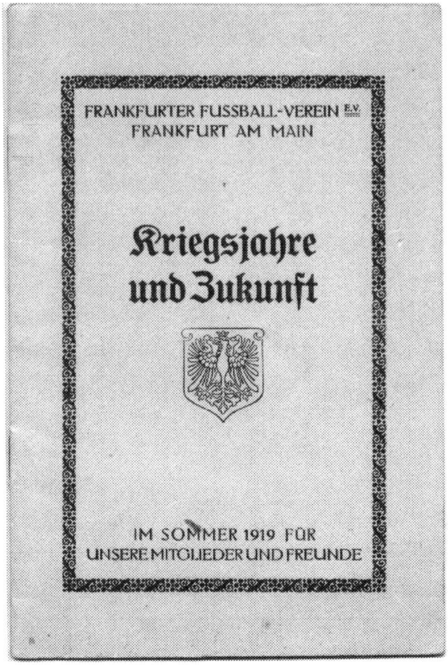

Mit der schwierigen Zukunft des Vereins befaßte sich diese 1919 erschienene Broschüre.

Beim FFV waren nämlich schwere Zeiten angebrochen. Die Zinslast des 38.000-Mark-Darlehens für die Errichtung des Sportplatzes an der Roseggerstraße drückte, das Reservespielfeld, im dritten Kriegsjahr auf Veranlassung des Magistrats in Ackerland umgepflügt, mußte wieder hergerichtet werden, und schließlich waren an der gesamten Anlage dringende Reparaturarbeiten nötig. Bereits am 19. Mai hatte der *FN-Sport* eine „Eingabe des Frankfurter Fußballvereins" veröffentlicht, in der um „Gewährung einer Beihilfe von 10.000 Mark" gebeten wurde. In den städtischen Akten ist jedoch nichts über diesen Antrag zu finden. Die finanzielle Situation entspannte sich etwas durch den Magistratsbeschluß vom 7. August, den Sportvereinen die unentgeltliche Nutzung der städtischen Sportplätze zu gewähren. Als im Herbst schließlich auch die Frankfurter Turngemeinde von 1861 einen Antrag an die Stadt richtete, sie bei der Herrichtung der von ihr seit 1913 genutzten Fußballfelder zwischen Riederwald und Ostparkstraße finanziell zu unterstützen – am 8. Januar 1920 wurden dafür 5.000 Mark bewilligt –, nahm der FFV Kontakte zur Turngemeinde auf, die schließlich im Mai 1920 in der Fusion zur Eintracht und der Errichtung des Sportplatzes am Riederwald endeten.

Auch in der Liga war es nicht das Jahr des Fußball-Vereins. Zwar hatte sich die Mannschaft nach einem schwachen Start steigern können, lag nach Abschluß der Vorrunde sogar mit den Offenbacher Kickers punktgleich in Führung, doch riß danach der Faden. Am Ende landete man mit 10:14 Punkten auf einem enttäuschenden fünften Platz – nur zwei Punkte vor dem Schlußlicht SC Bürgel, aber acht Punkte hinter dem Meister Kickers Offenbach.

Zu dieser Zeit befand sich der Fußball-Verein schon wieder in der Vorbereitung auf die erste Nachkriegssaison 1919/20, in der nichts mehr so sein sollte wie vor 1914. Nicht nur in Deutschland kam es zu einem wahren Fußball-Boom. Viele junge Männer hatten während ihrer Militärzeit Bekanntschaft mit dem runden Leder gemacht. Der Zulauf zu den Vereinen war beträchtlich, ebenso die Zahl der Neugründungen. Und wer nicht aktiv dabei sein wollte (oder konnte), erschien als Zuschauer. Überall strömten die Massen auf die Sportplätze. So schrieb der Korrespondent des *FN-Sport* anläßlich des Derbys zwischen FSV und Fußball-Verein am 17. August 1919 von einer „Völkerwanderung" nach Seckbach, „und mancher Neugierige frug mich: 'Gibt es denn in Seckbach Aepfelwein?' Der Sportplatz war überfüllt und sämtliche Umzäunungen und Ankleide- und Geräteschuppen dienten als Tribünen. Es war ein fußballsportliches Ereignis erster Ordnung..."

Die Zuschauerzahl wurde auf „mehrere tausend Menschen" beziffert. Dabei handelte es sich nicht einmal um ein Meisterschafts- sondern „nur" um ein Freundschaftsspiel. Der Fußball-Verein hatte sich im Sommer mit Paul Imke von Hannover 96 verstärkt, der als *die* Neuentdeckung gefeiert wurde. Der FFV spielte an diesem Tag in folgender Besetzung:

► Gmelin; Pfeiffer, Reußwig; Schönfeld, Reuschling, Imke; Plock, Winkler, Klemm, Dornbusch, „Lulu" Neureuther.

Klemm brachte den Fußball-Verein unmittelbar vor dem Halbzeitpfiff in Führung, die Hennig per Elfmeter fünf Minuten vor Schluß egalisieren konnte. Gut gerüstet ging es anschließend in die Meisterschaftsspiele. Die Kreiseinteilung, wie sie vor 1914 bestanden hatte, konnte durch die Folgen des Krieges nicht beibehalten werden. Da die linksrheinischen Gebiete einschließlich eines Brückenkopfes um Mainz und Wiesbaden von den Siegermächten besetzt waren, schied der SV Wiesbaden aus dem Nordkreis aus, der in zwei Kreise, Nord- und Südmain, geteilt wurde. Von Anfang an entwikkelte sich im Nordmainkreis ein spannender Dreikampf zwischen dem Fußball-Verein, dem FSV und dem neuentstandenen VfR 01 Frankfurt, der lange Zeit in Führung lag. Die Entscheidung fiel am 25. Januar 1920. Während der FSV bei Germania 94 mit 1:5 verlor, siegte der Fußball-Verein beim VfR 01 mit 4:2. Welche Bedeutung diesem Spiel vom Verband beigemessen wurde, zeigt die Tatsache, daß mit Schiedsrichter Kehm ein Unparteiischer aus München mit der Spielleitung beauftragt wurde.

Zu diesem Zeitpunkt hatte nämlich eine große Protestwelle den Nordmainkreis erschüttert, so daß die Tabellensituation auch für Insider immer verworrener wurde. Da dem Fußball-Verein wegen Einsatzes von Torhüter

Gmelin die Punkte aus dem Auftaktsieg beim FC Hanau 93 aberkannt worden waren, war die Meisterschaft noch Anfang März nicht offiziell bestätigt.

„Nördlich des Maines gibt es immer noch keinen Meister. Frankfurter F. V. hat zwar mit 28 Punkten die Führung vor Sportverein mit 26 und V.f.R. mit 24, aber nicht neidlos wird ihm der Meistertitel gegönnt. Vielmehr sind eine selten stattliche Zahl von Protesten gegen die Sieger vom Besiegten angestrengt worden. Um jeden einzelnen Punkt mußte die Kreisbehörde in Aktion treten. Man hat sich nachgerade abgewöhnt, zu fragen, wer hat das Spiel gewonnen, sondern wer gewinnt den Protest. Einzelne Vereine wissen stets die überzeugendsten Argumente anzuführen, so daß an den Brennpunkten des Fußballverkehrs wütende Redeschlachten geschlagen werden, und der Sport an sich in der Hitze des Gefechts ganz in Vergessenheit gerät. Damit wird aber der ideale Zweck unseres schönen Sports zu nichts. ... Es darf nicht, wie es in diesem Jahr ganz besonders unschön sich gezeigt hat, dauernd das Lager der Klassengegner durchstöbert werden, ob nicht vielleicht eine Unregelmäßigkeit in bezug auf Meldung oder Spielerlaubnis vorgekommen sein könnte. Auf ganz unbestimmte und unwahrscheinliche Behauptungen hin werden dann Proteste eingelegt. Daß der Behörde damit die ehrenamtliche Arbeit recht sauer wird, ist das weniger Schlimme. Das Unglück für unseren Sport ist der Neid und die Eifersucht. ... Hier ist es zuletzt soweit gekommen, daß gegen jeden neu übergesiedelten Spieler protestiert wurde, und dadurch die Rechtschaffenheit des betreffenden Vereins in Zweifel gestellt war. ... Dieses gegenseitige Mißtrauen muß unbedingt verschwinden, es ist der größte Krebsschaden." (*Fußball* vom 3. März 1920)

Als der Fußball-Verein einen Monat später endlich als Meister bestätigt wurde, hatte er bereits zwei Spiele der Endrunde um die Süddeutsche Meisterschaft bestritten, in deren Verlauf sich der Fußball-Boom der Nachkriegszeit auch in Frankfurt deutlich zeigte. Der Auftakt beim 1. FC Nürnberg verlief für den Fußball-Verein am 14. März weniger erfolgreich. Mit 0:4 gab es eine klare Niederlage gegen den „Club", der am Anfang seiner Erfolgsära stand. Doch weniger die Höhe der Niederlage war erstaunlich, sondern vielmehr, daß die Frankfurter Mannschaft überhaupt nach Nürnberg hatte fahren können.

Nach Ausbruch des „Kapp-Putsches" am 13. März in Berlin war es auch in Frankfurt zu bewaffneten Auseinandersetzungen gekommen, in deren Verlauf 14 Tote und mehr als hundert Verletzte zu beklagen waren. Daraufhin waren am Sonntag morgen Reichswehrtruppen in die Stadt eingerückt. Zwar brach der Putsch binnen weniger Tage infolge eines Generalstreiks zusammen, die Auswirkungen auf den Reiseverkehr blieben jedoch noch eine Zeitlang bestehen. So konnte der 1. FC Nürnberg zum Beispiel nach dem Rückspiel in Frankfurt die Heimreise nicht sofort antreten. Das Gastspiel des

Restaurant Augustiner-Bräu „Stadtgarten“
Am Eschenheimer Tor 3
Verkehrslokal des Frankfurter Fussball-Vereins e. V.

Walter Strack
Zahnarzt
Frankfurt a. M. · Baumweg 22
Sprechstunden: von 8–1/2 6 · Sonntags von 9–1 Uhr

BINDINGS-BIERHALLE
KAISERSTRASSE 63
Besitzer: Gustav Thieme
Vorzügliche Küche
Stammtisch der F.-Abt. Germania 1894 des Frankf. Turn-Vereins

Treibt Sport im Frankfurter Fußball-Verein

Frankfurter Fußball-Verein e. V. = Stuttgarter Sportfreunde e. V.

Frankfurter Fußball-Verein e. V.		Stuttgarter Sportfreunde e. V.	
Gmelin	einer der gefürchtetsten Torhüter im Nordmainkreis	Geisel	gilt als bester Torwart Stuttgarts
Klemm	talentierter Verteidiger, vorzüglich in der Abwehr	B..tz	ein junger sehr talentierter Spieler, ist für die süddeutsche Elf in Frankfurt am Main vorgesehen
Pfeiffer	zeigt typ. engl. Verteidigerspiel, fast vollendetes Kopfspiel und dirigierenden Schlag, beweisen hohe Klasse	Burger	zuletzt Ehrenspielführer u. Spielführer der Sp.Vg. Fürth spielte 18 mal international und zahllos repräsentativ
Knörzer	ein junger veranlagter Spieler mit berechneten Stellungsvermögen und gutem Kopfspiel	Walter	ein sehr eifriger Spieler, guter Ballabnehmer, jedoch technisch weniger durchgebildet
Jockel	spielte wiederholt repräsentativ, ruhiges Spiel und gute Ballbehandlung mit zweckmäßigem Verteilungsspiel	Kicker	guter Ballverteiler, etwas langsamer aber gefährlicher Torschütze
Becker	spielte vor Jahren international, trotz seiner langen Laufbahn entwickelt er eine seltengesehene Energie	Borger	technisch gut mit raffiniertem Spiel
Appel	technisch veranlagter Kombinationsspieler ohne Liga-Wettspielpraxis	Retter	spielt seit November (Rückkehr aus Gefangenschaft) in der Mannschaft, schnellster Flügelstürmer Stuttgarts
Imke	technischer Spieler mit gesundem Schußvermögen spielte oft repräsentativ u. nahm wiederholt an ausländischen Tourniers der Hannover 96er teil	Janus	sehr guter Techniker, mit seltenem Schuss
Mohr	Dribbler und Techniker ohne Schußvermögen	Zetsche	(fr. Wacker-Leipzig) junger Spieler mit intern. Anlagen anerkannt. Mittelstürmer Stuttgarts, guter Torschütze
Hohmann	repräsentativ, brillanten Schuss, gutes Kopfspiel und eminente Durchschlagskraft	Heinzelmann	technisch durchgebildet, aber zu langsam
Schneider	zeitweise guter Flügelstürmer, aber ohne Flankenschlag; als Läufer ausgezeichnet	Seemann	bester Linksaussen Stuttgarts, mehrfach repräsentativ. Durchreisser und gefürchteter Torschütze

Sportfreunde Stuttgart unter Leitung des Internationalen Burger, belegen im Kreis Württemberg hinter Sportklub 1910 u. Kickers Stuttgart den 3. Platz. Sie ist als die fairste u. sympathischste Mannschaft im Kreis Württemberg bekannt. Das Spielsystem, flaches schnelles Kombinationsspiel, ist das gleiche wie bei Fürth und Nürnberg. Die Mannschaft insgesamt ist sehr spielstark. Nur die Läuferreihe ist etwas schwach. Der Sturm, besonders Retter, Zetsche, Seemann, ist z. Zt. der Beste Stuttgarts. Die Verteidigung, Burger, Bens, Geisel, hervorragend. Bemerkenswerte Resultate: Spielvereinigung Fürth u. Nürnberg je 1:1.

Frankfurter Fußball-Verein e. V.
Abteilungen für:
Fußball · Leichtathletik · Hockey · Cricket · Fechten · Körperkultur

Zeil-Casino
Vornehmes Weinrestaurant
Frankfurt a. M., Zeil 52
Inhaber: Fritz Riedling
Mitglied d. F.F.V.

lest die
DSZ
Illustrierte weitverbreitetste Sportzeitung

Kaffee Ruhland
Frankfurt a. M.
Kaiserstraße 56 · Ecke Elbestraße
Täglich 5 Uhr-Tee mit Tanz

Fußball und Werbung: auch 1920 schon gang und gäbe. Faltblatt mit den Aufstellungen zum Freundschaftsspiel FFV gegen die Sportfreunde Stuttgart (1:1) am 29. Februar 1920.

„Club“ zog am 21. März eine für Frankfurter Verhältnisse neue Rekordzuschauerzahl an. Vor rund 10.000 Menschen an der Roseggerstraße entging der souveräne nordbayerische Meister nur knapp einer Niederlage. Steinlein hatte zwei Minuten vor Schluß den FFV-Rechtsaußen Brandt im Strafraum regelwidrig zu Fall gebracht, die spätere Nürnberger Torwartlegende Heiner Stuhlfauth konnte Jockels scharf geschossenen Elfmeterball jedoch abwehren. Wenn man bedenkt, daß der Fußball-Verein ab der 70. Minute ohne Mittelstürmer Dornbusch auskommen mußte, war es zumindest ein moralischer Sieg. Immerhin sollte es der einzige Verlustpunkt des 1. FC Nürnberg auf seinem Triumphzug zur Süddeutschen und Deutschen Meisterschaft bleiben, während die Frankfurter am Ende auf dem dritten Platz in der Nordgruppe standen.

Zu diesem Zeitpunkt hatte sich der Frankfurter Fußball-Verein bereits mit der Frankfurter Turngemeinde von 1861 zur „Frankfurter Turn- und Sportgemeinde Eintracht von 1861“ zusammengeschlossen, deren erster Vorsitzender Dr. Wilhelm Schöndube von der bisherigen FTG 1861 wurde. Es dauerte allerdings einige Zeit, bis der neue Name „Eintracht“ akzeptiert war. Die *Frankfurter Zeitung* verwendete ihn erstmals anläßlich des Endrundenspiels gegen den TuSV Waldhof am 16. Mai (3:4). Schwerer tat sich der *Fußball,* der auch im Rückspiel am 30. Mai den „Frankfurter Fußball-Verein“ spielen ließ (zweifacher Torschütze beim 0:4 war übrigens der spätere Bundestrainer Sepp Herberger!) und es „nicht nur schade, sondern unverzeihlich“ fand, „einen solch ruhmvollen Namen so klanglos fallen zu lassen“.

Nun, ganz fallengelassen wurde er natürlich nicht. Er blieb bis 1969 Bestandteil des Vereinsnamens: zunächst in „Frankfurter Turn- und Sportgemeinde Eintracht (F.F.V.) von 1861“, nach der „reinlichen Scheidung“ zwischen Turnern und Sportlern 1927 in „Frankfurter Sportgemeinde Eintracht (F.F.V.) von 1899“. Letzteren Namen konnte man bis Ende der 80er Jahre noch über den Kassenhäuschen des Riederwaldsportplatzes in der Haenischstraße bewundern, bevor er zusammen mit den Stehkurven und dem Tribünendach den Sanierungsarbeiten zum Opfer fiel.

Der Weg zurück an die Spitze 1920 bis 1933

1920 bis 1922 Aller Anfang ist schwer

30.000 Zuschauer drängten sich am 13. Juni 1920 auf den hoffnungslos überfüllten Platz an den Sandhöfer Wiesen in Niederrad: Im ersten Nachkriegs-Endspiel um die Deutsche Meisterschaft schlug der 1. FC Nürnberg die SpVgg Fürth hier in Frankfurt mit 2:0. Das große Zuschauerinteresse signalisierte einen wahren Fußballboom: Allein im Bereich des Süddeutschen Fußball-Verbandes stieg die Zahl der Vereine von 1.005 mit 170.780 Mitgliedern im Juli 1920 auf 1.640 mit 311.766 Mitgliedern Ende Juni 1921. Daher gab es Überlegungen, zur Saison 1920/21 eine süddeutsche Verbandsliga einzuführen, doch prallten die Interessen der Ligaklubs und der kleineren Vereine beim SFV-Verbandstag am 1./2. August heftig aufeinander. So wurde das bestehende Spielsystem mit zehn Kreisligen – auch zum Bedauern der Eintracht – beibehalten, die Verbandsliga blieb ein Wunschtraum.

Nachdem am 1. September vor 4.000 Zuschauern mit einem Freundschaftsspiel gegen Malmö FF (2:1) Abschied vom alten Platz an der Roseggerstraße genommen worden war, wurde bereits eine Woche später der neue Eintracht-Sportplatz am Riederwald feierlich seiner Bestimmung übergeben. Die Ehre, das erste Spiel auf dem neuen Rasen zu bestreiten, hatte übrigens die Cricket-Mannschaft der Eintracht, die am Samstag, 4. September, gegen den Deutschen Meister Sportfreunde Berlin antrat. Tags darauf trennten sich die Eintracht-Fußballer und der Freiburger FC 1:1. Dabei bestritt Fritz Becker sein 850. Wettspiel – erst für die Kickers, dann den FFV und jetzt die Eintracht. Außerdem wirkten in den Reihen der Eintracht zwei Spieler des Deutschen Meisters 1. FC Nürnberg mit: Hans Kalb, der in Frankfurt Zahnmedizin studierte, und Peter Szabo, für den das Spiel der Beginn einer langjährigen Affinität mit der Eintracht und der Stadt Frankfurt werden sollte.

1920/21 Erstmals „Eintracht vom Riederwald“

Natürlich war auch Kickers-„Urvater“ Walther Bensemann anwesend, der dem Ereignis im *Kicker* fast zwei Seiten widmete. Die neue Anlage hatte den

Verein rund 300.000 Mark gekostet. Glanzstück der Hauptkampfbahn war die Haupttribüne mit 1.600 überdachten Sitzplätzen. Die Stehterrassen boten Platz für rund 40.000 Zuschauer. Um das Spielfeld zog sich eine 400-m-Aschenbahn, vor der Tribüne gab es eine weitere 120-m-Laufbahn. Daß sich die Investionen gelohnt hatten, bestätigte sich bereits beim ersten Meisterschaftsheimspiel gegen Germania 94 (3:1), dem rund 7.500 Zuschauer beiwohnten. Leider sind von den Nordkreisspielen nur noch zwei weitere Zuschauerzahlen überliefert: 5.000 gegen Viktoria Aschaffenburg und 10.000 für das letzte Spiel gegen Helvetia, in dem sich die Eintracht erneut die Meisterschaft sicherte.

Bevor es aber soweit war, hatten die Sportrichter wieder jede Menge zu tun. Zunächst wurde das 4:1 vom 26. September gegen Helvetia annulliert, da die Bockenheimer ihren Stürmer Wunderlich für das Länderspiel Österreich - Deutschland hatten abstellen müssen. Dann gab es am 5. Dezember einen Spielabbruch bei Germania Rückingen, nachdem der Schiedsrichter vom Rückinger Linksaußen Gerhardt tätlich angegriffen und Zuschauer auf den Platz eingedrungen waren. Schließlich wurde das 4:0 am 9. Januar 1921 gegen einen überharten VfR 01 Frankfurt teuer erkauft: Nach einem Foul von Bauer mußte Szabo verletzt vom Platz getragen werden und fiel für den eine Woche später stattfindenden Schlager bei Germania 94 aus. Vor 16.000 Zuschauern kassierte die Eintracht mit 1:5 zwar ihre höchste Punktspielniederlage, sicherte sich am 20. Februar im neu angesetzten Spiel gegen Helvetia (1:1) vor 10.000 Zuschauern aber erneut die Nordmainmeisterschaft.

Der neue Eintracht-Sportplatz am Riederwald.

1920/21 wurde Eintracht Frankfurt Nordmainmeister. Die Mannschaft jener Zeit (von links): Spielausschuß-Vorsitzender Heinrich Berger, Imke, Dornbusch, Szabo, Böttcher, Pfeiffer, Gmelin, Brandt, Jockel, Schönfeld, Köster, Schneider, Fritz Becker.

In der Süddeutschen Meisterschaft gab es die gleichen Gegner wie im Vorjahr. Nach einem 2:0 zum Auftakt gegen den TuSV Waldhof brachte sich die Mannschaft am 20. März selbst um die Früchte ihrer Arbeit, als sie beim Deutschen Meister 1. FC Nürnberg eine 2:0-Führung verspielte und am Ende noch mit 2:7 „baden" ging. Dementsprechend fiel die Analyse im *Kicker* aus: „Das, was uns die Frankfurter gezeigt haben, war Fussballkunst und System, wie wir es nur von den besten Vereinen des Kontinents gewöhnt sind. ... Bis zur 70. Minute war Eintracht seinem grossen Gegner mindestens ebenbürtig, und dann kam leider die Katastrophe. Sie fielen ihrem eigenen Tempo selbst zum Opfer, denn in den letzten 20 Minuten waren sie einfach fertig, körperlich und psychisch, und darin lag die Schwäche ... Sich in fünf Minuten fünf Tore aufbrummen zu lassen, das darf nicht vorkommen..." (*Der Kicker* vom 5. April 1921)

Nach einem 4:0 gegen Kickers Offenbach wurde die Runde mit drei Niederlagen in Folge abgeschlossen, so daß am Ende nur der Kassierer zufrieden gewesen sein dürfte, denn die drei Heimspiele hatten 33.000 Zuschauer angelockt. Bereits beim Jubiläumsturnier „60 Jahre Turn- und Sportgemeinde Eintracht von 1861 e.V." Anfang Mai zeichnete sich bereits eine sportliche Stagnation ab. Zwar konnte Saarmeister Borussia Neunkirchen mit 1:0 besiegt werden, im Endspiel setzte es allerdings eine glatte 1:6-Abfuhr gegen Wacker München. Nach schlimmer war jedoch die deutliche Niederlage der Jugend-Mannschaft gegen die Würzburger Kickers.

„Muß man denn erst, wenn man bei der Eintracht zu etwas kommen will, austreten, in Gross-Krotzenburg in der ersten C-Mannschaft spielen, um nachher mit Tam-Tam und Jubel nach Frankfurt zurückgeführt zu werden? Es sind da ein paar Leute, die haben eben ein Abonnement auf die Liga für ewige Zeiten. Nachwuchs! Nachwuchs! Meine Herren von der Eintracht, sehen Sie sich die Kickersjugend aus Würzburg an. 6:0 ist eine saumäßige Abfuhr, noch schlimmer als das 6:1 gegen Wacker." (*Der Kicker* vom 17. Mai 1921)

1921/22 Von Germania 94 entzaubert

Nachdem die Verantwortlichen die Probleme erkannt hatten, wurde im Sommer 1921 mit dem Ungarn Dori Kürschner erstmals ein „richtiger" Trainer präsentiert. Außerdem nahmen die Verbandsoberen wieder einmal eine Spielklassenreform in Angriff. Doch statt zu einer Konzentration der Besten kam es zunächst zu einer Aufblähung von Süddeutschlands Spitzenklasse auf sage und schreibe 160 Vereine, die bis 1924 sukzessive auf 40 Erstligisten in fünf Bezirksligen reduziert wurden. Sportlich und finanziell war diese Entscheidung vor allem für die Großvereine ein Rückschritt, denn Spiele gegen Borussia Frankfurt oder die FG 02 Seckbach waren wenig attraktiv. Selbst das Derby gegen den FSV zog nur 8.000 Interessierte an. Zu überlegen zog die Eintracht ihre Kreise. Mit 13 Siegen und nur einer Niederlage (1:2 beim FSV) wurde die Eintracht souverän Meister in der Abteilung I des Nordmains.

Ähnlich deutlich dominierte Germania 94 die andere Abteilung, so daß es in den Spielen um die Kreismeisterschaft zum Duell mit dem alten Rivalen kam. Nachdem das erste Spiel auf den Sandhöfer Wiesen 2:2 geendet hatte, mußte das Rückspiel am Riederwald eine Woche später 18 Minuten vor Schluß wegen eines Schneesturms abgebrochen werden. Im dritten Anlauf am 11. Februar 1922 unterlag die Eintracht, die „zwar technisch vollendetes und schönes Kombinationsspiel" vorführte, „aber solches nicht in Tore umzusetzen" verstand, gegen die „stärkere Kampfmannschaft" der Germania deutlich mit 1:4 (Zitate aus der *Frankfurter Zeitung*).

EINWURF

Frankfurt in den Wirren der Inflation

„Nachdem das Wirtschaftsjahr 1922 in Frankfurt ... sehr günstig begonnen hatte, wurden bereits im Frühsommer die ersten Auswirkungen einer immer rascher beschleunigten Geldentwertung ... spürbar. Zum Jahresende war die Mark bereits auf den zweitausendsten Teil ihres Friedenswertes gesunken. Löhne, Gehälter, Tarife, Gebühren und Abgaben mußten in immer kürzeren Abständen an die Geldentwertung angepaßt werden. ... Mit dem Verlust der Kaufkraft und der Flucht in die Sachwerte wurden auch die Warenangebote immer knapper. Das städtische Wohlfahrtsamt mußte zur Bedarfsdeckung ... intervenieren und größere Vorräte an Nahrungsmitteln und Kohlen für die ständig wachsende Zahl von Bedürftigen bereitstellen. Immer mehr Menschen, vor allem kinderreiche Familien, Klein- und Sozialrentner, Kriegsbeschädigte und Kriegshinterbliebene, aber auch Angehörige freier Berufe und Betriebe aus den besetzten Gebieten fanden sich zu den Massenspeisungen in den kommunalen Volksküchen ein.

... Im Januar 1923 besetzten französische Truppen das Ruhrgebiet, um Reparationszahlungen und Sachlieferungen sicherzustellen. Da der Ruhrkampf und der passive Widerstand durch den Ausfall der Produktivitätskapazitäten und der Steuererträge des Industriereviers die Finanzkraft des Deutschen Reiches weit überstieg, wurde die Notenpresse in Gang gesetzt. In der chaotischen Schlußphase der Hyperinflation des Jahres 1923 war die Reichsdruckerei dann gar nicht in der Lage, mit der Veränderung des Wertmaßstabes Schritt zu halten. ... Schließlich kostete im November 1923 eine einfache Straßenbahnfahrt ganze 90 Milliarden Mark. Verschiedene Frankfurter Großbetriebe, vor allem auch die Stadtverwaltung selbst, behalfen sich mit der Ausgabe von Notgeldscheinen ... Insgesamt wurden an städtischem Notgeld 5 Trillionen, 211 Billiarden und 500 Billionen ausgegeben.

... Geschäftsschließungen und Firmenzusammenbrüche [waren] an der Tagesordnung ... Nur die Hälfte der in Frankfurt eingetragenen Firmen konnte sich über das Jahr 1923 hinaus behaupten. Die Zahl der Erwerbslosen stieg bis zum Jahresende auf 22.670, während schon im Oktober mehr als 60.000 Kurzarbeiter registriert worden waren ...

Mehr noch als die Not des Tages haben die Spätfolgen der Inflation den Charakter der Stadt verändert. Besitz und Vermögen, das nicht auf Immobilien und Sachwerten beruhte, schmolz durch den Währungsverfall praktisch auf ein Zehntel des früheren Wertes zusammen. ... Das Bürgertum der Mainmetropole, das einen sozialen und politischen Machtfaktor eigener Art repräsentierte, war in einem überdurchschnittlichen Umfang von diesen Vermögensverlusten betroffen, war doch der größte Teil des seit Generationen angesammelten Vermögens in beweglichen Werten, Wertpapieren und Anleihen angelegt." (aus: Dieter Rebentisch, „Frankfurt am Main in der Weimarer Republik und im Dritten Reich 1918–1945")

Wie rasch die Geldentwertung um sich griff, verdeutlicht auch die Entwicklung des Preises für die Fußballzeitschrift *Der Kicker.* Die erste Ausgabe vom 14. Juli 1920 kostete 60 Rappen (die Redaktion war im schweizerischen Kreuzlingen und in Konstanz zu Hause), die Nr. 2 war in Deutschland für M 1,50 erhältlich. Im Januar 1921 wurde der Preis auf M 2,–, im November 1921 auf M 2,50 erhöht. 1922 drehte sich die Preisspirale dann immer schneller:

Verkaufspreis des „Kicker"

2.1.1922	M	3,–
6.2.1922	M	4,–
28.3.1922	M	5,–
4.9.1922	M	15,–
2.10.1922	M	20,–
6.11.1922	M	40,–
6.12.1922	M	120,–
4.1.1923	M	150,–
6.2.1923	M	400,–
6.3.1923	M	800,–
4.4.1923	M	800,–
2.5.1923	M	1.000,–

(Am 29.4.1923 kostete der Eintritt zum Pokalspiel Helvetia Frankfurt – Mannheim-Lindenhof ebenfalls M 1.000,–)

6.6.1923	M	1.500,–
4.7.1923	M	3.000,–
8.8.1923	M	30.000,–
4.9.1923	M	500.000,–
2.10.1923	M	12 Mio.
13.10.1923	Einführung der Rentenmark (ab 30.8.1924 Reichsmark)	
7.11.1923	M	40 Mrd.
6.12.1923	M	400 Mrd.
		(oder 30 Goldpfennige)
18.12.1923		40 Pfennig

■

1922 bis 1927 Im Schatten des FSV

Die Abteilungsmeisterschaft 1922 sollte für lange Zeit der letzte Titel sein, den die Eintracht-Fußballer bejubeln konnten. Es war die Zeit, in der altbewährte Kräfte wie Fritz Becker, Karl Jockel, Torhüter Wilhelm Gmelin und Paul Imke ihre Fußballschuhe an den berühmten Nagel hingen. Auch Trainer Kürschner hatte den Riederwald wieder in Richtung Nordstern Basel verlassen. Da das Frankfurter Bürgertum an den Folgen der Inflation besonders zu leiden hatte, traf dies auch die Eintracht, die „der" bürgerliche Fußballklub der Stadt war. So spricht die Jubiläumsbroschüre „30 Jahre Eintracht" (1929) von einer „denkbar unerfreulichen" Saison 1924/25, „zu stark litten wir noch unter den Begleiterscheinungen der Inflationszeit".

1922/23 Als Dritter für die Mainbezirksliga qualifiziert

Immerhin brachte die Konzentration auf eine oberste Spielklasse im Nordmainkreis höhere Zuschauerzahlen als im Vorjahr. Die Heimspiele gegen Germania 94 (3:2) und Helvetia Frankfurt (1:2) lockten je 10.000, das Derby gegen den FSV (2:3) am 3. Dezember 1922 sogar 12.000 an den Riederwald. Ein Tor des Bornheimers Waldschmidt drei Minuten vor Schluß beendete die letzten Hoffnungen der Eintracht auf den Titel, den sich der FSV mit zwei Punkten Vorsprung auf Helvetia und vier auf die Eintracht sicherte. Die Qualifikation für die neue Mainbezirksliga stand jedoch nie in Frage.

Nachdem 1921/22 die Spiele um den Süddeutschen Pokal nicht ernst genommen und die sog. „Schupo"-Mannschaft zu Germania Mörfelden geschickt worden war (und 1:2 verlor), fuhr die Eintracht diesmal mit allen „Kanonen" an den Bieberer Berg nach Offenbach. Trotz einer zeitweiligen 3:1-Führung hieß es am Ende jedoch 5:6. Aus der Reihe der zahlreichen Freundschaftsspiele ragte das 0:0 gegen den österreichischen Vizemeister Hakoah Wien am Silvestertag 1922 hervor.

1923/24 Außenseiter Bürgel spuckt in die Meisterschaftssuppe

Die gute Form konnte auch ins Spieljahr 1923/24 hinübergerettet werden, denn nach einem 2:1-Derbysieg gegen den FSV stand die Eintracht nach vier Spielen an der Tabellenspitze. Allerdings tat sich die Mannschaft gegen „kleinere" Vereine schwer. Während gegen den FSV und Helvetia kein Punkt abgegeben wurde, gab es gegen den FC Hanau 93 und den SC Bürgel zweimal eine „Nullrunde". Besonders auf Bürgel war man in diesem Jahr am Riederwald nicht gut zu sprechen. Ausgangspunkt für die Verstimmung war das

Spiel am 4. November 1923 in Bürgel, in dem vier Verletzte zu beklagen waren. Bereits nach drei Minuten hatte der rechte Läufer Egly eine Knieprellung erlitten. Nach 25 Minuten fiel Torhüter Trumpp nach Foulspiel mit Gehirnerschütterung aus, so daß Mittelläufer Kirchheim ins Tor mußte. Nachdem in der 2. Halbzeit mit Klemm und Schönfeld zwei weitere Akteure verletzt ausfielen, brach der Stuttgarter Schiedsrichter Faigle, dem die Eintracht vorwarf, die Härte nicht unterbunden zu haben, das Spiel beim Stand von 2:0 für Bürgel ab. Überhaupt waren die Schärfe der Spiele und mangelhafte Schiedsrichterleistungen ein hochaktuelles Thema. So schrieb *Der Kikker,* daß „ein Unparteiischer ... auch in Bürgel nichts durchgehen lassen [darf]. Nun hat die Behörde das Wort, es ist höchste Zeit, sonst ist's zu spät."

Daß nach dem zweiten Sieg über den FSV die Beziehungen zu den Bornheimern – wieder einmal – atmosphärisch gestört waren, trug auch nicht gerade zur allgemeinen Beruhigung bei. Nachdem der Sportverein Anfang Januar 1924 sein vorletztes Meisterschaftsspiel verloren hatte, wiesen er und die Eintracht die gleiche Anzahl von Minuspunkten (acht) auf. Zum Zünglein an der Waage sollte nun ausgerechnet der SC Bürgel werden. Am 13. Januar beendete der FSV mit einem 3:1 in Bürgel sein Punktspielprogramm. Zur gleichen Zeit gewann die Eintracht ihr „Auswärtsspiel" gegen den SV 99 Offenbach am Riederwald mit 3:2 – der Platz in Offenbach war total vereist und daher nicht bespielbar. Dies sorgte für reichlich Verstimmung in Bornheim, denn mit zwei Siegen über Bürgel konnte die Eintracht mit dem FSV gleichziehen und ein Entscheidungsspiel erzwingen. Trotz großer Überlegenheit gelang es der Eintracht jedoch eine Woche später bei strömendem Regen nicht, das Bürgeler Abwehrbollwerk zu knacken. Im Gegenteil: am Ende hatte die Mannschaft mit 0:2 ihre letzte Meisterschaftschance verspielt und führte dies auf „die Zermürbung ihrer Energie durch die gehässigen Zurufe und das Schreien und Johlen eines gewissen Publikumsteils zurück, in dem sie einen großen Prozentsatz Anhänger ihres derzeit stärksten Rivalen erkannt haben will." (*Fußball* vom 24. Januar 1924)

Die Atmosphäre im Mainbezirk war endgültig vergiftet, als die Eintracht auf die Wiederholung des am 4. November 1923 in Bürgel abgebrochenen Spieles verzichtete.

Erfolgreicher verliefen in diesem Jahr die Pokalspiele. Nach Siegen über Kickers-Viktoria Mühlheim (5:2), die 1923 in die Zweitklassigkeit abgerutschte Germania 94 (2:0), Viktoria Aschaffenburg (2:1) und SV Darmstadt 98 wurde das Viertelfinale erreicht, in dem sich allerdings die Stuttgarter Kikkers am Riederwald als geschlossenere Mannschaft zeigten und verdient mit 4:3 die Oberhand behielten.

Durch die Stabilisierung der Währung Ende 1923 konnten endlich auch wieder attraktive ausländische Mannschaften verpflichtet werden. Höhepunkte waren die Gastspiele von West Ham United am 17. Mai 1924 und von Sparta Prag. Besonders der Auftritt der Engländer – seit dem Bradford-Spiel zehn Jahre zuvor die ersten Gäste von der Insel in Frankfurt – war eine Meisterleistung der Eintracht-Verantwortlichen, wenn man bedenkt, daß es 1920 gerade die englische „Football Association" gewesen war, die nach dem 1. Weltkrieg jegliche Fußballkontakte zu den ehemaligen Kriegsgegnern strikt abgelehnt hatte und deshalb sogar aus der FIFA ausgetreten war. So pries *Der Kicker* vor allem die „gute Pionierarbeit für den deutschen Sport". Vor 10.000 Zuschauern lieferte die Eintracht in der Aufstellung

▶ Trumpp; Grünerwald, Egly; Roth, Kirchheim, Schneider; Weber, Schönfeld, Pfeiffer, Schenk, Österling

„wie immer bei großen Gegnern eines ihrer besten Spiele und setzte den Engländern bewundernswerten Widerstand entgegen. Zeitweise zwang sie den Gegner zur Hergabe seines vollen Könnens. Aus dem Rahmen fielen Trumpp, das Torwächterphänomen, und Pfeiffer, der überragende Sturmführer. ... Klare Torchancen hatte die Eintracht viermal, zwei davon wurden vor dem leeren Tor in der Aufregung verschossen." (*Der Kicker* vom 21. Mai 1924)

Das deutliche 0:4 war fast Nebensache. Am Abend trafen sich beide Mannschaften im Zeil-Casino, wo „eine überaus herzliche Verbindung mit den Gästen geschaffen [wurde]. Als die Musikkapelle 'God save the King' intonierte..., war der Höhepunkt erreicht".

1924/25 Sportlich und finanziell in höchster Gefahr

Ausgerechnet zum 25jährigen Bestehen der Fußballabteilung zeigte sich bei der Eintracht ein sportlicher Abwärtstrend. Bis Ende November 1924 gelangen ihr in den Meisterschaftsspielen lediglich zwei Siege, und nach dem 1:4 im Derby gegen den FSV fand sich die Eintracht auf dem drittletzten Platz in höchster Abstiegsnot wieder. Die Lage wurde noch dramatischer, denn zwei Runden vor Schluß lag man nur zwei Zähler vor dem VfR 01 Frankfurt, dem Hauptkonkurrenten im Überlebenskampf.

Zu allem Übel hatte sich zu der sportlichen Krise bereits im Sommer eine finanzielle eingestellt. Unmittelbar nach dem West-Ham-Spiel hatte die Stadt Frankfurt von der Eintracht den gesamten Überschuß zuzüglich 7.000 Mark Steuer gefordert, da die Engländer Profis gewesen seien und „eine berufsmäßige Erlustigung des Publikums ... mit 40 % vergnügungssteuerpflichtig" sei (*Fußball* vom 26. Juli 1924). Für das städtische Rechneiamt war Fußballspielen laut Anklageschrift vom 24. August 1924 „nur zur Befriedigung der Schaulust und des Vergnügens da und zu Erwerbszwecken"!

Zwar appellierte die Sportpresse an die Stadt, nicht zu vergessen, „daß die Eintrachtleute ihren Namen, zur Ehre der Vaterstadt, dem Namen der Stadt Frankfurt, in allen Gauen Deutschlands, im Ausland zu hohen Siegesehren verholfen“ hatten. Als jedoch die Gesamtforderung bis Mitte Oktober auf 20.000 Mark angewachsen war und sich die Eintracht außerstande sah zu zahlen, wurden am 26. Oktober die Eintrittsgelder aus dem Spiel gegen den VfR 01 Frankfurt beschlagnahmt. Erst als „der Ruin dieses alten, großen Vereins [bevor]stand, ... erinnerte man sich im hohen Magistrat, daß man auch ein Stadtamt für Leibesübungen habe, das eigentlich zur Hebung des Sportes da sei. Auch dachte man an das neue Stadion, das doch ohne unsere Sportler nur als gärtnerische Anlage zu betrachten wäre, und auf einmal konnte man nachgeben! Auch ein hoher Magistrat kann nun einmal nicht mit dem Kopf durch die Wand, selbst wenn er noch so dick ist!“ (*Fußball* vom 6. Januar 1925)

Auch der sportliche Abstieg konnte in letzter Minute vermieden werden. Dazu wurde Paul Imke reaktiviert, der mit zwei Toren den wichtigen Sieg gegen Helvetia Frankfurt (2:1) sicherte. Noch aber war die Eintracht nicht aus dem Schneider, denn vor dem letzten Spiel beim Vorletzten VfR 01 betrug der Vorsprung auf diesen lediglich zwei Punkte. Doch raufte sich die Mannschaft zusammen und ging schon in der ersten Viertelstunde durch Riegel in Führung. Und mehr als ein Eigentor von Verteidiger Grünerwald ließ die Abwehr nicht zu. Der Kelch war gerade noch einmal am Riederwald vorbeigegangen.

Für den Niedergang hatte der *Fußball* bereits am 9. Dezember 1924 Unstimmigkeiten in der Vereinsführung verantwortlich gemacht:

„Hier ist furchtbar gefehlt worden. ... Jeder wollte etwas Besseres wissen, immer wieder wurde die Mannschaft umgestülpt, es herrschte Unzufriedenheit, Unfrieden, bald zeigte der Spielausschuß die harte Faust, dann winkte er wieder mit zarten Pfötchen, wenn er sich nicht mehr zu helfen wußte, und schließlich wußte niemand mehr aus und ein. Es geht hier wie in der Politik, jetzt soll der alte Pionier des Fußballsportes, Albert Sohn, der Retter in der Not sein. Hoffen wir, daß es ihm noch gelingt, es wäre bitter, wenn einer der größten Vereine Deutschlands zur Bedeutungslosigkeit verurteilt würde. Experimentieren gibt's nicht im Fußballsport, hier heißt es handeln oder verderben!“

Dazu kamen disziplinarische Probleme innerhalb der Mannschaft. Besonders in der Kritik stand der alte Liga-Kämpe und Sturmführer Willy Pfeiffer, der im vorentscheidenden Spiel gegen Helvetia beim Stande von 1:1 wutentbrannt den Platz verlassen hatte und, da er sich nicht ordnungsgemäß abgemeldet hatte, dafür von Schiedsrichter Maier aus Stuttgart des Feldes verwiesen wurde. Sowohl für die *Frankfurter Zeitung* als auch den *Kicker* war er für die Uneinigkeit innerhalb der Mannschaft verantwortlich. Willy Pfeiffer, der schon 1912/13 in der Ligaelf des FFV gestanden hatte, war als Hitzkopf bekannt, und es sollte nicht seine letzte Entgleisung sein. Die Jubiläumsschrift „50 Jahre Eintracht“ nannte ihn 1949 „eine jener Erscheinungen, die von Frankfurter Fußballfeldern nicht wegzudenken sind. Er wird immer unvergeßlich bleiben, schon wegen seines einzigartigen Temperamentes. Man hatte oft Mühe, es zu dämpfen, auf dem Spielfeld und im Sitzungssaal. Wenn es dabei auch mitunter recht stürmisch zuging, über eine Tatsache war nicht zu streiten. Sobald Willi einmal aus dem Häuschen geriet, war es immer seiner geliebten 'Eintracht' wegen, für die er sich nun einmal bedingungslos einsetzte.“

Er tat dies bis 1932 in über 700 Spielen in der ersten Mannschaft, wofür er später zum Ehrenmitglied und Ehrenspielführer ernannt wurde.

Nachdem der Klassenerhalt gesichert war, wurde im März 1925 mit Maurice Parry wieder ein Trainer verpflichtet. Der 16malige walisische Nationalspieler, der 1906 mit dem FC Liverpool die englische Ligameisterschaft gewonnen hatte, sortierte einige ältere Spieler aus, baute verstärkt auf Nachwuchskräfte und verbesserte durch gezieltes Konditionstraining die physischen Fähigkeiten der Mannschaft.

1925/26 Aufschwung durch den Schweizer Walter Dietrich

Für die Saison 1925/26 zog die Eintracht drei wesentliche Verstärkungen an Land. Von Servette Genf kam der Schweizer Nationalspieler Walter Dietrich, vom Mülheimer SV der gebürtige Offenbacher Franz Schütz und vom FFC Olympia 07 Karl Döpfer. Trotzdem ging der Start in die neue Ligasaison gründlich daneben. Nach fünf Spielen schienen bei nur 2:8 Punkte erneut Abstiegssorgen ins Haus zu stehen. In dieser Situation platzte jedoch bei der in den Vorjahren so arg kritisierten Sturmreihe der Knoten. Es gab Kantersieg auf Kantersieg: 4:0 bei Helvetia, 5:0 gegen Union Niederrad, 6:0 gegen Kikkers Offenbach, 7:3 gegen Viktoria Aschaffenburg. Mit 40:28 Toren und 14:14 Punkten landete die Eintracht am Ende auf Platz vier. Nur Meister FSV erzielte mehr Treffer (41). Leider konnte Trainer Parry die Früchte seiner Arbeit nicht mehr ernten, da er Frankfurt schon während der Saison wieder verließ. Dafür hatten die Eintracht-Anhänger einen neuen Liebling: Walter Dietrich, um den sich eine wahre „Dietrich-Manie“ entwickelte.

„Der Schweizer ist das Gesprächsthema der Fußballkreise geworden, besonders der Eintrachtkreise. Man trägt ohne Unterschied des Geschlechts – dank dem Bubikopf fällt's nicht schwer – Dietrichsfiguren, es gibt Schirme, Marke Dietrich, es gibt Schuhe, Form Dietrich, es gibt Pralinen à la Dietrich, es wird bald Zigaretten à la Dietrich geben und die Speisehäuser und Cafés, die Wert auf Fußballkundschaft legen, werden nicht umhin können, eine Schildkrötensuppe à la Dietrich, ein Filetsteak à la etc. oder einen Mazagran à la Dietrich auf ihre Karten zu setzen. [...] Dietrichs Spiel ist ein Genuß. Er spielt mit ebenso viel Technik, wie Geist, mit ebenso viel Grazie, wie Kraft, mit ebenso viel Verstand, wie Können. Er ist kurzum ein Prachtspieler und der zweite Schweizer in Frankfurt [Seit Oktober 1924 spielte Robert Pache beim FSV. Auch er war von Servette Genf an den Main gekommen, Anm. d. Verf.], der eine Frankfurter Mannschaft in die Höhe bringen wird. Seine Sturmführung ist formvollendet. Seine Einzelleistungen begeistern. Ich habe viele Mittelstürmer gesehen, Ungarn, Tschechen, usw., aber nachdem was ich bis jetzt zu sehen bekam, muß ich Dietrich als einen der besten bezeichnen." („Jockey" im *Kicker* vom 27. Oktober 1925)

Walter Dietrich, der bis 1935 bei der Eintracht aktiv war und danach in Frankfurt eine Baufirma besaß, wurde zum Liebling der Massen, ähnlich wie später ein Alfred Pfaff, Jürgen Grabowski oder Jay-Jay Okocha. Unter seiner Regie entwickelte sich die Eintracht zur spielerisch besten Mannschaft des Mainbezirks. Sowohl die Londoner Amateure der Kingstonians (1:1) als auch die französische Presse waren vom Stil der Eintracht sehr angetan, nachdem sie am 30. Mai 1926 Red Star Olympique mit 5:1 abgefertigt hatte. Bei der Rückkehr aus Paris wurden Dietrich und die Mannschaft von mehreren hundert Menschen begeistert auf dem Frankfurter Hauptbahnhof empfangen. Eine Woche später besiegte die Eintracht im Stadion Ajax Amsterdam mit 5:4.

Derby-Szenen: Links Eintracht-Stürmer Karoly (weißes Hemd) und Fritz (FSV) beim Kopfballduell, rechts kann Torhüter Trumpp vor dem Bornheimer Wallishausen klären.

EINWURF

Die Geschichte des Frankfurter Stadions

Bereits vor dem 1. Weltkrieg hatte es Pläne für ein Stadion in Frankfurt gegeben. Nach dem Krieg wurden diese wieder aufgegriffen und ein Areal in der Nähe des Oberforsthauses ausgewählt, da die dortigen Militär-Schießstände aufgrund des Versailler Vertrages beseitigt werden mußten. Erste Konzepte wurden im Mai 1920 erarbeitet und Anfang 1921 mit ersten Erdarbeiten begonnen. Da sich Stadt und Reichsregierung aber nicht über eine finanzielle Unterstützung einigen konnten, wurden diese schon am 18. März wieder eingestellt. Obwohl der Stadionbau im Rahmen eines Beschäftigungsplans für Arbeitslose durchgeführt wurde, wollte die Reichsregierung dafür keine Mittel aus der Arbeitslosenfürsorge bereitstellen. So beschloß der Magistrat am 25. August 1921, das Projekt allein voranzutreiben. Bis zur Fertigstellung der Gesamtanlage Ende 1927 investierte die Stadt 4,782 Millionen Mark. Durch den Bahnhof Sportfeld und die Verlängerung der Straßenbahn wurde das Stadion an den Personennahverkehr angeschlossen.

Um das Stadion auch auszulasten, schloß die am 8. April 1925 gegründete kommunale „Stadion-Betriebs-Gesellschaft m.b.H.“ noch vor Fertigstellung der Hauptkampfbahn einen Vertrag mit der Eintracht, nach dem alle Spiele um die Süddeutsche Meisterschaft und solche, bei denen mehr als 12.000 Zuschauer erwartet wurden, im Stadion durchzuführen seien. 1931 wurden ähnliche Verträge mit dem FSV und dem SC Rot-Weiss Frankfurt abgeschlossen.

Das Stadion wurde am 21. Mai 1925 vor 25.000 Zuschauern feierlich von Oberbürgermeister Ludwig Landmann mit einem Spiel zwischen einer Mainbezirksauswahl und der argentinischen Mannschaft Boca Juniors (0:2) eröffnet. Am 7. Juni 1925 war das Stadion mit 40.000 Zuschauern erstmals ausverkauft, als sich der 1. FC Nürnberg und der FSV Frankfurt im Endspiel um die Deutsche Fußballmeisterschaft gegenüberstanden (der „Club“ siegte 1:0 nach Verlängerung). Vom 24. bis 28. Juli war das Stadion Austragungsstätte der Arbeiterolympiade.

Die letzte Großveranstaltung während des 2. Weltkrieges war das Pokalhalbfinale zwischen dem First Vienna FC und Schalke 04 am 17. Oktober 1943. 32.000 Zuschauer sahen einen 6:2-Erfolg der Wiener. Am 1. Mai 1945 wurde das Stadion von den Amerikanern beschlagnahmt und in „Victory Park“ umgetauft. Am 13. Juli 1946 fand vor 45.000 Zuschauern das erste Fußballspiel zwischen der Eintracht und dem VfB Stuttgart statt (0:1). 1950 wurde das Gelände wieder an die Stadion-GmbH zurückgegeben.

45.000 Zuschauer im Frankfurter Stadion sahen am 2. März 1930 das Länderspiel gegen Italien (0:2).

Nachdem das Fassungsvermögen bereits 1938 auf 50.000 erhöht worden war, wurde es zwischen 1953 und 1955 durch Tieferlegung des Spielfeldes noch einmal für 1,5 Millionen Mark (darunter 800.000 Mark Totogelder) auf knapp 90.000 gesteigert. Zum Start der Bundesliga wurde die Gegengerade 1963 komplett mit Sitzplätzen ausgestattet, so daß fortan 70.739 Plätze (davon 23.239 Sitzplätze) zur Verfügung standen. Für die WM 1974 wurde das Waldstadion 1972/73 völlig umgebaut. Die alte Haupttribüne mußte einem Neubau weichen, die Gegengerade wurde komplett überdacht. Das Fassungsvermögen reduzierte sich dadurch auf 61.146 Plätze (30.546 Sitzplätze, davon 20.364 überdacht). In Hinblick auf die erneute Bewerbung des DFB für die WM 2006 soll die bestehende Anlage ab 1999 komplett umgebaut werden und mit einem verschließbaren Dach und einem herausrollbaren Rasen versehen werden. Je nach der variablen Nutzung von Sitz- und Stehplätzen soll sie ab 2002 zwischen 45.000 und 53.000 Zuschauern Platz bieten. ■

Süddeutsche „Trostrunde" und der „Fall Pfeiffer"

Im April 1926 wurde der Eintracht-Angriff durch Bernhard Kellerhoff von Schwarz-Weiß Essen weiter verstärkt. Im Gegensatz zum Vorjahr gelang ein glänzender Start. Wie sehr das Eintracht-Spiel inzwischen auf Walter Dietrich fixiert war, zeigte sich beim Spiel gegen FSV, wo sich der Schweizer Spielmacher schon früh verletzte und auf der Rechtsaußenposition keine Akzente mehr setzen konnte. Prompt gab es mit 2:3 die erste Niederlage. Doch die Eintracht war keineswegs nur eine Auswahl „Dietrich plus zehn". In dieser Saison ging der Stern des jungen Fritz Schaller auf, der im Dezember 1924 vom 1. FC Oberstedten an den Riederwald gekommen war. Nachdem Tabellenführer Kickers Offenbach vor 8.000 Zuschauern am Riederwald mit 2:0 gestürzt worden war, setzte sich die Eintracht auf dem zweiten Platz fest.

Vor dem zweiten Derby gegen den FSV am 2. Weihnachtsfeiertag lag die Eintracht nur zwei Punkte hinter den Bornheimern, hätte also bei einem Sieg mit diesen gleichziehen können. Die ganze Woche vor dem Spiel grassierte in der Stadt das „Derbyfieber". 15.000 Zuschauer sahen eine meist überlegene Eintracht-Elf, die es aber nicht verstand, ihr ausgezeichnetes Kombinationsspiel in zählbare Erfolge umzusetzen. Als sich schon fast alle mit einem torlosen Unentschieden abgefunden hatten, erzielte der Schwede Wyk zehn Minuten vor dem Ende aus einer Abseitsposition noch den Siegtreffer für den FSV. Der zweite Platz, der in diesem Jahr erstmals die Teilnahme an der Trostrunde der Süddeutschen Meisterschaft, der sogenannten „Runde der Zweiten", bedeutete, war der Mannschaft jedoch nicht mehr zu nehmen. In diesen Spielen wurde mit 8:8 Punkten hinter dem SV 1860 München und Karlsruher FV (10:6) der dritte Platz belegt.

Nachdem sich das Verhältnis zum FSV in den letzten drei Jahren wieder weitgehend normalisiert hatte, wurde die Saison am 25. Juni mit einem handfesten Skandal beendet. Das „Freundschaftsspiel" Eintracht – FSV wurde zur „Marneschlacht des Frankfurter Fußballsports" *(Der Kicker).* Im Mittelpunkt der Ereignisse stand Heißsporn Willy Pfeiffer, der schon nach dem 0:2 von Brück, dem ein Handspiel vorausgegangen war, nur von einem Vorstandsmitglied davon abgehalten werden konnte, das Spiel abzubrechen. Nachdem das Spiel vollends zu einer Holzerei verkommen war, „kam es zu einer Zusammenrottung sämtlicher Spieler in der Mitte des Feldes. Der Schiedsrichter, der Trumpp gerade noch vor einem halsbrecherischen Angriff Wyks befreien mußte, eilte heran. Was gesprochen und getan wurde, war von der Presseloge aus nicht zu erkennen. Man hörte lediglich Paches lautes Organ. Plötzlich sah man, daß Pache zusammenstürzte und sich hinaustragen ließ. ... Dr. Rothschild [der FSV-Vorsitzende, Anm. d. Verf.] stürzte wild gestikulierend auf

Eintracht 1926/27: Stehend von links Egly, Kirchheim, Trumpp, Schütz und Zimmer. In der Mitte Kübert, Goldammer und Müller. Vorn Döpfer, Dietrich, Schaller, Kellerhoff und Weber.

den Platz. Mehrere eindringende Zivilisten wurden von Spielern vom Platz gescheucht. Pfeiffer mußte gehen. Der Schiedsrichter pfiff an und ab und aus und an. Das Publikum gröhlte und vollführte einen ohrenbetäubenden Lärm, wobei die Jugend sich mit besonderer Inbrunst beteiligte.“ (*Der Kicker* vom 28. Juni 1927)

Bei der „Zusammenrottung“ im Mittelkreis soll Pache Pfeiffer durch verächtliche Gesten und Worte beleidigt haben, worauf dieser den Schweizer getreten haben soll und Dr. Rothschild die Eintracht als „Lumpenbande“ beschimpfte. Nach Spielende rottete sich eine Zuschauermenge vor der Tribüne zusammen und mußte von berittener Polizei abgedrängt werden. Fußball gespielt wurde auch noch. Der FSV siegte mit 4:0.

Für Willy Pfeiffer hatte der Fall ernste Konsequenzen. Er wurde wegen Tätlichkeit ein Jahr sowie wegen Bedrohung und Auflehnung gegen die Anordnung des Schiedsrichters (er hatte diesem nach seiner Hinausstellung Schläge angedroht!) zusätzlich zwei Monate gesperrt. So ging das eigentlich recht erfolgreiche Spieljahr 1926/27 mit einem Mißton zu Ende. Fünfmal hintereinander (von 1923 bis 1927) war der FSV Mainbezirksmeister geworden. Keiner konnte ahnen, daß sich die Eintracht in der kommenden Saison daranmachen sollte, diesen Rekord einzustellen.

1927 bis 1933 Die Macht am Main

Wegen der erneuten Änderung des Spielsystems begann die Meisterschaft 1927/28 bereits am 31. Juli. Durch die Neueinteilung des süddeutschen Verbandsgebietes gab es jetzt vier Bezirke, die je zwei Gruppen umfaßten. In der Gruppe Main der Bezirksliga Main-Hessen gingen elf Vereine an den Start. Die Eintracht hoffte, sich zumindest über die neugeschaffene Trostrunde für Zweit- und Drittplazierte endlich für die Endrunde um die Deutsche Meisterschaft qualifizieren zu können.

1927/28 Neue Trainingsmethoden machen sich bezahlt

Ungeschlagen ging die Eintracht am 10. Spieltag ins Derby gegen den FSV. Da auch die Bornheimer bis dato noch keinen Punkt abgegeben hatten, pilgerten 25.000 Fans an den Riederwald. In einem sehr guten Spiel erzielten Ehmer für die Eintracht und Strehlke für den Sportverein bereits vor der Pause die Tore zum 1:1. Hatte diese Zuschauermenge bereits neuen Punktspielrekord im Mainbezirk bedeutet, so stellte die Kulisse beim Rückspiel vier Wochen später alles bisher Dagewesene in den Schatten: 40.000 sahen im Stadion den ersten Punktspielsieg der Eintracht über den FSV seit dem 16. Dezember 1923. Ehmer in der 40. Minute und Schaller unmittelbar nach der Pause erzielten die Tore zum 2:0. Sowohl *Der Kicker* als auch der *Fußball* lobten die Eintracht in höchsten Tönen. Während der *Fußball* den 30. Oktober 1927 einen „weithin sichtbaren Markstein in der Geschichte des Frankfurter Fußballsports“ nannte und die Zuschauerkulisse mit „englischen Verhältnissen“ verglich, stellte *Der Kicker* die unter dem neuen Trainer Gustav Wieser – einem 26maligen österreichischen Nationalspieler – gemachten spieltechnischen Fortschritte in den Vordergrund:

„Sieh da! Die weiche, fast verweichlichte Eintracht hat zäh kämpfen gelernt. ... Eintracht war eine Mannschaft mit der rückhaltgebenden Stärke des gewohnten Zusammenspiels. ... Eintracht hat Haltung in großen Spielen bekommen, auch in dem nervenaufreibenden Lokalkampf.“ (*Der Kicker* vom 1. November 1927)

Unterstützt wurde Wieser durch die Leichtathleten Otto Boer und Dr. Friedrich Wilhelm Wichmann, die für die Konditionsarbeit und medizinische Betreuung verantwortlich waren – für damalige Verhältnisse sensationelle Neuerungen. Diese neuen Trainingsmethoden verbesserten nicht nur das Sprint- und Sprungvermögen der Spieler. Wie der Eintracht-Spieler James Müller in einem Interview mit Richard Kirn im *Fußball* vom 31. Januar 1928 erzählte, lief jeder Spieler die 100 Meter unter 11,2 Sekunden und sprang in

Fußballkleidung mindestens 1,40 m hoch. Besonders geschätzt wurde die psychologische Arbeit des Arztes Dr. Wichmann, der seine Leute genau kannte: „Jeden einzelnen Spieler. Weiß ihn zu behandeln, weiß Tadel und Ansporn zur rechten Zeit zu geben." Auf dem Spielfeld schlug sich die Arbeit des Trios in folgenden Zahlen nieder: 20 Siege, ein Unentschieden, eine Niederlage (1:2 bei Rot-Weiss Frankfurt), 41:3 Punkte, 94:13 Tore. Fünf Punkte betrug der Vorsprung am Ende auf den Zweiten FSV, gar elf auf den Dritten Rot-Weiss.

Einen Fehlstart gab es in den Spielen um die Süddeutsche Meisterschaft. Vor 15.000 Zuschauern unterlag die Eintracht am 1. Januar 1928 dem späteren Meister Bayern München mit 0:2. Außerdem wurde Mittelstürmer Ehmer, der in den Punktspielen 34 Tore erzielt hatte, nach einer Tätlichkeit des Feldes verwiesen und für zwei Monate gesperrt. Für ihn rückte Dietrich in die Sturmmitte und sorgte mit dafür, daß der Eintracht-Express wieder in Fahrt kam. Nach einem 1:1 bei den Stuttgarter Kickers gab es fünf Siege in Folge, so daß die Eintracht am 11. März als Tabellenzweiter zum „Spiel der Spiele" nach München reiste. Auf schneebedecktem Boden lagen die Frankfurter schon nach sieben Minuten durch Kissinger und Schaller mit 2:0 vorn, mußten aber kurz vor dem Pausenpfiff den Anschlußtreffer hinnehmen. Und obwohl Dietrich angeschlagen ins Spiel gegangen und Schaller nach einer frühen Verletzung in der zweiten Halbzeit nur noch als Statist auf dem Platz war, hätte die Eintracht das Spiel nach dem Wechsel für sich entscheiden können. So aber nutzte Haringer in der 80. Minute den einzigen Fehler des besten Eintrachtlers, Torhüter Trumpp, zum 2:2-Ausgleich. Immerhin langte es am Ende zur Süddeutschen Vizemeisterschaft, und erstmals war die Eintracht bei der Endrunde um die Deutsche Meisterschaft dabei.

Am 8. Juli 1928 war dann Premiere bei der SpVgg Sülz 07. Ohne Spielmacher Dietrich agierte die Eintracht vor 35.000 Zuschauern im Müngersdorfer Stadion jedoch zu aufgeregt und überhastet. Zudem verletzte sich Mittelläufer Goldammer bereits nach einer Viertelstunde, wenig später auch Kübert. Swatosch (26.) und Zarges (38.) nutzten dieses Handicap zur Kölner 2:0-Führung. Ehmers Anschlußtreffer (42.) ließ noch einmal Hoffnung bei den in einem Sonderzug mitgereisten 700 Eintracht-Anhängern keimen, doch mehr als zwei Holztreffer durch Schaller und Ehmer sprangen nicht heraus. Zehn Minuten vor Schluß stellte der österreichische Ex-Internationale Swatosch das 3:1-Endergebnis her. Das Abenteuer Deutsche Meisterschaft war frühzeitig beendet.

Deutsche Meisterschaft 1928: SpVgg Sülz 07 – Eintracht (3:1). Swatosch (dunkles Hemd) erzielt zwischen Kirchheim und Kübert hindurch die Kölner Führung.

1928/29 Paul Oßwald übernimmt das Kommando

Für den zum aufstrebenden FC Schalke 04 gewechselten Trainer Wieser hatte der erst 23jährige Paul Oßwald die Kommandobrücke am Riederwald betreten. Oßwald nahm zahlreiche Umstellungen im Mannschaftsgefüge vor, was anfänglich nicht zur Stabilität beitrug. Zum Vergleich: In den 22 Punktspielen 1927/28 waren nur 15 Spieler eingesetzt worden, 1928/29 wurden für 18 Spiele auch 18 Spieler benötigt. Bekanntester Neuling am Riederwald war Nationalspieler Hugo Mantel (Dresdner SC), der sich auf Anhieb einen Stammplatz sicherte.

Wichtig für die erfolgreiche Titelverteidigung war eine spielerische Steigerung im richtigen Moment. Nach durchwachsenem Start fand sich die Mannschaft und legte eine Serie von sechs Siegen in Folge hin, in deren Verlauf an drei aufeinanderfolgenden Wochenenden die Hauptkonkurrenten um die vorderen Plätze geschlagen wurden: Zunächst gab es im Stadion ein 5:2 gegen den FSV, dann ein 3:1 gegen die Offenbacher Kickers und schließlich ein 2:1 bei Rot-Weiss. Am Ende lag die Eintracht mit 27:9 Punkten zwei Zähler vor den Bornheimern und Union Niederrad.

Zum Auftakt in die süddeutsche Endrunde sahen 20.000 Zuschauer im Stadion ein deutliches 4:0 über den württembergischen Überraschungsmeister Germania Brötzingen. Nur ein Punkt aus den nächsten sieben Begegnungen kostete jedoch die erneute Teilnahme an der Endrunde um die Deutsche Meisterschaft. Da half auch eine eindrucksvolle Serie von sechs Siegen zum Abschluß nichts mehr. Mehr als Platz 4 war nicht drin.

Ein besonderes Ereignis war auch das Länderspiel Deutschland – Schweiz (7:1) am 10. Februar 1929 in Mannheim, in dem mit Franz Schütz zum ersten Mal ein Eintracht-Spieler das Trikot der deutschen Nationalmannschaft tragen durfte. Neben dem gebürtigen Offenbacher, der 1925 aus Köln vom Mülheimer SV an den Riederwald gekommen war, vertraten auch Torhüter Willibald Kreß (Rot-Weiss) und Georg Knöpfle (FSV) die Farben der Stadt Frankfurt, die damit nach Fritz Becker vom Eintracht-Vorläufer FCF Kickers (1908), Georg Wunderlich (Helvetia, 1920) und Fritz Schnürle (Germania 94, 1921) sechs Nationalspieler aus sechs verschiedenen Vereinen vorweisen konnte. Für eine Zeit, in der jährlich nur fünf oder sechs Länderspiele stattfanden, wahrlich keine schlechte Ausbeute.

1929/30 Zum ersten Mal Süddeutscher Meister

Im Gegensatz zum Vorjahr gab es im Sommer 1929 nur wenig Veränderungen im Eintracht-Kader. Lediglich Kissinger hatte den Verein verlassen. Für ihn rückte der Schweizer Dietrich wieder auf die linke Halbstürmerposition. Von den Neuzugängen konnte sich der vielseitig verwendbare Bernhard Leis, der aus Kelsterbach an den Riederwald gewechselt war, sofort einen Stammplatz sichern, während Rudolf Gramlich, der nach drei Jahren bei den Sportfreunden Freiberg/Sachsen an den Main zurückgekehrt war, erst im Oktober 1929 in die Liga-Elf aufrückte. In der Abwehr feierte Veteran Willy Pfeiffer neben Nationalspieler Schütz ein gelungenes Comeback. Behutsam aufgebaut wurde der junge Hans Stubb, der schon 1928 von der SpVgg Ostend 07 gekommen war.

Was die Mannschaft zu leisten imstande war, bewies sie in der Vorbereitung, als sie Westmeister FC Schalke 04 – mit Szepan und Kuzorra – am Riederwald mit 6:1 vom Platz fegte. Nicht ganz so torreich verliefen die meisten Saisonspiele. Nach zwei Unentschieden bei Germania Bieber und den Offenbacher Kickers gab es zwar zehn Siege in Folge, davon allerdings sechs mit nur einem Tor Vorsprung (vier 1:0). Demgegenüber stand aber auch nur eine einzige Niederlage – am letzten Spieltag mit 2:3 bei Union Niederrad (nach 2:0-Führung). 33:12 Tore und 23:5 Punkte verwiesen am Ende die Konkurrenz von Rot-Weiss, FSV und Union Niederrad abgeschlagen auf die Plätze

 ► FORTSETZUNG S. 76

EINWURF

Paul Oßwald

Paul Oßwald wurde am 4. Februar 1905 im thüringischen Saalfeld geboren, wo er beim örtlichen VfL 06 mit dem Fußball begann. Während seines Studiums an der Deutschen Hochschule für Leibesübungen in Berlin spielte er für Minerva 93. Auf Empfehlung von Reichstrainer Otto Nerz kam Paul Oßwald 1928 an den Riederwald, wo er zunächst neun Monate auf Probe arbeitete. Sein erstes Engagement bei der Eintracht dauerte bis 1933. In dieser Zeit holte er vier Main- (1929, 1930, 1931, 1932) und zwei Süddeutsche Meisterschaften (1930, 1932) und führte die Mannschaft einmal ins Endspiel um die Deutsche Meisterschaft (1932).

Nach zwei Jahren beim FSV Mainz 05 kehrte Oßwald 1935 an den Riederwald zurück und wurde mit der Eintracht 1938 Gaumeister. Danach wurde er zum Leiter des Stadtamtes für Leibesübungen nach Frankenthal berufen und trainierte bis 1941 auch den dortigen VfR. Mit einer schweren Verletzung aus dem Krieg zurückgekehrt, übernahm er 1946 die Offenbacher Kickers, mit denen er ebenfalls zweimal Süddeutscher Meister (1949, 1955) wurde und 1950 das Endspiel um die Deutsche Meisterschaft erreichte.

1958 übernahm er zum dritten Mal den Trainerposten bei der Eintracht und feierte im folgenden Jahr seinen größten Erfolg: Deutscher Meister. Pikanterweise gegen seinen Ex-Klub Kickers Offenbach. Schon im Rennen um den Oberliga-Titel hatte er den Rivalen von der anderen Mainseite hinter sich gelassen. Im Endspiel siegte die Eintracht dann im Berliner Olympiastadion mit 5:3 nach Verlängerung. Ein Jahr später führte er die Riederwälder als erste deutsche Mannschaft ins Finale des Europapokals der Landesmeister (3:7 gegen Real Madrid in Glasgow). Paul Oßwald war auch der erste Bundesligatrainer der Eintracht, mußte am 17. April 1964 jedoch nach zwei Herzinfarkten zurücktreten. 1968 kehrte er noch einmal nach Offenbach zurück, konnte jedoch den Bundesliga-Abstieg der Kickers auch nicht verhindern. Zum letzten Mal saß er am 16. November 1969 in Villingen auf der Trainerbank, dann war nach über 41 Trainer-Jahren endgültig Schluß. Paul Oßwald starb am 10. November 1993 im Alter von 88 Jahren in Frankfurt am Main. ■

zwei bis vier. Welches Potential in dieser Mannschaft steckte, hatte der *Fußball* schon in der Vorrunde erkannt:

„Das System der Eintracht ist ein Gemisch von schottischem Kurzpaß und modernem, raumgreifenden Spiele, gewissermaßen das alte System auf die Neuerungen der Abseitsregel und W-Formation eingestellt. Die Entwicklung dieser durchschnittlich noch jungen Mannschaft, die mit gutem Ersatz rechnen kann, bedeutet eine ernsthafteKonkurrenz für die Hochburgen Bayerns." (*Fußball* vom 15. Oktober 1929)

In der Endrunde um die Süddeutsche Meisterschaft gelang ein Traumstart. Nach einem 3:2 beim Freiburger FC wurde am 12. Januar 1930 die SpVgg Fürth vor 25.000 Zuschauern im Stadion durch Tore von Trumpler und Ehmer mit 2:1 geschlagen. „Die große Stunde des Frankfurter Fußballsports – Eintracht schlägt den Deutschen Meister" schrieb der *Fußball.*

Selbst die schon fast obligatorische Niederlage bei den Münchner Bayern, die mit 1:5 allerdings recht deftig ausfiel, konnte die Eintracht nicht stoppen. In den verbleibenden zehn Spielen wurde nur noch ein einziger Punkt (1:1 bei der SpVgg Fürth) abgegeben, so daß die erste Süddeutsche Meisterschaft bereits am drittletzten Spieltag unter Dach und Fach war. Mit 24:4 Punkten betrug der Vorsprung auf den Zweiten SpVgg Fürth am Ende sieben Punkte. So deutlich hatte sich bisher noch keine Mannschaft in den Schlußspielen durchgesetzt.

Der Aufschwung des Frankfurter Fußballs wurde auch von höherer Stelle honoriert. Zunächst fand am 2. März 1930 im Stadion ein Länderspiel gegen Italien (0:2) statt, bei dem vor 45.000 Zuschauern auch Knöpfle vom FSV und Mantel von der Eintracht mitwirkten. Am 4. Mai gab Hans Stubb in Zürich an der Seite von Franz Schütz sein Debüt in der Nationalmannschaft, die gegen die Schweiz 5:0 siegte. Beim sensationellen 3:3 gegen England eine Woche

Süddeutscher Meister 1930: Stehend von links: Trainer Oßwald, Rist (Spielausschuß), Mantel, Pfeiffer, Stubb, Schüler, Goldammer, Gramlich, Ehmer, Leis, Buhlmann (Spielausschuß), Schütz, Trumpp. Knieend: Kellerhoff, Dietrich, Trumpler.

EINWURF

Achtmal drei Eintracht-Spieler in der deutschen Nationalelf

10. Mai 1930 Deutschland – England (3:3) in Berlin:
Schütz, Stubb, Mantel. Dazu Kreß (Rot-Weiss).

27. September 1931 Deutschland – Dänemark (4:2) in Hannover:
Schütz, Stubb, Gramlich. Dazu Kreß (Rot-Weiss) und Knöpfle (FSV).

6. März 1932 Deutschland – Schweiz (2:0) in Berlin:
Schütz, Stubb, Gramlich. Dazu Kreß (Rot-Weiss) und Knöpfle (FSV).

1. Juli 1932 Finnland – Deutschland (1:4) in Helsinki:
Schütz, Stubb, Gramlich.

19. März 1933 Deutschland – Frankreich (3:3) in Berlin:
Gramlich, Mantel, Willi Lindner

22. Dezember 1975 Malta – Deutschland (0:1) in Gzira:
Körbel, Bernd Nickel, Hölzenbein.

29. August 1990 Portugal – Deutschland (1:1) in Lissabon:
Bein, Binz, Möller. Dazu der Ex-Eintrachtler Berthold (AS Rom).

18. Dezember 1991 Deutschland – Luxemburg (4:0) in Leverkusen:
Binz, Möller (für ihn ab 70. Bein).

später in Berlin standen gar drei Eintrachtler in der deutschen Elf: die Verteidiger Schütz und Stubb und der linke Läufer Mantel. Dahinter hütete in beiden Spielen mit Willibald Kreß (Rot-Weiss) ein weiterer Frankfurter das Tor. Auf der Tribüne verfolgte übrigens die gesamte Eintracht-Mannschaft das erste deutsche Länderspiel gegen eine englische Profi-Auswahl.

Leider verliefen die Spiele um die Deutsche Meisterschaft weniger erfolgreich. In der Vorrunde hatte es die Eintracht mit dem West-Dritten VfL Benrath zu tun, der sich vor 15.000 Zuschauern im Stadion als knüppelharter Gegner erwies. So mußte in der 42. Minute Schütz verletzt vom Platz getragen werden. Außerdem gab es zwei Platzverweise gegen die Düsseldorfer Vorstädter. Ein Tor von Ehmer 75. Minute reichte zum Einzug ins Viertelfinale, in dem die Eintracht auf den vermeintlich schwächsten Gegner, Nordmeister Holstein Kiel, traf. Doch just zu diesem Zeitpunkt drückten die Eintracht Abwehrprobleme. Stubb und Schütz waren angeschlagen, für den indisponierten Stammkeeper Trumpp mußte der unerfahrene Schüler ran, der vorher lediglich drei Pflichtspiele in der Liga-Mannschaft bestritten hatte. Das Spiel auf dem Berliner Preussen-Platz endete so mit einer „Katastrophe des süddeutschen Meisters" (*Fußball* vom 3. Juni 1930). Bereits nach 51 Minuten lagen die „Adlerträger" gegen die Kieler „Störche" mit 0:3 zurück, wobei Schüler zweimal schwer patzte. Trumpler konnte mit zwei Toren lediglich für eine Ergebniskosmetik sorgen. Am Ende siegte Holstein mit 4:2 und erreichte schließlich das Endspiel, unterlag in diesem jedoch Hertha BSC Berlin.

Auf jeden Fall wurden die Lehren aus der Torhütermisere gezogen. Bereits eine Woche später stand im Freundschaftsspiel beim SC Erfurt (5:0) mit Ludwig Schmitt von der SpVgg Oberrad ein neuer Mann zwischen den Pfosten. Mit ihm kehrte die Sicherheit in die Hintermannschaft zurück. Neu in der Mannschaft spielte auch Halbstürmer August Möbs, der bereits im März vom VfB Friedberg an den Riederwald gekommen war.

1930/31 Die Wirtschaftskrise fordert ihren Tribut

Auch in diesem Jahr gewann die Eintracht die Mainmeisterschaft wieder unangefochten mit fünf Punkten Vorsprung auf Union Niederrad und Rot-Weiss. Diese Dominanz und die einsetzende Wirtschaftskrise schlugen sich jedoch bei den Zuschauerzahlen nieder. So wurden bei den Derbys gegen den FSV, der in dieser Saison eine „Auszeit" genommen hatte, nur noch 12.000 und 15.000 Zuschauer gezählt, die zwei Eintracht-Siege (3:1 und 2:0) sahen.

In den Spielen um die Süddeutsche Meisterschaft erwies sich zunächst das Wetter als härtester Gegner. Nachdem bereits am 25. Januar 1931 das Spiel beim FK Pirmasens ausgefallen war, mußte am 22. Februar die Begegnung gegen Bayern München nach 15 Minuten abgebrochen werden, da das Spielfeld im Stadion einer „Matschgrube" glich. Bei der Eintracht war man besonders verärgert, weil auf dem nicht vom Schnee geräumten Platz zuvor (!) bereits das Trostrundenspiel Union Niederrad gegen FV Saarbrücken ausgetragen worden war. Obwohl sich der Riederwaldplatz in bester Verfassung präsentierte, mußte im Stadion gespielt werden, wozu sich die Eintracht bekanntlich 1925 vertraglich verpflichtet hatte. Darüber schwelte schon seit längerem ein Streit zwischen den Frankfurter Fußballvereinen (insbesondere der Eintracht) und der Stadt sowie der Stadion-GmbH, der unter dem Schlagwort „Kommunalisierung des Sports" ausgefochten wurde. Den Vereinen war besonders die 15%ige Abgabe von den Brutto-Einnahmen an die Stadion-GmbH ein Dorn im Auge. Ludwig Isenburger bezeichnete den Vertrag deshalb als „Versailler Diktat" und sprach von einer „städtische[n] Sport-Diktatur ... [, die] es zuwege gebracht [habe], daß die in städtischer Pacht sitzenden Fußballvereine nicht die geringste Spur von Nutznießung behielten, zum mindesten nicht *die* Nutznießung, die den Erbauern bei der Durchführung ihres gemeinnützigen Werkes vorgeschwebt hat." (*Der Kicker* vom 24. Februar 1931)

Es ging – wie so oft – ums liebe Geld. Natürlich waren die Vereine froh, wenn es im Stadion bei einer guten Zuschauerzahl große Einnahmen gab, aber gerade die Eintracht konnte am Riederwald mühelos auch 20-30.000 Zuschauer unterbringen – und das ohne eine 15%ige Abgabe an die Stadion-GmbH. Das finanzielle Tauziehen zwischen Stadt und Vereinen ergab sich aus einer gegensätzlichen Interessenlage:

▶ Die Eintracht hatte den Riederwaldsportplatz aus eigenen Mitteln finanziert (rund 300.000 Mark), wodurch sie bis Anfang 1927 stark verschuldet war, mußte aber jährlich 6.000 Mark Pacht an die Stadt zahlen.

▶ Nur die Stadt war in der Lage, 4,7 Millionen Mark für einen Stadionbau aufzubringen. Folgerichtig war die Stadt stark daran interessiert, daß dort auch möglichst viele Spiele stattfanden.

Trotz aller hitzigen Debatten wurde weiterhin Fußball gespielt. Von Anfang an entwickelte sich ein spannender Dreikampf zwischen der Eintracht, der SpVgg Fürth und Bayern München. Fünf Wochen nach dem Spielabbruch gegen die Bayern stand der Schlager gegen Fürth auf dem Programm. Das Interesse an diesem Spiel war riesengroß, bereits im Vorverkauf konnten 28.000 Karten abgesetzt werden. 35.000 Zuschauer sahen schließlich ein Spiel, das von den Abwehrreihen dominiert wurde. Obwohl die Eintracht in der zweiten Halbzeit leicht überlegen war, kam sie über ein 0:0 nicht hinaus, womit der zweite Platz vor dem FC Bayern gehalten werden konnte.

Die Entscheidung sollte schließlich in den beiden Spielen gegen die Münchner fallen. Zunächst kam es wie in den Jahren zuvor: Das erste Spiel wurde verloren. Trotz 12:0 Ecken für die Eintracht hieß es am Ende 2:1 für die Münchner. Bereits acht Tage später fand das Rückspiel in Frankfurt statt. 30.000 Zuschauer sahen in der ersten Halbzeit eine starke Bayern-Mannschaft, die nach 30 Minuten durch Bergmayer in Führung ging. Nachdem Ehmer noch vor der Pause der Ausgleich gelang (43.), spielte die Eintracht nach dem Wechsel aus einem Guß und kam durch einen Treffer Kellerhoffs in der 79. Minute zu einem knappen, aber verdienten 2:1-Sieg. Da bereits am darauffolgenden Wochenende die Vorrunde der Deutschen Meisterschaft stattfand, herrschte Verwirrung, wer Süddeutschland in der Endrunde vertreten sollte. Statt um die „Deutsche" zu spielen, mußte die Eintracht am 10. Mai erst ihre Eintrittskarte zur Endrunde lösen, was mit einem 2:1 über Wormatia Worms auch gelang.

Bereits vier Tage später, am Himmelfahrtstag, hatte der Südzweite bei Fortuna Düsseldorf anzutreten. Nachdem Kron vor 40.000 Zuschauern nach einer Viertelstunde eine Elfmeterchance vergeben hatte, brachte Hochgesang im Gegenzug die Düsseldorfer in Führung – ebenfalls per Elfmeter. Doch die Eintracht hielt dagegen. Ehmer konnte noch vor der Pause ausgleichen und egalisierte in der zweiten Halbzeit die erneute Fortuna-Führung. 2:2 hieß es nach 90 Minuten. Als auch in der Verlängerung kein weiterer Treffer gefallen war und man sich schon fast mit einem Wiederholungsspiel abgefunden hatte, sorgte in der 120. Minute eine Schaller-Flanke für Verwirrung im Düsseldorfer Strafraum. Bornemann versuchte zu klären, Albrecht kam zur Hilfe und schoß Ehmer oder Möbs an, von wo der Ball abgefälscht in den Torwinkel sauste. 3:2, Mittelanstoß, Abpfiff, die Eintracht hatte in letzter Sekunde den Sprung ins Viertelfinale geschafft.

Die Ansetzung der Viertelfinalpaarung sorgte für viel Unruhe, denn der Sieger von Düsseldorf hatte bereits drei Tage später beim Hamburger SV anzutreten. Besonders im Lager der Eintracht war man über den DFB verärgert, da man zweimal hintereinander auswärts anzutreten hatte. Zudem hatte die Mannschaft wegen der Verlängerung erst am Freitag aus Düsseldorf nach Frankfurt zurückkehren können und mußte sich praktisch ohne Pause auf den Weg nach Altona zu machen. Verlangt wurde das von Spielern, die offiziell alle Amateure waren.

Wie erwartet konnte die Eintracht die Hürde HSV nicht nehmen. Obwohl Schaller in der Startoffensive die Latte traf, führte der HSV zur Pause durch Halvorsen mit 1:0. In der zweiten Halbzeit baute die gestreßte Eintracht-Elf konditionsmäßig immer stärker ab, mußte in der 70. Minute das 0:2 durch Wollers hinnehmen und schied wie im Vorjahr in der 2. Runde aus.

1931/32 Das „deutsche Arsenal" eilt von Sieg zu Sieg

Bevor die Eintracht einen neuen Anlauf unternehmen konnte, gab es eine erneute Reform des Spielsystems. Wieder einmal stand eine süddeutsche Verbandsliga zur Diskussion. Doch wie 1920 wurde der Plan nicht in die Realität umgesetzt. Statt dessen wurden die Bezirksligagruppen auf zehn Vereine aufgestockt und der Modus zur Ermittlung des Süddeutschen Meisters geändert. Fortan waren alle Gruppenersten und -zweiten für die Endrunde qualifiziert, die in zwei Gruppen ausgetragen wurde.

Durch die Zuteilung des VfL Neu-Isenburg umfaßte die Gruppe Main sogar elf Vereine. Doch auch in 20 Ligaspielen war die Eintracht nicht zu stoppen. Erneut gab es nur eine einzige Niederlage (1:2 bei Rot-Weiss), so daß die Meisterschaft mit 35:5 Punkten und 71:18 Toren erfolgreich verteidigt werden konnte. Mit sieben Punkten Rückstand landete der FSV auf dem zweiten Platz. Wie schon im Jahr zuvor endete das Derby am Riederwald mit

Zuschauerausschreitungen. Nachdem Dietrich die Eintracht zwei Minuten vor Spielende mit 1:0 in Führung gebracht hatte und den Bornheimern postwendend der Ausgleich gelang, gerieten sich die Anhänger beider Lager in die Haare:

„[Beim Ausgleich] strömt das Publikum ins Feld. Es sind Bornheimer, denn sie heben ihre Mannschaft auf die Schultern. Es sind Bornheimer darunter, die überfallen einen Teil der Eintrachtspieler, treten und schlagen sie. Schütz wird im Gesicht übel zugerichtet, Kron wird niedergetrampelt. ... Jedenfalls setzte es Streit unter den jubelnden und schimpfenden Zuschauern und es gab blutige Köpfe. ... Ein halbes Dutzend schwerer beschädigter Personen mußte sich verbinden lassen. Nur langsam ebbte die Erregung ab." (*Fußball* vom 6. Oktober 1931)

Das Rückspiel im Stadion verlief ohne Zwischenfälle. Mit 6:0 überfuhr die Eintracht am zweiten Weihnachtsfeiertag den Sportverein und sicherte sich die fünfte Mainmeisterschaft in Folge. Auch in der Süddeutschen Meisterschaft setzte sich die Mannschaft souverän an die Spitze und führte zu Ostern die Gruppe Nordwest mit vier Punkten Vorsprung vor dem FSV an. Die Endspielteilnahme schien also sicher, und als die Eintracht auch noch das Jubiläumsturnier von Tennis Borussia gewann, sprach *Der Kicker* vom „rot-schwarzen Wunder aus Frankfurt a.M.". Für den *Fußball* waren die Riederwälder gar der Favorit für die Deutsche Meisterschaft. „Ist die Eintracht die deutsche 'Arsenal'-Elf?" fragte er am 29. März 1932:

„Eins hat Eintracht sicher mit Arsenal gemeinsam, der Sturm spielt konsequentes W-Format. Die Außen und der Mittelstürmer besorgen vorn das Rennen allein. Und Mittelstürmer ist mit Ehmer ein schußkräftiger starker Durchbrecher, wie Lambert beim englischen Meister."

Allein schon der Vergleich mit dem Londoner Nobelklub, der Anfang der dreißiger Jahre nicht nur das Nonplusultra des englischen, sondern des europäischen Fußballs verkörperte wie später Real Madrid oder der AC Mailand, ehrte. Aber Hochmut kommt bekanntlich vor dem Fall. Nur eine Woche nach dem Berliner Turniersieg verlor eine saft- und kraftlose Eintracht-Mannschaft mit 0:2 gegen den FSV, wodurch die Bornheimer bis auf einen Punkt an die Riederwälder herankamen. Auch in Worms patzte die Eintracht mit 3:5. Damit übernahm der FSV mit 19:9 Punkten die Führung vor der Eintracht (18:8), die nun ihr letztes Heimspiel gegen den FK Pirmasens unbedingt gewinnen mußte, um Gruppensieger zu werden.

Dieses Spiel fand am Riederwald statt, nachdem gegen den FV Saarbrükken, den FSV Mainz 05, Wormatia Worms und den VfL Neckarau zusammen nur 18.500 Zuschauer ins Stadion gepilgert waren. Selbst die Derbys gegen den FSV waren mit 18.000 bzw. 20.000 schwach besucht. Für die Mehrzahl der Arbeitslosen war der Besuch eines Fußballspiels ein Luxus, den man sich nicht oft leisten konnte. Ende 1932 zählte die Stadt Frankfurt bei einer Bevölkerungszahl von rund 550.000 knapp 71.000 Arbeitslose, von denen fast die Hälfte keinen Anspruch mehr auf Leistungen aus der Arbeitslosenunterstützung hatte. Bei Preisen von 38 Pfennigen für 1 kg Schwarzbrot und 1,80 - 2,03 Mark für 1 kg Schweinefleisch bedeuteten 50 Pfennige für eine Straßenbahnfahrt ins Stadion und 50 Pfennige für eine Erwerbslosenkarte zwei Tage ohne Nahrung.

Immerhin kamen zum letzten Spiel 10.000 Zuschauer an den Riederwald. Ein Tor von Leis, der zuvor eine Elfmeterchance ausgelassen hatte, nach 39 Minuten reichte für den Gruppensieg und den Einzug ins Endspiel um die Süddeutsche Meisterschaft. Die Mannschaft wirkte in ihrem 34. Pflichtspiel jedoch abgekämpf und ermüdet. Von einer 'Arsenal'-Form war sie jedenfalls meilenweit entfernt. Und im Finale warteten die Münchner Bayern, die sich in der Vergangenheit stets als unbequemer Gegner entpuppt hatten.

1932 Zweimal im Endspiel gegen Bayern München

Am 1. Mai 1932 erwischte die Eintracht jedoch vor über 50.000 Zuschauern in Stuttgart einen Traumstart. Bereits nach vier Minuten erzielte Dietrich die 1:0-Führung, in der 33. Minute erhöhte der Schweizer sogar auf 2:0. Der Mainmeister schien einem sicheren Sieg entgegenzusteuern, als zehn Minuten vor Schluß das Unheil seinen Lauf nahm. Im Mittelpunkt der Emotionen: Schiedsrichter Glöckner aus Pirmasens. Zuerst gab er nach einer Attacke an Bayern-Spieler Krumm im Strafraum keinen Elfmeter, dann forderten die Bayern-Spieler und -Anhänger einen Handelfmeter – Glöckners Pfiff blieb erneut aus. Und als Schütz kurz darauf ein Handspiel unterlief und Glöckner wieder nicht pfiff, kochte die Volksseele über. Von der Tribüne drangen Bayern-Anhänger aufs Spielfeld ein und bedrängten den Unparteiischen. Zwar gelang es dem Ordnungsdienst, den Platz wieder zu räumen, doch dann passierte es: Als das Spiel durch einen Einwurf für die Münchner fortgesetzt werden sollte, wurde Nagelschmitz „der Ball von einem seinem Dialekt nach aus Bayern stammenden Zuschauer aus der Hand geschlagen". Als kurz darauf Haringer Schütz foulte und Glöckner Freistoß für die Eintracht gab, „drangen die 'Bayern'-Anhänger von der Tribünenseite her mit erhobenen Stöcken und einem Stuhl erneut ins Spielfeld, so daß sich der bedrohte Schiedsrichter zum Spielabbruch gezwungen sah. (Zitiert aus der Urteilsbegründung des SFLV, *Der Kicker* vom 21. Juni 1932)

Die zweite Süddeutsche Meisterschaft der Eintracht ging damit fast in den Mühlen der Verbandsjustiz unter. Erst im Juni erklärte der Verband die Eintracht nachträglich zum Sieger und verurteilte den FC Bayern unter Androhung einer Platzsperre im Wiederholungsfall zu einer Geldstrafe. Die Namen der siegreichen Eintracht-Mannschaft:

► Ludwig Schmitt; Schütz, Stubb; Gramlich, Leis, Mantel; Trumpler, Möbs, Ehmer, Dietrich, Kellerhoff.

Bis auf Linksaußen Kellerhoff waren es dieselben Akteure, die am 12. Juni erneut gegen die Bayern antreten sollten.

Zum Auftakt der Spiele um die Deutsche Meisterschaft mußte die Eintracht am 8. Mai nach Königsberg reisen, wo sie auf den Baltenmeister Hindenburg Allenstein traf. Obwohl den Spielern eine 24stündige Bahnfahrt in den Knochen steckte, wurde die erste Hürde souverän mit 6:0 gemeistert. Im Viertelfinale genoß die Eintracht Heimrecht, nachdem sie in den letzten Jahren fünf von sechs DFB-Endrundenspielen auswärts oder auf neutralem Platz zu bestreiten hatte. Vor 22.000 Zuschauern wurde Tennis Borussia Berlin durch Tore von Ehmer, Schaller, Stubb bei einem Gegentreffer von Handschuhmacher mit 3:1 besiegt. Die Eintracht stand erstmals im Halbfinale. Auch der FC Schalke 04 feierte seine Premiere in der Runde der letzten Vier und lieferte am 29. Mai vor 18.000 Zuschauern in Dresden ein glänzendes Spiel. Ehmer brachte die Eintracht bereits nach neun Minuten in Führung, doch konnte Rothardt in der 35. Minute ausgleichen. In der zweiten Halbzeit besaß die Eintracht dann die besseren Nerven und größere Erfahrung. Ehmers Tor zum 2:1 in der 65. Minute bedeutete den Sieg und Einzug ins Endspiel um die Deutsche Meisterschaft. Da zur gleichen Stunde in Mannheim Bayern München den 1. FC Nürnberg mit 2:0 schlug, kam es zu einer Neuauflage des Süddeutschen Finales am 12. Juni in Nürnberg.

Nicht zuletzt auch wegen der Vorfälle von Stuttgart war das Interesse an diesem – erst dritten – rein süddeutschen Endspiel riesengroß. Bereits eine Woche vor dem Spiel waren alle Sitzplätze (Preis vier Mark) restlos vergriffen. Aus Frankfurt wurden über 3.000 Anhänger in der Noris erwartet, aus Mün-

Endspiel um die Süddeutsche Meisterschaft 1932: Eintracht – Bayern München 2:0. Dietrich (vorn) erzielt per Kopf den Frankfurter Führungstreffer.

Endspiel um die Deutsche Meisterschaft 1932: Ein Lastwagen mit Eintracht-Fans trifft in Nürnberg ein.

chen machten sich 421 Erwerbslose mit dem Fahrrad (!) auf den Weg ins 180 km entfernte Nürnberg. Die meisten Frankfurter reisten mit offenen Lastwagen in die Frankenmetropole. Im *Kicker* beschrieb Dr. David Rothschild recht illuster den „Anmarsch von Frankfurt", auf dem bereits deutlich wurde, daß man sich im Eintracht-Lager bezüglich der Sympathien gehörig verschätzt hatte. Immerhin hatten die Bayern ja den Nürnberger „Club" im Halbfinale besiegt...

„Wir starten um 5 Uhr früh in der Erwartung, die erwachende Straße im Glanz der entgegenstrahlenden Sonne frei zu finden. ... Bis Offenbach schweben wir fast allein die Mainuferstraße aufwärts. Aber die Kickersstadt ist auf den Beinen. Frühbegeisterte umsäumen ... die Straße. Im Wald von Germania Bieber kampieren Gruppen von Sportenthusiasten, Siegeswünsche schreiend. Bald müssen wir einsehen, daß wir uns fast zu spät auf den Weg gemacht haben. Lastwagen auf Lastwagen rollt vor uns her, behängt mit Menschenköpfen; wie reife Trauben taumeln sie hin. Hundert Fähnchen stoßen bei unserer Vorbeifahrt in die duftende Morgenluft. Hipp-Hipp-Hurra! Hanau 93 wird linksmainisch umsegelt. Hinter Seligenstadt die bayerische Grenze. Aber immer noch Mainbezirk. Eintracht noch Trumpf! Bis weit hinter Aschaffenburg der Viktorianer! Heulende Limosinen überfliegen uns, Wagen auf Wagen. Wir haben Mitleid mit den Menschenknäueln, die die Federn platt biegen, und wir genießen den unvergleichlichen Sonntagmorgen im behaglichen 50-Kilometer-Tempo ... Enger schieben sich Autos und Räder und Motorwagen ineinander, Exemplare von musealem Wert sind frisch geputzt und lackiert, mit unmöglicher Last. Alles rollt nach Nürnberg. Eine einzige mächtige Korsofahrt von Frankfurt zur Noris. Eine sportliche Mobilmachung, die ihresgleichen sucht. Kurz vor Würzburg ändern sich die Zurufe ... die Massen werden feindselig ... In Neustadt ein Sprechchor der Jugendlichen: 'Eintracht verliert'. Die ortsansässigen Massen nehmen immer lebhafteren Anteil. In jedem Dorf steigert sich die Aufregung über die preussische Invasion. Plötzlich liegt Frankfurt jenseits des Mains. ... In Nürnberg ist ein Volksfest. Markt. Tausend Wagen jeder Art. Singende, tänzelnde, siegesfrohe Münchner kochen auf der Straße ab. ... Nürnberg glaubt an einen Münchner Sieg – !" (*Der Kicker* vom 14. Juni 1932)

Die Eintracht, die vor dem Spiel in Erlangen Quartier bezogen hatte, ging als leichter Favorit ins Endspiel und erspielte sich vor 55.000 Zuschauern anfangs auch eine leichte Überlegenheit. Beide Mannschaften hatten aber viel Respekt voreinander, so daß es bis zur 34. Minute kaum Torchancen gab. Da brachte die Eintracht-Hintermannschaft den Ball nicht rechtzeitig aus dem Strafraum und Stubb konnte einen Münchner Gewaltschuß nur mit der Hand auf der Linie abwehren – Elfmeter. Knapp über Ludwig Schmitts linker Faust fand der von Rohr nicht sonderlich plaziert getretene Ball den Weg ins Eintracht-Netz. In der zweiten Halbzeit steigerten sich die Münchner und erzielten eine Viertelstunde vor Schluß durch Krumm den zweiten und entscheidenden Treffer. Erst danach wachte die Eintracht auf, zu spät. Das Gesetz der Serie blieb bestehen: Der FC Bayern hatte seinen jährlichen Sieg gegen die Eintracht verdient errungen, weil er sich im Gegensatz zur Eintracht in der Endphase der Meisterschaft kontinuierlich gesteigert hatte, während die Aktionen der Riederwälder immer schwerfälliger wurden. „Das war

Die Vorentscheidung im Endspiel um die Deutsche Meisterschaft: Der Münchener Rohr verwandelt einen Handelfmeter zur Münchner Führung. Fast wäre Torhüter Trumpp (vorn) noch an das Leder gekommen.

nicht mehr die Eintracht, die noch vor Monatsfrist ihrem heutigen Bezwinger Tempo und Elan vorschrieb“ (*Der Kicker* vom 14. Juni 1932).

Trotz der Niederlage wurde die Eintracht-Mannschaft in Frankfurt begeistert empfangen: „Als der Zug einlief, ertönte Musik. Der Bahnhof schwarz von Menschen. Eintrachtfähnchen überall. Donnernde Rufe auf die tapfere Elf. Die Spieler werden auf die Schultern gehoben. Kurz aber kernig ertönt die Ansprache Graf von Beroldingens. Blumen werden überreicht. Der große, offene Omnibus windet sich nur schwer aus dem Gedränge. Es geht zum 'Palmengarten‘, zur Feier. Zwei Menschenmauern bilden Spalier die Kaiserstraße hinunter, die Anlagen, der Opernplatz sind voller Fußballenthusiasten, die gekommen sind, der Eintracht ihre Sympathie auszusprechen, bis zum 'Palmengarten‘ dauert die ehrende Haltung des Publikums. War das die Rückkehr nach einer Niederlage? Nein! Wenn die Eintracht einen Sieg errungen hat, dann sicher den über die bisher spröden Herzen seiner Mitbürger. Und das will viel heißen. Frankfurt hat neuen Antrieb erhalten...“ (*Fußball* vom 21. Juni 1932)

1932/33 Frankfurt, eine neue Fußball-Hochburg

Verstärkt durch Willi Tiefel, der im Sommer 1932 von Union Niederrad gekommen war, startete die Eintracht bereits am 31. Juli mit einem 2:0 beim VfL Neu-Isenburg in die neue Mainbezirksmeisterschaft, was am Riederwald nicht unbedingt große Freude auslöste. Der erfolgreiche Vorstoß an die Spitze des deutschen Fußballs hatte bei allen Beteiligten, Offiziellen, Spielern und Anhängern, Hunger auf mehr „großen“ Fußball gemacht. Schon unmittelbar nach dem Endspiel hatte Dr. C. E. Laenge die Stimmung beschrieben:

„Vor dem Endspiel schon sagten viele Eintrachtler resigniert: 'Scheußlich! Jetzt spielen wir die großen Endkämpfe, spielen gegen München vor 60.000 Zuschauern ... und in sechs Wochen ziehen wir wieder nach Bieber und – o Grausen! – nach Obertshausen!‘ Spielsystem – – –

Die Eintrachtelf hätte unbedingt Geschmack an einer Reichsliga. Die Führung dagegen ist abgeneigt. Man paktiert mit Kartini [1. Vorsitzender des SFLV, Anm. d. Verf.] und der paktiert mit den unteren Klassen. Nicht einmal zur Verbandsliga bringen es die Schwächlinge. Lassen lieber Deutschlands Klassemannschaften auf die Dörfer reisen. Warum dürfen wir nur einmal im Jahre ein Erlebnis wie in Nürnberg haben?! ... Warum keine rein deutsche Ligameisterschaft, keine Pokalmeisterschaft? Was würden wir hinter England zurückstehen?“ (*Fußball* vom 21. Juni 1932)

Ihren Triumphzug vom Vorjahr konnte die Eintracht im Mainbezirk nicht wiederholen. Nach schwachem Saisonstart reichte es am Ende nicht zur Verteidigung der Mainmeisterschaft, die sich erstmals seit 1927 wieder der FSV sicherte (31:5 Punkte). Mit zwei Punkten Rückstand wurde die Eintracht Zweiter. Damit standen beide Frankfurter Mannschaften in der Endrunde um die Süddeutsche Meisterschaft, in der man am Riederwald auf den ehemaligen Niederräder Willi Lindner setzte, der über Tennis Borussia Berlin zurück an den Main gefunden hatte.

Auch hier war der Start nur mäßig. Nach ihrem vierten Spiel hatte die Eintracht lediglich drei Punkte eingefahren und lag damit schon sieben Zähler hinter dem Rivalen aus Bornheim, der mit 10:0 Zählern eine blütenweiße Weste aufwies. Für Dr. C. E. Laenge war die Krise der Eintracht hauptsächlich eine Führungskrise:

„Man kann mit Recht sagen: 'Ein jeder Verein ist so gut, wie er geleitet wird!' Bei der Eintracht hapert es in der Leitung. Seit Jahren gibt es im Verein verschiedene Strömungen und Richtungen. Die Folge dieser Vereins-Innenpolitik ist, daß für die Mannschaftsaufstellung und Spielerbehandlung nicht immer rein sportliche Erwägungen ausschlaggebend sind. Es werden Spieler übergangen, nur weil sie es nicht verstehen, sich bei gewissen Vorstandsmitgliedern beliebt zu machen, weil sie unabhängig sind und ihre eigenen Wege gehen. Andere Spieler erfreuen sich einer offensichtlichen und oft ungerechtfertigten Protektion, worunter das Mannschaftsgefüge leiden muß.

Der Eintracht ist nur damit zu helfen, daß eine Standardelf aufgestellt wird, die auf jeden Fall stehen bleibt und sich einspielen kann!" (*Fußball* vom 10. Januar 1933)

In den 18 Ligaspielen waren nicht weniger als 23 Spieler eingesetzt worden, nur Torhüter Ludwig Schmitt und Mittelläufer Bernhard Leis waren immer dabei. 1931/32 dagegen war Trainer Oßwald in allen 39 Pflichtspielen mit nur 19 Akteuren ausgekommen, von denen acht 30 und mehr Spiele bestritten. Nach dem schwachen Auftakt war jedoch bald eine neue Stammformation gefunden, in der noch neun Spieler aus der Nürnberger Endspielmannschaft von 1932 standen. Mit dem zukünftigen Nationalspieler Lindner auf Linksaußen gewann die Mannschaft sieben Mal in Folge (u.a. 3:1 beim FSV) und übernahm die Tabellenführung. Selbst nach einem 1:3 bei Wormatia Worms drei Spieltage vor Schluß blieben alle Chancen auf den Gruppensieg gewahrt, doch dazu mußte am 9. April 1933 unbedingt der jetzt wieder führende FSV besiegt werden. Vor 25.000 Zuschauern erspielte sich die Eintracht im Stadion auch eine leichte Feldüberlegenheit, doch die Stürmer trafen das Tor nicht. Da sich die Bornheimer mit dem torlosen Remis zufrieden gaben, zog das Publikum enttäuscht von dannen.

Der Eintracht blieb die Chance, über eine Qualifikationsrunde doch noch um die Deutsche Meisterschaft mitzuspielen. Und sie nutzte sie: Als erstes wurde der süddeutsche Pokalsieger VfB Stuttgart vor nur 7.000 Zuschauern im Frankfurter Stadion durch Tore von Ehmer und Lindner mit 2:0 besiegt. Eine Woche später setzten sich die Riederwälder mit 1:0 (Torschütze Trumpler) in Saarbrücken gegen die SpVgg Fürth durch. Der 30. April 1933 wurde damit zu einem denkwürdigen Tag der Frankfurter Fußballgeschichte. Während sich die Eintracht erneut für die Endrunde qualifizierte, besiegte der FSV im Frankfurter Stadion den TSV 1860 München mit 1:0 und wurde zum ersten Mal in seiner Geschichte Süddeutscher Meister. Damit standen beide Frankfurter Spitzenklubs zum ersten und auch einzigen Male in den Schlußspielen zur Deutschen Meisterschaft.

In der 1. Runde mußte die Eintracht beim Hamburger SV antreten. Ehmers Führungstreffer nach nur 20 Sekunden brachte die Hanseaten total durcheinander. Zweimal Lindner und Möbs schraubten das Endergebnis schließlich auf 4:1. Im Viertelfinale wurde beim 12:2 (Halbzeit 7:0) gegen den Baltenmeister Hindenburg Allenstein ein Klassenunterschied deutlich. Die Freude des Frankfurter Publikums wurde allerdings durch die Nachricht von der 0:1-Niederlage des FSV gegen den FC Schalke 04 gedämpft. Damit war der Traum eines Frankfurter Endspiels geplatzt. Eine Woche später waren allerdings auch die Eintracht-Träume von einer erneuten Endspielteilnahme ausgeträumt. Wie schon 1930 gegen Holstein Kiel brachte der Berliner Preußen-Platz kein Glück. Mit 0:4 zog die Eintracht gegen Fortuna Düsseldorf den Kürzeren. Vor dem Anpfiff dokumentierten beide Mannschaften den neuen Zeitgeist und begrüßten die 30.000 Zuschauer mit Hitlergruß. Mit dem anschließenden Finale Schalke gegen Düsseldorf wurde auch sportlich eine neue Ära im deutschen Fußball eingeläutet. Die Dominanz der süddeutschen Vereine war beendet. Dafür ging der Stern des Westens, und hier insbesondere der des FC Schalke 04 auf. Die selbsternannte „Fußball-Hochburg“ Frankfurt dagegen hatte sich nur ein Jahr lang gegen die gegnerischen Attacken behaupten können.

Halbfinale um die Deutsche Meisterschaft 1933: Fortuna Düsseldorf – Eintracht 4:0. Das Programmheft zeigte eine Szene aus dem Vorjahrsfinale zwischen Bayern München und der Eintracht.

EINWURF

DFB contra Professionalismus – Der Fall Böhm

Nach dem 1. Weltkrieg erlebte nicht nur der deutsche Fußball einen großen Aufschwung. Während aber die führenden mitteleuropäischen Fußballnationen Österreich, Ungarn und die Tschechoslowakei Mitte der 20er Jahre offiziell den Professionalismus einführten, blieb in Deutschland die fußballerische „Kleinstaaterei" bestehen. Wie zu Kaisers Zeiten wurde die Deutsche Meisterschaft nicht in einer nationalen Liga, sondern in einer K.O.-Runde der sieben Landesmeister ausgespielt. Selbst bei der Ermittlung der regionalen Meister gab es kein einheitliches System. Eine Verbandsliga (in zwei Gruppen) existierte lediglich in Berlin-Brandenburg, in Norddeutschland wurde ein ähnlicher Versuch nach nur einem Jahr (1920/21) wieder abgebrochen. Auch im Süden waren Pläne zur Einführung einer Verbandsliga an den Interessen der kleineren Vereine gescheitert. Der Westen praktizierte von 1922 bis 1926 den „neuen Weg" mit Mammutligen, die über zwei Jahre ohne Auf- und Abstieg spielten. Am chaotischsten ging es in Mitteldeutschland zu, wo es zwischen 1923 und 1933 nicht weniger als 27 (!) oberste Spielklassen gab. Wegen dieser komplizierten Verhältnisse waren für die meisten Vereine die Ligaspiele bereits um Weihnachten/Neujahr beendet. Während anschließend lediglich eine Handvoll Klubs die regionalen Landesmeister ermittelten, mußte sich der überwiegende Teil der Vereine mit Freundschaftsspielen über Wasser halten. Höhepunkte waren dabei die schon vor dem Krieg sehr populären Spiele gegen britische Profimannschaften.

Die hohen Herren beim DFB glaubten allerdings noch an die moralische Überlegenheit der Amateure. So sprach sich der DFB auf seinem Bundestag vom 2. November 1924 nicht nur entschieden gegen den Professionalismus aus, sondern erließ Anfang 1925 auch noch ein Spielverbot gegen ausländische Profimannschaften. „Man glaubte damals, unsere Spieler zu infizieren, wenn man sie mit Berufsspielern zusammenkommen ließe." So nachzulesen in der Jubiläumsschrift „60 Jahre Süddeutscher Fußball-Verband" (1957).

Dennoch waren Verstöße gegen die Amateurstatuten an der Tagesordnung. Der prominenteste „Übeltäter" war der spätere Bundestrainer Sepp Herberger, der 1921 für seinen Wechsel vom TuSV Waldhof zu Phönix Mannheim 10.000 Mark Handgeld kassierte und daraufhin zum Berufsspieler erklärt und gesperrt wurde. Die meisten Vereine handelten jedoch nach der Devise „Erlaubt ist alles, so lange man sich nicht erwischen läßt!“ Auch die beiden Frankfurter Spitzenklubs machten dabei keine Ausnahme. Ein Peter Szabo oder Walter Dietrich waren gewiß nicht wegen des guten Apfelweins aus Ungarn oder der Schweiz an den Riederwald gewechselt. Auch der Rivale FSV glich in der Saison 1926/27 einer Völkerbund-Auswahl: Bretteville war Norweger, Pache Schweizer, Wyk Schwede.

Was passierte, wenn man sich trotzdem erwischen ließ, zeigt exemplarisch der „Fall Böhm“. Der Spieler Böhm vom ASV Nürnberg, ein gelernter Werkzeugmacher, fand, nachdem er im Frühjahr 1925 arbeitslos geworden war, zunächst Beschäftigung in einer Zigarettenfabrik, an der der ASV-Vorsitzende Stark beteiligt war. Da gegen ihn zur gleichen Zeit ein Vaterschaftsprozeß anhängig war, hatte er außerdem einen Vorschuß in unbekannter Höhe erhalten. Im Juni 1926 erkundigte sich Böhm bei der Eintracht, ob sie ihm einen Arbeitsplatz beschaffen könne. Obwohl die Eintracht zuerst zögerte, bat Böhm am 9. Juli um die Herausgabe seines Spielerpasses und meldete sich am 22. Juli am Riederwald an. Inzwischen hatte nämlich das Eintracht-Mitglied Bär für den Nürnberger eine Anstellung in einer Frankfurter Firma gefunden, in der Eintracht-Ehrenmitglied Arthur Cahn Prokurist war. Außerdem erhielt er einen Lohnvorschuß in Höhe von 100 Mark. Der ASV Nürnberg wollte Böhms Paß jedoch nur gegen Begleichung von dessen Restschuld in Höhe von 800 Mark herausgeben. Zugleich verhandelte der Spieler aber auch mit dem FSV. Jedenfalls präsentierte Böhm dem späteren Eintracht-Spielausschußvorsitzenden Willi Balles einen Vertragsentwurf mit dem Werkmeister und FSV-Mitglied Karl Kreß. In diesem verpflichteten sich Kreß und ein weiteres FSV-Mitglied namens Schlau, Böhms Schulden zu übernehmen, wenn dieser mindestens fünf Jahre für den FSV spiele. Auf Protest der Eintracht schlug der FSV-Vorsitzende Dr. Rothschild am 12. August folgenden Kuhhandel vor: Der FSV werde auf eine Verpflichtung Böhms verzichten, wenn die Eintracht im Gegenzug zusichere, Böhm nicht in den Ligaspielen einzusetzen. Als Entschädigung wurde ein Spieler aus Norddeutschland angeboten, an dem der FSV interessiert gewesen war.

Soweit die Fakten. Daß die ganze Sache aufflog und es zu einem Verbandsgerichtsverfahren kam, kann man der Rubrik „Wer im Glashaus sitzt, soll nicht mit Steinen werfen“ zuordnen: Als die Eintracht nämlich erfuhr, daß der FSV in den Besitz von Böhms Paß gekommen war, erstattete sie Anzeige. Am 7. November 1926 verurteilte das Verbangsgericht

- den ASV Nürnberg zu 300 Mark Geldstrafe, da der Prozeßkostenvorschuß für Böhm nach den DFB-Statuten ein verbotenes Geldgeschenk, mindestens ein Darlehen sei, das ohne Böhms fußballerische Verdienste für den Verein wohl nicht gewährt worden wäre;

- die Eintracht zu 300, ihre Mitglieder Bär und Balles zu 500 bzw. 150 Mark Geldstrafe, da die Vermittlung eines Arbeitsplatzes ein unerlaubtes „Wegziehen" eines Spielers gewesen sei;
- den FSV zu 100 und seine Mitglieder Kreß und Schlau zu je 500 Mark Geldstrafe, da diese vom Verein nur vorgeschoben worden seien. Böhm wollte nur deshalb zum FSV wechseln, weil ihm dort finanziell mehr als bei der Eintracht geboten worden sei.

Böhm selbst wurde zum Berufsspieler erklärt und sein Ausschluß aus dem Süddeutschen Fußballverband beantragt.

Dieser Fall, der sicherlich nur die Spitze eines Eisbergs darstellte, verdeutlichte die doppelte Moral des DFB, der den Spitzenspielern eine Unzahl von Meisterschaftsspielen aufbürdete, zugleich aber auf ihrem Status als lupenreine Amateure beharrte. Spätestens seit dem „Fall Schalke 04" vom August 1930 – als die komplette Mannschaft zu Berufsspielern erklärt und ein Jahr gesperrt wurde – war klar, daß bei den meisten deutschen Spitzenmannschaften nur noch Scheinamateure aktiv waren. Daran änderte auch die 1930 vom DFB beschlossene neue Spesenregelung wenig, nach der Zahlungen von bis zu 7,50 Mark für Heim- und bis zu 15 Mark für Auswärtsspiele gestattet wurden. Die Haltung des DFB sorgte für viel Unverständnis. „Berufsspielertum mit dem Decknamen Amateurismus!", „Heuchelei siegt!", „Geld-Schein-Amateurismus sanktioniert!", „Amateurismus durch Honorierung gerettet", „D.F.B.-Führer stecken die Köpfe in den Sand!", „Berufsspieler, die unehrliche Amateure sein müssen!" und „Spesen-Amateurismus in Deutschland!" ist nur eine Auswahl aus 50 Schlagzeilen großer deutscher Tageszeitungen, die in einer Presseschau im *Fußball* am 7. Oktober 1930 veröffentlicht wurden.

Daß unter der Hand weitaus mehr gezahlt wurde, beweist die „Würzburger Verschwörung" vom 4. Oktober 1930. Da beschlossen nämlich 21 bedeutende süddeutschen Fußballvereine (darunter auch Eintracht, FSV und Rot-Weiss Frankfurt sowie die Offenbacher Kickers), sich bei einem Berufsspielerverfahren gegen einen von ihnen solidarisch zu verhalten, was einer Streikdrohung gleichkam. Außerdem wurde eine Kommission gebildet, die mit dem DFB Verhandlungen aufnehmen sollte. Dieser gehörte auch der Eintracht-Vorsitzende Graf von Beroldingen an. Doch erst als einige windige Geschäftsleute eine wilde deutsche Profiliga aus dem Boden stampfen wollten, sah sich der DFB veranlaßt, selbst tätig zu werden. Allerdings scheute er einen klaren Beschluß.

Große Erwartungen wurden in die DFB-Vorstandssitzung vom 22. Januar 1933 in Berlin gesetzt. Zwar hatte sich der Geschäftsführende Ausschuß des DFB inzwischen für die Einführung des Professionalismus ausgesprochen, eine Entscheidung wurde aber auf einen außerordentlichen Bundestag am 28.

Mai 1933 vertagt. Von diesem erhoffte man sich die Einführung des „offenen Berufsspielertums“ nach italienischem und Schweizer Modell – keine Unterscheidung mehr zwischen „Profi“ und „Amateur“, statt dessen nur noch Verwendung des Begriffes „Fußballer“.

Doch dazu sollte es nicht mehr kommen. Nur acht Tage nach der Berliner Tagung kamen die Nationalsozialisten an die Macht, die ganz andere Pläne verfolgten. Statt von einem Bundestag in Berlin berichtete *Der Kicker* in seiner Ausgabe vom 30. Mai 1933 über den „Neuaufbau des deutschen Sports“. Bis zur Einführung des Profifußballs und einer Bundesliga sollten noch 30 Jahre vergehen. ■

Zwischen Krieg und Frieden
1933 bis 1945

1933 bis 1939 Nur noch einer von vielen

Schon bald nach der Machtergreifung Adolf Hitlers am 30. Januar 1933 wurde deutlich, daß die neuen Machthaber auch eine völlige Neuordnung des deutschen Sportes anstrebten. Nach der Auflösung des „Arbeiter-Turn- und Sportbundes" (27. Februar) und des Verbots der „Kommunistischen Kampfgemeinschaft für Rote Sporteinheit" (21. März) wurde am 24. Mai auch der ungeliebte Deutsche Reichsausschuß für Leibesübungen von einem Reichsführerring ersetzt und 1934 in den Deutschen Reichsbund für Leibesübungen umgewandelt. Nachdem die Turner bereits am 8. April „Marxisten und Juden" aus ihren Reihen ausgeschlossen hatten, folgten wenig später auch die Fußballer. Zu den ersten und prominentesten Opfern gehörte Walther Bensemann, der Begründer des *Kicker* und „Ur-Vater" der Frankfurter Kickers. Im März 1933 reiste der aus jüdischem Hause stammende Fußball-Pionier in die Schweiz und kehrte nicht mehr zurück; wenig später verschwand seine Name aus dem Impressum.

Die nationalsozialistische Umgestaltung betraf das gesamte Verbandswesen. Anstelle der sieben DFB-Landesverbände traten 16 Gaue, die mit den politischen Grenzen einer preußischen Provinz oder eines größeren Bundesstaates übereinzustimmen hatten. Der komplizierte Grenzverlauf im Rhein-Main-Gebiet zog große Veränderungen nach sich. Statt im Zentrum lag Frankfurt plötzlich nur noch an der Peripherie des neuen Südwest-Gaus, was sich auch bei der Zusammensetzung der Gauligavereine bemerkbar machte:

„Nur drei Vereine, der süddeutsche Meister Fußballsportverein, die berühmte Eintracht und die stets zur Spitzenklasse zählenden Offenbacher Kickers haben Gnade gefunden. Der erste Rest, man denke nur an Niederrad und Isenburg, mußten in die zweite Klasse, während ausgerechnet die beiden Abgestiegenen der letzten Saison, Hanau 93 und Friedberg durch den Gau Nordhessen Erstklassigkeit erlangt haben!" (*Fußball* vom 29. August 1933)

Neben den drei mainischen Klubs komplettierten der FSV Mainz 05, Wormatia und Alemannia-Olympia Worms, Phönix Ludwigshafen, der FK Pirmasens, der 1. FC Kaiserslautern, die Sportfreunde Saarbrücken, Borussia Neunkirchen und der SV Wiesbaden die Gauliga, die am 10. September in ihre erste Saison startete. Zwar war die Mannschaft im Vergleich zu 1932/33 kaum verändert worden, dafür wog der Verlust von Trainer Paul Oßwald umso schwerer. Er war am 1. September zum Ligakonkurrenten FSV Mainz 05 gewechselt und durch Willi Spreng, früher FSV und Kickers Offenbach, ersetzt worden. Dennoch gelang ein passabler Start mit zwei Siegen in Neunkirchen (3:2) und gegen den SV Wiesbaden (3:1). Dann griffen die neuen Machthaber erstmals direkt in den Meisterschaftsverlauf ein. Statt zum Derby mit dem FSV mußte die Eintracht am 1. Oktober anläßlich des Erntedankfestes beim „Rheinisch-Westfälischen Sportfest" ein Freundschaftsspiel beim FC Schalke 04 bestreiten (2:1). Eine Woche später gab es im Rahmen der Saarkundgebung im Stadion eine Doppelveranstaltung mit den Meisterschaftsspielen FSV gegen Borussia Neunkirchen (3:2) und Eintracht gegen Sportfreunde Saarbrücken (0:0). Die Aktien der Eintracht fielen weiter, als Mittelstürmer Ehmer nach einer Blinddarmoperation für den Rest der Saison ausfiel und aus den nächsten fünf Spielen (davon vier auswärts!) lediglich vier Punkte geholt wurden. Als am 3. Dezember auch noch das nachgeholte Derby gegen den FSV mit 0:2 verloren ging, war die Eintracht auf Platz 7 abgerutscht.

Für positive Schlagzeilen sorgte Eintracht-Verteidiger Hans Stubb, der am 14. Januar 1934 im Stadion das Kunststück fertigbrachte, vor 38.000 Zuschauern im Länderspiel gegen Ungarn (3:1) ein Freistoßtor aus 60 Metern (!) zu erzielen. Schlagzeilen gab es auch um Hugo Mantel, der in Mailand eine pharmazeutische Vertretung übernehmen solle und sich Ambrosiana-Inter (der Klub mußte auf Druck der Faschisten 1928 den Namen des Mailänder Schutzpatrons in den Vereinsnamen aufnehmen) anschließen wollte. Da dies jedoch die Statuten des Italienischen Fußball-Verbandes nicht zuließen, kehrte „Amateur" Mantel schon Ende Februar nach Frankfurt zurück. Zu diesem Zeitpunkt hatte die Eintracht direkten Kontakt zur Abstiegszone.

In dieser Situation rückte Leis auf Halblinks, Schütz kehrte in die Abwehr zurück, und Monz wurde neuer Sturmführer. Wie verwandelt fegte die Mannschaft den 1. FC Kaiserslautern mit 6:1 vom Platz und trotzte auch Tabellenführer Kickers Offenbach am Riederwald ein 2:2 ab. Mit fünf Punkten Rückstand auf Meister Kickers Offenbach wurde die Saison als Vierter beendet.

Da die Punktspiele wegen der anstehenden Gruppenspiele um die Deutsche Meisterschaft und der Weltmeisterschaft in Italien bereits Anfang April

 ▶ FORTSETZUNG S. 97

EINWURF

„Schlappekicker“ und „Juddebuwe“

Mit 26.158 Einwohnern jüdischen Glaubens (1933) besaß Frankfurt die nach Berlin zweitgrößte jüdische Gemeinde Deutschlands, mit 4,7 % war der jüdische Bevölkerungsanteil jedoch der höchste aller deutschen Großstädte (Berlin 3,8 %). Den Anteil jüdischer Firmen und Unternehmen beziffert Gundi Mohr mit 35 %. Es gab vier jüdische Sportvereine, von denen zwei, der „Sportverein Bar Kochba“ (seit 1928) und der „Jüdische Arbeiter-Sportklub“ (1930 gegründet) eine Fußballabteilung besaßen.

Aufgrund der ihr zukommenden Unterstützung aus jüdischen Geschäftskreisen galt die Eintracht als „Judenverein“. Wie Bert Merz, ehemaliger Sportchef der *Frankfurter Rundschau,* in einer Veranstaltung des Frankfurter Erzählcafés am 12. November 1994 darlegte, waren noch Mitte der 30er Jahre mit Rudi Gramlich, Hugo Mantel, Franz Schütz, Hans Stubb, Karl Ehmer und Willi Lindner sechs der besten Eintrachtspieler bei der Firma „J. & C.A. Schneider“ angestellt. Das Unternehmen, das täglich bis zu 70.000 Paar Hausschuhe produzierte (in Frankfurt „Schlappe“ genannt, daher auch der Begriff „Schlappekicker“) und 3.000 Beschäftigte zählte, wurde von den Brüdern Fritz und Lothar Adler sowie Walter Neumann geleitet, die jüdischen Glaubens waren. Während Neumann, der im Report „75 Jahre Eintracht“ als „Förderer des Vereins 1925-1933“ bezeichnet wird, schon bald nach der nationalsozialistischen Machtergreifung nach Amerika emigrierte, blieben die Gebrüder Adler bis 1938 in Frankfurt. Sie wurden nach der Reichskristallnacht verhaftet und wanderten schließlich auch in die USA aus. Die Fabrik wurde kurz darauf „arisiert“. Ebenfalls bei „JCAS“ angestellt war Emil Reiss, von 1924 bis 1933 Schatzmeister der Eintracht. Auch er emigrierte 1933 nach Amerika. Sein Neffe Günter kehrte 1945 als Captain der US-Armee

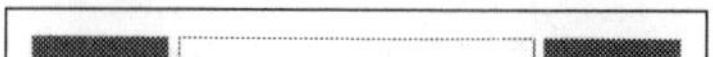

Annonce der Schuhfabriken „J. & C.A. Schneider“ in der Broschüre zum 40jährigen Bestehen der Eintracht 1939.

nach Frankfurt zurück und war vom 15. Juni bis zum 14. Dezember 1946 der erste „ordentliche" 1. Vorsitzende der Eintracht nach dem 2. Weltkrieg.

Ein weiterer Hinweis zum Thema „Judenverein" findet sich in einer Ausgabe des *Kicker* vom 19. April 1933, in der dieser die Entfernung von Juden aus den Fußballvereinen proklamieren mußte. In einem an Herrn W. Hübener in Gießen adressierten Exemplar sind einige Stellen unterstrichen:

„Der Vorstand des Deutschen Fussballbundes und der Vorstand der Deutschen Sportbehörde halten Angehörige der jüdischen Rasse, ebenso auch Personen, die sich in der marxistischen Bewegung herausgestellt haben, in führenden Stellungen der Landesverbände und der Vereine nicht für tragbar."

Daneben ist mit Bleistift vermerkt: „oh weh, 'Eintracht'!!!"

Am 13. März 1933 gab es in Frankfurt die ersten Boykottaktionen gegen jüdische Geschäfte. Im Zuge der am 7. April erlassenen Gesetze „Zur Wiederherstellung des Berufsbeamtentums" und „Über die Zulassung zur Rechtsanwaltschaft" wurde gezielt gegen jüdische Richter und Anwälte vorgegangen. Auch das Eintracht-Mitglied Dr. Paul Blüthenthal war Rechtsanwalt und betrieb mit Josef Keil eine Kanzlei in der Alten Rothofstraße 8. Als Dr. Blüthenthal Anfang April 1933 aus der Leichtathletik-Abteilung der Eintracht austrat, drückte diese ihm in einem Schreiben vom 11. April ihr Bedauern darüber aus, „dass Sie infolge der derzeitigen politischen Verhältnisse in unserem geliebten Vaterlande Ihren Austritt erklärt haben". Nachdem die Gemeinschaftskanzlei am 22. Juni 1933 aufgelöst wurde, arbeitete Dr. Blüthenthal bis 1935 als Syndikus und Wirtschaftsberater. Er wohnte noch bis 1939 in der Westendstr. 106, sein weiteres Schicksal ist nicht bekannt. Laut Auskunft des Instituts für Stadtgeschichte ist er jedoch nicht im Frankfurter Deportationsbuch aufgeführt.

Die von oben angeordnete Gleichschaltung der Sportvereine wurde bei der Eintracht mit der einstimmigen Annahme des Führerprinzips auf der Hauptversammlung am 21. September 1933 und der Wahl des bisherigen Vorsitzenden, Egon Graf von Beroldingen, zum Vereinsführer vollzogen. „Mit einem dreifachen 'Sieg-Heil!' auf den deutschen Sport, auf die 'Eintracht' und auf unseren Volkskanzler Adolf Hitler" sowie dem Absingen des Deutschland- und Horst-Wessel-Liedes endete die Versammlung (*Vereins-Nachrichten* vom Oktober 1933). Als „Judenverein" galt die Eintracht fortan nur noch bei den ganz eingefleischten Anhängern der Lokalrivalen FSV und Kickers Offenbach. Selbst in den 70er Jahren wurden Eintracht-Fans bei Derbys vereinzelt noch als „Juddebuwe" bezeichnet.

Von den 26.158 jüdischen Bürgern der Stadt überlebten nur knapp 100 in Frankfurt. 9.415 waren deportiert und zumeist im KZ ermordet worden. ■

beendet waren, gab es bis zur Sommerpause zahlreiche Freundschaftsspiele, in denen die gute Form der Meisterschaftsendphase konserviert werden konnte. Dabei wurde auch der „Graf-Beroldingen-Pokal“ mit Spielen gegen den VfB Stuttgart ins Leben gerufen. (Egon Graf von Beroldingen war bis 1928 Vorsitzender des VfB gewesen. Nach seiner Berufung zum Direktor des Frankfurter Flughafens war er bis zu seinem Tod im Oktober 1933 in gleicher Funktion bei der Eintracht tätig. Sein Nachfolger als „Vereinsführer“ wurde Hans Söhngen.)

1934/35 Enttäuschung auf der ganzen Linie

Für die Saison 1934/35 hatte sich die Eintracht mit Stürmer Pettinger aus Magdeburg und dem Kasteler Torhüter Siebel verstärkt. Aufgrund der Vorbereitung herrschte bei Trainer Spreng vorsichtiger Optimismus:

„Die Mannschaft befindet sich seit Mitte August im Training. ... Die zu leistende Trainingsarbeit ist aufopfernd und wird von Trainingsabend zu Trainingsabend gesteigert. Wenn ich erwähne, daß das letzte Training außer der zu leistenden Ballarbeit 12 Starts zu je 40 Meter, Steigerungsläufe, doppeltes Seilspringen, Medizinballarbeit und Hammerschwingen in sich einbezog, so wird jeder Unbeteiligte zu dem Ergebnis kommen, daß für die körperliche Verfassung der Mannschaft genügend Arbeit geleistet wird, welcher Arbeit die Spieler mit vollem Verständnis begegnen.“ (*Vereins-Nachrichten* vom September 1934)

Doch die Saison verlief ungünstig für die Eintracht, die mit vielen Spielverlegungen zu kämpfen hatte. Zudem handelte sich Stubb wegen Reklamierens auch noch einen Platzverweis ein, so daß für das Main-Derby gegen Kickers Offenbach der Schweizer Walter Dietrich als Verteidiger reaktiviert wurde, der am 28. Oktober 1934 sein 209. und letztes Punktspiel für die Riederwälder bestritt.

Negativer Höhepunkt war das Spiel bei den Offenbacher Kickers am 6. Januar 1935. Nachdem das Schiedsrichter-Gespann zwei Tätlichkeiten gegen die Eintrachtler Boßler und Möbs übersehen hatte, reklamierte Möbs beim Unparteiischen Müller aus Hanau und wurde des Feldes verwiesen. Als sich wenig später der Offenbacher Stuber nach einer harten Attacke Boßlers ein Bein brach, nahm „das Publikum gegenüber Boßler eine drohende Haltung ein“, so daß „der Frankfurter unter polizeilichem Schutz vom Spielfeld geführt“ werden mußte. Selbst nach dem Schlußpfiff hatten sich die Gemüter noch nicht beruhigt. Beim Verlassen des Spielfeldes mußte die Eintracht-Mannschaft „von Offenbacher Spielern, Offenbacher Klubmitgliedern und der Polizei“ geschützt werden und anschließend „wegen der drohenden Haltung einiger aufgebrachter Zuschauer den Heimweg auf dem Umweg über Bieber – Heusenstamm antreten" (*Frankfurter Zeitung* vom 7. Januar 1935).

Den Rest der Saison konnte man abhaken. Am Ende sprang nur ein siebter Rang heraus – hinter Offenbach, dem FSV und Union Niederrad. Keine Spur mehr von der „Macht am Main". Auch das Engagement im neuen deutschen Vereins-Pokal, nach seinem Stifter „Tschammer-Pokal" genannt, war kurz. Gegen den Bezirksliga-Meister Opel Rüsselsheim zog die Eintracht vor eigenem Publikum mit 1:3 den Kürzeren. Daß dennoch Substanz in der Mannschaft steckte, bewiesen einige recht erfreuliche Auftritte in Freundschaftsspielen. So schrieb der *Fußball* nach dem 1:0 über Bayernmeister SpVgg Fürth:

„Wenn die Eintracht ernst macht ... Eins dürfte klar geworden sein: die Eintracht paßt nicht in einen Gau XIII mit primitiver Spielart. Hier geht sie zugrunde. Erst bei großen Gegnern, wie Fürth, taut die Elf auf." (*Fußball* vom 2. April 1935)

Worte, die sich in den nächsten 60 Jahren mehrfach wiederholen sollten. Die „launische Diva" reifte heran.

Auch in der Führungsetage wurde die Diskrepanz zwischen dem vorhandenen Potential und den Ergebnissen auf dem Platz erkannt. Trainer Willi Spreng wurde Ende Mai wieder von Paul Oßwald abgelöst. Eine seiner ersten Amtshandlungen war die Wiedereinführung einer Reserve-Mannschaft, in der junge Nachwuchskräfte an die „Liga" herangeführt werden sollten. Aus der Stammelf der Vorsaison schied Lindner (zu Tura Leipzig) aus, Monz, Zipp und Ehmer konnten sich keinen Stammplatz mehr sichern. Für Siebel kehrte Ludwig Schmitt nach einer Knieoperation ins Tor zurück, die Verteidigung wurde durch Albert Konrad vom 1. FC Kaiserslautern verstärkt, im Angriff tauchte Trumpler wieder auf, dazu kamen Josef Weigand (SV Somborn), Friedrich Groß (FG 02 Seckbach) und Adam Schmitt (Hassia Dieburg), der der neue „Mr. Eintracht" werden sollte.

1935/36 Auf der Zielgeraden abgefangen

Schon in den ersten Spielen zeigte sich, daß die Eintracht auf dem richtigen Weg war. Als Spitzenreiter kam die Elf am 27. Oktober 1936 zum Meister Phönix Ludwigshafen. Da es bereits im Vorjahr knüppelhart zur Sache gegangen war, hatte die Eintracht vorsichtshalber Verbandsaufsicht beantragt, doch blieb bis zur 78. Minute alles ruhig. Trumpler und Möbs hatten die Frankfurter zweimal in Führung gebracht, doch Phönix konnte noch vor der Halbzeit ausgleichen. Als Lindemann die Ludwigshafener zwölf Minuten vor Schluß mit 3:2 in Führung brachte, nahm das Unheil seinen Verlauf. Kurz darauf

„führte eine harte Entscheidung des Schiedsrichters zu einem Elfmeterstrafstoß gegen Frankfurt. Der Frankfurter Tormann Koch hielt Lindemanns Schuß, und Leis und Mantel suchten ihren Torhüter gegen den nachsetzenden Lindemann zu decken, und es mag sein, daß Leis dabei etwas zu derb war. Jedenfalls schlug Lindemann den Eintrachtspieler Mantel, so daß der Schiedsrichter Lindemann vom Platz weisen mußte. Ehe dieser aber ging, trat er dem völlig unbeteiligten Tiefel von rückwärts und zur gleichen Zeit wurde der Frankfurter Verteidiger Konrad von einem in das Spielfeld eingedrungenen Zuschauer derart geschlagen, daß er vom Platz getragen werden mußte. Mantel und Stubb hatten das Spielfeld bereits verlassen, so daß die Frankfurter den Kampf mit acht Spielern zu Ende führen mußten. Daß Phönix in dieser Zeit zu einem weiteren Treffer kam, war nicht weiter verwunderlich." (*Frankfurter Zeitung* vom 28. Oktober 1935)

Alle Beobachter waren sich eigentlich einig, daß Phönix mit einer Platzsperre zu rechnen habe und das Spiel auf neutralem Platz zu wiederholen sei. Doch weit gefehlt: Leis (Eintracht) wurde für drei, Lindemann und Ulrich (beide Phönix) für je sechs Monate gesperrt, Stubb wurde zu einer Geldstrafe verurteilt, Mantel und Konrad verwarnt. Zwar wurde der Phönix-Platz für vier Spiele gesperrt, die Spielwertung mit 4:2 für Ludwigshafen aber bestätigt. Während Union Niederrad, Borussia Neunkirchen und Kickers Offenbach als Nutznießer jeweils zwei Punkte am grünen Tisch zugesprochen bekamen, schaute die Eintracht, die sozusagen zum falschen Zeitpunkt am falschen Ort war, in die Röhre.

Der Form der Mannschaft kam der ganze Rummel wenig zugute. Nach einem 0:4 in Offenbach und 0:0 in Pirmasens fiel die Eintracht auf Platz fünf zurück. Das Derby gegen den FSV (1:0) artete vor 14.000 Zuschauern im Stadion fast zu einem neuen Skandal aus. Diesmal kochten die Wogen der Erregung bei den Bornheimern über, die sich bei Trumplers Siegtor verschaukelt fühlten. Nachdem Ludwig Schmitt Mitte der 2. Halbzeit hart gegen Haderer eingestiegen war, beließ es Schiedsrichter Paulus aus Saarbrücken nämlich bei einer Ermahnung gegen den Eintracht-Torhüter. Während die FSV-Spieler noch lautstark einen Elfmeter reklamierten, nutzte Trumpler die allgemeine Verwirrung zum 1:0 für die Eintracht aus.

Dieser Sieg legte neue Kräfte frei. In den nächsten acht Spielen wurden lediglich zwei Punkte abgegeben, so daß die Mannschaft nach dem 4:1 beim FV Saarbrücken am 9. Februar wieder an der Tabellenspitze stand – und das drei Spiele vor Schluß. Allerdings schienen gerade die Rivalen vom Main der Eintracht die Meisterschaft nicht zu gönnen. Das Heimspiel gegen die Offenbacher Kickers am 16. Februar artete jedenfalls in eine wilde Treterei aus, wobei Kickers-Linksaußen Stein des Feldes verwiesen wurde. Da zudem auch Gramlich und Trumpler mit Lattenschüssen Pech hatten, kam die Mannschaft über ein 1:1 nicht hinaus. Was besonders auffiel, war die Schadenfreude, mit der der Punktverlust der Eintracht gefeiert wurde:

„... die Lokalrivalen scheinen allen Ehrgeiz darein zu legen, den Riederwäldern den Weg zur Meisterschaft zu verbauen. Gegen diese Einstellung wäre an sich nichts zu sagen, wenn sie nur sportlichem Ehrgeiz entspränge und mit sportlichen Mitteln ausgetragen würde. ... Hier aber geht etwas anderes vor. Das ist nicht Härte und Kampf allein, das ist der Zerstörungswille mit allen Mitteln, die zu Gebote stehen, vor allem auch der Unerlaubten. ... Und die Anhänger taten nicht gut daran, zu verraten, daß sie nicht Begeisterung antrieb, sondern Haß. ... Die fremden Zuschauer (es waren nicht nur die Offenbacher, sondern noch viel mehr die Bornheimer) stimmten triumphierend den Sprechchor an: 'Hi, ha, ho, Eintracht ist K.o.'" (*Fußball* vom 18. Februar 1936)

Immerhin schaffte die Eintracht danach ein knappes 1:0 gegen Meisterschaftskonkurrent FK Pirmasens und reiste am letzten Spieltag zum faktischen Endspiel gegen Wormatia Worms. Das Interesse an diesem Spiel war riesengroß. Durch Errichtung einer Nottribüne und Aufbau von 5.000 Sitzplätzen auf der Laufbahn wurde das Fassungsvermögen des Wormser Stadions auf 15.000 erweitert. Aus Frankfurt rollte ein Sonderzug heran, insgesamt waren etwa 4.000 Eintracht-Anhänger in die Nibelungenstadt gereist. Die Ausgangslage war klar: Worms mußte gewinnen, der Eintracht hätte wegen des besseren Torverhältnisses gegenüber Pirmasens bereits ein 0:0 oder 1:1 gereicht. Nur bei einem Remis von 2:2 und höher hätte der lachende Dritte Pirmasens geheißen. Das Konzept der Eintracht schien auch aufzugehen, Halbzeit 0:0. Nach dem Wechsel stand das Spiel auf des Messers Schneide – bis zur 61. Minute. Ein harmlos vor das Eintracht-Tor geschlagener Ball schien eine sichere Beute von Schmitt zu werden, doch Verteidiger Konrad schlug ohne ersichtlichen Grund den Ball weg – genau vor die Füße eines Wormser Spielers, der so verdutzt war, daß er statt des leeren Tores nur die Latte traf. Den Abpraller setzte Winkler in die Maschen. Von diesem Schock erholte sich die Eintracht nicht mehr. Fünf Minuten später markierte Eckert das 2:0, und als dem Unglücksraben Konrad auch noch ein Eigentor unterlief, war das Rennen gelaufen. 4:1 hieß es am Ende, wodurch die Eintracht sogar noch an die dritte Stelle abrutschte.

Auch im Tschammer-Pokal gab es ein unrühmliches Ende: Gegen den unterklassigen SV Flörsheim kam in der 3. Gau-Runde auf eigenem Platz das Aus (1:2). Ein weiteres Unglück ereignete sich in den frühen Morgenstunden des 19. Juli 1936, als die Haupttribüne am Riederwald bis auf die Grundmauern abbrannte. Selbst vier Löschzüge der Feuerwehr konnten nichts mehr retten. Mit dem Neubau wurde der ehemalige Ligaspieler Walter Dietrich beauftragt.

1936/37 Erneut an Wormatia Worms gescheitert

Auch das Gesicht der Mannschaft änderte sich. Konrad ging zum VfR Mannheim, Trumpler hörte auf, und auch der 31jährige Leis sollte nur noch ein Punktspiel für die Eintracht bestreiten. Besonders bitter war jedoch der Verlust von Nationalspieler Willi Tiefel, den es zum Berliner SV 92 gezogen hatte – oder besser: der gezogen worden war. Tiefel arbeitete beim „DeFaKa" (Deutsches Familien-Kaufhaus, seit 1934 Bezeichnung des „arisierten" Kaufhauses Wronker) auf der Zeil. Da einige Vorstandsherren in der Berliner Zentrale Mäzene des BSV 92 waren, wurde Tiefel nach Berlin versetzt.

Kompensiert wurden die Abgänge mit Leuten aus den eigenen Reihen. Der Start in die neue Saison ging gehörig daneben. Mit einer 0:4-Schlappe kehrte man vom Aufsteiger SV Wiesbaden zurück, und auch in den nächsten Spielen zeigte sich die Eintracht wechselhaft.

Das Derby gegen den FSV am 25. Oktober (3:2) wurde zum Wendepunkt. „Weniger der Sieg, als das schöne Spiel hoben das Selbstvertrauen von Spielern und Anhängern mächtig", hieß es in den *Vereins-Nachrichten.* Vier Siege in Folge brachten die Eintracht nach vorn, und kurz vor Saisonende lag sie nur einen Punkt hinter Spitzenreiter Wormatia Worms. Am 3. März kam es zum direkten Duell.

Diesmal waren 17.000 Zuschauer an den Bornheimer Hang gekommen, davon rund 1.500 aus Worms, die ihre Mannschaft zur Pause mit 1:0 in Führung sahen. Die Eintracht wirkte übernervös und war nicht in der Lage, das Blatt noch einmal zu wenden. Sogar das Ausgleichstor mußte ein Wormser erzielen (Eigentor Winkler). Das sagt eigentlich alles. Obwohl die Lage nach diesem Punktverlust fast aussichtslos schien, zeigte die Eintracht-Mannschaft noch einmal Charakter und siegte am letzten Spieltag mit 2:0 bei den Offenbacher Kickers. Fast hätte es noch zur Sensation gereicht, doch die Wormser holten sich mit einem 0:0 in Pirmasens den noch fehlenden Punkt zur Titelverteidigung. Der Zieleinlauf hätte knapper nicht ausfallen können. Bei Punktegleichstand (26:10) entschied das bessere Torverhältnis (48:23 gegenüber 48:31) für die Wormatia.

Im Sommer wurde eifrig an der Verstärkung der Mannschaft gebastelt. Mantel, der seit Dezember 1936 nicht mehr gespielt hatte, wurde durch Hermann Lindemann (Kickers Offenbach, vorher FSV) ersetzt. Im Sturm erkämpfte sich das erst 17jährige Talent Albert Wirsching aus der eigenen

Jugend sofort einen Stammplatz. Zwar fiel Möbs nach einer Beinoperation bis Ende März 1938 aus, dafür stand Rudi Gramlich nach einer Knieverletzung wieder zur Verfügung. Weitere Neuzugänge waren Mittelstürmer Emil Arheilger und Linksaußen Fritz Linken, die ab November spielberechtigt waren. Im Sommer 1937 stand die Eintracht erstmals in der Schlußrunde des Tschammer-Pokals. Doch wie neun Jahre zuvor bei der Premiere in der „Deutschen" erwies sich die SpVgg Sülz 07 als zu stark und siegte mit 2:0. Allerdings mußte die Eintracht auf Röll, Lindemann und Knapp verzichten, die in Paris mit der deutschen Studenten-Auswahl Weltmeister wurden!

Am 5. September 1937 ging die einjährige „Diaspora" am Bornheimer Hang zu Ende. Mit einem Freundschaftsspiel gegen Fortuna Düsseldorf (1:5) wurde die neue Haupttribüne vor 10.000 Besuchern eingeweiht. Mit dem Tribünenbau war der Verein an die Grenze seiner finanziellen Möglichkeiten gegangen. Da von der Bausumme in Höhe von 66.000 Mark nur 36.000 Mark aus eigenen Mitteln aufgebracht werden konnten, hatte die Stadt Frankfurt der Eintracht im März 1937 ein Darlehen über den Fehlbetrag von 30.000 Mark bewilligt, das in Monatsraten zu 500 Mark zurückzuzahlen war.

Annonce im Programmheft zur Tribünenweihe am 5. September 1937.

1937/38 Im dritten Anlauf endlich Gaumeister

In der neuen Gauliga-Saison erkämpfte sich die Eintracht rasch die Tabellenführung. Im Derby gegen den FSV konnte vor 20.000 Zuschauern am Riederwald zwar eine 2:0-Führung nicht über die Zeit gerettet werden (Ende 2:2), doch 14 Tage später wurde der alte Rivale Wormatia Worms mit 4:0 nach Hause geschickt und beim SV Wiesbaden zwei weitere Punkte eingefahren (1:0). Für das Duell mit dem Zweiten Borussia Neunkirchen (10:0 Punkte) wurde folglich Rekordbesuch erwartet. Da im Saargebiet jedoch die Maul- und Klauenseuche ausgebrochen war, wurden sämtliche für den 31. Oktober angesetzten Meisterschaftsspiele verschoben.

Die einwöchige Pause schien der Mannschaft nicht bekommen zu sein. Einen Fehler von Torhüter Gorka nutzten die Borussen zum Führungstor. Zwar erspielte sich die Eintracht in der zweiten Halbzeit eine deutliche Überlegenheit, doch mehr als der Ausgleich durch Wirsching gelang nicht. Danach kam es wegen der Maul- und Klauenseuche erneut zu einer längeren Spielpause. Als es am 12. Dezember mit einem 5:3-Heimsieg über den FV

Saarbrücken weiterging, stand mit Peuttler ein neuer Torhüter im Eintracht-Gehäuse. Die in diesem Spiel aufgebotene Mannschaft

▶ Alois Peuttler; Friedrich Groß, Hans Stubb; Rudi Gramlich, Gottfried Fürbeth, Hermann Lindemann; Karl Röll, Albert Wirsching, Emil Arheilger, Adam Schmitt, Fritz Linken

sollte bis zum Saisonende fast unverändert durchspielen. Lediglich Ehmer und Möbs, der im letzten Spiel beim FV Saarbrücken sein Comeback feierte, wurden noch eingesetzt. Mit einem 3:0 über den FK Pirmasens übernahm die Eintracht eine Woche später wieder die Tabellenführung und holte bis zum 20. März 26:6 Punkte. In diesem Zeitraum gab es lediglich zwei Niederlagen, 2:4 bei den Offenbacher Kickers und 0:2 bei Wormatia Worms. Dabei hatte es am 2. Januar 1938 auch am Bieberer Berg lange Zeit nach einem Eintracht-Sieg ausgesehen. Zur Pause lagen die Frankfurter verdient mit 2:0 in Führung und:

„Es sah gar nicht aus wie ein Punktekampf, es war eher ein Trainingsspiel. Die Kickers wirkten völlig verwirrt. Eintracht spielte gelassen und mit einer selbstverständlichen Reife. Sie war schneller am Ball, sie köpfte besser, sie spielte auch sonst mit Kopf, sie dominierte. ... Die Raketen zischten und die Zuschauer freuten sich an ihrem Zauber. [...]

Die Frankfurter saßen fröhlich auf der Tribüne und standen schmunzelnd mitten unter den Offenbachern ... Alles schien gut zu laufen. ... Aber bald nach Wiederbeginn ... änderten [die Kickers] ihr System. ... Es gab nur eine Parole: Angriff! Unter diesem begann das Eintrachtgebäude langsam zu erzittern. ... Und während Eintrachts Nerven zerrissen wie dünne Drähte, spielte sich Offenbach in den Wirbel seiner Wunderform hinein. [...]

Wir erlebten eine Sensation. Die Eintracht verlor ein Spiel, das offenbar nicht mehr zu verlieren war. ... Vielhundert Wagen mit traurigen Insassen, vollgepfropfte Ominibusse rollten nach Frankfurt zurück. Ihre Insassen hörten, fassungslos vor Glück, daß auch der Mitrivale Neunkirchen verloren hatte. Plötzlich blühte wieder ein Hoffnungsreis. Zaghaft, aber doch.“ (*Der Kicker* vom 4. Januar 1938)

Der knappe Zweikampf zwischen der Eintracht und den Neukirchenern wurde erst am 27. März 1938 entschieden. An diesem Tag machten die Frankfurter beim FV Saarbrücken ihr Meisterschaftsstück. Weder 2.000 Borussen-Fans, die mit einem Sonderzug angereist waren, noch die frühe Führung des FVS nach nur drei Minuten konnten die Frankfurter Mannschaft aus der Bahn bringen. Wirsching und Linken sorgten noch vor der Pause für die Führung. Auch nach dem Ausgleich zum 2:2 kam keine Panik auf, schließlich hätte selbst ein 4:4 noch gereicht. In der Schlußphase erzielten erneut Linken und Wirsching die Treffer Nr. drei und vier. Die Eintracht war Meister der Gauliga Südwest, ihr erster Titel seit 1932.

Bereits am folgenden Wochenende stand das erste Gruppenspiel der Deutschen Meisterschaft bei der Soldatenelf von Yorck Boyen Insterburg auf dem Programm. Die Ostpreußen hatten nie den Hauch einer Chance und unterlagen mit 1:5. Auch beim Stettiner SC hieß es nach 62 Minuten bereits 6:2 für die Eintracht, der SSC ließ aber nicht locker und kam noch auf 5:6 heran. Da die fünf Gegentore einem Punktverlust gleichkamen, mußte im nächsten Spiel beim Hamburger SV mindestens ein Punkt geholt werden. Doch just als es um die Wurst ging, war die Eintracht in der Krise. Besonders Torhüter Peuttler stand in der Kritik. Der Vorstand reagierte auf das permanente Torhüterproblem und gab Anfang April die Verpflichtung des Rot-Weiss-Keepers Hans Fischer bekannt. Beim HSV mußte aber Ludwig Schmitt in den Kasten, der seit elf Monaten kein Pflichtspiel mehr bestritten hatte. Vor 25.000 Zuschauern auf dem Victoria-Platz begann die Eintracht zwar technisch sehr versiert, geriet aber bereits nach zehn Minuten in Rückstand und mußte danach alle Hoffnungen begraben. 0:3 hieß es nach 45, 0:5 nach 90 Minuten. Mit zwei 5:0-Siegen gegen Stettin und Insterburg wurden zwar die theoretischen Chancen auf den Gruppensieg gewahrt, die angesichts des Torverhältnisses (HSV 19:2, Eintracht 21:11) aber deutlich gegen Null tendierten. Denn nur bei einem Sieg ab 6:0 aufwärts hätten die Hamburger noch überholt werden können. Der Eintracht-Anhang konnte gerade zwölf Minuten träumen, dann hatte Carstens Rölls Führungstreffer aus der 4. Minute egalisiert. Immerhin gab sich die Mannschaft nie auf, steckte sogar einen Rückstand weg und ging am Ende mit 3:2 als Sieger vom Platz.

„Frankfurter Tribut": Karikatur im Kicker vom 26. April 1938 nach dem 0:5 beim Hamburger SV.

Auch im Sommer 1938 drehte sich das Personalkarussell bei der Eintracht. Neben Torhüter Fischer konnte Willi Lindner nach drei Jahren Abwesenheit (Tura Leipzig, Reichsbahn-Rot-Weiss) wieder am Riederwald begrüßt werden. Weitere Neuzugänge waren August Groß aus Friedrichshafen, Adolf Schmidt (SpVgg Oberrad) und Ernst Künz (FC Lustenau 07), ein Mitglied des österreichischen Olympia-Teams von 1936. Seine Karriere beendet hatte Torjäger Ehmer. Außerdem deutete sich an, daß über kurz oder lang die erfahrenen Stubb (fast 32), Gramlich und Möbs (beide 30) zu ersetzen waren. Am schwersten wog jedoch der erneute Weggang von Trainer Oßwald, der zum Leiter des Stadtamtes für Leibesübungen in Frankenthal berufen worden war und fortan den dortigen VfR betreute. In dieser Situation wurde ein gravierender Fehler begangen und auf einen Trainer für 1938/39 verzichtet.

1938/39 Ohne Trainer und ohne Konzept in die Krise

Zudem verschloß ein erfolgeicher Start den Blick für die Realität. Nach einem verdienten 4:2-Sieg über den Deutschen Meister Hannover 96 und einem unglücklichen 1:2 im Tschammer-Pokal gegen den TSV 1860 München stand die Eintracht nach drei (Heim-)Siegen an der Spitze der Gauliga. Auch im Derby gegen den als Geheimfavoriten eingestuften FSV schien die Eintracht zur Pause auf der Siegesstraße. Doch innerhalb von nur sieben Minuten machten die Bornheimer vor 25.000 Zuschauern im Stadion – der beste Besuch seit Jahren – aus dem 1:2 ein 4:2. Röll gelang nur noch der Anschlußtreffer zum 4:3. Jetzt begann sich das Fehlen eines Trainers auszuwirken. Es folgte eine Zeit des Experimentierens. Einschließlich des Derbys waren 14 Spieler eingesetzt worden, bis zum Ende der Vorrunde bereits 19.

Die 1:6-Niederlage vom 27. November 1938 bei den Offenbacher Kickers stürzte die Eintracht in eine der größten Krisen ihrer Vereinsgeschichte. Schon zur Halbzeit hatte es 0:5 gestanden. Im Mittelpunkt der Kritik stand wieder einmal die konzeptlose Personalpolitik:

Eintracht gegen Hannover 96 (4:2) am 21. August 1938: Von links Fischer, Möbs, Arheilger, Fürbeth, Lindemann, Fr. Groß, Wirsching, Röll, Adam Schmitt, Gramlich, Linken. Bis auf Torhüter Fischer war es die gleiche Mannschaft, die Gaumeister wurde.

40 Jahre Eintracht: Die Mannschaft vom 21. Juni 1939 gegen den AS Rom. Von links Fr. Groß, Trageser, Adamkiewicz, Arheilger, Linken, Wirsching, Röll, Opper, Adam Schmitt, Adolf Schmidt, Kolb.

„Die Eintracht [hatte] wieder einmal eine Überraschung für das staunende Fußballpublikum bereit. Der Wunderknabe Arheilger tauchte plötzlich als Verteidiger auf. Irgend ein Mittel, die Mannschaft umzustellen, findet sich ja bei der Eintracht immer. ... Seit Jahren wird dort probiert. Aus den ständigen Umstellungen zeigt sich eine Planlosigkeit und Unsicherheit der Mannschaftsführung, die eine ausreichende Erklärung für die sich immer wiederholenden schweren Rückschläge ist..." (*Fußball* vom 29. November 1938)

Die Krise hatte Auswirkungen bis in die höchsten Kreise: Die Vereinsführung um Hans Söhngen trat zurück und wurde bis zur nächsten Generalversammlung von Rudi Gramlich, der kurz zuvor seine aktive Laufbahn beendet hatte, und Dr. Adolf Metzner ersetzt. Als im Januar der Leichtathlet Otto Boer, der Ende der 20er Jahre bereits unter Paul Oßwald als Konditionstrainer gearbeitet hatte, das Training übernahm, zeigte die sportliche Formkurve wieder nach oben. Bis zum Schlager am 29. Januar in Worms hatte sich die Eintracht bis auf einen (Minus-)Punkt an den Spitzenreiter herangearbeitet. Doch wie 1936 und 1937 konnte auch 1939 die Hürde Worms nicht genommen werden. Obwohl die Mannschaft einen großen Kampf lieferte und Künz zweimal eine Wormser Führung wettmachen konnte, sorgte Kiefer in der 79. Minute für die Entscheidung zuungunsten der Eintracht. Durch ein 5:7 im letzten Spiel beim FV Saarbrücken fiel die Eintracht am Ende noch hinter den FSV auf den dritten Platz zurück.

1939 bis 1945 Fußball und totaler Krieg

Ungeachtet der im Sommer 1939 zunehmenden Spannungen zwischen den europäischen Großmächten ging man bei der Eintracht daran, sich den Herausforderungen des neuen Spieljahres zu stellen. Schließlich sollte ja der Sprung in die seinerzeit geplante neue Reichsliga geschafft werden. Um dieses Ziel zu erreichen, wurde mit dem ehemaligen Spieler Peter Szabo wieder ein richtiger Trainer verpflichtet. Der Ungar, der 1939 Ruch Chorzow zur polnischen Meisterschaft geführt hatte, fand eine Mannschaft vor, in der es im Vergleich zum Vorjahr kaum Veränderungen gegeben hatte. Nachdem durch ein 5:0 beim SV Beuel 06 erstmals die 2. Runde des Tschammer-Pokal auf Reichsebene erreicht worden war, sollte am 27. August der Start zur Gauliga-Meisterschaft 1939/40 erfolgen. Infolge der geheimen Kriegsvorbereitungen wurden aber im gesamten Reich nur zwölf Spiele ausgetragen, davon fünf im Gau Südwest. Die Eintracht kam beim SV Wiesbaden ohne Röll, Linken (beide bei der Wehrmacht) und Verteidiger Groß zu einem 1:1. Nach dem deutschen Angriff auf Polen am 1. September wurde die Meisterschaft abgebrochen und durch Stadtmeisterschaften ersetzt. Auch die Pläne für eine Reichsliga hatten sich damit erledigt.

1939/40 Der Krieg wirft alle Planungen über den Haufen

In Frankfurt sollten die Gauligisten Eintracht, FSV und Reichsbahn-Rot-Weiss mit mehreren unterklassigen Vereinen eine Kriegsrunde absolvieren. Besonders die großen Vereine waren von dieser Idee wenig begeistert. Auch die Offenbacher Kickers hätten lieber mit den drei Frankfurter Topvereinen, dem FC Hanau 93, Opel Rüsselsheim und dem SV Wiesbaden gespielt, weil dies „einmal spielerischen Nutzen bringen und zum anderen auch in finanzieller Hinsicht ertragreich sein" würde (*Der Kicker* vom 19. September 1939). Doch Eigeninitiative war nicht gefragt in diesen Tagen. So startete die Eintracht mit einem 10:1 bei der BSG IG Farben in die Stadtrunde, in der in sechs Spielen nur ein Punkt abgegeben wurde (1:1 gegen den FSV). Da Reichsbahn-Rot-Weiss bei Germania 94 (1:3) und der FSV beim VfL Rödelheim (2:5) patzten, wurde die Eintracht Mitte November vorzeitig zum Sieger erklärt.

Mit dem Pokalspiel gegen den SV Waldhof stand am 19. November wieder das erste überregionale Spiel auf dem Programm. Ohne Mittelstürmer Adamkiewicz, der im Oktober zum Hamburger SV gewechselt war, und ohne Kolb, Lindemann, Arheilger, Adam Schmitt und Röll unterlag die Eintracht vor nur 1.500 Zuschauern den Mannheimer Vorstädtern unglücklich mit 0:1 nach

Verlängerung. Eine Woche später erfolgte der Startschuß zur „Kriegsmeisterschaft der Gauklasse". Für diese wurde der Gau Südwest in die Gruppen Mainhessen und Saarpfalz geteilt. Da die meisten Spieler zur Wehrmacht eingezogen worden waren, so auch Kolb und Adolf Schmidt, und der Spielbetrieb darunter litt, durften die Vereine am Ort stationierte Soldaten als „Gastspieler" einsetzen. Als erstes verstärkte der Karlsruher Johannes Herberger, ein Neffe des Reichstrainers, die Riederwälder. Nach einem 1:1 bei Union Niederrad fiel bereits im zweiten Punktspiel die Vorentscheidung im Meisterschaftsrennen. Vor 3.000 Zuschauern unterlag die Eintracht am Riederwald den Offenbacher Kickers mit 1:4. Obwohl im Derby beim FSV (1:0) erstmals Nationalspieler Alfons Moog vom VfL Köln 99 mitwirkte und im Januar mit Albert Resch vom FV Saarbrücken ein weiterer Gastspieler zur Eintracht stieß, hielten die Aufstellungssorgen an. Beim SV Wiesbaden standen am 4. Februar (0:3) mit Heyl und Wirsching nur noch zwei Spieler aus der Stammelf des Jahres 1938/39 auf dem Platz.

Was die Eintracht zu leisten imstande war, wenn sie in Bestbesetzung spielte, zeigte sie im Rückspiel auf dem Bieberer Berg. Mit Adam Schmitt, Friedrich Groß, Künz und Kolb brachte sie den Offenbachern die einzige Saisonniederlage bei. In dieser Phase gingen Eintracht und FSV dazu über, ihre Spiele als Doppelveranstaltungen auszutragen, was sich sofort in höheren Zuschauerzahlen niederschlug. Zum Derby am 10. März kamen 10.000 Fans an den Riederwald – die erste fünfstellige Zuschauerzahl seit dem 23. Oktober 1938 (7:1 gegen FV Saarbrücken). Sie sahen eine entfesselt aufspielende Eintracht-Mannschaft, die nach 29 Minuten bereits mit 3:0 in Führung lag. Zwar konnte der FSV noch auf 2:3 verkürzen – die Eintracht baute ihre Siegesserie jedoch weiter aus. Nach 12:0 Punkten in Folge schauten die Fußball-Fans am Main gebannt auf eine weitere Doppelveranstaltung am 24. März, in der sich am Riederwald die Eintracht und der SV Wiesbaden sowie Kickers Offenbach und Union Niederrad gegenüberstanden. 5.000 Zuschauer sahen zunächst einen Sieben-Tore-Krimi, durch den die Eintracht mit 4:3 an die Tabellenspitze vorstieß. Doch 90 Minuten später waren wieder die Offenbacher in Front und damit faktisch Meister – vor der zweitplazierten Eintracht.

Auch während der „Blitzkriege" im Westen ab April 1940 wurde mit allen Mitteln versucht, den Spielbetrieb aufrecht zu halten, obwohl die meisten Aktiven ihr Trikot mit der Uniform getauscht hatten. Von der Eintracht waren zu diesem Zeitpunkt 13 eigene und fünf Gastspieler bei der Wehrmacht. Trainer Szabo war so gezwungen, Nachwuchskräften eine Chance zu geben. Zu den Entdeckungen des ersten Kriegsjahres gehörte der 18jährige Werner Heilig. Doch nicht nur auf dem Rasen, auch auf den Rängen machte sich der „Männermangel" bemerkbar. So lockten zwei parallel stattfindende

Spiele (Eintracht – FC Hanau 93 5:2 und FSV – Borussia Fulda 3:1) am 14. April zusammen nur rund 500 Zuschauer an. Am 4. Juni erlebte die Frankfurter Bevölkerung den ersten alliierten Fliegerangriff auf die Stadt.

1940/41 Der Kölner Alfons Moog als Aushängeschild

Die erste große Bewährungsprobe der Spielzeit 1940/41 war das Tschammer-Pokalspiel gegen Westfalia Herne am 18. August, das nach schwerem Kampf mit 3:2 gewonnen werden konnte. Durch ein 2:0 bei Rot-Weiß Essen wurde zum ersten Mal das Achtelfinale erreicht, in dem es eine unglückliche Niederlage gegen Fortuna Düsseldorf gab. Im Lager der Eintracht haderte man insbesondere mit Schiedsrichter Bernhard aus Bad Homburg, der der Eintracht

Tschammer-Pokal 1940: Eintracht – Westfalia Herne (3:2). Adolf Schmidt (rechts) erzielt den Siegtreffer in der letzten Spielminute. Nicklas (Herne) und Wirsching schauen gebannt zu.

bei einer 2:1-Führung zwei glasklare Elfmeter verweigerte. Statt auf 3:1 oder 4:1 davonzuziehen, mußten die Riederwälder in der 77. Minute den Ausgleich durch Kobierski hinnehmen. Fünf Minuten später erzielte Pickart den Siegtreffer für die Düsseldorfer Mannschaft, „die mit Recht 'Fortuna' heißt, denn soviel Glück gibt es fast nicht" (*Vereins-Nachrichten* vom Oktober 1940). In diesem Spiel wirkte erstmals Nationalspieler Erwin Schädler vom Ulmer FV 94 als Gastspieler mit.

Der Start in die Meisterschaft erfolgte am 15. September; wegen diverser Abstellungen für die Stadt- und Bereichsauswahlen (die Gauliga hieß seit Sommer 1940 „Bereichsklasse") hatte die Eintracht Ende Oktober aber erst drei Spiele absolviert, während andere Vereine bereits die Vorrunde (sieben Spiele) beendet hatten. Zu diesem Termin-Wirrwarr gesellten sich personelle Probleme: Ab November mußte die Eintracht ihren Trainer Peter Szabo mit dem Ligakonkurrenten Reichsbahn-Rot-Weiss teilen. So war bei den jeweils in Bestbesetzung spielenden Offenbacher Kickers (2:5) und bei Rot-Weiss (1:2) kein Blumentopf zu gewinnen. Bereits nach Ende der Vorrunde waren die Meisterschaftschancen auf ein Minimum gesunken. Am Ende betrug der Vorsprung der Kickers (27:1 Punkte) sieben Zähler auf Rot-Weiss und gar zehn auf die Eintracht.

Zu den Leistungsträgern der zweiten Kriegsmeisterschaft gehörte Nationalspieler Alfons Moog, der während seiner Frankfurter Zeit sechs Länderspiele absolvierte, nach Abschluß der Punktspiele aber wieder zu seinem Stammverein VfL 99 Köln zurückkehrte. Auf dem Sprung in die Nationalmannschaft standen auch Ludwig Kolb, der am 9. März 1941 in Stuttgart gegen die Schweiz (4:2) als Ersatzmann dabei war, sowie Heilig und Wirsching, die zu einem Sichtungslehrgang nach Berlin eingeladen wurden. Dafür blamierte man sich in den Spielen der Frankfurter Stadtrunde gegen meist unterklassige Gegner sowie im Tschammer-Pokal mit peinlichen Niederlagen bis auf die Knochen.

1941/42 Die alten Haudegen müssen wieder ran

Immer stärker machte sich der Krieg bemerkbar. Mit der Mai-Ausgabe mußte die Eintracht wie alle anderen Klubs in Deutschland ihre *Vereins-Nachrichten* aus „wehrwirtschaftlichen Gründen" und „vorübergehend" einstellen. Beim Pokalspiel gegen den FSV (2:0) wurde am 25. Mai auch Trainer Peter Szabo verabschiedet, der zu den Bornheimern wechselte. Für ihn übernahm Willi Lindner ehrenamtlich das Training am Riederwald. Kriegsbedingt kam es Anfang Juli 1941 auch zu einer Erweiterung der Gaugrenzen nach Norden. Um die wachsende Zahl der Einberufungen in die Wehrmacht einigermaßen

Nie waren sie wertvoller: Im Sommer 1941 kehrten die Oldies Hermann Lindemann (links), Hans Stubb und Theodor Trumpler in die Liga-Mannschaft der Eintracht zurück.

kompensieren zu können, wurden im Sommer 1941 die alten Haudegen Hermann Lindemann (31), Hans Stubb und Theodor Trumpler (beide 34) reaktiviert. Auch Alfons Moog kehrte noch einmal kurz nach Frankfurt zurück und zählte zu den Stützen der Mannschaft, die Vizemeister FC Schalke 04 am 26. Juli ein viel beachtetes 1:1 abtrotzte.

Die Meisterschaftsspiele verloren zunehmend an sportlichem Wert; die Resultate waren oft Zufallsprodukte, weil kaum eine Mannschaft in normaler Besetzung antreten konnte. Entsprechend kraß fielen die Ergebnisse oft aus: Einer 1:6-Niederlage gegen Kickers Offenbach folgten Kantersiege gegen den TSV 1860 Hanau (9:1) und SV Wetzlar 05 (11:0). Die dritte Kriegsmeisterschaft geriet vollends zur Farce, als ab 25. Januar 1942 Sportveranstaltungen, bei denen mehr als 50 km in einer Richtung zu reisen war, auf Anordnung des Reichssportführers auf einen späteren Zeitpunkt verschoben werden mußten, da die Verkehrsmittel für Transporte an die Ostfront benötigt wurden. Erst Anfang März wurden die Restriktionen teilweise wieder aufgehoben.

Die Entscheidung um den Sieg in der Gruppe 1 fiel am 22. März auf dem Bieberer Berg. Nur mit einem Sieg hätte die Eintracht (15:3 Punkte) den Offenbachern (21:1) noch gefährlich werden können. Diesmal verkaufte sich die Eintracht besser als im Dezember. Bis zur Pause konnte die Mannschaft ein 2:2 halten und selbst nach Picards 3:2 drückte sie noch einmal gehörig auf das Kickers-Tor – allerdings vergebens. Als Zweiter wurde immerhin die Qualifikation für die eingleisige Gauliga 1942/43 geschafft.

Die Eintracht im Sommer 1942. Der Aufstellung nach könnte es die Mannschaft vom Pokalspiel gegen den FC Schalke 04 sein (0:6). Stehend von links: Röll, During, Ackermann, Lindemann, Adolf Schmidt, Friedrich Groß, Kraus (oder Hammer), Heilig, Stubb, Lehmann. Vorne Adolf Bechtold.

Auch im Sommer 1942 wurde praktisch wieder durchgespielt. Die Auswirkungen des Krieges machten sich jetzt allerdings immer stärker bemerkbar. Seit März wurde ein Frankfurter Gemeinschaftstraining organisiert, das von Peter Szabo geleitet wurde. Von den 27 eingesetzten Eintracht-Akteuren der Spielzeit 1941/42 waren nicht weniger als acht Gastspieler. Andere Vereine waren weniger gut dran. So konnte Union Niederrad am 7. Juni keine Mannschaft stellen, so daß die Eintracht kampflos in die nächste Pokal-Runde einzog. In der 1. Schlußrunde auf Reichsebene (4:1 gegen die SpVgg Fürth) hatte die Eintracht Glück und konnte auf die Urlauber Fischer (Tor), Kolb und Lindemann zurückgreifen. Unter Wert geschlagen wurden die Riederwälder allerdings in der nächsten Runde vom FC Schalke 04. Zwar hieß es am Ende vor 18.000 Zuschauern in Kassel 0:6, doch bis zur 75. Minute hatte der Deutsche Meister nur 1:0 geführt.

1942/43 Akuter Spielermangel und Abstiegsgefahr

Im Spieljahr 1942/43 wurden die Besetzungsprobleme bei der Eintracht immer größer. Ab September stellte Willi Balles die Mannschaft auf. Insgesamt 46 Spielernamen konnten aus der Tagespresse für die 18 Meisterschafts- und acht Pokalspiele eruiert werden. Da einige Aufstellungen unvollständig oder gänzlich unbekannt sind, ist davon auszugehen, daß noch mehr Spieler eingesetzt wurden. Von der einstigen Stammelf spielten zeitweise auswärts: Röll (SpVgg Zeitz), Friedrich Groß (Rot-Weiß Oberhausen), Arheilger (Eintracht Braunschweig). Otto Lehmann – selbst Gastspieler vom Freiburger FC – war längere Zeit nach Minsk versetzt. Nur mit Hilfe von Gastspielern – darunter sogar zwei Holländer – konnte überhaupt noch eine halbwegs passable Mannschaft zusammengestellt werden.

Kein Wunder also, daß der Start in die Meisterschaft völlig mißlang. Nach zwei Niederlagen stand die Eintracht am Tabellenende. Selbst gegen die sogenannten „Kleinen" fiel das Punkten nun schwer. So gelang gegen den SV Darmstadt 98 nach 0:2-Rückstand ein schwer erkämpfter 3:2-Sieg. Ohne Chance war die Mannschaft beim 1:4 auf dem Bieberer Berg. Erst beim Rückspiel gegen die Offenbacher wurde die Abstiegsgefahr gebannt. Eine wie verwandelt auftretende Eintracht-Mannschaft schaffte die Sensation und kehrte einen 1:2-Pausenrückstand durch Tore von Kirchheim und Ganzmann noch in einen verdienten 3:2-Erfolg um. Dabei wehrte Torhüter Savelsberg beim Stand von 2:2 einen Offenbacher Elfmeter ab. Mit einem 2:0 über Reichsbahn-Rot-Weiss wurde am 21. Februar der Klassenerhalt endgültig gesichert. Letztlich wurde die Saison als Fünfter beendet, mit 16:20 gab es allerdings zum ersten Mal seit 1924/25 wieder ein negatives Punktekonto.

1943/44 Eine Katastrophe nach der anderen

Einen Tag nach dem Start in die fünfte Kriegsmeisterschaft (9:2 beim VfL Rödelheim) erlebte Frankfurt die bis dahin heftigsten Luftangriffe. Besonders schwer traf es die Stadt am Abend, als binnen zwei Stunden 4.000 Spreng- und 250.000 Brandbomben abgeworfen wurden. 529 Menschen kamen dabei ums Leben. Fast der gesamte Osten Frankfurts stand in Flammen, darunter auch der Eintracht-Sportplatz am Riederwald, der vollständig zerstört wurde. Wie schon nach dem Tribünenbrand 1936 fand die Eintracht zunächst Unterschlupf auf dem Bornheimer Hang, wo ihr am 7. November vor 3.000 Zuschauern durch Tore von zweimal Adam Schmitt und Kraus ein 3:2-Sieg über Meister Kickers Offenbach gelang. Dafür wurden auswärts wertvolle Punkte verspielt. Ein 2:3 im Derby gegen den FSV bedeutete am 5. Dezember bereits das Ende aller Meisterschaftsträume.

Zu diesem Zeitpunkt hatte die Eintracht alle Hebel in Bewegung gesetzt, um auf den alten FFV-Sportplatz an der Roseggerstraße zurückzukehren, der inzwischen von der Stadt an die „KSG (Kampfsportgemeinschaft) der SA" vermietet worden war. Nach langem Hin und Her stimmte die SA schließlich zu, und so konnte die Eintracht am 2. Januar 1944 erstmals wieder auf dem „Rosegger" spielen. Gegner war Union Niederrad, und die Eintracht – mit

Rudi Gramlich auf halblinks – siegte 6:0. Die alte Heimat schien die Mannschaft zu beflügeln. Bis zum 12. März holte die Eintracht 7:1-Punkte und stieß auf Platz drei vor. Überschattet wurde der Aufwärtstrend durch den Tod von Nationalspieler Willi Lindner, der an der Ostfront fiel, und Stefan Hemmerich. Auch an der „Heimatfront“ waren immer mehr Opfer zu beklagen. Bei einem schweren Luftangriff Anfang Februar 1944 kam der ehemalige Eintracht-Spieler August Möbs ums Leben. Zwischen dem 18. und 24. März wurde schließlich die gesamte Frankfurter Altstadt zerstört.

Obwohl 1.814 Menschen in den Feuerstürmen umkamen und 175.000 obdachlos wurden, hielt die Parteiführung aus propagandistischen Gründen an der Fortsetzung der Fußballspiele und insbesondere der Durchführung der Deutschen Meisterschaft 1944 fest. In ihren Augen war das Ausdruck „für den Lebenswillen und die Unbeugsamkeit des deutschen Volkes im fünften Kriegsjahr. ... Die Welt – auch die Feindseite – erfährt indirekt die *Kraft der deutschen Heimatfront*“ (*Der Kicker/Fußball* vom 23. Mai 1944). Die Eintracht hatte noch zwei Begegnungen auszutragen und mußte am 21. Mai bei den Offenbacher Kickers mit 0:10 die höchste Niederlage der Vereinsgeschichte hinnehmen.

Nach einem 1:1 gegen den FSV landete die Eintracht schließlich auf dem vierten Platz. Im Tschammer-Pokal kam das Aus bereits in der 1. Runde bei der KSG Wiesbaden (2:4), wobei der Alt-Internationale Stubb im Tor stand.

1944/45 Ein Verein am Ende – Spielgemeinschaft mit dem FSV

Im Sommer 1944 zeichnete sich die militärische Niederlage Deutschlands immer deutlicher ab. Von allen Seiten rückten die Alliierten näher an die Reichsgrenzen heran. In dieser Situation wurden „im Zuge der weiteren Anpassung des deutschen Sports an die Erfordernisse der totalen Kriegführung ... die Reichsmeisterschaften und Reichsveranstaltungen eingestellt“. Die „körperliche Ertüchtigung des Volkes durch den Sport“ sollte aber weitergehen (*Der Kicker/Fußball* vom 15. August 1944).

In Frankfurt waren jetzt nur noch lokale Spiele möglich, bei denen Hans Stubb am 9. Juli beim 1:0 gegen Viktoria Eckenheim für sein 500. Spiel im Adler-Trikot geehrt wurde. Der Versuch, einen ordentlichen Ligabetrieb durchzuführen, scheiterte jedoch. Als am 5. November 1944 wegen eines weiteren Bombenangriffs kein einziges Spiel in Frankfurt stattfand und das Parteiblatt *Rhein-Mainische Zeitung* auf der Titelseite den „Terror“ der „Luftgangster über dem Rhein-Main-Gebiet“ scharf verurteilte, wurde den Lesern im Sportteil lapidar mitgeteilt, daß „aus technischen Gründen ... gestern der gesamte Sportbetrieb in Hessen-Nassau ruhen“ mußte.

Der letzte Bericht über ein Eintrachtspiel im Kicker/Fußball vom 15. August 1944: Eintracht – Kickers Offenbach (2:4) am 6. August 1944.

○ Kickers Offenbach und Eintracht Frankfurt lieferten sich ein sehr wechselvolles Freundschaftsspiel. Die Meisterelf hatte sich die FSV.-Spieler Feucht und Schuchardt sowie Preiß vom VfB. Offenbach „entlehnen" müssen. Novotny brachte Kickers mit 1:0 in Führung, aber Siegler glich postwendend aus. Nach dem Wechsel übernahm Eintracht durch ein Tor von Krauß zunächst zwar die Führung, aber bald übernahm Kickers das Kommando. Kaiser, Harter und Novotny sicherten durch drei Tore ihrer Elf den Sieg.

Schließlich mußte die Eintracht sogar mit dem alten Rivalen FSV eine Kriegssportgemeinschaft (KSG) bilden, die am 19. November erstmals in Aktion trat. Mit sieben Bornheimern und vier Eintracht-Spielern gab es ein 2:2 gegen Viktoria Eckenheim. Obwohl der sportliche Wert der Spiele sehr gering war, nahm die Sportführung ihre Durchführung sehr ernst. So wurde über Weihnachten eine ganze Anzahl von Spielausfällen in der Frankfurter Kriegsmeisterschaft überprüft und auch der KSG FSV/Eintracht zwei Punkte „wegen unvollständigen Nichtantretens“ (Behördendeutsch für „keine elf Spieler zusammenbekommen“) aberkannt. Das letzte Spiel der vereinigten Bornheimer und Riederwälder Mannschaft fand am 7. Januar 1945 in Eckenheim statt. Zehn Spieler sind namentlich bekannt:

► Feist; Struth (beide FSV), Hammer; Adolf Schmidt, Lindemann, Schädler (alle Eintracht) sowie im Innenstrurm Kraus (Eintracht), Rückel und Schuchardt (beide FSV). Außerdem kam Horst Schmidt vom FSV zum Einsatz.

Durch Tore von Rückel (6), Schuchardt (4), Kraus (2), Adolf Schmidt, Horst Schmidt (je 1) sowie zwei Eigentore siegte die KSG FSV/Eintracht überlegen mit 16:0 (5:0). Das letzte Fußballspiel in der Stadt fand am 4. März statt. Dreieinhalb Wochen später, am 29. März 1945, wurde Frankfurt durch amerikanische Truppen eingenommen.

Eintracht in aller Welt
1945 bis 1963

1945 bis 1952 Heimatlos

Als am Morgen des 29. März 1945 Soldaten der 5. US-Division nach Frankfurt einrückten, hatte sich die Einwohnerzahl der Stadt, die vor dem Krieg rund 550.000 betragen hatte, auf etwa 270.000 Menschen halbiert. Über die Hälfte des Wohnraums war zerstört. 4.822 Frankfurter waren im Bombenkrieg umgekommen, 12.701 als Soldaten an der Front gefallen. Die Überlebenden hatten andere Sorgen als den Sport, wie eine Meldung in der *Frankfurter Presse* vom 17. Mai beweist: „Sportplätze am Stadtrand sind für den Anbau von Gemüse freigegeben worden." Doch schon sieben Wochen später fand in Frankfurt das erste Fußballspiel in der amerikanischen Zone statt. Am 8. Juli besiegte der FSV auf dem Sportplatz der Adlerwerke in Niederrad die dortige Union mit 7:1.

Da die Amerikaner die Sportvereine zu Recht als nationalsozialistisch beeinflußt einstuften, bestanden sie auf deren Auflösung und auf der Gründung von örtlichen Sportgemeinschaften, die alle Sportarten umfassen sollten. Ziel war die Überwindung der sportlichen Zersplitterung, wie sie vor 1933 bestanden hatte, und „kleinlicher Vereinsmeierei".

„Der Wegfall traditionsreicher Vereinsnamen mag oft schmerzlich empfunden werden, er war notwendig. ... Die Frankfurter Sportler sehen in dem Begriff Sportgemeinschaft weniger einen neuen Namen als ein Programm ..., das die Arbeiter wie die bürgerlichen und katholischen Sportler verbindet." (*Frankfurter Rundschau* vom 22. September 1945)

Am 26. August kam es zum „erstmaligen Auftreten der ehemaligen Eintracht", die sich auf den Sandhöfer Wiesen gegen die SG Niederrad nach einer 3:0-Führung noch mit einem 3:3 zufrieden geben mußte. Am 16. September trat die Eintracht bei den Offenbacher Kickers (1:3) erstmals als „SG Frankfurt" an. Wie groß das Interesse am Fußball in den ersten Nachkriegsmonaten war, verdeutlicht die Ankündigung einer Zugverbindung zum nächsten Spiel bei der SG Friedberg (1:2) in der *Frankfurter Rundschau:* 12.10 Uhr ab Frank-

Die erste Eintracht-Nachkriegsmannschaft: SG Frankfurt – Union Niederrad (3:3) am 26. August 1945. Stehend von links Henkel, Lindemann, Schädler, Heilig, Adolf Schmidt, R. Schmitt, Farschon, Moritz. Vorn Kolb, Fischer, Hammer.

furt-Hauptbahnhof. Am 7. Oktober kam es zum ersten Nachkriegsderby mit dem FSV an der Roseggerstraße, bei der beide Klubs wieder unter ihrem Traditionsnamen auftraten. Ein Bornheimer Eigentor, Heilig und Farschon sowie ein Gegentreffer von Schuchardt sorgten für einen 3:1-Erfolg der Eintracht. Beide Klubs hatten sich nicht einer der neuen Sportgemeinschaften angeschlossen, sondern „einer süddeutschen Liga ..., die sich an die Großvereine wandte und einen stark professionellen Einschlag hat" (*Frankfurter Rundschau* vom 13. Oktober 1945). Die Oberliga Süd war entstanden und nahm am 4. November 1945 mit 16 Vereinen aus der gesamten amerikanischen Zone ihren Spielbetrieb auf.

1945/46 Oberliga-Start am „Rosegger"

Bevor die Eintracht in die Oberliga-Punktspiele startete, fanden sich am 23. Oktober ehemalige Mitglieder zusammen, um die offizielle Wiedergründung des Vereins voranzutreiben. Kommissarischer 1. Vorsitzender wurde das langjährige Mitglied Christian Kiefer, dem Spielausschuß gehörten Emanuel Rothschild, Ex-Nationalspieler Hans Stubb, Harry Lenz und Karlheinz Trapper an. Geschäftsführer wurde Hermann Lindemann, der auch der neuen Oberliga-Mannschaft angehörte.

Als nächstes galt es, einen geeigneten Sportplatz zur Austragung der Heimspiele zu finden. Der Riederwald und der Bornheimer Hang standen infolge der Kriegsschäden nicht zur Verfügung, das städtische Stadion war von den Amerikanern beschlagnahmt. So wurde der Platz an der Roseggerstraße zunächst Heimat sowohl der Eintracht als auch des FSV. Allerdings hoffte man bei der Eintracht immer noch, irgendwann an den Riederwald zurückzukehren. Bereits im August/September 1945 finden sich in den städtischen Akten Schriftwechsel „Betr.: Eintrachtsportplatz wegen Wiederherstellung". Zwar wurde Ende August die Auffüllung des zerstörten Eintracht-Sportplatzes mit Kriegsschutt gestoppt, mit Gründung der „Trümmer-Verwertungs-Gesellschaft m.b.H." (TVG) im Herbst 1945 war sein Schicksal jedoch besiegelt. Am 18. März 1946 teilte Oberbürgermeister Dr. Blaum der Eintracht mit, daß ihr „als Ersatz ... vorläufig die Sportanlage Eschersheimer Landstr. 320 überlassen" werde. Für die somit heimatlos gewordene Eintracht begann ein über drei Jahre andauernder Papierkrieg mit den städtischen Behörden um die Wiedererrichtung eines eigenen Sportplatzes.

Der Start in die Oberliga war schwer für die Eintracht; nach sieben Spieltagen lag die Elf auf dem letzten Tabellenplatz. Obwohl Ende des Jahres Adam Schmitt aus der Kriegsgefangenschaft zurückgekehrt war und Anfang Januar mit Liesem (Union Niederrad) und Außenstürmer Csakany (SV Wiesbaden) weitere Verstärkungen zur Eintracht stießen, ging es nur langsam aufwärts. Dabei spielte die Mannschaft oft besser, als es ihr Tabellenplatz ausdrückte.

Beim 3:3 in Fürth präsentierte sich jedenfalls ein „Tabellenletzter, der Eindruck macht – Unerklärlich bleibt den 5.000 Besuchern, wieso die Mannschaft am Tabellenende liegt. Sie führten ihnen ein technisch erstklassiges Spiel vor, dem nur der letzte Nachdruck fehlte, sonst hätten sie gar beide Punkte aus dem Ronhof mitgenommen." (*Nürnberger Nachrichten* vom 3. Januar 1946)

Der Grund für die Misere lag im Angriff: Nach elf Saisonspielen hatte dieser erst zwölfmal ins Schwarze getroffen. Dafür war die Mannschaft in den nächsten vier Heimspielen nicht wiederzuerkennen: 7:1 Punkte und 20:4 Tore ließen die Eintracht auf Platz 13 klettern. Die Stuttgarter Kickers wurden 6:1, der Karlsruher FV 5:1 und Phönix Karlsruhe gar 8:1 geschlagen. Zu dieser Zeit gab auch der Düsseldorfer Nationalspieler Paul Janes ein kurzes Gastspiel bei der Eintracht. Durch eine weitere Serie im April/Mai wurde das Abstiegsgespenst endgültig vertrieben. Am Ende landete die Eintracht mit 25:35 Punkten und 71:75 Toren auf Platz 11, ein Punkt hinter dem FSV und einen vor den Offenbacher Kickers.

Die erste Oberliga-Saison hatte alle Erwartungen übertroffen – sportlich und finanziell. Die Zuschauer waren nach den Entbehrungen des Krieges in

Massen in die Stadien geströmt. Für Frankfurt traf dies nur bedingt zu, denn an der Roseggerstraße konnten schon bei 8.000 Zuschauern viele das Spielgeschehen nur eingeschränkt verfolgen. Zwar war bis März 1946 der Bornheimer Hang wieder notdürftig instandgesetzt, aber auch dieser war zu klein für die ganz großen Spiele und besaß obendrein keinen Rasen. Welches Potential Frankfurt nach wie vor zu mobilisieren imstande war, bewiesen 45.000 Zuschauer beim „Tag der Eintracht" am 13. Juli 1946, der ersten Nachkriegsveranstaltung im Stadion. Dabei konnte sich der Süddeutsche Meister VfB Stuttgart bei seinem Torhüter Schmidt bedanken, der einen Elfmeter von Eintracht-Stürmer Wirsching meisterte und ein 1:0 über die Zeit rettete. Auch organisatorisch wurden weitere Fortschritte gemacht. Auf einer „vorbereitenden Gründungsversammlung" wurde am 15. Juni Günter Reis, ein in Frankfurt geborener Captain der US-Armee und Neffe des ehemaligen Schatzmeisters Emil Reiss, zum 1. Vorsitzenden gewählt. Nach seiner Versetzung übernahm Rudolf Brubacher am 14. Dezember 1946 den Vorsitz.

1946/47 Ein unerwarteter Höhenflug

Trotz eines Erfolgs im „Groß-Hessischen Fußball-Pokal" gab man sich keinen großen Hoffnungen hin, im ersten Spiel der neuen Oberligasaison gegen Bayern München erfolgreich zu bestehen. Schließlich hatte die Eintracht seit dem denkwürdigen Endspiel um die Süddeutsche Meisterschaft 1932 nicht mehr gegen die Bayern gewonnen. Vor ausverkauftem Haus strafte die Eintracht an der Roseggerstraße jedoch alle Zweifler Lügen und gewann durch Tore von Muth und Heilig mit 2:1.

Gegen den Tabellenführer 1. FC Nürnberg konnte erstmals das Stadion für ein Oberligaspiel genutzt werden. Dabei präsentierte die Eintracht zwei neue Spieler: Im Tor stand der spätere Weltmeister Toni Turek (TuS Duisburg 48/99), und im Sturm meldete sich mit Edmund Adamkiewicz ein alter Bekannter in Frankfurt. Vor 35.000 Zuschauern brachte Max Morlock die Franken bereits nach zehn Minuten in Führung, die Adamkiewicz nach 55 Minuten egalisieren konnte. Was ihr vor Saisonbeginn kaum jemand zugetraut hatte, wurde jetzt Wirklichkeit: Die Eintracht setzte sich im ersten Tabellendrittel fest. Zwischen dem 22. Dezember 1946 und dem 23. März 1947 blieb sie acht Spiele ungeschlagen. Auch das Heimspiel

Oberliga Meisterschaftsspiel
Sportgemeinde Eintracht-Frankfurt
Frankfurter Stadion
Sonntag, 1. Dezember 1946, 14 Uhr

Soccer Football Game
(Championships)
Victory Stadium, Sunday, December 1st, 1946
1400 hours

Werbung für das „Club"-Spiel.

gegen die Offenbacher Kickers am 20. April fand wieder im Stadion statt, wo 35.000 Zuschauer einen 2:1-Sieg sahen (Tore durch Adamkiewicz und Wirsching).

Abgesehen von einem 0:4-Einbruch beim Tabellenvorletzten 1. FC Bamberg konnte die Eintracht ihre gute Form bis zum Schluß halten und die zweite Oberliga-Saison als Dritter mit 46:30 Punkten beenden. Auch der Zuschauerzuspruch konnte sich sehen lassen. 233.000 Zuschauer bedeuteten einen Schnitt von 12.263, den besten seit der Endrunde um die Süddeutsche Meisterschaft von 1931 (damals 15.428). Außerdem wurde die Eintracht bei einer Umfrage der Stuttgarter *Sportwelt* von den Oberliga-Schiedsrichtern zur fairsten Mannschaft der Saison erkoren.

Statt einer Deutschen Meisterschaft trugen die führenden Vereine „interzonale" Vergleichskämpfe aus, bei denen sich auch die Eintracht hervorragend aus der Affäre zog. Am 13. Juli gastierte der französische Zonenmeister 1. FC Kaiserslautern mit vier späteren Weltmeistern (Kohlmeyer, Liebrich und den beiden Walter-Brüdern) im Stadion und wurde vor 40.000 Zuschauern durch Tore von Wirsching, Heilig und zweimal Baas mit 4:3 besiegt. Beim Niedersachsenmeister Werder Bremen gab es zwar ein 0:3, dafür konnte der FC Schalke 04 vor wieder 45.000 Zuschauern im Stadion durch Tore von Heilig und Baas bei einem Gegentreffer von Herbert Burdenski mit 2:1 besiegt werden.

1947/48 Rückfall ins Mittelmaß

Vor dem Start in die Saison 1947/48 gab es einige Änderungen im Eintracht-Kader. So gab es einen Torhüter-Tausch mit der TSG Ulm 1846. Für Turek kam Henig zurück an den Riederwald. Schwerer allerdings wog der Verlust von Adamkiewicz, der in der Vorsaison 15 Tore erzielt hatte und den es wieder zum Hamburger SV zog. Dennoch waren die Erwartungen in Frankfurt recht hoch, und so wurde das erste Heimspiel gegen den TSV 1860 München im Stadion ausgetragen. Vor 25.000 Zuschauern lag die Eintracht jedoch nach einer Stunde mit 0:3 zurück und konnte durch Gärtner und Willi Kraus lediglich noch auf 2:3 verkürzen. Als auch das zweite Spiel bei der SpVgg Fürth mit 1:2 verloren ging, fand man sich mit der Roten Laterne auf Platz 20 wieder. Langsam stabilisierte sich die Form allerdings, und nachdem es in den nächsten acht Spielen nur noch einen doppelten Punktverlust (1:3 beim VfB Stuttgart) gab, war die Eintracht Anfang Januar 1948 bis auf den neunten Platz vorgerückt. Zu mehr sollte es in diesem Jahr allerdings nicht mehr reichen, denn auch nachdem Trainer Willi Treml am 1. Februar 1948 durch den ehemaligen Spieler Bernhard Kellerhoff (zuvor SC Göttingen 05) abgelöst worden war, pendelte die Mannschaft nur noch zwischen den Rängen acht und zwölf.

Daß die Eintracht immer noch zog, bewiesen auch die Spiele gegen die Offenbacher Kickers (3:5) und den FSV (0:0), die 35.000 bzw. 40.000 Zuschauer ins Stadion lockten. Einen dritten Zahltag ließ die Währungsreform am 20. Juni 1948 nicht zu. Da an diesem Tag in Hessen Spielverbot herrschte, mußte das Spiel gegen den alten und kommenden Süddeutschen Meister 1. FC Nürnberg verlegt werden. Mit der Neuansetzung am 11. Juli hatte die Eintracht erneut Pech, da dem „Club" wegen der Teilnahme an der Endrunde zur Deutschen Meisterschaft mehr Vorbereitungszeit zugestanden wurde. So beendete die Eintracht das Spieljahr 1947/48 erst am 28. August mit einem 3:1 über den ersten deutschen Nachkriegsmeister.

1948/49 Abstiegsängste zum 50jährigen Jubiläum

In diesen Tagen lebte die Idee einer deutschen Profiliga wieder auf. Zwar wurde ihr in Süddeutschland durch die Einführung des Vertragsspielerstatuts ab 1. August 1948 der Wind aus den Segeln genommen, angesichts wirtschaftlicher Not waren aber „die Amateurgesetze praktisch aufgehoben und zwar ... in allen Klassen. Jeder zahlte eben, soviel er konnte. ... Gute Spieler in den Städten zeigten plötzlich eine besondere Liebe für die Landvereine, und mit Lebensmitteln ließ sich restlos alles machen" (Hans Dieter Baroth: „Anpfiff in Ruinen"). Bei der Eintracht zeigten Wirsching und Adolf Schmidt Interesse an einer Profikarriere. Prompt wurden sie aus dem Verein ausgeschlossen. Die offizielle Version lautete „wegen vereinsschädigenden Verhaltens und nicht wegen ihres Uebertritts zu den Profi-Fußballern" (*Sportmagazin* vom 28. Juli 1948). Da es aber nicht zu einer süddeutschen Profiliga kam, wechselten beide zu den Offenbacher Kickers.

Da auch Schädler (TSG Ulm 1846) und Liesem (zurück zu Union Niederrad) die Eintracht verlassen hatten, stand Trainer Kellerhoff vor der schwierigen Aufgabe, aus dem verbliebenen Rest und einigen Neuzugängen aus unterklassigen Vereinen eine neue Einheit zu formen. In dieser Situation hatte man Glück, daß mit Ernst Kudras (früher SV Ratibor 03) und Hans Wloka (Vorwärts-Rasensport Gleiwitz) zwei Spieler zur Eintracht stießen, die in den kommenden Jahren bewährte Stammspieler wurden.

Bis dahin war es jedoch noch ein weiter Weg. Nach vier Spielen waren bereits 17 Spieler eingesetzt worden, nach sechs 19. Kein Wunder, daß sich da sportliche Erfolge nicht sofort einstellten. Als schließlich sogar der Abstieg drohte, griff man zu einer bis heute allzuoft praktizierten Maßnahme: Trainerwechsel. Doch half auch die Ablösung von Kellerhoff durch den Universitätssportlehrer Walter Hollstein wenig. Das Manko lag im Sturm. In 19 Spielen hatte die Eintracht nur 17 Tore erzielt. Angesichts dieser mageren Ausbeute konnte einem vor dem nächsten Heimspiel gegen die TSG Ulm 1846 angst und bange werden, denn die Ulmer lagen nur zwei Punkte hinter der Eintracht. Durch Tore von Heilig, Baas und Willi Kraus wurde das „Schicksalsspiel" deutlich mit 3:0 gewonnen und der Abstand auf den Abstiegsrang 15 auf sechs Punkte ausgebaut. Zwei Derby-Pleiten in Offenbach (0:5) und beim FSV (0:2) ließen den BC Augsburg jedoch wieder bis auf zwei Zähler herankommen. Das Abstiegsgespenst war wieder da, konnte aber durch drei (Heim-) Siege in Folge – darunter ein 1:0 über den späteren Deutschen Meister VfR Mannheim vor 20.000 Zuschauern im Stadion – auf Distanz gehalten werden. Mit einem 2:1 bei den Stuttgarter Kickers wurde der Klassenerhalt drei Spieltage vor Schluß endgültig gesichert. Am Ende lag die Eintracht als 13. vier Punkte vor einem Abstiegsplatz. Nicht gerade eine rühmliche Situation zum 50. Geburtstag des Vereins.

1949/50 Fast ein Schrecken ohne Ende

Im Sommer 1949 verließ mit Heinz Baas erneut ein starker Stürmer (mit neun Treffern der beste Torschütze 1948/49) die Eintracht in Richtung Kickers Offenbach. Verstärkung suchte – und fand – man beim FC Rödelheim 02, mit dem ein heftiger Streit um den Wechsel von Hubert Schieth, Alfred Pfaff, Herbert Kesper und Kurt Krömmelbein entbrannte. Der Absteiger wollte nämlich Schieth für vier Monate sperren lassen, „da er sich in der Meisterschaft nur mangelhaft eingesetzt haben soll und Rödelheimer Spieler zum Übertritt zur Eintracht bewegen wollte." (*Sportmagazin* vom 29. Juni 1949)

Andererseits forderten die Rödelheimer für die Freigabe von Pfaff, Kesper und Krömmelbein 9.200 Mark. Mitte August wurde Einigung erzielt. Für 5.000 Mark erkaufte sich die Eintracht die sofortige Spielberechtigung für Schieth, Kesper und Krömmelbein. Lediglich der Fall Pfaff zog sich noch bis Mitte September hin, so daß „Don Alfredo" erst im dritten Saisonspiel bei Schwaben Augsburg eingesetzt werden konnte.

Weitere Neuzugänge waren Heinz Kaster (FC St. Pauli) – der Vater des späteren Offenbacher und Kölner Bundesligaprofis Dieter (Kaster-)Müller –, Lemm (Schwaben Augsburg) und Schildt (Hamburger SV). Daß Schieth sein Geld wert war, zeigte er erstmals im Spiel gegen den FC Basel anläßlich des 50jährigen Vereinsjubiläums. Vor 30.000 Zuschauern traf der Ex-Rödelheimer im Stadion viermal beim 4:1 über die Schweizer und steuerte eine Woche später beim 3:0 gegen den österreichischen Staatsligisten FC Wien erneut zwei Tore bei. Dafür gab es zum Oberliga-Auftakt ein deprimierendes 1:5

beim SV Waldhof und die Rote Laterne. Auch gegen den 1. FC Nürnberg drohte eine weitere Pleite. Nach 34 Minuten hieß es vor 30.000 Zuschauern am Bornheimer Hang 0:2. Schieth noch vor der Pause und Willi Kraus 17 Minuten vor Schluß retteten jedoch noch einen Punkt.

Trotz des schwachen Starts geriet Trainer Hollstein nicht in Panik. Bereits nach den Siegen über Basel und Wien hatte er erklärt: „Wir wollen arbeiten und auf solider Basis aufbauen. Gut Ding braucht gute Weil, ich bin kein Hexenmeister. Sprechen wir uns in zwei Jahren wieder. Man soll nichts Unmögliches verlangen, und wir wünschen nicht nur von uns selbst und unseren Freunden, sondern auch von der Presse Geduld. Mit einem zehnten oder elften Tabellenplatz sind wir am Ende der kommenden Saison zufrieden." (*Fußball* vom 29. August 1949)

Noch im Januar sah es so aus, als könnte für die Eintracht mehr drin sein – womöglich sogar die Teilnahme an der Deutschen Meisterschaft, zu der schon der vierte Platz gereicht hätte. Vor dem Derby gegen den FSV war die Eintracht in sieben Spielen ungeschlagen und lag nur zwei Punkte hinter dem Vierten SV Waldhof. Kein Wunder, daß die Erwartungen besonders hoch waren. 25.000 waren ins Stadion gepilgert und sahen eine überlegene Eintracht-Mannschaft, die aber nur eine ihrer zahlreichen Chancen durch Schieth zur 1:0-Pausenführung nutzen konnte. Nach dem Wechsel drehte dann der FSV den Spieß um und ging am Ende als 3:1-Sieger vom Platz. Auch im nächsten Spiel gab es eine Niederlage im Stadion. Vor 26.000 Zuschauern gewann Spitzenreiter SpVgg Fürth souverän mit 4:0. Es folgte Niederlage auf Niederlage, und langsam kamen die unteren Tabellenregionen bedrohlich nahe. Trainer Hollstein sah „seine Mannschaft ... mit ihren Kräften am Ende" und war froh, „daß zu Beginn der Saison und auf der Mitte des Weges Punkte gesammelt wurden, auf die man kaum zu hoffen gewagt hatte" (*Sportmagazin* vom 12. April 1950). Erst das Saisonende beendete nach 0:16 Punkten und 3:17 Toren den Sturz von Platz 5 auf 14. Mit 24:36 Punkten lag die Eintracht nur zwei Zähler vor Absteiger Jahn Regensburg. Sowohl Trainer Hollstein als auch der Spielausschußvorsitzende Rudi Gramlich zogen die Konsequenz und stellten ihre Posten zur Verfügung. Während Hollstein als Verbandstrainer nach Niedersachsen ging, übernahm Willi Balles den Vorsitz im Spielausschuß.

1950/51 Große Erfolge in Spanien und Amerika

Neuer Trainer wurde Kurt Windmann, der zuletzt in der bayerischen Landesliga tätig war. Hauptziel war, nicht wieder zittern zu müssen. Durch die Eingliederung des SSV Reutlingen und FC Singen 04 aus der aufgelösten französischen Zonenliga Süd umfaßte die Oberliga jetzt 18 Mannschaften, aus der 1951 vier Mannschaften in die neue 2. Liga Süd absteigen mußten. Mit 23 Spielern machte sich Trainer Windmann an die Aufgabe. Zum Punktspielauftakt gelang auch ein 4:1 gegen den SSV Reutlingen, doch dauerte es nicht lange, bis die Eintracht wieder auf dem Boden der Tatsachen angelangt war. Drei Spiele ohne Sieg bedeuteten den Sturz von Platz 2 auf 13. Diesmal fing sich die Mannschaft aber im richtigen Moment. Nach vier Spielen ohne Niederlage stand das Derby beim FSV auf dem Programm, der als ungeschlagener Tabellenführer klarer Favorit war. Aber „wieder einmal verlor, wie so oft, der Favorit das Derby. Der Tabellenführer, FSV, fand gegen die Eintracht nicht die Form, die ihm die erste Stelle eingebracht hatte, während die 'Adlerträger' an ihre guten Leistungen der letzten Wochen anknüpften ... Das 1:2 ist schmeichelhaft für die Bornheimer, das Ergebnis hätte höher lauten können ... Eintracht machte von Beginn an einen frischen, zielstrebigen Eindruck. Sie spielte vor den 30.000 ohne jede Befangenheit, die man früher so oft bei ihr feststellen mußte." (*Sportmagazin* vom 18. Oktober 1950)

Über Weihnachten begab sich die Eintracht zum ersten Mal seit Mai 1939 (damals 4:0 bei Sparta Prag) wieder auf eine Auslandsreise. Diesmal war Spanien das Reiseziel. Das erste Spiel fand am Heiligabend in Madrid gegen den Vorjahresmeister Atletico statt, der sich mit einigen Spielern des Lokalrivalen Real verstärkt hatte. Vor 45.000 Zuschauern ließ sich die Eintracht weder von der Kulisse noch von den klangvollen Namen im Atletico-Sturm (mit dem Marokkaner Ben Barek und dem schwedischen Olympiasieger Carlsson) beeinflussen und konnte dreimal die Führung der Madrilenen durch Willi Kraus und Schieth (2) ausgleichen. Elf Minuten vor Schluß gelang dem jungen Rechtsaußen Reichert auf Vorlage von Schieth sogar der 4:3-Siegtreffer. Mit anerkennendem Beifall wurde die Eintracht nach dem Schlußpfiff vom Publikum verabschiedet. Nach einer kleinen Weihnachtsfeier ging es bereits am nächstenTag weiter nach Andalusien, wo die Eintracht gegen den Tabellenführer FC Sevilla bis zur 62. Minute ein 3:3 halten konnte. Doch innerhalb von sechs Minuten zogen die Spanier auf 5:3 davon, dem die Eintracht diesmal nichts mehr entgegenzusetzen hatte. Doch der Auftritt der Eintracht hatte südlich der Pyrenäen schwer beeindruckt. Noch in der dritten Januar-Woche wurde das Spiel gegen Atletico in den Madrider Kinos gezeigt. Henig und Pfaff bekamen sogar Angebote aus der spanischen Hauptstadt, blieben der Eintracht jedoch treu.

Weniger erfolgreich verlief dagegen der Start in die Rückrunde. Von der Spanien-Reise geschwächt, kassierte die Elf an Silvester ein 1:4 beim SSV Reutlingen. Nach fünf weiteren Spielen ohne Sieg betrug der Abstand auf Platz zwei bereits acht Punkte. Im Derby gegen den FSV wurde sogar eine

2:0-Führung verspielt (Ende 2:2), und nach einem 0:3 beim VfR Mannheim wurden Erinnerungen an das Vorjahr wach. Nach 3:13 Punkten wurde die Negativserie schließlich gegen den SV Darmstadt 98 (2:1) beendet. Am Ende landete die Eintracht mit ausgeglichenem Punktekonto auf Platz neun. Kurios: Obwohl sie immer noch über keinen eigenen Platz verfügte, blieb sie in den 17 „Heim"-Spielen am Bornheimer Hang ungeschlagen.

Unmittelbar nach dem Meisterschaftsende wartete auf die Mannschaft das ganz große Abenteuer: Amerika! Angeführt von Trainer Windmann, dem stellvertretenden Vorsitzenden Christian Kiefer und dem Spielausschußvorsitzenden Willi Balles startete die Eintracht am 2. Mai 1951 mit 15 Aktiven zu einer vom Deutsch-Amerikanischen Fußball-Bund (DAFB) organisierten USA-Reise. Dafür hatte man sich extra neue Trikots zugelegt: weiße Hemden mit roten Ärmeln und einem rotem Saum an der Knopfleiste. Zwischen dem 6. und 30. Mai wurden insgesamt acht Spiele bestritten. Nach leichten Siegen gegen eine DAFB-Auswahl (5:2 in New York), die Western New York All Stars (13:1 in Buffalo) und eine Auswahl der Staaten Michigan/Ohio (5:1 in Toledo) gab es im vierten Spiel in St. Louis gegen die „Zenthoefer" mit 1:2 die erste Niederlage. Die Eintracht hatte diese Mannschaft schlichtweg unterschätzt und war erst nach dem 0:2 richtig aufgewacht. Für Verwunderung sorgten allerdings die von den Amerikanern angewendeten „fliegenden" Wechsel. Insgesamt setzten die „Zenthoefer" 22 Akteure ein, wobei es manchmal auch vorkam, daß zwölf oder 13 Spieler gleichzeitig auf dem Platz standen.

Nach St. Louis ging es über Milwaukee (5:0 gegen die Midwest All Stars) wieder zurück an die Ostküste, wo es drei weitere Spiele gab: Eine deutsch-ungarische Auswahl aus Brooklyn wurde 5:1, eine DAFB-Auswahl aus New Jersey 7:0 geschlagen. Das letzte Spiel gegen Celtic Glasgow endete vor 20.000 Zuschauern im New Yorker „Randalls Island Stadium" allerdings fast mit einem Eklat. Nachdem Wloka die Eintracht schon in der 1. Minute in Führung gebracht hatte, fielen die Schotten nämlich mehr durch übertriebene Härte als durch spielerischen Glanz auf – und siegten 3:1.

Trotz des mißratenen Abschlußspiels war die Reise über den großen Teich ein voller Erfolg. Anders als beim Auftritt des Hamburger SV im Jahr zuvor gab es keine antideutschen Demonstrationen. Bei der Rückkehr wurde die Mannschaft am 3. Juni von 5.000 Anhängern auf dem Frankfurter Flughafen begeistert empfangen. Die *Eintracht-Hefte* vom Juli 1951 widmeten dem USA-Trip mehrere Seiten. Trainer Kurt Windmann faßte die Stimmung wie folgt zusammen:

„Wir sind unendlich dankbar für alles, was uns während unseres Aufenthaltes in den Staaten geboten wurde. Wir sind auch überzeugt, daß wir solch ein

Shakehands vor dem ersten Spiel in Amerika: Eintracht-Kapitän Adolf Bechtold, DAFB-Präsident Dr. Harry Kraus, Schiedsrichter Kuttner und der Kapitän der DAFB-Auswahl.

großes Erlebnis in unserem Leben wahrscheinlich nicht mehr haben werden. Wir werden einige Dinge wieder aus dem Gedächtnis verlieren, aber wir werden nicht vergessen, daß uns die Deutschen in Amerika nach dem Krieg die Hand der Freundschaft gereicht haben. Wir waren in Amerika keine geduldeten Gäste, sondern überall herzlich willkommen. Das wurde auch nach außenhin durch die Empfänge bei den Stadtoberhäuptern dokumentiert. (...) Uns blieb darum nichts anderes übrig, als uns in USA so zu benehmen, daß der Ehrenpräsident des D.A.F.B., August Steuer, uns zum Abschied zugerufen hat: 'Bessere Jungs konnte der deutsche Sport nicht herüberschicken.'"

Die Reise „löste auch eine Welle der Hilfe und Unterstützung für unsere durch den Krieg heimatlos gewordene 'Eintracht' aus. Durch eine sehr namhafte Spende ... wurde der Grundstein zu unserer neuen Tribüne gelegt. Eine bronzene Ehrentafel in der Eingangshalle derselben wird die Erinnerung an die Amerikafahrt für immer verewigen" (60 Jahre Eintracht).

In jenen Zeiten des Kalten Krieges sorgte noch eine weitere Begegnung für Aufsehen: Am 12. August 1951 besiegte die Eintracht im Dresdener Heinz-Steyer-Stadion (der alten DSC-Anlage) vor 20.000 Zuschauern in einem Freundschaftsspiel den DDR-Meister Turbine Erfurt durch Treffer von Reichert und zweimal Schieth mit 3:1.

Abschied vom Bornheimer Hang

Nach einem Traumstart mit vier Siegen in Folge stand die Eintracht an der Tabellenspitze. Bis zum Ende der Vorrunde folgten jedoch lediglich zwei weitere doppelte Punktgewinne. Besonders auswärts gelang nichts mehr: Zwischen dem 23. September und 9. Dezember gab es sechs Auswärtsniederlagen in Folge, darunter einige deftige wie 0:4 beim 1. FC Nürnberg, 2:7 beim VfB Mühlberg und 1:4 beim FC Schweinfurt 05. Nach einer schöpferischen Pause über Weihnachten zeigte sich die Eintracht jedoch gut erholt und besiegte den VfR Mannheim am 30. Dezember mit 2:0. Nach einem torlosen Derby beim FSV sowie zwei 2:0-Siegen gegen die Stuttgarter Kickers und bei Schwaben Augsburg war Platz vier erreicht, der bis Saisonende nicht mehr abgegeben werden sollte. In den letzten fünf Heimspielen blieb die Mannschaft ohne Gegentor. Am 23. März 1952 wurde nach fast sechs Jahren Abschied vom Bornheimer Hang genommen. Über 30.000 Zuschauer sahen dabei einen verdienten 1:0-Erfolg über den Tabellenführer 1. FC Nürnberg.

Berühmte Gäste im Stadion: Box-Idol Max Schmeling stößt das Freundschaftsspiel Eintracht – AC Mailand (1:1) an. Das schwedische Sturmtrio Gunnar Gren, Gunnar Nordahl und Nils Liedholm (von links) schaut interessiert zu.

EINWURF

Der Kampf um den „neuen" Riederwald

Bereits zu Beginn der Saison 1946/47 hatte die Eintracht erkennen müssen, daß Oberliga-Fußball auf Dauer nicht auf dem „Rosegger" durchgeführt werden konnte. Auch der Bornheimer Hang war zu dieser Zeit lediglich ein Provisorium. Ein Umzug ins Stadion lohnte nur bei wirklich großen Spielen, da von den Einnahmen 33 % Steuer, 10 % Miete an die Stadion-GmbH und 15 % Abgaben an die Besatzungsbehörden zu entrichten waren. Immerhin gelang es durch Vermittlung der Stadt, die Amerikaner Anfang 1948 zum Verzicht auf die Gebühr zu bewegen.

Bereits im Juni 1947 hatte die Eintracht die Stadt gebeten, ihr als Ersatz für den alten Riederwald einen Sportplatz mit einer Zuschauerkapazität von 10-12.000, einer 400-m-Laufbahn, zwei Reserve-Fußballfeldern, einem Hokkeyplatz, vier Tennisfeldern und einem Parkplatz zu errichten. Die Eintracht wollte dafür auf eigene Kosten eine Tribüne mit Umkleideräumen errichten. Bei der Stadt sah man allerdings keinen Handlungsbedarf.

Immerhin gab es am 11. September eine Aussprache zwischen Vertretern der Stadt und der Eintracht, an der auch Oberbürgermeister Kolb teilnahm. Da die Herrichtung eines neuen Sportplatzes etwa zwei Jahre dauern würde, wollte sich die Stadt bei den Besatzungsbehörden dafür einsetzen, die Sportanlagen an der Adickes-Allee oder der ehemaligen IG Farben an der Miquelstraße freizubekommen. Es folgten zahlreiche Verhandlungen und Besprechungen, bei denen immer neue Standorte in Erwägung gezogen wurden. Überlegungen, den „Rosegger" im Sommer 1948 auf ein Fassungsvermögen von 15.000 Plätzen auszubauen, scheiterten, weil die benachbarte Gärtnerei Sinai aufgrund bestehender Pachtverträge nicht gezwungen werden konnte, Gelände für einen Ausbau abzutreten. Von der Stadt wurde außerdem angeführt, daß die Straßenbahnlinie 23 ohnehin schon überlastet sei. Das endgültige Aus für den Ausbau des „Rosegger" kam allerdings erst Anfang April 1949. Von nun an verfolgten Stadt und Eintracht gemeinsam das Ziel, den neuen Platz erneut im Riederwald zu errichten. Dagegen meldete zunächst die Ortsgruppe des „TV Naturfreunde" Bedenken an, da dafür Wald abgeholzt werden müsse. Auch der Bezirksvorsteher, die SG Riederwald und der Volks-Bau- und Sparverein legten Einsprüche ein, letzterer, weil der neue Sportplatz „den Wohnwert der Riederwaldsiedlung sinken lassen würde".

Bei der Stadt wurden diese Einsprüche ernst genommen, und so wurde im

Mai 1949 ein neues Projekt westlich der Pestalozzischule favorisiert. Zur Finanzierung wurden für 1950 und 1951 je 150.000 Mark aus städtischen Mitteln bereitgestellt. Nachdem die Stadtverordnetenversammlung am 29. September zugestimmt hatte, erging am 3. Oktober 1949 der endgültige Magistratsbeschluß. Später steuerte auch die Landesregierung noch 200.000,– DM bei. Der neue Sportplatz am Riederwald konnte gebaut werden.

Während die Stadt die Grünanlagen und Zuschauerwälle sowie Laufbahn und Eingangstore herrichtete, blieb der Bau der Tribüne dem Verein in Eigenregie überlassen. Die Planungen wurden vom Architekten Alfred Weber, einem langjährigen Eintracht-Mitglied, ehrenamtlich übernommen. Mit den Bauarbeiten, die wegen der ungünstigen Bodenverhältnisse im Riederbruch schwierig waren, wurde im Frühjahr 1952 begonnen. Mit einem Freundschaftsspiel gegen die ägyptische Nationalmannschaft wurde die Anlage am 17. August 1952 feierlich eröffnet. Die Spannbetonkonstruktion der Tribüne gehörte damals zu den modernsten in ganz Europa. ■

Zur nebenstehenden Abbildung oben:
Zug durch die Gemeinde: Spielorte des FFV und der Eintracht. 1 = Hundswiese, hier begannen 1899 Viktoria und Kickers; 2 = FFV-Platz an der Roseggerstraße (1911 bis 1920), 1945/46 Schauplatz der Eintracht-Oberligaspiele; 3 = Der „alte" Riederwald (1920 bis 1943/44), 1945 bis 1964 von der TVG genutzt; 4 = Stadion (1925 eröffnet), seit 1963 ständiger Austragungsort der Eintracht-Heimspiele; 5 = FSV-Sportplatz am Bornheimer Hang (seit 1931), hier war die Eintracht 1936/37 und von 1946 bis 1952 Gast; 6 = Rot-Weiss-Sportplatz am Brentanobad (seit 1940), hier wurden 1947/48 und 1951/52 einige Heimspiele ausgetragen; 7 = Der „neue" Riederwald (eröffnet am 17. August 1952), bis 1963 Schauplatz der Oberliga-Spiele; weitere Plätze, die nach dem 2. Weltkrieg als Eintracht-Heimstätte zur Diskussion standen: 8 = Gelände der ehemaligen IG Farben, bis 1995 Hauptquartier der US-Streitkräfte; 9 = Bertramswiese; 10 = Sportplatz des SC 1880; 11 = Platenstraße/Ginnheimer Stadtweg (gegenüber dem heutigen Fernmeldeturm); 12 = Bismarck- (jetzt Theodor-Heuss-) Allee/Philipp-Reis-Straße (heute von Messehallen überbaut); 13 = Ostpark; 14 = Sandhöfer Wiesen (von 1913 bis in die 30er Jahre die Heimat von Germania 94), hier fand 1920 das Endspiel um die Deutsche Meisterschaft zwischen dem 1. FC Nürnberg und der SpVgg Fürth (2:0) statt.

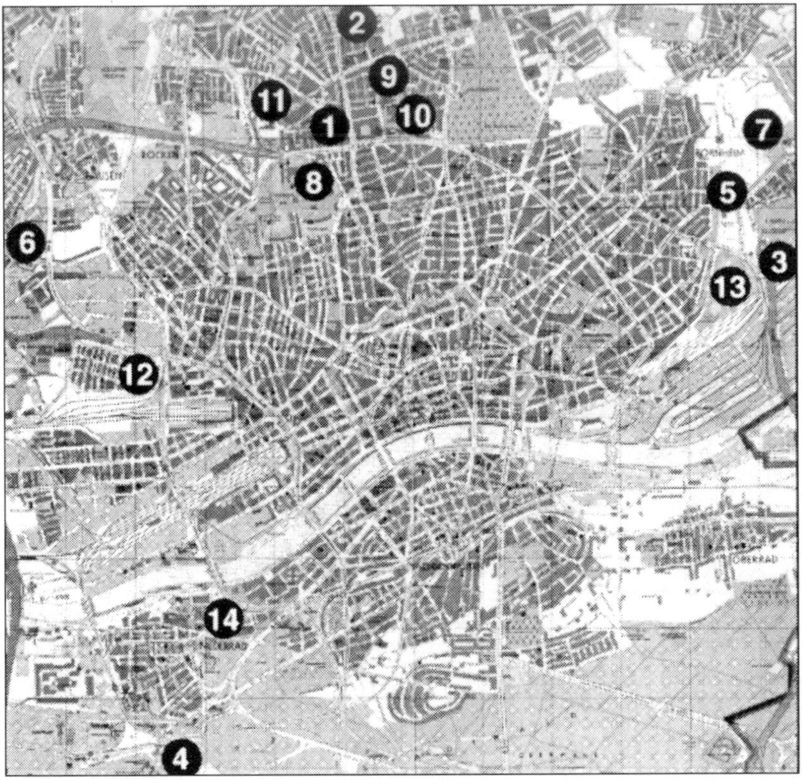

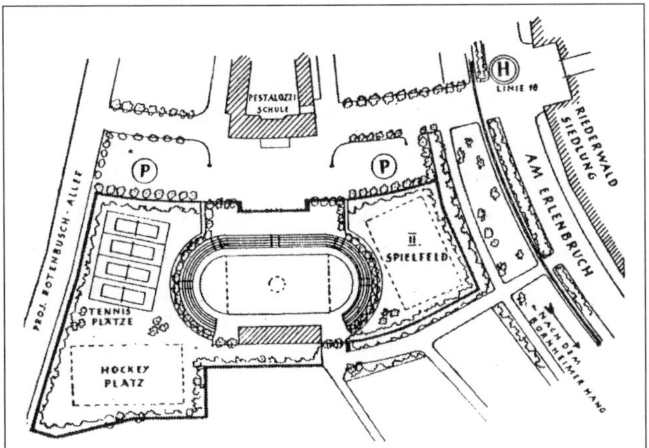

Plan des neuen Eintracht-Sportplatzes am Riederwald.

1952 bis 1958 Anschluß zur Spitze

Die neue Tribüne am Riederwald. Das Dach mußte inzwischen wegen Baufälligkeit vollständig abgetragen werden.

1952/53 Nach 21 Jahren wieder Süddeutscher Meister

Das erste Punktspiel am Riederwald wurde eine gelungene Premiere: Beim 4:1 mußte die SpVgg Fürth die Überlegenheit der Eintracht neidlos anerkennen. Die 1:3-Niederlage bei Bayern München eine Woche später konnte leicht verschmerzt werden – es sollte die einzige in der gesamten Vorrunde bleiben. Am 26. September war die Eintracht beim Derby gegen den FSV Gast im eigenen Stadion, denn wegen der Arbeiten am Bornheimer Hang trugen die Bornheimer ihre Heimspiele 1952/53 am Riederwald aus. Es war ein Kampf auf des Messers Schneide. Nachdem Ruppel in der 59. Minute Dziwokis Führungstreffer aus der 11. Minute wettgemacht hatte, drückte der FSV auf den Sieg – und wurde kurz vor Schluß zweimal eiskalt ausgekontert: 1:2 Dokter (87.), 1:3 Dziwoki (88.). Nach einem 2:1 bei den Stuttgarter Kickers übernahm die Eintracht am 19. Oktober erstmals die Tabellenführung.

Im Januar nahm die Eintracht dann ihre jährliche Krise. Zwar wurde zu Hause weiter munter gepunktet, doch auswärts gab es drei Niederlagen in Folge. Und als am 8. Februar das Derby mit dem FSV nur 1:1 endete, war die Tabellenführung vorübergehend futsch. Mit vier Siegen in Folge konnte die Spitze jedoch zurückerobert werden. Vor dem letzten Heimspiel am 18. April 1953 gegen den Karlsruher SC lag die Eintracht mit 37:19 Punkten einen Zähler vor dem VfB und drei vor dem KSC. Ein Heimsieg hätte also bereits die Qualifikation für die Endrunde zur Deutschen Meisterschaft bedeutet. Doch es sollte noch besser kommen. Während die Eintracht vor 36.000 Zuschauern durch Tore von Pfaff und dreimal Schieth 4:1 gewann, unterlag der schärfste Verfolger VfB mit 1:3 bei den Offenbacher Kickers. Damit war die Eintracht zum dritten Mal nach 1930 und 1932 Süddeutscher Meister.

Der Vater des Erfolges war zweifellos Trainer Windmann, der bei seinem Amtsantritt 1950 erkannt hatte, daß die Mannschaft mit ihrem traditionellen Stil zu oft in Schönheit gestorben war. Also impfte er den Spielern einen unbändigen Teamgeist ein. Bereits wenige Tage vor dem entscheidenden Spiel gegen den KSC charakterisierte das *Sportmagazin* die Grundlage des Erfolges:

„Man müßte vielleicht erstmal das betonen, was die Mannschaft *nicht* besitzt: Sie strahlt nicht den Glanz eines 1. FC Kaiserslautern aus und kann nicht die Erfahrung und Beständigkeit eines VfB Stuttgart in die Waagschale werfen; sie kann sich nicht auf eine jahrzehntelange Erfolgsserie stützen wie etwa ein HSV und ein 'Club' ..., und sie hat vielleicht auch nicht ganz die unverwüstliche Kampfkraft einer Borussia Dortmund.

Aber bei dem Stichwort 'Kampfkraft' kommen wir dem Kern der Dinge schon näher. ... [Die] Eintracht [ist] eine Mannschaft im wahrsten Sinne des Wortes, ein Team ohne Stars. Sie ziehen alle an einem Strick. Und der Trainer weiß, daß die Mannschaft nicht nur aus den elf Spielern besteht, die an diesem Sonntag gerade das Trikot der 'Ersten' angezogen haben.“ (*Sportmagazin* vom 15. April 1953)

Eintracht Frankfurt: Süddeutscher Meister 1952/53. Stehend von links: Adolf Bechtold, Dziwoki, Krömmelbein, Schieth, Heilig, Pfaff, Ebeling, Kudras. Vorn von links: Wloka, Henig, Jänisch, Trainer Windmann.

Zwar galt die Eintracht in der Deutschen Meisterschaft nur als Außenseiter, denn als Gruppengegner warteten der Südwest-Meister 1. FC Kaiserslautern sowie die beiden „Vize" 1. FC Köln und Holstein Kiel. Dennoch war das Interesse in Frankfurt riesengroß. Zum Auftakt gegen den 1. FC Köln pilgerten über 50.000 Zuschauer ins Stadion und konnten schon nach wenigen Sekunden die Eintracht-Führung durch Dziwoki bejubeln. Hesse stellte noch vor der Pause den 2:0-Endstand her. Ein Tor von Schieth drei Minuten vor Schluß sicherte bei Holstein Kiel weitere zwei Punkte. Da auch die Lauterer 4:0 Punkte auf dem Konto hatten, konnte in den nächsten beiden Spielen bereits eine Vorentscheidung fallen. Das Gastspiel des 1. FC Kaiserslautern sorgte für einen neuen Besucherrekord im Stadion. 68.000 Karten wurden offiziell verkauft, doch stürmten Tausende ohne Karten das Gelände, suchten sich ihren Platz auf der Laufbahn oder dem Tribünendach. Indirekt mag dieses Chaos dann auch der letzte Anstoß gewesen sein, das Fassungsvermögen des Stadions auf 80.000 zu erweitern. Die Eintracht lieferte ein großes Spiel, stand aber am Ende mit leeren Händen da. Mittelläufer Hans Wloka war der Unglücksrabe, der in der 65. Minute einen Schuß von Ottmar Walter unhaltbar für Torhüter Henig zum Tor des Tages abfälschte. Selbst Fritz Walter und Bundestrainer Sepp Herberger sprachen nach dem Spiel von einem glücklichen FCK-Sieg.

Auch im Rückspiel in Ludwigshafen legte die Eintracht los wie die Feuerwehr, doch nach zwei Doppelschlägen in der 6./8. und 19./20. Minute lag sie hoffnungslos mit 0:4 im Rückstand. Selbst eine Elfmeterchance konnte Pfaff (25.) nicht nutzen. An diesem Tag lief alles für die Lauterer, die am Ende mit 5:1 triumphierten und auf dem Wege zu ihrer zweiten Deutschen Meisterschaft waren. Immerhin bewies die Mannschaft Moral und beendete die Gruppenspiele nach einem 4:1 gegen Holstein Kiel und einem 0:0 in Köln als Zweiter. Außerdem wurde die Abwehrreihe Bechtold-Kudras-Kaster bei einer *Kicker*-Umfrage in den acht Endrundenstädten fünfmal als „beste Verteidigung" genannt.

1953/54 **Hessische Konkurrenz vereitelt Titelverteidigung**

Wurde der Gewinn des Süd-Titels 1953 allgemein noch als Überraschung betrachtet, gehörte die Eintracht 1953/54 zum Favoritenkreis der Oberliga. Das Hauptaugenmerk von Trainer Windmann galt im Sommer der Verstärkung des Angriffs. Für den zu Schwarz-Weiß Essen gewechselten Hubert Schieth – der zwischen 1950 und 1953 in 103 Oberligaspielen 45 Tore erzielt hatte – rückten Richard Kreß (vom FV Horas) und der Hattersheimer Hans Weilbächer (von den eigenen Amateuren) in den Oberligakader. Mit Alfons

Remlein (TSG Ulm 1846) wurde auch die Abwehr weiter stabilisiert. Alle drei schlugen auf Anhieb ein. Kreß und Weilbächer bestritten 1953/54 alle, Remlein 27 Punktspiele. Überhaupt ließ sich die mannschaftliche Geschlossenheit eindrucksvoll in Zahlen ausdrücken. Von den 20 während der Saison eingesetzten Spielern waren zehn (Torhüter Henig, Kudras, Adolf Bechtold, Remlein, Wloka, Heilig, Dziwoki, Weilbächer, Kreß und Pfaff) mindestens 27mal dabei!

Der Start ins neue Spieljahr war verheißungsvoll. Nach einem 2:2 zum Auftakt bei Viktoria Aschaffenburg gab es sechs Siege in Folge, darunter zwei wichtige Derby-Erfolge beim FSV (6:0) und gegen die Offenbacher Kickers (2:1). Bereits nach dem vierten Spiel (7:0 gegen die Stuttgarter Kickers) war der zweite Tabellenplatz erreicht – schlechter sollte es bis Saisonende nicht mehr werden. Am elften Spieltag übernahm die Eintracht erstmals die Führung und wurde mit 24:6 Punkten und 38:12 Toren (bester Sturm, beste Abwehr!) überlegen Herbstmeister.

Doch keiner kann in Frieden leben, wenn der böse Nachbar es nicht will. An drei Januar-Wochenenden hintereinander konnte gegen die hessische Konkurrenz kein einziger Punkt geholt werden: 0:1 bei Hessen Kassel, 1:2 gegen den FSV, 1:2 bei den Offenbacher Kickers. Damit war man Platz 1 zunächst los, der in diesem Jahr besonders wichtig war, da wegen der anstehenden Weltmeisterschaft in der Schweiz nur die fünf Oberligameister und der deutsche Pokalsieger an der Endrunde um die Deutsche Meisterschaft teilnahmen. Im Süddeutschen Pokal aber hatte die Eintracht schon im Sommer 1953 die Segel streichen müssen (0:3 bei den Stuttgarter Kickers). Am Ende blieb es in der Meisterschaft beim undankbaren zweiten Platz, einen Punkt hinter dem VfB und einen Punkt vor den Offenbachern. Da die Schwaben jedoch auch das Pokal-Endspiel erreicht hatten, blieb ein Funke Hoffnung. Und tatsächlich: Das Stuttgarter 1:0 nach Verlängerung über den 1. FC Köln machte die Eintracht zum sechsten Teilnehmer an der Deutschen Meisterschaft.

In der Endrunde hatte es die Eintracht mit zwei Bekannten zu tun: 1. FC Kaiserslautern und 1. FC Köln. Der Modus sah nur je ein Spiel gegeneinander auf neutralem Platz vor. Vor 50.000 in Köln war das Duell gegen die Pfälzer geprägt von dem Duell Alfred Pfaff – Fritz Walter. Beide waren sich an diesem Tag ebenbürtig, aber der Lauterer hatte den entscheidenden Vorteil: Er erzielte in der 81. Minute den einzigen Treffer. Auch gegen den 1. FC Köln fehlte in Ludwigshafen erneut das entscheidende Quentchen Glück. Zudem ging Trainer Windmann das Risiko ein, den angeschlagenen Wloka spielen zu lassen. Bereits nach fünf Minuten machte ihm seine Knieverletzung wieder zu schaffen, nach 15 Minuten mußte er vom Platz getragen werden und konnte später nur noch als Statist auf Rechtsaußen umherhumpeln. Mit einer 2:3-Niederlage war die Meisterschaftsrunde beendet. Dafür standen mit Pfaff und Weilbächer zwei Eintracht-Akteure im vorläufigen WM-Aufgebot. Die Reise in die Schweiz machte aber nur Pfaff mit, der beim denkwürdigen 3:8 gegen Ungarn sogar ein Tor erzielte. Einen weiteren Treffer steuerte Richard Herrmann vom Lokalrivalen FSV bei. Beide kehrten im Juli als Weltmeister nach Frankfurt zurück.

1954/55 „Aber die Eintracht ist launisch…"

Im Sommer 1954 gab es einen Wechsel im Eintracht-Gehäuse. Nach sieben Jahren als Nr. 1 zog es den 33jährigen Helmut Henig noch einmal zur TSG Ulm 1846. Für ihn wurde der zehn Jahre jüngere Amateurnationalspieler Egon Loy vom TSV 04 Schwabach verpflichtet. Ebenfalls aus Bayern, und zwar von der SpVgg Weiden, kam Erich Bäumler an den Riederwald.

Nach dem lauen Saisonstart brachte das Derby gegen den FSV die Wende. Mit 8:2 Punkten standen die Bornheimer an der Tabellenspitze. Bäumlers Tor nach 16 Minuten entschied das Spiel jedoch für die Eintracht, die danach kaum wiederzuerkennen war und bis zum Ende der Vorrunde nur noch zwei Punkte abgab. Nach einem hartumkämpften 4:3 (nach 4:1-Führung) gegen den Überraschungsaufsteiger SSV Reutlingen übernahm die Eintracht am elften Spieltag die Spitze. Endlich schien „das Gleichgewicht zwischen Hintermannschaft und Sturm hergestellt". Nachdem die Eintracht in den letzten Jahren hauptsächlich von ihrer starken Abwehr gelebt hatte, war jetzt die „große Wandlung des Eintracht-Angriffs" zu erkennen. Neben dem Regisseur Pfaff fand sich der quirlige Rechtsaußen Richard Kreß immer besser zurecht. Gut eingelebt hatte sich auch „der mit Köpfchen spielende Bäumler". Dazu gesellten sich hoffnungsvolle Talente aus dem eigenen Nachwuchs wie der bereits im Vorjahr zum Stamm zählende Weilbächer und „nun auch Höfer, der ... seinen Weg machen wird" (*Kicker* vom 20. Dezember 1954).

Ausgerechnet vor dem schweren Gang zum 1. FC Nürnberg am 30. Januar 1955 jagte aber eine Hiobsbotschaft die andere. Durch Verletzungen, Erkrankungen und Unfälle war der Einsatz des kompletten Innensturms gefährdet. Am Dienstag vor dem „Club"-Spiel konnte Trainer Windmann gerade noch vier gesunde Akteure zum Training begrüßen. Während der grippegeschwächte Bäumler schließlich doch in Nürnberg dabei war, fiel Weilbächer für drei, Pfaff für zwei Spiele aus. In diesem Zeitraum verlor die Eintracht dreimal in Folge und schoß dabei nur ein Tor (0:2 in Nürnberg und gegen Schwaben Augsburg, 1:2 beim FSV). Aus vier Punkten Vorsprung waren zwei Punkte Rückstand auf den neuen Spitzenreiter Kickers Offenbach geworden.

Vier Trümpfe der Eintracht 1954/55: Von links Alfons Remlein, Richard Kreß, Egon Loy und Alfred Pfaff.

Zwar erholte sich die Mannschaft noch einmal von diesem Rückschlag, die vorher hochgelobte Durchschlagskraft des Sturmes war allerdings dahin. Zudem zeigte sie sich in der Folgezeit allzuoft unbeständig und unkonzentriert. Beim wichtigen Spiel gegen den Karlsruher SC wurden die ersten 20 Minuten nach der Halbzeit regelrecht verschlafen. In dieser Zeit zogen die Badener auf 3:0 davon. Bäumler und Geiger (67., 69.) ließen zwar nochmals Hoffnung aufkommen, doch trotz Powerplay konnte der Ausgleich nicht mehr erzielt werden, der wegen des besseren Torverhältnisses den zweiten Platz bedeutet hätte. So aber stand man mit leeren Händen da und fiel sogar noch hinter den FC Schweinfurt 05 auf den vierten Platz zurück.

Dabei hatte es „diese Mannschaft ... in sich, das 'Beinahe' von 1932 endlich einmal in die Tat umzusetzen. Spielerisch ist sie an manchen Tagen unverwundbar. Aber die Eintracht ist auch launisch und, was noch schlimmer ist, sie hält keine Saison durch. Herbstmeister wird sie mit einer Regelmäßigkeit, die einem zu denken geben sollte. ... Im übrigen ist die Spielweise der Eintracht traditionsbedingt. Das Spielerische und Verspielte hat schon den früheren Generationen besonders im Blut gelegen, und wahrscheinlich muß das so sein, daß die Namen wechseln und die Spielart bleibt.“ (*Kicker* vom 16. Mai 1955)

Das Verpassen der Endrunde war diesmal besonders bitter, denn erstmals stand das umgebaute Stadion mit einer Kapazität von 80.000 Plätzen zur Verfügung. Doch statt der Eintracht trug nun der Rivale und Südmeister Kickers Offenbach seine Spiele in der neuen Arena aus.

EINWURF

Pioniere in Europa: Der Messe-Pokal

Zehn Jahre nach Kriegsende hatte Ernst Thommen, langjähriger Präsident des Schweizerischen Fußball-Verbandes und FIFA-Vizepräsident, die Idee, den internationalen Spielplan zwischen den Weltmeisterschaften durch einen Wettbewerb für Stadtauswahlmannschaften auszufüllen. Unterstützung fand er bei dem Engländer Stanley Rous und dem Italiener Ottorino Barassi, die ein provisorisches Organisationskomitee bildeten und interessierte Verbände, Vereine und Städte für den 18. April 1955 nach Rheinfelden bei Basel einluden.

Auf diesem Treffen beschlossen die Vertreter von zwölf europäischen Städten, künftig einen „Internationalen Messestädtepokal" auszuspielen. Aus dem geteilten Deutschland waren Frankfurt und Leipzig sowie – nach dem Rückzug von Stockholm – Köln mit dabei. Die Auslosung für die Gruppenspiele führte Frankfurt mit London und Basel zusammen. Zum Auftakt des später kurz „Messe-Pokal" genannten Wettbewerbs besiegte London am 4. Juni 1955 Basel mit 5:0. Die Frankfurter Stadtauswahl trat am 26. Oktober 1955 im Londoner Wembleystadion erstmals in Aktion. Vor 35.000 Zuschauern bestritten

► Rado (FSV); Sattler, Magel; Keim (alle Kickers Offenbach), Lurz (FSV), Weber; Kraus, Kaufhold (alle Kickers Offenbach), Kreß, Pfaff (beide Eintracht) und Herrmann (FSV)

das erste Europapokalspiel mit deutscher Beteiligung. Trotz einer 2:0-Pausenführung durch Pfaff und Kaufhold unterlagen sie am Ende mit 2:3.

Das Heimspiel gegen Basel (5:1) fand am 20. Juni 1956 am Bornheimer Hang, das gegen London (1:0) am 27. März 1957 unter Flutlicht am Riederwald statt. Die Chance auf den möglichen Gruppensieg wurde durch die Weigerung der Eintracht und der Offenbacher Kickers vertan, ihre besten Akteure zum Spiel in Basel abzustellen. Eine Kombination FSV/SpVgg Neu-Isenburg war am 12. Juni 1957 ohne Chance und unterlag den Schweizern mit 2:6.

Insgesamt wurden 29 Spieler eingesetzt. Der FSV stellte elf Akteure (20 Einsätze); die Eintracht sieben (13 Einsätze): Kreß, Pfaff (je 3), Höfer, Wloka (je 2), Bäumler, Schymik, Weilbächer (je 1); die Kickers neun (12 Einsätze) und die SpVgg Neu-Isenburg zwei (je 1 Einsatz).

Messe-Pokal 1955/58: Frankfurt – London (1:0). Der Offenbacher Preisendörfer (rechts im Eintracht-Trikot) nutzt einen Freistoß-Abpraller von Pfaff (linkes Foto) zum goldenen Tor.

Nach gewissen Anlaufschwierigkeiten wurde der Wettbewerb immer populärer, insbesondere nachdem er seit 1960/61 jährlich ausgetragen wurde und allmählich Vereinsmannschaften die Stadtauswahlen ersetzten. In 16 Jahren verfolgten über 18 Millionen Zuschauer die 1.039 Spiele.

Viermal nahm die Eintracht am Messe-Pokal teil: 1964/65, 1966/67, 1967/68 und 1968/69. Im Jahre 1971 wurde die Organisation des Wettbewerbs von der UEFA übernommen und der Messe-Pokal in „UEFA-Pokal" umgetauft. Und den konnte die Eintracht bekanntlich 1980 (als zweite deutsche Mannschaft nach Borussia Mönchengladbach) gewinnen. ■

1955/56 Der Kredit beim Publikum wird verspielt

Völlig überraschend gab es zum Saisonstart einen Führungswechsel bei der Eintracht: Der 1. Vorsitzende Dr. Anton Keller und der Spielausschußvorsitzende Willi Balles traten zurück. Auf Beschluß des Restvorstandes und Ältestenrates übernahm Rudi Gramlich zum zweiten Mal nach 1939-42 die Führung des Vereins und sollte sie bis 1970 innehaben. Den Vorsitz im Spielausschuß übernahm Ernst Berger. Auf die Leistungen der Mannschaft hatte der Führungswechsel keinen negativen Einfluß. Sie gewann die ersten beiden Spiele und schien auf dem besten Wege, bei der Vergabe des Titels erneut ein ernsthaftes Wörtchen mitreden zu können.

Mit dem Derby beim FSV (0:1) begann am 9. Oktober jedoch eine schwarze Serie, die erst einen Monat später mit einem 0:4 bei den Offenbacher Kickers endete. In fünf Spielen wurde nur ein mageres Pünktchen geholt. Drei erzielten Toren standen 13 Gegentreffer entgegen. In der Tabelle purzelte die Eintracht auf Platz 9, acht Punkte hinter Spitzenreiter Karlsruher SC und nur einen vor dem Vorletzten TSV 1860 München.

Begleitet wurde die sportliche Talfahrt, die schließlich auf dem 6. Platz endete, von einem Vertrauensverlust beim Publikum. Trotz einer anschließenden Serie von drei Siegen blieben die Fans dem Riederwald fern. Selbst zum Gastspiel des 1. FC Nürnberg konnten nur 10.000 Zuschauer begrüßt werden, im Derby gegen den FSV waren es nur 8.500 und gegen die Offenbacher Kickers 18.000. Lag der Zuschauerschnitt in den vergangenen drei Spielzeiten stets über 15.000, rutschte er 1955/56 auf alarmierende 9.000 ab. Im Januar 1956 gaben schließlich der Vorstand und Trainer Windmann bekannt, den am Saisonende auslaufenden Vertrag nicht zu verlängern. Als Nachfolger wurde bald der Wiener Adolf Patek gehandelt, der den KSC 1956 zur Süddeutschen Meisterschaft führen sollte. Im März war sein Wechsel vom Wildpark an den Riederwald perfekt.

1956/57 Ein Neubeginn mit dem Wiener Adolf Patek

Der neue Trainer stand im Sommer vor der schweren Aufgabe, aus dem vorhandenen Spielermaterial eine neue schlagkräftige Elf zu formen. Das Spielerkarussell drehte sich am Riederwald erneut nur recht langsam. Von den Stammspielern der letzten Jahre schied nur Remlein (fast 32), der seine Laufbahn beendete, aus. Dagegen konnte Wloka (32), der ebenfalls aufhören wollte, überredet werden, noch ein Jahr dranzuhängen. Von den Neuzugängen setzte sich auf Dauer lediglich Erich Meier (FV Breidenbach) durch, wenn auch noch nicht in der Saison 1956/57. Im übrigen vertraute Patek den altbewährten Kräften. Sein erster Erfolg war der Gruppensieg in der Totorunde, in der Kantersiege gegen Alemannia Aachen (8:2) und den FK Pirmasens (8:0) gelangen.

Der Auftakt in die neue Oberliga-Spielzeit stürzte die Eintracht-Anhänger daher in ein Wellental der Gefühle. Nach sieben Spielen hatte die Mannschaft zwar alle drei Auswärtsspiele gewonnen, in vier Heimspielen jedoch nur jämmerliche zwei Punkte (1:1 gegen Jahn Regensburg und die Offenbacher Kikkers) einfahren können. „Die Eintracht-Elf hat zwei Gesichter!" schrieb das *Sportmagazin,* nachdem es beim Freiburger FC eine 1:7-Abfuhr und gegen Stuttgarter Kickers die dritte Heimniederlage (0:1) gegeben hatte. Zu diesem Spiel hatten gerade einmal 4.000 Zuschauer den Weg an den Riederwald gefunden, die ihrer Enttäuschung bei der Ankündigung des nächsten Heimspiels gegen Bayern München enttäuscht Luft machten: „Ein gellendes, langanhaltendes Pfeifkonzert bildete die Antwort!" (*Sportmagazin* vom 5. November 1956)

Erst im neuen Jahr deutete sich ein leichter Aufwärtstrend an. Nachdem die erste Pokalhürde beim 1. FC Pforzheim glatt mit 6:0 genommen wurde, blieb die Mannschaft im Januar in der Meisterschaft ungeschlagen. Beim 3:1 in Regensburg gab der erst 17jährige Dieter Lindner sein Debüt in der Oberliga-Mannschaft und erzielte auch gleich ein Tor. Nach den Derbys gegen den FSV (4:0 – alle Tore durch Feigenspan!) und in Offenbach (2:2) durfte man sich als „Main-Meister" fühlen, denn die Eintracht war gegen die lokale Konkurrenz in den Punktspielen ohne Niederlage geblieben. Dafür zog sie im Pokal gegen den FSV mit 3:4 den Kürzeren. In einem hochdramatischen Spiel gingen die Bornheimer am Riederwald dreimal in Führung, dreimal gelang Weilbächer, Kreß und Geiger der Ausgleich, bevor Buchenaus Elfmeter in der 82. Minute das Spiel entschied.

Zur Freude des Schatzmeisters drückte sich der sportliche Aufwind auch wieder in höheren Zuschauerzahlen aus. Nachdem die beiden Derbys gegen den FSV jeweils 18.000 angelockt hatten, ging die Eintracht zum Gastspiel gegen den Spitzenreiter 1. FC Nürnberg wieder einmal ins Stadion. Zwar behielten die Gäste aus Franken mit 2:1 die Oberhand, 40.000 Zuschauer ließen den Saisonschnitt jedoch wieder in den fünfstelligen Bereich klettern. 10.500 war trotzdem die viertschlechteste Besuchermarke seit Kriegsende. Besonders deutlich wurde das Desinteresse der Eintracht-Fans am Wochenende 11./12. Mai 1957. Während sich samstags am Riederwald gegen den VfB Stuttgart (4:0) nur 6.000 Zuschauer verloren, wollten tags darauf 70.000 im Stadion das Spiel Zweiter gegen Erster, Kickers Offenbach – 1. FC Nürnberg (1:0) sehen.

Ein berühmter Gast am Riederwald: Bernd Trautmann (rechts) im Gespräch mit Trainer Patek. In der Mitte Schymik. Eine Kombination Eintracht/FSV besiegte Manchester City mit 2:0.

Mit einem 3:1 beim BC Augsburg wurde die Saison immerhin als Fünfter beendet. Für das *Sportmagazin* war die Eintracht nach den dort gezeigten Leistungen sogar eine „Mannschaft mit Zukunft“:

„Was nämlich die junge Eintracht-Elf vorgeführt hatte, war eine Demonstration hoher Fußballkunst. Diese Mannschaft hat Zukunft, jeder Mann ist schnell und ausdauernd, hat Spielwitz und versteht sich traumwandlerisch sicher mit seinen Nebenleuten!

Was uns besonders auffiel, war die überaus moderne, rationelle Spielweise. Wir meinen die aus der Tiefe vorgetragenen, steilen Angriffe, die den schnellen Außen Kreß und Meier und dem spritzigen Mittelstürmer Feigenspan wie auf den Leib zugeschnitten waren.“ (*Sportmagazin* vom 20. Mai 1957)

1957/58 Wie Ivica Horvat 1957 an den Riederwald kam

Ivica Horvat

Eine Vorstandskrise beim FSV ermöglichte der Eintracht im Sommer 1957 die Verpflichtung des jugoslawischen Nationalspielers Ivica Horvat von Dinamo Zagreb, der eigentlich schon fest am Bornheimer Hang als Neuzugang gehandelt worden war, denn dort war mit Bogdan Cuvaj ein weiterer Jugoslawe Trainer. Dieser wurde auf der Generalversammlung am 23. Juni vom neugewählten FSV-Vorstand jedoch schwer beleidigt, worauf die Versammlung wegen Tumulten abgebrochen werden mußte. Als am 3. Juli die gleichen Mitglieder, die ihn zehn Tage vorher noch gefeiert hatten, die Fronten wechselten und

► FORTSETZUNG S. 146

EINWURF

Zeichen einer neuen Zeit: Flutlicht

Das erste Fußballspiel unter „künstlicher Beleuchtung" wurde 1878 in Sheffield ausgetragen. Anfang der 30er Jahre ließ Arsenal-Manager Herbert Chapman auf dem Trainingsplatz des Londoner Klubs Flutlicht installieren, doch verbot der englische Fußball-Verband die Benutzung bei offiziellen Spielen. Erst nach dem 2. Weltkrieg lockerte sich der Widerstand der FA gegen die Errungenschaften der Technik, und das Flutlicht eroberte die englischen Ligastadien. Der erste Flutlicht-Test in Deutschland ging am 4. Juni 1956 am Riederwald vor 12.000 Zuschauern mit einem Spiel der Eintracht gegen eine britische Armee-Auswahl (2:2) über die Bühne. Wenig später wurde das erste Derby gegen den FSV (4:3) unter Scheinwerferlicht ausgetragen. Für diese beiden Spiele mußte sich die Eintracht die notwendigen Lampen noch in einem Wiesbadener Filmstudio ausleihen! Die erste „moderne" Flutlichtanlage Deutschlands wurde im Juli 1956 auf dem Bieberer Berg in Offenbach ihrer Bestimmung übergeben, Rot-Weiß Essen folgte im August. Währenddessen errichtete die Eintracht für rund 100.000 Mark die erste Anlage, die

Die Eintracht als Flutlicht-Pokalsieger 1957. Stehend von links: Adolf Bechthold, Loy, Schymik, Pfaff, Höfer, Feigenspan, Lindner, Meier, Kreß. Vorne Horvat und Weilbächer.

nicht mit Glühlampen, sondern mit Leuchtstoffröhren ausgerüstet war. Am 18. September 1956 erlebte der Riederwald mit dem Spiel gegen den 1. FC Köln (5:1) seine „richtige“ Flutlicht-Premiere.

Andere Städte folgten. Binnen eines Jahres gab es in 15 bundesdeutschen Stadien künstliches Licht, darunter auch beim FSV am Bornheimer Hang. Natürlich gab es auch hierzulande Gegner des neuen Trends. Robert Ludwig sah in den „Nachtspielen ... eine Gefahr für die Jugend“ (*Sportmagazin* vom 11. Juni 1956). Bei der Eintracht sah man in den – zusätzlich zu den Punktspielen ausgetragenen – Flutlichtspielen vor allem eine neue Einnahmequelle:

„Die großen Vereine sind das Opfer ihrer eigenen Größe geworden; sie müssen einen großen Fußballplatz unterhalten, müssen Angestellte aller Art bezahlen, sind verpflichtet, ihre Vertragsspieler nach den Bestimmungen des Vertragsspielerstatuts zu bezahlen, müssen zahlreiche Abteilungen mit ihren vielen Jugendabteilungen unterhalten, müssen obendrein noch Steuern aller Art aufbringen.

Die Flutlichtspiele müssen helfen. Gewiß, die Vertragsspieler werden wiederum einmal mehr strapaziert. Aber sie helfen der Kasse und sich selbst, helfen dem geplagten Schatzmeister. So werden Flutlichtspiele mit geschickten Paarungen zum Notanker in der Aufregung einer planmäßigen Geschäftsführung.“ (*Sportmagazin* vom 31. Januar 1957)

Bei der Eintracht schien die Rechnung tatsächlich aufzugehen. Ein Flutlichtspiel gegen den 1. FC Kaiserslautern lockte am 16. Oktober 1956 – einem Dienstagabend – 40.000 Fans an den Riederwald, die einen 5:1-Sieg ihrer Lieblinge bewundern konnten. Wenig später präsentierte die Eintracht bei einem Testspiel gegen die Nationalmannschaft (0:1) 26.000 Interessierten ihre neuen „Flutlicht-Trikots“: rot-weiß quergestreifte Hemden und rote Hosen!

1957 stiftete Ludwig Mohler, der Präsident der Offenbacher Kickers, einen Flutlicht-Pokal, um den acht Vereine nach Ende der Oberliga-Meisterschaft spielen sollten. Das Schicksal wollte es, daß neben Borussia Dortmund auch die Offenbacher nicht teilnehmen konnten – weil sie sich für die Endrunde um die Deutsche Meisterschaft qualifiziert hatten. So kamen Preußen Münster und der FSV Frankfurt kampflos ins Halbfinale. Die beiden anderen Halbfinalisten hießen FC Schalke 04, das den TSV 1860 München ausschaltete, und Eintracht Frankfurt (3:1 gegen und 2:3 bei Fortuna Düsseldorf). Während der FSV jedoch gegen Schalke zweimal verlor, setzte sich die Eintracht gegen Preußen Münster durch (2:1 auswärts und 6:3 am Bieberer Berg). Wegen Terminschwierigkeiten fanden die Finalspiele erst zu Beginn der neuen Saison statt und wurden auf recht kuriose Art und Weise entschieden. Nach einem 3:3 in Schalke hieß es am 9. Oktober 1957 am Riederwald 0:0, so

Flutlicht-Trikots: Weilbächer (links) und Pfaff beim Testspiel gegen die deutsche Nationalmannschaft.

daß die Eintracht auf Grund des besseren Eckenverhältnisses (8:6) zum Sieger erklärt wurde!

Doch genauso schnell wie der Glanz der Lichter in Mode gekommen war, so schnell legte sich auch der Reiz des Neuen. Die Zuschauer blieben aus; schon der zweite Flutlichtpokal, in dem die Eintracht früh scheiterte, fand weitgehend vor leeren Rängen statt.

Mag der Flutlicht-Pokal auch nur ein Intermezzo gewesen sein, das Flutlicht war fortan jedoch nicht mehr wegzudenken. Ohne Flutlicht wäre der Europapokal wohl nie so populär geworden, und ohne Flutlicht hätte es wohl auch nie eine deutsche Bundesliga – das zweite große Reizthema der 50er Jahre – gegeben. Bei der Gründung 1963 war jedenfalls eine Flutlichtanlage zwingend vorgeschrieben. ■

„Cuvaj-raus!"-Rufe zu hören waren, warf dieser das Handtuch. Cuvaj ging zu den Offenbacher Kickers, Horvat zu Eintracht Frankfurt – und beide führten ihre neuen Mannschaften 1959 ins Endspiel um die Deutsche Meisterschaft. Für den FSV dagegen begann die Phase des Niedergangs, die 1962 mit dem Abstieg aus der Oberliga endete.

Mit der überraschenden Verpflichtung von Horvat hatte die Eintracht mehr als einen Ersatz für den scheidenden Wloka erhalten, der nach 191 Oberligaspielen endgültig seinen Abschied genommen hatte. Nach sechs Spielen stand die Eintracht mit 10:2 Punkten ungeschlagen an der Spitze. Zwar unterlag sie „bei" den Offenbacher Kickers – vor nur 25.000 Zuschauern im Stadion – mit 0:1, doch nach zwölf weiteren Spielen ohne Niederlage schien Anfang Januar Platz zwei das Mindeste zu sein, was herausspringen sollte. In dieser Zeit bestand die Eintracht beim Karlsruher SC (2:2), spielte gegen den Tabellenführer 1. FC Nürnberg (2:1) vor 45.000 Zuschauern im Stadion eine Halbzeit lang überragend und brachte dem FC Schweinfurt 05 die erste Heimniederlage (1:0) der Saison bei. Immer wieder im Zentrum der positiven Kritiken: Ivica Horvat. Nach dem 2:2 bei der SpVgg Fürth – bei dem Loy erst einen Foulelfmeter und anschließend die Wiederholung hielt! – wurde die Mannschaft in höchsten Tönen gelobt:

„Eintrachts Frankfurt hat nach dem Krieg noch niemals so überzeugend und beständig aufgespielt wie in dieser Saison. Die Elf stützt sich auf die bisher stärkste Südabwehr (Horvat, Höfer), besitzt mit Weilbächer und Schymik offensivkräftige Außenläufer und einen Sturm, der an Zielstrebigkeit kaum zu übertreffen ist." (*Sportmagazin* vom 11. November 1957)

Am 4. Januar 1958 konnte sich ganz Deutschland ein Bild davon machen, denn das – auf Samstag vorverlegte – Oberligaspiel der Eintracht gegen den VfB Stuttgart wurde „original" – wie es damals noch hieß – im Deutschen Fernsehen übertragen. Dazu mußte vorher eigens ein Beschluß des Süddeutschen Fußball-Verbandes, keine Übertragungen von Fußballspielen an Wochentagen zuzulassen, gekippt werden. Wie schon dem neuen Flutlicht, stand die Eintracht auch dem Fernsehen sehr aufgeschlossen gegenüber. Rudi Gramlich gegenüber dem *Sportmagazin:*

„Die Zeit ist ja nicht stehengeblieben. Damals [beim oben erwähnten Beschluß] steckte Fernsehen noch in den Kinderschuhen, soweit es seine Verbreitung anging. Heute ist es wesentlich anders, und man kann nicht aus vereinsegoistischen Gründen der großen Masse etwas vorenthalten, auf das sie Anspruch hat und für das die Inhaber von Fernsehgeräten schließlich auch Gebühren bezahlen. Im übrigen bin ich nicht der Ansicht, daß Television dem Fußball Abbruch tut. Ganz im Gegenteil! Das gleiche hat man behauptet, als die ersten Radio-Sendungen von Fußballspielen aufkamen. Wie sah es in

Wirklichkeit aus? Radio führte dem Fußball ungezählte neue Anhänger zu, und mit dem Fernsehen ist es nicht anders – auf weite Sicht gesehen." (*Sportmagazin* vom 23. Dezember 1957)

Die Eintracht nutzte die Gunst der Stunde und bot „Millionen Fernsehzuschauern eine Fußballwerbung ersten Ranges" (*Kicker* vom 6. Januar 1958). Beim 1:0 gegen den VfB wirkte erstmals auch der Exil-Ungar Istvan Sztani mit. Nach einem 2:0 gegen den FSV übernahm die Eintracht schließlich wieder die Tabellenspitze. Durch ein 3:2 gegen die Offenbacher Kickers konnte der Vorsprung auf den Zweiten 1. FC Nürnberg sogar auf drei Punkte ausgedehnt werden. „Ungarisches Spielfeuer, ungarische Eleganz, gepaart mit Wiener Charme (Trainer Patek!) brachten die Eintracht an die Tabellenspitze", kommentierte das *Sportmagazin* am 27. Januar 1958. Alles schien auf einen Durchmarsch hinzudeuten, doch beim Tabellenletzten Stuttgarter Kickers kam die Eintracht nicht über ein 0:0 hinaus, und gegen den Drittletzten SSV Reutlingen gab es mit 0:1 die erste Heimniederlage. Also wieder einmal gegen die „Kleinen". Beim TSV 1860 München verlor die Eintracht nicht nur die Punkte (1:2), sondern auch Torhüter Loy wegen Schiedsrichter-Beleidigung – er hatte den Unparteiischen geduzt!

Mit einem 4:1 gegen den KSC eroberte sich die Eintracht die Tabellenführung zurück, und alles wartete nun gebannt auf den „Kampf der Giganten" am 23. März im Nürnberger Stadion. Vor 52.000 Zuschauern, darunter 1.200 mitgereisten Frankfurtern, gab es eine packende erste Halbzeit mit acht Toren: drei für Nürnberg, fünf für die Eintracht. Doch trotz dieses Sieges zeigte sich in der weiteren Saison wieder einmal, daß „die Eintracht ... für den Endkampf nicht die stählernen Nerven und nicht die innere Sicherheit" hatte (*Kicker* vom 8. April 1958). Am letzten Spieltag verspielte sie mit einem 0:1 gegen die als Absteiger feststehenden Regensburger sogar noch Platz zwei und damit die Teilnahme an der Endrunde zur Deutschen Meisterschaft.

Während Fachleute und Anhänger die Welt nicht mehr verstanden, blieben die Verantwortlichen am Riederwald relativ ruhig und machten Nägel mit Köpfen. Bereits eine Woche nach der Blamage von Regensburg wurde für den zu Bayern München wechselnden Adolf Patek mit Paul Oßwald (zuvor Kickers Offenbach) ein neuer und wohlbekannter Trainer vorgestellt. Selbst das Pokal-Aus beim Süd-Zweitligisten ASV Cham (0:1) wurde schnell abgehakt. Ihre Klasse demonstrierte die Mannschaft mit klaren Siegen gegen die Spitzenteams vom Wiener SC und von Borussia Dortmund. Man konnte also doch noch Fußball spielen. Und wollte – und sollte – es 1958/59 endlich allen zeigen.

EINWURF

Die „launische Diva" (1): Tradition verpflichtet?

„Diva" kommt aus dem Italienischen und bedeutet „die Göttliche". Meist werden berühmte Schauspielerinnen oder Sängerinnen mit diesem Attribut bedacht. Daß die großen Stars und Sternchen mit ihren Launen die Nerven ihrer Mitmenschen mitunter stark strapazieren, gehört im Showbusiness anscheinend dazu.

Auf wohl keinen anderen Fußballverein trifft der Begriff „launische Diva" besser zu als auf die Frankfurter Eintracht. Die Mannschaft war schon immer in der Lage, ihre Anhänger an guten Tagen mit Kabinettstückchen der gehobenen Klasse zu verwöhnen oder an schlechten zur Weißglut zu bringen. Schon die Frankfurter Kickers galten vor 1911 als „technisch vollendet und fein spielende" Mannschaft (*Frankfurter Nachrichten* vom 7. Oktober 1910). Diese Tradition wurde zunächst im Frankfurter Fußball-Verein und später bei der Eintracht weitergepflegt. Der Ungar Peter Szabo und der Schweizer Walter Dietrich setzten die spielerischen Glanzlichter in den 20er Jahren, Rudi Gramlich eine Dekade später. Nach dem Krieg verzückten „Don Alfredo" Pfaff und Richard Kreß die Massen, es folgte der „Brasilianer" Wolfgang Solz. Den 70ern drückten Jürgen Grabowski und Bernd Hölzenbein ihren Stempel auf. Lajos Detari gab der Hausmannskost der 80er Jahre mit seinem Tor zum Pokalsieg 1988 die kulinarische Würze. Anfang der 90er zelebrierten Möller, Bein und Yeboah „Fußball 2000". Selbst als es mit der Herrlichkeit vorbei war, blieb man am Riederwald der großen Tradition treu. Aber auch ein „Jay Jay" Okocha konnte den Abstieg 1996 nicht verhindern. Wie hatte der *Kicker* am 16. Mai 1955 geschrieben?

„Die Spielweise der Eintracht [ist] traditionsbedingt. Das Spielerische und Verspielte hat schon den früheren Generationen besonders im Blut gelegen, und wahrscheinlich muß das so sein, daß die Namen wechseln und die Spielart bleibt."

Arbeiter hatten es dagegen immer schwer, sich gegen die hochdotierten Stars durchzusetzen, sowohl als Spieler wie auch als Trainer. „Ein Schuß Fußballsportverein" fehle der Eintracht, meinte der *Kicker* nach der verpaßten Endrunden-Qualifikation 1955. „Fußball arbeiten" lag den Ballkünstlern vom Riederwald nicht (immer). Roland Weidle wollte man 1971/72 schon in die Wüste schicken, bevor er sich nach der Verletzung von Jürgen Grabowski als

Arbeitsbiene entpuppte und zweimal Pokalsieger wurde. Oder Uwe Bindewald, den die Fans trotz (oder gerade wegen) seiner limitierten technischen Fähigkeiten den Spitznamen „Zico" verpaßten. Erst nach mehr als sieben Jahren und dem Abstieg wurde auch er von den Fans als „Kämpfer" akzeptiert. Thomas Zampach wurde im (Wieder-)Aufstiegsjahr 1997/98 in Sprechchören gar als „Fußball-Gott" gefeiert. Typisch Frankfurter Überschwang – genau wie in den 70er Jahren als die Fans zur Melodie „Von den blauen Bergen..." sangen:

„Von der Frankfurter Eintracht kommen wir, einen schönen Fußball spielen wir, ja wir spielen wie die Götter, ab und zu auch etwas besser, von der Frankfurter Eintracht kommen wir."

1955 hieß es im *Kicker:* „Die Eintracht ist launisch und hält keine Saison durch." Vielleicht braucht die Eintracht das. Als die Verantwortlichen der Diva einmal die Launen austreiben wollten und mit Jupp Heynckes 1994 einen auf eiserne Disziplin bauenden Fußball-Lehrer verpflichteten, war dies auch der Anfang vom Ende. „Wenn es der Jupp Heynckes nicht schafft, wird die Eintracht das Image von der launischen Diva nie mehr los", sagte Manager Bernd Hölzenbein noch im Herbst 1994. Ein halbes Jahr später warf Heynckes die Brocken hin. Und während der Weg der Eintracht in die 2. Bundesliga führte, gewann Heynckes 1997/98 mit Real Madrid die Champions League.

Erst Trainer Horst Ehrmantraut setzte beharrlich ein Konzept durch, das die Eintracht selten beherzigt hatte, mit dem sie aber immerhin 1953 Süddeutscher Meister geworden war: „Der Star ist die Mannschaft". Der Erfolg gab ihm gegen alle Zweifler recht. Doch Erfolg – das ist zugleich der beste Nährboden für neue Götter und neue Launen. ■

Zwei Eintracht-Nationalspieler, die für spielerischen Glanz und für Launenhaftigkeit stehen: Andreas Möller und Anthony Yeboah.

1958 bis 1963 Der Durchbruch zur Spitze

Bekanntlich sind aller guten Dinge drei. Ob man am Riederwald bei der dritten Verpflichtung von Paul Oßwald dieses bekannte Sprichwort im Hinterkopf gehabt hatte? Fakt ist, daß es sich bewahrheiten sollte. 1932 hatte Paul Oßwald die Eintracht zum ersten Mal ins Endspiel um die „Deutsche“ geführt. 1938 war er in den Gruppenspielen am Hamburger SV gescheitert. Daß der große Wurf dann bereits im Jahr eins der dritten Oßwald-Ära gelingen sollte, war um so schöner, als er die Feierlichkeiten zum 60jährigen Bestehen des Vereins krönte.

Doch zunächst sah es gar nicht danach aus, denn die Eintracht hatte im Sommer 1958 mal wieder ein Torhüter-Problem. Egon Loy war seit April mit einer Beinverletzung zum Zuschauen verurteilt. Da der bisherige Reserve-Keeper Karlheinz Lindner zum VfB Friedberg gewechselt war, hatte Paul Oßwald die Wahl zwischen dem 37jährigen Helmut Henig und dem von der SG Dietzenbach verpflichteten Handball-Torwart (!) Helmut Abraham.

1958/59 Ein Triumphzug durch Oberliga und Endrunde

Der Zufall wollte es, daß Oßwald mit der Eintracht gleich im ersten Spiel auf den Bieberer Berg mußte. Nach einem leistungsgerechten 1:1 waren sich die Fachleute einig, daß beide Mannschaften in dieser Form erneut zu den Meisterschaftsanwärtern zählen würden. Während die Offenbacher jedoch den direkten Weg einschlugen und bereits nach vier Spielen an der Spitze standen, gab es für die Eintracht gleich im ersten Heimspiel einen Rückschlag. Angstgegner SpVgg Fürth entführte nämlich mit 1:0 zum vierten Male in Folge beide Punkte vom Riederwald. Eine Serie von vier Siegen in Folge ließ den Heimpatzer jedoch schnell vergessen. Am 19. Oktober kehrte Egon Loy ins Eintracht-Tor zurück. Zwar gab es bei Bayern München eine 1:4-Niederlage – was zu diesem Zeitpunkt noch keiner ahnen konnte: Es war die letzte Niederlage in der laufenden Saison!

Bis zum Jahresende gab es sechs Siege in Serie. Mit 23:7 Punkten lag die Eintracht zum Vorrundenende als Zweiter drei Punkte hinter den Offenbacher Kickers und einen vor Bayern München.

Kein Wunder, daß die Fußballfreunde in Frankfurt und Umgebung dem Knaller zum Rückrundenauftakt gegen die Offenbacher Kickers mit Spannung entgegenfieberten. Mit 55.000 Zuschauern war das Stadion am 11. Januar gut gefüllt. Auf 10 cm hohem Schneeboden ging die Eintracht schon nach fünf Minuten durch ein Eigentor von Nazarenus I in Führung. Hermann Nuber brachte die Kickers aber bis zur Pause noch in Front. 2:1 hieß es auch noch acht Minuten vor Schluß. Die Offenbacher hatten die Rechnung jedoch ohne den Wirt gemacht – und das im wahrsten Sinne des Wortes! In der 82. Minute nämlich plazierte Alfred Pfaff, von Beruf Gastwirt, einen Freistoß zum vielumjubelten Ausgleich unhaltbar ins Tor-Dreieck.

Punkt für Punkt verringerte sich in den folgenden Wochen der Abstand auf den Tabellenführer von der anderen Mainseite. Zweimal wich die Eintracht noch ins Stadion aus, was mit 50.000 Zuschauern gegen den 1. FC Nürnberg (1:0) und 36.000 gegen Bayern München (0:0) honoriert wurde. Ihre Meisterschaftsreife demonstrierte die Eintracht bereits in der Fremde. So wurde Berlins amtierender Meister Tennis Borussia mit 6:0 abserviert und im Pokalspiel beim Süd-Titelverteidiger Karlsruher SC hieß es sogar 8:0. „Eintracht zeigte modernen Erfolgsfußball und deklassierte die Karlsruher", schrieb das *Sportmagazin* am 13. April 1959:

„So stellen wir uns eine Mannschaft vor, die in den Endrundenspielen Erfolg haben wird. Nicht nur, daß die Frankfurter im Einzelkönnen überlegen waren, sie spielten auch viel moderner und schneller und waren überdies die besseren Athleten. Die ausgefeilte Technik wurde ausnahmslos in den Dienst der Mannschaft gestellt."

Am 26. April war das erste Etappenziel erreicht. Nach einem 2:0 beim FC Schweinfurt 05 war der Eintracht Platz 2 nicht mehr zu nehmen. Acht Tage später war man gar Tabellenführer. Während es am Riederwald ein ungefährdetes 4:0 gegen den BC Augsburg gab, verloren die Offenbacher Kickers auf dem Bieberer Berg mit 2:3 gegen den TSV 1860 München. Nun wollte man sich auch die vierte Süddeutsche Meisterschaft nicht entgehen lassen. Zum letzten Spiel beim VfR Mannheim wurde die Mannschaft von ein paar tausend Anhängern begleitet, für die die Sache von vornherein klar war: „Das letzte Spiel hat es entschieden, wir sind Meister jetzt im Süden", lautete ein Spruchband. Bereits nach den ersten 45 Minuten war alles entschieden. Mit dem 3:1 schraubte die Eintracht ihr Punktekonto auf 49:11 und egalisierte den Rekord der Offenbacher aus der Saison 1948/49.

Zum Auftakt der Endrunde um die Deutsche Meisterschaft sorgte die Eintracht in Bremen für einen neuen Zuschauerrekord. 40.000 kamen aus dem Staunen nicht heraus, als die Mannen vom Main den Werderanern beim 7:2 nicht den Hauch einer Chance ließen. „Schnell, schön, erfolgreich", beschrieb Karl-Heinz Heimann, der spätere Chefredakteur des *Kicker,* den Gala-Auftritt der Frankfurter. Kein Wunder, daß zum ersten Heimspiel 81.000 Zuschauer erwartungsvoll ins Stadion gepilgert waren und auf eine Wiederholung hofften. Der FK Pirmasens leistete jedoch erbitterten Widerstand, ging sogar 1:0 in Führung und konnte das Spiel lange offenhalten. Während sich das Fehlen von Alfred Pfaff bemerkbar machte, glänzte der Ungar Istvan Sztani und erzielte zwei Tore zum 3:2-Sieg.

Vor dem Spiel gegen den 1. FC Köln hatte Trainer Oßwald erneut Verletzungspech zu beklagen, denn mit Stinka (Blutvergiftung) und Schymik (Meniskusschaden) fielen beide Außenläufer aus. Dafür war Pfaff wieder an Bord, konnte in einem schwachen Spiel jedoch auch keine Akzente setzen. Beim 2:1-Erfolg gab es ein Wiedersehen mit dem ehemaligen Eintracht-Spieler und Trainer Peter Szabo, der jetzt Coach beim FC war. Allerdings wurde der Erfolg teuer erkauft, denn Stopper Horvat verletzte sich so schwer, daß er nie mehr für die Eintracht spielen konnte.

Beim Rückspiel stellte sich eine völlig verwandelte Eintracht-Elf dem Kölner Publikum vor. „Wie englische Profis" (*Kicker*-Schlagzeile) traten die Riederwälder auf, die das Spiel zu jeder Zeit kontrollierten und verdient mit 4:2 gewannen. Als nach dem Schlußpfiff die Kunde von der Pirmasenser Niederlage bei Werder Bremen (2:5) die Runde machte, war allen klar: Dank des besseren Torverhältnisses stand die Eintracht schon vorzeitig als Finalteilnehmer fest. Gegner waren ausgerechnet die Rivalen Offenbacher Kickers, die sich in ihrer Gruppe knapp gegen den HSV durchgesetzt hatten. Da der DFB schon im Januar Berlin als Endspielort festgelegt hatte, machten sich also beide Mannschaften und mehrere Tausend Anhänger auf den Weg in die alte Reichshauptstadt.

Berlin, Berlin – wir waren in Berlin: Eintracht-Fans klären die Bevölkerung über die Machtverhältnisse am Main auf.

Unter Leitung von Schiedsrichter Asmussen aus Flensburg standen sich am 28. Juni 1959 folgende 22 Spieler gegenüber:

- Eintracht: Loy; Eigenbrodt, Höfer; Stinka, Lutz, Weilbächer; Kreß, Sztani, Feigenspan, Lindner, Pfaff.
- Offenbach: Zimmermann; Waldmann, Schultheiß; Keim, Lichtl, Wade; Kraus, Nuber, Gast, Kaufhold, Preisendörfer.

Zwar war das Olympiastadion nicht ganz ausverkauft, dafür erlebten die 75.000 Zuschauer einen Fußball-Krimi allerbester Güte. Schon nach 15 Sekunden lag der Ball zum ersten Male im Kickers-Netz, nach 22 Minuten stand es 2:2. Da in den verbleibenden 68 Minuten kein Tor mehr fiel, ging es in die Verlängerung. Die Vorentscheidung fiel in der 92. Minute durch einen Foulelfmeter (Lichtl an Kreß), den Feigenspan zum 3:2 für die Eintracht verwandelte. In der 107. Minute erhöhte Sztani auf 4:2. Zwar konnte Gast zwei Minuten später noch einmal auf 4:3 verkürzen, doch in der 117. Minute machte Feigenspan alles klar: Nach einem Kreß-Solo spazierte er mit dem Ball mutterseelenallein ins Tor – Endstand 5:3. Die Eintracht war Deutscher Meister!

Der Jubel im Frankfurter Lager kannte keine Grenzen. Begeisterte Eintracht-Anhänger trugen den zweifachen Torschützen Istvan Sztani auf ihren Schultern über den Platz. Den größten Triumph seiner Karriere genoß indessen Trainer Paul Oßwald, der im Mittelpunkt der Ovationen stand. In seinem dritten Endspiel nach 1932 und 1950 war ihm endlich der große Wurf gelungen.

Am Montag bereitete man sich in Frankfurt auf den Empfang der Endspiel-Helden vor. Für die Nacht zum Dienstag wurde die Polizeistunde aufgehoben, am Römer sollte Freibier ausgeschenkt werden – was vorzeitig eingestellt werden mußte, da die ungestüm drängende Menge mit den Schankburschen in Gehege kam. Kurz nach 17.10 Uhr landete die Mannschaft auf dem Rhein-Main-Flughafen. Von dort ging es zum Bahnhof Sportfeld, wo ein Sonderzug bereitstand. Gezogen von der „Adenauer-Diesellok" rollte der Zug um 18.40 Uhr im Hauptbahnhof ein, wo er von den anderen Lokomotiven mit lautem Pfeifen begrüßt wurde. Nur mit Mühe konnte die Polizei die vieltausendköpfige Menge in Schranken halten. Die Fahrt auf zwei sechsspännigen Brauereiwagen zunächst zum Römer und anschließend zum Zoo-Gesellschaftshaus glich einem Triumphzug. Wohin man blickte: schwarz-weiße Fahnen. Nach Schätzungen der Polizei waren an die 300.000 Menschen auf den Beinen.

Auch in Offenbach gab es einen großen Bahnhof, allerdings war man dort wegen des Elfmeters nicht gut auf Schiedsrichter Asmussen zu sprechen. Das sowieso seit Urzeiten gespannte Verhältnis der beiden Nachbarstädte wurde

▶ FORTSETZUNG S. 157

Die Entscheidung: Sztani (rechts) erzielt das 4:2. Torwart Zimmermann und Waldmann sind machtlos.

Die Meistermannschaft mit der „Salatschüssel“: Stehend von links ein Betreuer, Höfer, Stinka, Sztani, Kreß, Pfaff, Trainer Oßwald, Weilbächer, Lutz, der verletzte Schymik, Betreuer A. Bechtold. Kniend Lindner, Loy und Feigenspan. Es fehlt Eigenbrodt.

EINWURF

Juni 1959: Eine Stadt im Endspiel-Fieber

Für eine Sonderausgabe des Eintracht-Fanzines „Fan geht vor" stellte Jörg Heinisch im Herbst 1997 aus Frankfurter Tageszeitungen folgenden Erlebnisbericht eines Daheimgebliebenen über den Nachmittag des 28. Juni 1959 zusammen:

„In Bornheim besuche ich das Vereinslokal des FSV, den 'Dicken Fritz'. Als der Ball auf das Eintrachttor zuschießt, dann aber hoch darüberfliegt, schreien die braven FSV-Anhänger erleichtert 'Hurra'! Immer wieder werfen begeisterte Bornheimer die Arme in die Luft oder klatschen sich krachend auf die Schenkel.

Zehn Minuten später sind wir wieder in der Eintracht-Hochburg. Der 'Solber-Karl' hat zwei Fernseher aufgestellt. Mit Frauen, kleinen Kindern und Großmüttern sind die Eintrachtleute ins Lokal gerückt. Immer noch 2:2, das macht manche halb wahnsinnig. Sie schreien schrill, wenn es bedrohlich aussieht. Da knallen die Offenbacher das Leder an die Eintrachtlatte. Es ist, als habe man die Menschen geschlagen, sie stöhnen auf. 'Wer jetzt ein Tor schießt, gewinnt das Spiel', philosophiert ein alter Mann. 'Das war doch foul!', brüllt ein 30jähriger kochend vor Wut, und als der Schiedsrichter nicht pfeift, wirft der Tobende das Bierglas auf den Boden. Niemand kümmert sich um die Scherben.

In diesen Minuten (16:40 Uhr) ist man beim 'Solber-Karl' zerknirscht. 'Die Offebacher gewinne des Ding, ich seh's komme, dann häng ich mich uff' – 'Die Offebacher mache immer so Dutte – Da braucht mehr nimmer zugucke'.

Und dann versteigt sich ein wankelmütiger Eintracht-Mann zu der defätistischen Äußerung: 'Die Offebacher sinn besser!' Daß sie ihn nicht verhauen haben, war ein Wunder. 'Bist de närrisch, ich bitt' dich doch, die Offebacher sinn net besser!' Schimpfkanonen prasseln auf den Armen, der laut gedacht hatte, Kübel von Wut werden über ihn ausgegossen, wie ein geprügelter Hund zieht er ab, aber die Stimmung ist durch ihn doch gerettet, im 'Solber-Karl' schwören sie, solcherart geschockt, wieder ohne die Spur eines Zweifels auf ihre Eintracht.

Verlängerung. Ich fahre nach Sachsenhausen zur Stippvisite. Als ich den Ostbahnhof passiere, schießt Feigenspan zum 3:2 ein. Aus dem 'Grauen Bock' taumelt ein Mann, als sei ihm schlecht. Es ist ein Offenbacher, der nicht verstehen kann, daß der Schiedsrichter eben seiner Mannschaft einen Elfmeter versagt hat. 'Den hätte mer kriehe müsse, den Elfer', wimmert er immer wieder. Im 'Schwalbennest' am Neuen Wall mache ich Endstation. Hier ist man neutral: 'Wer gewinnt, ist egal, beide Mannschaften sind gut', das ist die Meinung der Ebbelwei-Geschworenen. Sztani schießt ein zum 4:2. 'Des hätte die stärkste Fanatiker net gedacht. Jetz isses entschiede.' Doch dann kommt das 4:3. Da zeigt sich, daß die Sachsenhäuser viel für Offenbach übrig haben. Sie jubeln. 'Siehste, die Offebacher lasse net locker. Nun kommt Offebach.' Aber als die Offenbacher doch nicht kommen, sondern das 5:3 für die Eintracht fällt, jubeln die Sachsenhäuser nicht minder.

Bereits vor Spielende wurde in Frankfurt der Spezialwein *Frankfurter Sportgemeinde Eintracht – Deutscher Meister 1959* ausgeschenkt, auf dessen Etikett die Mannschaftsaufstellung zu lesen war – ein bißchen voreilig vielleicht, aber außergewöhnliche Ereignisse erfordern halt auch außergewöhnliche Maßnahmen!" ■

Frankfurt, 28. Juni 1959: Szenen einer Leidenschaft.

arg strapaziert und zur „Revanche“ am 25. Juli aufgerufen. An diesem Tag stand nämlich das Viertelfinalspiel um den Süddeutschen Pokal zwischen den Kickers und der Eintracht auf dem Programm, das wegen der Endrunden-Teilnahme beider Mannschaften um zwei Monate verschoben worden war. Wie „heiß“ die Offenbacher auf dieses Spiel waren, zeigt die Tatsache, daß die CDU-Stadtverordneten binnen kürzester Zeit 150 Mark für den Kickers-Spieler gesammelt hatten, der das erste Tor gegen die Eintracht erzielen würde. Um die Situation zu entschärfen und angesichts der zu erwartenden Zuschauermenge untersagte Offenbachs Oberbürgermeister Dietrich jedoch die Austragung des brisanten Spiels auf dem Bieberer Berg. Vor 40.000 Zuschauern gewann die Eintracht daher im Stadion auch die „Endspiel-Revanche“ verdient mit 3:1. Zweimal Pfaff, einmal Kreß sowie Nuber zum 1:2 waren die Torschützen. Bei diesem Spiel hatte Stürmerstar Istvan Sztani seinen letzten Auftritt im Eintracht-Trikot; der Ungar wechselte für eine Ablöse von 80.000 DM zu Standard Lüttich.

Derweil hatte die Eintracht auch der Pokal-Ehrgeiz gepackt. Im Halbfinale wurde der VfB Stuttgart nach einem 2:2 im Hinspiel am Riederwald mit 5:0 vom Platz gefegt. In diesen Spielen glänzte erstmals der neue Mittelstürmer Erwin Stein, der von der SpVgg Griesheim 02 verpflichtet worden war, um die durch den Weggang von Sztani und Feigenspan (zum TSV 1860 München) im Angriff entstandene Lücke zu schließen. Der Traum vom Double erfüllte sich aber nicht. Am 5. September wurde das Süddeutsche Pokal-Endspiel gegen den VfR Mannheim überraschend mit 0:1 verloren. Ein Eigentor von Torhüter Loy brachte vor 18.000 Zuschauern in Karlsruhe bereits nach 13 Minuten die Entscheidung.

1959/60 Im Schatten des Europapokals

Dafür gelang ein blendender Start in die Punktspiele. Nach sechs Spielen konnte das Oberliga-Feld wieder von der Spitze aus beobachtet werden. Gut eingeführt hatte sich der neue Sturmführer Erwin Stein, der in den ersten sechs Spielen 13 Tore erzielte, dabei alle vier im Derby beim FSV (4:2). Doch plötzlich geriet der Eintracht-Motor ins Stottern. Vor allem die Abwehr, die nach sieben Spielen bereits 16 Gegentore hatte hinnehmen müssen, bereitete Kopfzerbrechen. Gegen Bayern München kam es dann knüppeldick: Als sich die Mannschaft aufmachte, den 0:1-Pausenrückstand auszugleichen, brach sich erst Eigenbrodt das Wadenbein, dann unterlief Lutz ein Eigentor, und schließlich wurde Kreß nach einer Tätlichkeit vom Platz gestellt.

Es blieb eine wechselhafte Oberligasaison, und am Ende belegte die Eintracht mit 37:23 Punkten einen 3. Platz, acht Zähler hinter Meister Karlsruher SC und zwei hinter dem Rivalen aus Offenbach. Vielleicht war das eher magere Resultat der Tribut, den die Eintracht einem glanzvollen Ergebnis zollen mußte: ihrer erfolgreichen Premiere im Europapokal der Landesmeister.

Nachdem der finnische Meister Kuopio PS zurückgezogen hatte, war die Eintracht kampflos in die 2.Runde des Europapokals eingezogen, wo sie am 7. November 1959 gegen die Young Boys Bern ihr Debüt gab. Nach Toren von Weilbächer (17. Minute) und Meier (YB, 26.) stand es 17 Minuten vor Schluß 1:1, als Stein einen Konter zum 1:2 verwertete. Fünf Minuten später erhöhte Bäumler mit einem Handelfmeter auf 3:1 und wieder fünf Minuten später stellte Eintrachts Meier das Endergebnis her (4:1). Im Rückspiel am 25. November sahen 40.000 Zuschauer einen einzigen Sturmlauf der Eintracht, doch Berns Torhüter Eich ließ sich nur von einem Bäumler-Elfmeter (68.) überwinden. Dank des hohen Hinspiel-Sieges blieb der Ausgleich eine Minute vor Schluß ohne Konsequenzen für das Weiterkommen.

Vor dem Viertelfinal-Hinspiel gegen den Wiener SC am 3. März 1960 war die Eintracht bei den englischen Buchmachern mit 7:1, der Sportclub mit 10:1 notiert. Für den Favoriten sprang am Ende lediglich ein 2:1 durch Tore von Lindner und Meier heraus. Dabei hatte die Eintracht vor 31.000 Zuschauern im Stadion den Gegner klar beherrscht und hätte höher gewinnen müssen. Während die Gäste die knappe Niederlage feierten, ließ man im Riederwald die Köpfe hängen.

Im Rückspiel am 16. März vertraute Trainer Oßwald der Mannschaft, die drei Tage zuvor die Offenbacher Kickers niedergekämpft hatte. Nur auf einer Position verändert (Pfaff für Solz) lief die Eintracht vor 46.000 Zuschauern im Praterstadion ein. Wie schon im Hinspiel regnete es in Strömen, aber die Frankfurter Spieler zeigten vom Anpfiff an, daß sie mitspielen wollten. In der starken Anfangsviertelstunde wurde lediglich versäumt, ein Tor vorzulegen. Danach kam der Sportclub besser ins Spiel und ging nach einer halben Stunde durch Hof in Führung. Auch nach dem Wechsel begann die Eintracht stark und drückte vehement auf den Ausgleich. In der 60. Minute war es dann soweit: Eine Abwehr von Weilbächer gelangte über Kreß zu Lindner, der Stein mit einem Steilpaß in Szene setzte. WSC-Torhüter Szanwald kam aus seinem Tor heraus, doch Stein behielt die Nerven und schoß zum 1:1 ein. Danach baute der Sportclub konditionsmäßig stark ab, und das Remis wurde souverän über die Zeit gerettet. Der Jubel war riesengroß: Als erste deutsche Mannschaft hatte Eintracht Frankfurt das Halbfinale im Europapokal der Landesmeister erreicht.

In der Runde der letzten Vier hatte man es mit den Glasgow Rangers zu tun. Aufgrund der Lehren aus dem Spiel gegen den Wiener SC entschied sich die Eintracht, das Hinspiel am 13. April zuerst im Stadion auszutragen. Strotzend vor Selbstbewußtsein gab sich der schottische Rekordmeister bei der Ankunft in Frankfurt:

„Manager Scott Sympson meinte auf dem Flugplatz, von Reportern befragt: 'Eintracht, wer ist das? Platz besichtigen? Warum? Ein Platz ist wie der andere. Dafür haben wir im Spiel genügend Zeit. Ich kenne so viele Felder, sie sind alle gleich. Wir spielen unser Spiel.'

Wohlverstanden, das war keine Überheblichkeit. Das war eben der Ausdruck schottischer Auffassung vom Fußball. Der britische Fußball, vor wenigen Jahren noch Lehrmeister, war für sie immer noch zumindest europäische Spitzenklasse. Konservativ wie die Briten nun einmal sind, haben sie, was den Fußball anbelangt, von der Weiterentwicklung auf dem Kontinent zwar Kenntnis genommen, aber keinen Grund gesehen, den eigenen Stil davon etwa beeinflussen zu lassen oder gar zu ändern. ... Wenn sie also fragten 'Wer ist die Eintracht', so war das keineswegs überheblich gemeint. Der Deutsche Fußballmeister war ihnen dem Namen nach natürlich bekannt. Aber es war halt eine Mannschaft wie jede andere auch. So wollten sie das verstanden wissen. Wie grausam sollten sie an diesem 13. April aufgeklärt werden." (Erwin Dittberner, Eintrachts „Weg nach Glasgow")

Ganz anders der alte Trainerfuchs Paul Oßwald. Er hatte die Rangers beim Entscheidungsspiel gegen Sparta Rotterdam in London beobachtet und hinterher gesagt, daß sich die Reise gelohnt habe. Das Stadion war mit 77.000 Zuschauern bis auf den letzten Platz gefüllt. Ihnen und Millionen vor dem Fernseher stockte bereits nach acht Minuten der Atem, als Kreß im Strafraum gefoult wurde: Elfmeter! Der Gefoulte selbst lief an und schob knapp am linken Pfosten vorbei. Nach 28 Minuten dann doch die Eintracht-Führung durch Stinka. Doch im Gegenzug bereits der Ausgleich. Weilbächer foult McMillan im Strafraum, den fälligen Strafstoß verwandelt Caldow sicher zum 1:1. Mit diesem Ergebnis werden die Seiten gewechselt.

Was sich danach abspielte, kann wahrscheinlich nur verstehen, wer selbst dabei war. Zunächst machten die Rangers gehörig Druck, und die Eintracht-Abwehr hatte einige brenzlige Situationen zu meistern. Doch dann sorgte ein Doppelschlag von Pfaff für die Vorentscheidung. In der 53. Minute kann Torhüter Niven einen Stein-Schuß nur abklatschen, Pfaff schob zum 2:1 ein. Drei Minuten später ein Freistoß, wie ihn nur „Don Alfredo" schießen konnte: mit Effet um die Mauer – 3:1. Das Stadion war aus dem Häuschen. Doch damit nicht genug. Lindner erhöhte in der 74. und 85. Minute auf 5:1. Inmitten des Tollhauses versuchte ein schottischer Reporter, seinen ungläubigen Kollegen den Spielbericht nach Glasgow durchzutelefonieren:

„Five-one. Yes – no, not for Rangers: Eintracht 5, Rangers 1 – o, no! Eintracht 6, Rangers 1!"

Europapokal: Eintracht – Glasgow Rangers (6:1) am 13. April 1960. Lindner (links) hat soeben zum 4:1 eingeköpft. Torhüter Niven kann dem Ball nur noch traurig nachschauen.

Stein hatte in der 86. Minute das Endergebnis erzielt – die Eintracht stand mit einem Bein im Endspiel. Die Fachleute waren sich einig. „Nie spielte Eintracht besser!" schrieb der *Kicker.*

Beim Rückspiel am 5. Mai wurde die Eintracht von den 77.000 Zuschauern im nur zu drei Vierteln gefüllten Ibrox Park mit stehenden Ovationen gefeiert. Wenn sich die Rangers keinen großen Illusionen mehr hingegeben hatten – erneut sechs Tore einstecken wollten sie bestimmt nicht. Mit dem sensationellen 6:3 bewies die Eintracht nicht nur, daß der Hinspielerfolg keine Eintagsfliege gewesen war; sie hatte sich auch in die Herzen der schottischen Zuschauer gespielt [Als ich 1976 zum ersten Mal ein Spiel im Ibrox Park sah und auf die Frage, wo ich her sei, antwortete: 'Frankfurt, Germany', nickte man mir anerkennend zu: 'Ah, Eintracht!' - Anm. d. Verf.]. Die Rangers-Spieler waren faire Verlierer und bildeten nach dem Schlußpfiff ein Spalier für die Sieger.

„Ganz einfach, den Rangers wurde von der Eintracht eine Fußball-Lektion allererster Güte erteilt. Die Spieler waren total unvorbereitet auf den präzisen und dynamischen Fußball, der sie im Hinspiel in Deutschland erwartete, und der 6:1-Sieg der Heimmannschaft war keineswegs schmeichelhaft. Den Rangers wurden in jeder Beziehung ihre Grenzen aufgezeigt, und ihnen blieb lediglich die Ehre, das zweite Spiel in Ibrox noch bestreiten zu dürfen." (ins

Deutsche übertragen aus: Stephen Halliday, The Official Illustrated History of Rangers)

Zweieinhalb Wochen später, am 18. Mai 1960, gab es ein Wiedersehen mit Glasgow, diesmal aber nicht im Ibrox Park, sondern im Hampden Park, wo das Europapokal-Finale gegen Real Madrid über die Bühne ging. 130.000 Zuschauer füllten das Oval, als die Halbprofis aus Deutschland den Cup-Verteidiger aus Spanien herausforderten. Die Erfolge über die Rangers waren auch bei Real Madrid nicht unbemerkt geblieben, die „Königlichen“ hatten Respekt vor der Eintracht und mußten ihr ganzes Können aufbieten, um den Europapokal zum fünften Mal in Folge zu gewinnen. 7:3 hieß es am Ende, doch so deutlich wie dieses Zahlenverhältnis war das Spiel beileibe nicht. Die Eintracht hatte ihre Chance – nutzte sie aber nicht. In den ersten 20 Minuten hätte mehr als der Führungstreffer durch Kreß herausspringen können.

„Aus einem raffinierten Effet-Ball von Meier, der vom Innenpfosten noch dazu um Zentimeter an dem bereitstehenden Stein vorbeisprang, aus zwei Kreß-Flanken nach unwiderstehlichen Spurts ..., aus einer Pfaff-Vorlage, die Santamaria im letzten Moment mit dem Kopf ablenkte, aus all diesen Chan-

Da keimte Hoffnung: Kreß (links) bringt die Eintracht nach 18 Minuten 1:0 in Führung. Real-Torhüter Dominguez ist ohne Chance.

cen hätten ... bei etwas Glück noch zwei weitere Treffer entspringen müssen ... wir bezweifeln, ob sich dann dieses gewiß einmalige Real in diesen überwältigen Fußball-Rausch hätte steigern können." (*Sportmagazin* vom 23. Mai 1960)

Aber Real konnte. Binnen zwei Minuten machte Di Stefano aus dem 0:1 ein 2:1 (27. und 29. Minute). Als Puskas Sekunden vor dem Halbzeitpfiff auf 3:1 erhöhte, war die Vorentscheidung gefallen. Ein umstrittener Foulelfmeter, von Puskas in der 53. Minute zum 4:1 verwandelt, machte die Sache endgültig klar. Erst jetzt begann Real Madrid zu zaubern, die Eintracht ließ sich jedoch nicht willenlos abschlachten, sondern schlug durch Erwin Stein zweimal zurück. Diesmal standen die Eintracht-Spieler nach dem Schlußpfiff Spalier für die siegreiche Real-Mannschaft.

1960/61 Endspielteilnahme zu Hause verspielt

Zu Beginn der Saison 1960/61 unterlag die Eintracht erneut im Finale des Süddeutschen Pokals, diesmal in Mannheim gegen den Süddeutschen Meister Karlsruher SC (1:2). Es war doppelt bitter, denn 1960/61 wurde erstmals der Europapokal der Pokalsieger ausgespielt ...

Dennoch galt die Eintracht wieder als einer der Favoriten für die neue Oberliga-Saison. Neben Bäumler (zum FSV Mainz 05) schied auch Ivica Horvat als Sportinvalide aus dem Kader aus. Er blieb dem Verein jedoch als Jugend- und Assistenztrainer erhalten. Von den Neuzugängen konnte sich nur Stürmer Ernst Kreuz zeitweilig einen Stammplatz sichern. Kometenhaft dagegen der Aufstieg des jungen Amateurs Lothar Schämer, der die Linksaußenposition im Sturm eroberte. Die Leistungen der Eintracht wurden auch von Bundestrainer Sepp Herberger honoriert, der nach sechs Jahren Pause wieder auf Richard Kreß zurückgriff. Außerdem feierte Friedel Lutz beim 5:0 in Island sein Länderspiel-Debüt.

Der Start in die Meisterschaft war durchwachsen. Nur langsam arbeitete man sich an die Spitzengruppe heran und leistete sich Ende November sogar eine überraschende 0:1-Heimniederlage gegen Bayern Hof. Über Weihnachten und Neujahr standen dann die „Wochen der Wahrheit" gegen zwei vor der Eintracht (Vierter) postierte Mannschaften an. Zwar konnten die Offenbacher Kickers (Dritter) vor 35.000 Zuschauern im Stadion mit 2:0 geschlagen werden, doch zog sich Mittelstürmer Stein nach bereits vier Minuten eine Zerrung zu, so daß er für die beiden Spiele gegen den Tabellenführer 1. FC Nürnberg ausfiel. Am zweiten Weihnachtstag erlebten 35.000 im Stadion eine schöne Bescherung. Während die junge „Club"-Mannschaft meisterlich aufspielte und souverän 2:0 gewann, wurden bei der Eintracht die zündenden Ideen von Alfred Pfaff vermißt, der seit dem zweiten Spieltag verletzt

► FORTSETZUNG S. 166

EINWURF

Interview mit Alfred Pfaff

„Don Alfredo" war in den 50er Jahren die Seele des Eintrachtspiels. Gefürchtet waren seine angeschnittenen Freistöße, mit denen er so manches wichtige Tor erzielte. Für das Eintracht-Fanzine „Fan geht vor" besuchten und interviewten Matthias Thoma und Jörg Heinisch den inzwischen 72jährigen im Herbst 1997 in seinem Gasthof in Zittenfelden im Odenwald.

Alfred Pfaffs größter Erfolg: Deutscher Meister 1959.

Alfred Pfaff, können Sie sich noch genau an die Endrunde um die Deutsche Meisterschaft und die Europapokalspiele erinnern?

Sicher, das ist ganz klar, wenn man solche Erfolge hat, daß man da nichts vergißt.

Welche Bedeutung hatten damals die Lokalderbys gegen Offenbach oder den FSV?

Die hatten eine große Bedeutung. Schon Wochen vorher waren da Gespräche in ganz Frankfurt. Da ging es nur noch um die Derbys. Wir hatten einen Fan, der Hermann Heller von der Großmarkthalle, das war ein Gastronom. Der andere Gastronom war der Pulverkopf vom FSV. Die beiden haben immer Wetten abgeschlossen. Das ging da schon um eine ganze Menge Geld. Die Fans der Eintracht konnten, wenn die Eintracht gewonnen hatte, beim Pulverkopf im FSV-Lokal essen und trinken soviel sie wollten. Umgekehrt war es genauso. Die letzten Jahre war es halt immer so, daß wir beim Pulverkopf zugeschlagen haben.

Gab es private Kontakte zu den Spielern von Offenbach oder dem FSV, oder war da mehr Rivalität?

Ich z.B. hatte gute Kontakte zum Gerd Kaufhold [Spielführer der Kickers,

Geadelt auf schottisch: Bei einem Bankett schenkte Rangers-Direktor Williams (mit Zigarre) Alfred Pfaff seinen „Koks".

Anm. d. Red.]. Der hatte ein Tabak- und Süßwarengeschäft und hat mich in meinem Lokal beliefert. Wir waren auch so befreundet. Im Spiel ist das natürlich immer was anderes. Aber danach waren wir immer zusammen und haben auch mal ein Bier zusammen getrunken. Unter den Zuschauern gab es eine größere Rivalität, das war klar.

Wie kam es zu dem Namen „Don Alfredo". Hat das mit dem spanischen Spieler Alfredo di Stefano zu tun?

Ja. Wir haben ja 1950 schon bei Atletico Madrid gespielt. Da ist das schon ein bißchen angeklungen. Aber richtig war das erst in Schottland. Deren Präsident hat da immer zu mir „Don Alfredo" gesagt und hat mir den Hartmann verpaßt, den Koks. So ist das dann halt enstanden.

Wie haben Sie die Endrunde zur Deutschen Meisterschaft 1959 erlebt?

Wir sind bis an die Grenzen gegangen. Wir mußten ja tagsüber auch noch arbeiten. Das ist nicht wie heute, die haben ja sonst nichts zu machen. Wir haben den ganzen Tag gearbeitet und sind danach zum Training.

Der Empfang der Frankfurter Bevölkerung nach Berlin damals ...

... das war toll. Einmalig. Ich weiß nicht, ob so etwas noch mal kommt. Meine Mutter stand mitten auf der Straße, die konnte nicht mal „Guten Tag" sagen, die ist gar nicht an mich rangekommen. Wir haben auf dem Bierwagen gestanden, sie ist nebenher gelaufen.

Das Endspiel in Glasgow ...?

Das war eine große Sache. Bei uns haben da ja schon drei gute Leute gefehlt. Horvat, Feigenspan und Sztani haben ja nicht mehr gespielt. Wenn man drei bei den Madrilenen rausgenommen hätte, weiß ich nicht, wie es ausgegangen wäre. Wir haben ja 1:0 geführt und waren am Drücker. Dann haben die auf die Schnelle zwei, drei Tore gemacht, was leicht zu verhindern gewesen wäre, da haben wir hinten geschlafen. Dadurch sind wir dann unter die

Räder gekommen. Die meisten Schotten waren ja auf unserer Seite. Aber das war halt die weltbeste Mannschaft, das muß man zugeben.

Warum sind Sie in Frankfurt geblieben, oder hatten Sie als Star keine Angebote anderer Vereine?

Doch, ich hatte Angebote, aus Spanien, aus Madrid ... Ich hatte viele Angebote. Aber innerhalb Deutschlands konnte ich nicht wechseln. Da wäre man 18 Monate gesperrt worden. Ins Ausland hätte ich gehen können. Es war aber so gewesen, ich war drei Jahre in Kriegsgefangenschaft, dann hätte ich gleich 1950 nach Spanien gehen können. Ich bin 1947 erst heimgekommen. Da hatte ich dann wirklich keine Lust.

Und später?

Ja, später! Als wir Deutscher Meister geworden sind, war ich fast schon 34. Da will man dann nicht mehr weit weg. Angebote gab es zwar schon, aber man war mehr heimatverbunden.

Bereuen Sie das?

Nein!

In der Nationalmannschaft unter Sepp Herberger waren Sie auch einmal Spielführer. Fritz Walter hat ihre Position besetzt. Gab es keine andere Position, die Sie hätten spielen können?

Doch sicher. Auch der Fritz hätte ja eine andere Position spielen können. Das war halt damals so, und was soll man da jetzt im Nachhinein noch viel sagen. Der Fritz war halt da, und da ging nichts dran vorbei. Der Fritz war halt dem Herberger sein „Sohn".

Haben Sie heute noch Bezug zur Eintracht?

Ja, ich kriege schon noch meine Ehrenkarte, ich gehe aber in letzter Zeit nicht mehr hin. Am Wochenende ist hier viel Betrieb. Was bei der Eintracht los ist, beobachte ich aber schon. Wir treffen uns auch monatlich mit den Spielern von damals, aber das Interesse hat nachgelassen. Man kennt auch keinen der Spieler mehr persönlich.

Wie haben Sie die Sache nach dem Abstieg erlebt? Ihr ehemaliger Mannschaftskollege Dieter Lindner brauchte als Interimspräsident ja sehr lange, einen geeigneten Nachfolger zu finden.

Das war nicht gut. Ich habe es ihm auch oft gesagt. Er hat große Fehler gemacht. Man hat halt die Leute rumwurschteln lassen. Der Hölzenbein hat da rumgemacht, das geht nicht. Der kann nicht sagen, ich mache den Manager, er war Vizepräsident. Das kann er nicht. Und wir haben gesehen, wo das hingeführt hat. Ich habe denen viel erzählt, aber sie haben nicht zugehört. ■

zuschauen mußte. Zwar war „Don Alfredo“ am 8. Januar beim Rückspiel in Nürnberg wieder dabei, es sollte jedoch das letzte Oberliga-Spiel des genialen Spielmachers sein. Da dem Eintracht-Sturm ohne Stein erneut die Durchschlagskraft fehlte, ging auch dieses Spiel mit 0:2 verloren. Erst eine Siegesserie im Frühjahr mit 15:1 Punkten brachte die Eintracht auf Platz zwei und damit ins Qualifikationsspiel gegen Borussia Neunkirchen. Mit 5:0 wurde der Südwest-Zweite in Ludwigshafen vom Platz gefegt. Plötzlich war Eintracht Frankfurt ein ganz heißer Anwärter auf die Deutsche Meisterschaft.

Bereits im ersten Gruppenspiel wurden die hohen Erwartungen des Eintracht-Anhangs jedoch arg gedämpft. Gegen den 1. FC Saarbrücken sprang im Stadion trotz drückender Überlegenheit nur ein 1:1 heraus. Umso überraschender kam daher das 1:0 bei Borussia Dortmund, das Meier bereits nach einer Viertelstunde erzielt hatte. Eine Minute vor Schluß fiel fast das 2:0, doch Steins Schuß prallte vom Innenpfosten ins Feld zurück. Auch bei Titelverteidiger Hamburger SV schien die Eintracht zur Pause auf der Siegesstraße. Anstatt jedoch nach dem frühen 1:0 durch Meier (5. Minute) die Entscheidung zu suchen, drosselte man das Tempo, was sich nach dem Seitenwechsel bitter rächte. Als der HSV nämlich aus dem 0:1 ein 2:1 gemacht hatte, fehlte der letzte Wille, das Spiel noch umzubiegen. Dafür lief es im Rückspiel eine Woche später genau umgekehrt. Diesmal lag der HSV zur Pause mit 2:1 vorne, doch Meier, Solz und nochmals Meier schossen zwischen der 63. und 75. Minute noch ein 4:2 heraus, womit die Eintracht wieder die Führung in der Gruppe 1 übernahm.

Vier Tage später hatte es die Eintracht im Heimspiel gegen Borussia Dortmund in der Hand, für eine Vorentscheidung zu sorgen. Eine halbe Stunde lief auch alles nach Plan. Stein hatte nach 19 Minuten die Führung herausgeschossen, und drei Minuten später schien alles klar. Thiemann foulte Stein im Strafraum – Elfmeter. Doch Friedel Lutz schob den Ball flach am linken Pfosten vorbei. Nach 32 Minuten glichen die Borussen durch Aki Schmidt aus und kamen in der 72. Minute zum Siegtor. Nach einem Doppelpaß mit Schütz hatte Peters keine Mühe, Loy zu bezwingen. Im Eintracht-Lager war man entsetzt. Statt mit 7:3 Punkten klar Erster war man plötzlich nur Dritter mit 5:5. Aus eigener Kraft war die Endspiel-Teilnahme nicht mehr möglich.

Die Ausgangslage vor dem letzten Spieltag am 18. Juni war klar. Bei einem Sieg in Dortmund war der HSV im Endspiel, bei einem Unentschieden mußte die Eintracht in Saarbrücken gewinnen. Bei einem Dortmunder und Frankfurter Sieg würde das Torverhältnis entscheiden. Hier hatte der BVB (12:10) leichte Vorteile vor der Eintracht (8:7). Es wurde ein Herzschlag-Finale, bei dem die Rechenschieber heiß liefen. Zur Pause führte die Eintracht im Ludwigspark mit 1:0, Dortmund mit 2:1 gegen den HSV. Damit

Qualifikation zur Deutschen Meisterschaft 1961: Gefeiert von den mitgereisten Fans verlassen Eigenbrodt, Kreß, Weilbächer, Torhüter Loy und Stinka (von links) zufrieden den Platz.

hätte sie im Endspiel gestanden. In der 47. Minute erhöhte Stein auf 2:0. In der 56. Minute verkürzte Thiel auf 1:2: Jetzt lag Dortmund mit 1,27:1,25 in Führung. Vier Minuten später das 3:1 durch Meier, jetzt war die Eintracht wieder im Endspiel. 61. Minute: 3:1 für Dortmund, aber immer noch 1,37:1,36 für die Eintracht. 69. Minute: 2:3 in Saarbrücken durch Vollmar, das Eintracht-Torverhältnis sank auf 1,22. Zwischen der 70. und 83. Minute zogen die Borussen schließlich auf 6:2 davon: 1,5:1,22. In der Schlußphase gelangen Lutz und Lindner zwar noch zwei Treffer zum 5:2, was die Eintracht noch einmal auf 1,44 heranbrachte, doch in der 89. Minute die Entscheidung in Dortmund: 7:2 durch Kelbassa – 1,58:1,44, Borussia Dortmund stand im Endspiel. Alles wenn und aber half nichts, Verletzungen hin, Pfostenschüsse her – das große Ziel Endspiel war in den Heimspielen gegen Saarbrücken und Dortmund verschenkt worden.

Das gleiche galt auch für den DFB-Pokal, für den sich 1961 erstmals die vier Süd-Halbfinalisten direkt qualifizierten. Am 28. Juli schien die Eintracht gegen den 1. FC Köln nach Toren von Stein und Neuzugang Horn (von Bayern Hof) einem sicheren Sieg entgegenzusteuern. Ein Doppelschlag von Schäfer (69./70. Minute) rieß die Riederwälder jedoch aus allen Träumen. In der Verlängerung machte schließlich Christian Müller den Kölner Sieg perfekt.

Wie im Vorjahr erwarteten die Experten auch diesmal wieder einen Zweikampf zwischen dem 1. FC Nürnberg, der sich gegen die Borussia Dortmund seine achte Deutsche Meisterschaft gesichert hatte, und der Eintracht. Diese legte eine grandiose Hinrunde hin. Ihr (Herbst-)Meisterstück machte die Eintracht am 26. November in Nürnberg. Vor 45.000 Zuschauern (darunter 5.000 Eintracht-Fans) schossen zweimal Schämer und Lindner den „Club“ mit 3:0 ab. Ungeschlagen stand die Eintracht mit 26:4 Punkten und 51:16 Toren souverän an der Spitze.

Die erste Niederlage gab es am 17. Dezember im Derby bei den Offenbacher Kickers (0:1). Es war das erste Mal, daß kein Treffer glückte. Nun folgte tatsächlich das erwartete Kopf-an-Kopf-Rennen mit dem „Club“. Die Chance auf die dritte Süddeutsche Meisterschaft nach dem Krieg wurde einen Spieltag vor Schluß beim Vorletzten FC Schweinfurt 05 verspielt (0:3). Wieder einmal erwies sich der Sturm nur als laues Lüftchen. Schämer konnte selbst einen Foulelfmeter nicht zum Ehrentor verwerten. Dennoch war das Stadion im letzten Spiel gegen den 1. FC Nürnberg mit 71.000 Zuschauern ausverkauft. Sie sahen ein 2:1 über den alten und neuen Süddeutschen Meister. Am anderen Ende der Tabelle verlor der FSV mit 0:1 bei Bayern Hof und stieg damit in die 2. Liga Süd ab.

Wegen der WM in Chile wurde die Endrunde um die Deutsche Meisterschaft 1962 nur in einer einfachen Runde ausgetragen. Dabei hatte die Eintracht das Glück, den großen Favoriten 1. FC Köln im ersten Spiel im Stadion empfangen zu dürfen. Von Anfang an bestimmten die Frankfurter das Geschehen, erarbeiteten sich Chance um Chance, das Führungstor erzielten jedoch die Kölner durch Habig (32. Minute). Kreß konnte zwar noch vor der Pause ausgleichen (40.), ein Doppelschlag von Thielen unmittelbar nach dem Wechsel brachte jedoch die Entscheidung (46./48.) – 1:3. Im zweiten Spiel überrollte die Eintracht in Stuttgart Südwestmeister FK Pirmasens mit 8:1, durch den gleichzeitigen Sieg des 1. FC Köln über den Hamburger SV (1:0 in Hannover) waren die Chancen auf die Endspiel-Teilnahme dennoch auf den Nullpunkt gesunken, denn wer glaubte schon an einen Kölner Ausrutscher gegen Pirmasens? Mit 10:0 wurden die armen Pfälzer im Müngersdorfer Stadion geschlagen.

Für den verpaßten Final-Einzug wurde die Mannschaft mit einer einmonatigen Weltreise entschädigt. Im ersten Spiel gab es in Athen ein 0:0 gegen Panathinaikos, den Spitzenreiter der griechischen Liga. Über Kairo, Bombay, Kalkutta und Bangkok ging es weiter nach Kuala Lumpur, wo die Nationalmannschaft von Malaysia mit 4:2 besiegt wurde. In Bangkok wurde eine örtli-

Endrunde 1962: Eintracht – 1. FC Köln (1:3). Der Ausgleich durch Kreß (links) kurz vor der Pause ließ die Fans noch einmal hoffen.

che Auswahlmannschaft 6:1 geschlagen, und auch in Hongkong gab es zwei weitere Siege. Über Tokio und Hawaii ging es weiter nach Amerika. Nach einem 3:2 über eine kalifornische Auswahl in San Francisco gab es im kanadischen Vancouver im sechsten Spiel gegen Sheffield United die erste Niederlage (1:4). Groß war die Freude, als die Mannschaft im abschließenden Spiel in New York gegen eine Auswahl des DAFB (4:1) von einer stattlichen Zahl Eintracht-Anhänger begrüßt wurde, die eigens den Sprung über den „großen Teich" gemacht hatten, um ihre Lieblinge siegen zu sehen. Nach 33 Tagen kehrte die Eintracht-Expedition am 15. Juni wieder nach Frankfurt zurück.

In diesem Sommer fiel nach jahrelangem Tauziehen endlich die Entscheidung für die neue Bundesliga. 16 Klubs sollten die Eliteklasse des deutschen Fußballs bilden, je fünf aus dem Süden und Westen, drei aus dem Norden, zwei aus dem Südwesten und der stärkste Berliner Klub. Von Anfang an zeichnete sich ab, daß sieben Vereine ihr Bundesliga-Ticket schon so gut wie sicher in der Tasche hatten: Eintracht Frankfurt, 1. FC Nürnberg, Hamburger SV, Werder Bremen, 1. FC Köln, FC Schalke 04 und 1. FC Saarbrücken.

Da Anträge, zunächst 18 oder gar 20 Vereine aufzunehmen, abgelehnt wurden, sorgte die endgültige Entscheidung des DFB für manchen Härtefall und Empörung bei den betroffenen Vereinen. Besonders in Aachen und Offenbach war man entsetzt. In der Bewertungstabelle des Südens nahmen die Offenbacher Kickers nämlich den fünften Platz ein und wären wohl auch beim Start der Bundesliga dabei gewesen, hätte nicht der über 150 Bewertungspunkte hinter ihnen liegende TSV 1860 München die Süddeutsche Meisterschaft geholt und sich dadurch direkt qualifiziert. Erst fünf Jahre später und nach zwei vergeblichen Anläufen 1966 und 1967 gelang den Kickers der Aufstieg ins deutsche Fußball-Oberhaus.

1962/63 Aufregung bis zuletzt durch den „Fall Kassel"

Rechtzeitig zum Start in die letzte Oberliga-Saison meldete sich Nationalspieler Friedel Lutz wieder zurück. Knapp fünf Monate nach seiner schweren Kopfverletzung, die er sich bei einem Auswahlspiel West gegen Süd zugezogen hatte, war er im DFB-Pokal gegen Tasmania 1900 Berlin (1:0) wieder mit von der Partie. Durch ein 2:1 nach Verlängerung beim Deutschen Meister 1. FC Köln zog die Eintracht erstmals in ihrer Vereinsgeschichte ins Halbfinale ein, wo sie allerdings beim 1. FC Nürnberg mit 2:4 den Kürzeren zog.

Die Oberligasaison wurde von einem Quartett aus Nürnberg, Frankfurt und den beiden Münchener Vereinen dominiert. Im bitterkalten Januar 1963 geriet dann der Titelkampf für die Eintracht zur ärgerlichen Posse. Nachdem bereits das Heimspiel gegen die SpVgg Fürth wegen Frost und Eis ausgefallen war, hatte sich die Situation auch 14 Tage später nicht wesentlich entspannt. Diesmal aber bestand der SFV auf der Austragung des Spiels gegen Hessen Kassel. Da jedoch auch der Bornheimer Hang und das Stadion nicht zur Verfügung standen, mußte die Eintracht auf neutralem Platz antreten. Rudi Gramlich fiel am Donnerstag-Nachmittag fast aus allen Wolken, als ihm Spielleiter Hans Deckert mitteilte, daß dies der Bieberer Berg in Offenbach sei! Zwar entsprach dies durchaus den Statuten („Neutral ist jeder Platz außer dem des Gegners"), wer das Verhältnis Frankfurt/Offenbach jedoch kennt, weiß, daß dies in der Realität nicht der Fall war. Obwohl telegrafisch Protest eingelegt wurde, entschied Deckert: Es wird in Offenbach gespielt – verhandelt wird später!

Wie spät, konnte zu diesem Zeitpunkt kein Mensch ahnen. Und wahrscheinlich wäre die ganze Angelegenheit ausgegangen wie das berühmte Hornberger Schießen, hätte sich die Eintracht an diesem 26. Januar 1963 im „Feindesland" nicht eine blamable 0:1-Niederlage gegen die Kasseler geleistet. Vier Wochen später wurde der Protest der Eintracht vom SFV abgelehnt.

Weitere vier Wochen später verwarf auch der Rechtsausschuß des SFV die Berufung der Eintracht. Damit schien die Sache eigentlich entschieden, doch Mitte April wurde das Urteil noch einmal überprüft, da sich Verfahrensmängel ergeben hatten. Am 24. April platzte schließlich die Bombe: Eintracht – Kassel wird wiederholt! Und das einen Spieltag vor Saisonende! Beim TSV 1860 München hatte man schon die Süddeutsche Meisterschaft und die Bundesliga-Qualifikation gefeiert. Und auch in Nürnberg wähnte man den 2. Platz bereits sicher.

Am Riederwald aber witterte man plötzlich wieder die ganz große Chance, denn die Mannschaft hatte sechs Siege in Folge eingefahren und schien gegen die bereits abgestiegenen Augsburger Schwaben und Hessen Kassel ungefährdet. Doch statt des erwarteten Kantersieges trauten 12.000 Zuschauer am 28. April ihren Augen nicht, als die wackeren Schwaben durch Lechner und Metzger bei einem Gegentreffer von Kreß mit 2:1 siegten. Obendrein entschied der SFV-Vorstand am 2. Mai endgültig, daß das Spiel

Königsgala: Beim 5:2 des FC Santos glänzte Pelé am 11. Mai 1963 im Waldstadion. Hier köpft er zum 2:0 ein. Landerer, Weber und Loy sind ohne Chance.

gegen Hessen Kassel nicht wiederholt würde. Damit endete eine dreimonatige Posse, in der sich der Süddeutsche Fußball-Verband nicht gerade mit Ruhm bekleckert hatte.

Zum Spiel Eintracht – Hessen Kassel kam es dennoch. Allerdings im Pokal, aus dem sich die Eintracht am 11. Mai durch ein 1:2 im Auestadion verabschiedete. Entschädigt wurden die enttäuschten Anhänger durch ein zweites Gastspiel des FC Santos, der vor 30.000 Zuschauern im Stadion ein Feuerwerk abbrannte und mit 5:2 siegte. Dem vierfachen Torschützen Pelé gelang dabei in der ersten Halbzeit ein lupenreiner Hattrick.

EINWURF

Die „launische Diva“ (2): Pleiten, Pech und Pannen

Nach dem Pokalsieg beim 1. FC Köln machte im Sommer 1962 folgende Nachricht die Runde durch die deutschen Sportzeitungen: „Eintracht Frankfurt hat innerhalb Jahresfrist fünf Fußball-Landesmeister auf deren Plätzen besiegt: Standard Lüttich 2:0, Europacupsieger Benfica Lissabon 3:2, Glasgow Rangers 3:2, 1. FC Nürnberg und jetzt 1. FC Köln 2:1.“ (*Sportmagazin* vom 13. August 1962)

Zu den besonderen Spezialitäten der „launischen Diva“ Eintracht gehört(e) es jedoch auch, ihre Anhänger mit einer Mischung aus großen Siegen und unerwarteten Pleiten ständig zwischen Himmel und Hölle pendeln zu lassen. Schon 1930 hatte man in Frankfurt von der Deutschen Meisterschaft geträumt, schied dann jedoch gegen den vermeintlich „schwächsten“ Gegner, Holstein Kiel, im Viertelfinale aus. Vor dem Endspiel 1932 sah es nicht anders aus – schließlich hatte man den FC Bayern bereits kurz zuvor im Finale der Süddeutschen Meisterschaft besiegt. Das Ende ist bekannt. Nicht die Eintracht, sondern die Münchener wurden Deutscher Meister.

Auch in der Gauliga konnte mehrmals eine gute Ausgangsposition nicht genutzt werden. 1936 war die Eintracht zwei Spiele vor Schluß Erster, am Ende Dritter. 1937 kostete ein Ausrutscher beim späteren Absteiger Sportfreunde Saarbrücken den Titel. Und als es dann 1938 endlich klappte, verbaute sich die Mannschaft in der Endrunde zur Deutschen Meisterschaft durch fünf Gegentreffer beim Sieg in Stettin von vornherein alle Chancen auf den Gruppensieg.

Nach dem Krieg das gleiche Bild. „Eintracht stolperte stets bei den Absteigern“ schrieb das *Sportmagazin* am 6. Mai 1963, nachdem durch die 1:2-Heimniederlage gegen den Absteiger Schwaben Augsburg die letzte Chance auf den Einzug in die Endrunde der Deutschen Meisterschaft verspielt worden war. Weitere Beispiele wurden aufgeführt: 1954 die Südmeisterschaft verspielt, 1955 Platz 2. 1958 drei Spiele vor Schluß noch Erster, am Ende jedoch nur Dritter.

In der Bundesliga setzte sich die Serie fort. Auch 1967 wurde die Meisterschaft auf eigenem Platz verspielt: Mit einem 0:1 gegen den späteren Meister Eintracht Braunschweig wurde eine glänzende Ausgangsposition schon nach drei Spieltagen (6:0 Punkte) aus der Hand gegeben. Am Ende fehlten vier

Punkte. Die Heimbilanz im Vergleich: Braunschweig 29:5 Punkte, Eintracht 24:10.

1972 wurde das Kunststück fertiggebracht, Meister Bayern München 2:1 zu schlagen, um sich acht Tage später bei Schlußlicht Rot-Weiß Oberhausen bis auf die Knochen zu blamieren (0:1). Auch der Weg zum UEFA-Pokal-Sieg 1980 war mit Enttäuschungen gepflastert. Das glanzvolle 5:1 nach Verlängerung über Meister FC Bayern, mit dem der Einzug ins Finale geschafft wurde, war eingebettet in zwei peinliche Heimniederlagen: einem 3:5 (nach 3:1-Führung!) gegen den 1. FC Kaiserslautern und einem 0:1 gegen den VfL Bochum.

Auch die jüngste Vergangenheit ist voller Beispiele. Die schon sicher geglaubte zweite Deutsche Meisterschaft ging 1992 am letzten Spieltag durch ein 1:2 bei Absteiger Hansa Rostock flöten, ein Jahr später nahm Trainer Stepanovic nach einem klaren 0:3 im Pokal-Halbfinale zu Hause gegen Bayer Leverkusen seinen Hut. Drei 0:3 in Folge (davon zwei zu Hause gegen den 1. FC Köln und Borussia Mönchengladbach) läuteten auch 1993/94 den Anfang vom Ende der Meisterschaftsträume ein. Wohl endgültig ad acta gelegt werden konnten sie dann nach einem 0:1 beim Letzten VfB Leipzig.

Auch die 33jährige Bundesliga-Zugehörigkeit wurde 1995/96 zu Hause verspielt. Nach dem 1:0 über den KFC Uerdingen 05 am 16. Februar gelangen in den noch ausstehenden acht Heimspielen nur noch ein Sieg (1:0 über Werder Bremen) und zwei Unentschieden gegen Bayer Leverkusen und den VfB Stuttgart. Diesen fünf Punkten standen fünf Niederlagen gegenüber – das war das Aus! ■

Mittelmaß in der Bundesliga
1963 bis 1971

Die Jahre 1958 bis 1963 gehörten zu den erfolgreichsten der Vereinsgeschichte. In der Oberliga nie schlechter als Vierter: einmal Meister, zweimal Zweiter. Mit Ausnahme der Deutschen Meisterschaft 1959 und dem Einzug ins Europapokal-Finale 1960 war aber erneut deutlich geworden, daß der Eintracht gerade in entscheidenden Augenblicken oft das letzte Stück Konzentration fehlte – eine Schwäche, die in der neuen Bundesliga endlich behoben werden mußte.

Auch personell mußte die Mannschaft verstärkt werden. Von der Meister-Mannschaft waren noch sieben Akteure beim Bundesliga-Start dabei. Torhüter Loy (32) und Kreß (38, der älteste Spieler beim Bundesliga-Start) hatten jedoch die 30 überschritten, Eigenbrodt (28) und Höfer (29) gingen stark darauf zu. Kein Wunder, daß der Spielermarkt genau beobachtet wurde. Nach den damaligen Bestimmungen durften aber nur drei neue Spieler verpflichtet werden. Ende Juni waren dies Stürmer Helmut Kraus (FC Schweinfurt 05) und Nationalspieler Horst Trimhold (Schwarz-Weiß Essen). Nachdem eine Rückkehr von Istvan Sztani geplatzt war, wurde der Österreicher Willi Huberts von Hungaria New York verpflichtet.

1963/64 Zu spät auf Touren gekommen

Am Samstag, dem 24. August 1963 fiel der langersehnte Startschuß zur Bundesliga.

► Loy; Eigenbrodt, Höfer; Horn, Landerer, Lindner; Kreß, Trimhold, Kraus, Huberts und Schämer

hießen die ersten Bundesliga-Akteure der Eintracht im Duell mit dem alten Rivalen 1. FC Kaiserslautern. Der überwiegende Teil der 30.000 Zuschauer verließ das Waldstadion enttäuscht. Zwar hatte die Eintracht recht ordentlich gespielt, aber das Toreschießen vergessen. Durch zwei Foulelfmeter, die von Neumann (38. Minute) zur Lauterer Führung und zwei Minuten später von Schämer zum Ausgleich verwandelt wurden, stand das Endergebnis (1:1) bereits zur Pause fest. Trotz eines Eckballverhältnisses von 11:2 gelang es der Eintracht nicht, die Abwehr der „Roten Teufel“ zu knacken. Auch in den nächsten Spielen gab es wenig Erfreuliches zu berichten. Nach drei Niederlagen in Folge fand sich die Eintracht auf dem vorletzten Platz wieder. Erst am 21. September gelang mit einem 3:0 gegen Eintracht Braunschweig der erste Bundesligasieg. Auch Tabellenführer 1. FC Köln konnte im Waldstadion verdient mit 2:1 bezwungen werden. Der Knoten war geplatzt. Nach drei weiteren Spielen ohne Niederlage war das Punkteverhältnis ausgeglichen (10:10). Ein Rückschlag mußte bei Werder Bremen eingesteckt werden, wo es die dritte Niederlage mit drei Toren Differenz gab (1:4). Daraufhin kehrte Stopper Landerer für den unglücklichen Herbert ins Team zurück. Außerdem wurde im Angriff Trimhold auf Halbrechts durch Kraus ersetzt.

Mit dieser taktischen Änderung konnte zumindest ein Platz im Mittelfeld gesichert werden. Mit 16:14 Punkten ging die Eintracht als Siebter in die Weihnachtspause. Insgesamt waren 20 Spieler eingesetzt worden, was Rekord der noch jungen Bundesliga-Geschichte bedeutete. Zuschauermäßig war die Rechnung voll aufgegangen: Bei 238.000 Zuschauern lag der Schnitt mit 29.750 mehr als doppelt so hoch als im letzten Oberliga-Jahr (13.492), weshalb man auch in der Rückrunde weiter im Stadion spielen wollte, da am Riederwald bereits bei 25.000 Zuschauern ein Verkehrschaos drohte.

Recht durchwachsen verlief der Start in die Rückrunde, da aus den ersten drei Spielen lediglich zwei Punkte auf der Habenseite verbucht werden konnten. Das 0:1 beim 1. FC Nürnberg am 25. Januar 1964 war allerdings die letzte Punktspielniederlage der Saison. In den restlichen zwölf Spielen wurden lediglich drei weitere Punkte abgegeben. Eines davon war das 1:1 beim späteren Meister 1. FC Köln, bei dem Kölner Rowdys Schiedsrichter Lutz aus Bremen mit der Fahne des Linienrichters auf den Kopf schlugen, weil dieser FC-Stürmer Müller des Feldes verwiesen hatte! Nach dem 2:1 beim FC Schalke 04 am 21. März war die Eintracht bis auf Platz 3 geklettert, der Rückstand auf Tabellenführer 1. FC Köln war mit sechs (Minus-) Punkten jedoch bereits zu groß. Der höchste Sieg wurde mit 7:0 gegen Werder Bremen registriert. Am Ende wiesen die Eintracht und der Meidericher SV mit je 39:21 das gleiche Punktekonto auf. Dennoch mußte sich die Eintracht mit dem 3. Platz zufrieden geben, da die Duisburger das bessere Torverhältnis hatten (MSV 60:36 = 1,66, Eintracht 65:41 = 1,58). Nach dem heute gültigen Subtraktionsverfahren wäre die Eintracht wegen der mehr erzielten Tore Vizemeister gewesen!

Dennoch hätte es noch ein ganz großes Saison-Finale geben können, denn nach Siegen beim VfL Wolfsburg (2:0), gegen Hessen Kassel (6:1), den FC Schalke 04 (2:1) und Hertha BSC Berlin (3:1) war erstmals der Einzug ins Pokal-Endspiel geschafft worden, in dem am 13. Juni der TSV 1860 München der Gegner war. Aufgrund der starken Rückrunde galt die Eintracht als Favo-

Einen Schritt zu spät: Eintracht-Kapitän Hermann Höfer kann den Münchner Kohlars im Pokal-Endspiel 1964 nicht am Flanken hindern.

rit. Im Glutofen des Stuttgarter Neckarstadions hatte die Eintracht aber einen rabenschwarzen Tag erwischt. Die Abwehr nervös, das Mittelfeld wirkungslos, der Angriff stumpf. So war gegen die beherzt kämpfenden Münchner nichts auszurichten. Als Kohlars kurz vor der Pause das 1:0 für 1860 erzielte, war das Spiel praktisch schon gelaufen. Brunnenmeier stellte in der 62. Minute das Endresultat her. Bei der Eintracht war man ratlos. Auf die Hitze angesprochen, zog Dieter Lindner Vergleiche zu 1959:

„Wir waren stehend k.o. Keine Kraft. Nichts da. Ausschlaggebend war, daß die Münchner besser vorbereitet waren. Sie trainierten mittags in der Gluthitze und waren an die hohen Temperaturen gewöhnt. Wir trainierten abends um sechs Uhr. Vor dem Endspiel 1959 gegen die Offenbacher Kickers war mittags um drei Uhr Training angesetzt. Da sahen wir im Spiel anders aus." (*Der Kicker* vom 15. Juni 1964)

1964/65 Zu Hause von allen guten Geistern verlassen

Am 7. Juli kehrte die Mannschaft von einer erfolgreichen Südafrika-Tournee zurück. Die Reise war gleichzeitig ein Abschiedsgeschenk für Richard Kreß, der mit 39 Jahren endgültig die Schuhe an den berühmten Nagel hängte. Mit ihm hörte auch Eberhard Schymik auf. Neu an den Riederwald kamen Peter

► FORTSETZUNG S. 180

EINWURF

Über Lokalderbys und ehemalige Rivalen

Obwohl die Bundesliga sportlich und finanziell ein großer Erfolg war, hatte sie doch einen großen Nachteil: Mit Ausnahme des Ruhrgebiets, wo drei Klubs auf engstem Raum spielten, gab es vorerst keine Lokalderbys mehr. Die nächste von Frankfurt entfernte Bundesligastadt war Kaiserslautern (130 km), die aber nicht einmal zum Fußball-Süden zählte.

In Frankfurt hatte der Abstieg des FSV bereits 1962 das Ende des traditionellen Derbys (um Punkte) bedeutet, ein Jahr später folgte durch die Nichtberücksichtigung der Offenbacher Kickers zur Bundesliga auch das Aus des zweiten Lokalschlagers. Zwar gab es zwischen 1968 und 1984 noch einmal 14 Derbys um Bundesliga-Punkte, doch dann kamen zu den finanziellen Problemen am Bieberer Berg auch sportliche hinzu: 1985 rutschte der OFC erstmals in die Dritt-, zehn Jahre später sogar in die Viertklassigkeit ab.

1996 hatte der Fußball im Rhein-Main-Gebiet seinen Tiefpunkt erreicht. Nicht nur, daß die Eintracht erstmals absteigen mußte, auch der FSV und die Eintracht-Amateure verspielten ihre Regionalliga-Zugehörigkeit. Kickers Offenbach – Eintracht (Amateure) sollte es 1996/97 nur noch in der viertklassigen Oberliga Hessen geben. Während Kickers und FSV aber 1997/98 einen neuen Aufschwung erlebten, sind mehrere Vereine mit einst gutem Namen in der Bedeutungslosigkeit der unteren Amateurklassen verschwunden.

So war der älteste hessische Fußball-Verein, der FC Hanau 93, 1997/98 nur noch in der A-Klasse zu finden (achthöchste Spielklasse). Eine Stufe höher spielte der Lokalrivale TSV 1860, dessen Vorgänger Viktoria 94 einst stolzer Nordkreismeister war (1910). Noch schlimmer hatte es den Meister von 1911, den SV Wiesbaden, erwischt. Nachdem 1945 der Zug in die Oberliga verpaßt worden war, hielt sich der SVW bis 1962 in der damaligen 2. Liga Süd. 1967/68 folgte noch ein kurzes Gastspiel in der Regionalliga. Danach gab es ein stetes Auf und Ab zwischen Hessenliga und Landesliga. Da der angepeilte Aufstieg in höhere Gefilde nicht realisiert werden konnte, blieb ein Haufen Schulden, der 1994 zum Rückzug vom Punktspielbetrieb führte. Als die Auflösung des Vereins drohte, fand sich 1996 ein Kreis von Alt- bis Uralt-SVWlern, der eine Mannschaft für die B-Klasse meldete. Durch zwei Aufstiege in Folge gelang 1998 der Durchmarsch in die Bezirksliga.

Den entgegengesetzten Weg gingen zwei andere Traditionsklubs. Frankfurts ältester Klub Germania 94 stieg 1997 aus der Landesliga in die Bezirks-Oberliga (sechsthöchste Spielklasse) ab. Nach vier Abstiegen in Folge nur noch siebtklassig ist 1998/99 Rot-Weiss Frankfurt. Dabei hatten die Bockenheimer 1990 unter Trainer Dragoslav Stepanovic noch an die Tür zur 2. Bundesliga geklopft. Ihr Meisterstück in der Bezirks-Oberliga machte 1998 Union Niederrad vor dem FC Rödelheim 02, der in der Relegation den Aufstieg in die Landesliga verpaßte.

All diesen Vereinen ist eines gemeinsam: Sie spielten in den vergangenen 99 Jahren irgendwann einmal mit der Eintracht um Meisterschaftspunkte! Ob und wen wir im nächsten Jahrtausend in der neuen 3. Liga wiedersehen werden, wissen momentan wohl nur die Fußball-Götter.

Derby-Statistik:

Das „Ur-Derby" FFC Victoria – FCF Kickers: 26 Spiele, 14 Victoria-Siege, 3 Unentschieden, 9 Kickers-Siege, 85:50 Tore für Victoria.
Das erste Derby: 30. Juli 1899 5:0 für Victoria, der höchste Victoria-Sieg: 7:0 (20. August 1899), die höchsten Kickers-Siege: 6:2 (6. März 1904) und 5:1 (21. Oktober 1906), das letzte Derby: 11. Dezember 1910 (2:2).

Eintracht – FSV Frankfurt: 169 Spiele, 81 Eintracht-Siege, 45 Unentschieden, 43 Niederlagen, 356:246 Tore für die Eintracht.
Dazu kommen 21 Spiele des FFC Victoria gegen den FSV (7 Victoria-Siege, 5 Unentschieden, 9 FSV-Siege, 56:43 Tore für den FSV) und 18 des FCF Kickers (7 Kickers-Siege, 2 Unentschieden, 8 FSV-Siege, 1 Ergebnis nicht bekannt, 40:40 Tore).
Das erste Derby: 29. Juni 1902 Victoria – FSV 5:2, der höchste Eintracht-Sieg: 16:0 (23. Juli 1991), die höchsten FSV-Siege: 6:0 (24. März 1918 und 9. Dezember 1945), das letzte Derby: 15. Juli 1998 FSV – Eintracht 1:4.

Eintracht – Kickers Offenbach: 142 Spiele, 53 Eintracht-Siege, 24 Unentschieden, 55 OFC-Siege, 269:252 Tore für Offenbach.
Dazu kommen 12 Spiele des FFC Victoria gegen den OFC (7 Victoria-Siege, 5 OFC-Siege, 29:24 Tore für Victoria) und 6 des FCF Kickers (2 Kickers-Siege, 3 OFC-Siege, ein Ergebnis nicht bekannt, 13:9 Tore für Kickers).
Das erste Derby: 30. Juni 1901 Victoria – OFC Kickers 2:1, der höchste Eintracht-Sieg 6:0 (22. November 1925; FCF Kickers gewann am 14. Februar 1904 mit 8:0), der höchste OFC-Sieg: 10:0 (21. Mai 1944), das letzte Derby: 25. Februar 1984 Eintracht – OFC Kickers 3:0. ■

Blusch (Sportfreunde Siegen), Georg Lechner (Schwaben Augsburg) und der Österreicher Hans-Georg Tutschek (1. Wiener Neustädter SC). Auch auf der Trainerbank hatte jetzt ein anderer das Sagen. Nachdem er bereits gegen Ende der ersten Bundesliga-Saison mehrfach für den erkrankten Paul Oßwald eingesprungen war, hatte Ivica Horvat nun auch offiziell die Kommandobrücke übernommen.

Wie 1963 gab es auch im Sommer 1964 gewaltige Schwierigkeiten, die Mannschaft zu einer Einheit zu formen. Dennoch wurde die Eintracht von sechs der 16 Bundesliga-Trainer (Horvat inklusive) als Mitfavorit genannt. Der Start war an sich auch nicht schlecht. Nachdem gegen den FC Schalke 04 ein 0:2-Pausenrückstand noch ausgeglichen werden konnte, gelang im zweiten Spiel beim TSV 1860 München die Revanche fürs Pokal-Endspiel (1:0). Nun aber begann die „Heimseuche": Die nächsten drei Spiele vor eigenem Publikum gingen sämtlich verloren. Negativer Höhepunkt war das 0:7 gegen den Karlsruher SC am 19. September, bis zum heutigen Tag die höchste Schlappe auf eigenem Platz. Dafür konnten drei der vier Auswärtsspiele gewonnen werden, unter anderem beim Vizemeister Meidericher SV und beim Titelaspiranten Borussia Dortmund (3:1). Die Diskrepanz zwischen Heim- und Auswärtsspielen hielt vorerst an.

Ein zweiter Heimsieg gelang lediglich im Messepokal gegen den FC Kilmarnock, der durch Tore von Stein, Trimhold und Stinka sicher mit 3:0 bezwungen wurde. Doch dieser Sieg nutzte nicht viel, denn beim Rückspiel gab es eine 1:5-Packung. Wenn Loy nicht einen Super-Tag erwischt hätte, wäre es vermutlich noch schlimmer gekommen.

Der Start in die Rückrunde ließ die Anhänger noch einmal hoffen. Einem 4:1 gegen den TSV 1860 München folgte ein weiterer Heimsieg im DFB-Pokal (2:1 gegen Borussia Neunkirchen) und ein 2:2 beim Überraschungs-Tabellenführer Werder Bremen. Damit schien die Eintracht sogar ins Titelrennen eingreifen zu können, denn sie lag jetzt mit 21:15 nur noch zwei Punkte hinter den Bremern. Doch wie gewonnen, so zerronnen. Gegen den Meidericher SV gab es Heimniederlage Nr. 4, der ein 1:3 beim Karlsruher SC und das Pokal-Aus zu Hause gegen den FC Schalke 04 (1:2) folgte. Kein Wunder, daß zum nächsten Heimspiel gegen Hertha BSC nur noch 6.500 Unentwegte den Weg ins Stadion fanden. Mit vier Niederlagen in Folge wurde die zweite Bundesliga-Saison auf einem enttäuschenden achten Platz beendet. Nach dem 1:2 im letzten Saisonspiel gegen den 1. FC Kaiserslautern war jedenfalls Feuer unter dem Dach:

„'Ein Glück, daß die Saison vorbei ist', seufzten die letzten paar tausend Frankfurter Zuschauer, die ihrer Eintracht noch etwas zugetraut hatten ... und ins Stadion gezogen waren, um das Pfälzer Abstiegsdrama mitzuerleben.

Das Drama aber inszenierte die Eintracht für sich selber und ihren Ruf, der ohnehin ... schon arg ramponiert worden ist. Von den vielen schwachen Spielen, die die Frankfurter in der zweiten Saison im Waldstadion bisher geliefert haben, war dies das schwächste. ... So gewannen die Pfälzer nicht, weil sie zu gut waren, sondern weil die Eintracht einfach miserabel spielte.“ (*Sportmagazin* vom 17. Mai 1965)

Kritisiert wurde vor allem die Defensivtaktik von Trainer Horvat. So mußte der Jugoslawe wieder ins zweite Glied rücken. Dafür wurde mit Elek Schwartz ein Verfechter von technisch anspruchsvollem Fußball verpflichtet. Der in Siebenbürgen geborene Ungar/Rumäne mit französischem Paß hatte sieben Jahre die niederländische Nationalmannschaft trainiert und zuletzt mit Benfica Lissabon im Endspiel des Europapokals der Landesmeister gestanden. Mit Schwartz kamen drei neue Spieler an den Riederwald, die in den nächsten Jahren ein fester Bestandteil der Eintracht-Mannschaft werden sollten: Torhüter Peter Kunter (Freiburger FC), Verteidiger Karlheinz Wirth (Spfr. Hamborn 07) sowie der 21jährige Stürmer Jürgen Grabowski (FV Biebrich 02). Außerdem kehrte der „verlorene Sohn“ Istvan Sztani nach sechs Jahren bei Standard Lüttich nach Frankfurt zurück.

1965/66 Elek Schwartz und das 4-2-4-System

Mit Elek Schwartz zog mehr Professionalität am Riederwald ein. Er führte das Vormittagstraining ein und stellte die Taktik auf das moderne 4-2-4-System um. Allerdings brauchte die Mannschaft eine gewisse Zeit, um die Schwartzschen Ideen auch auf dem Platz umzusetzen. Nach einigen Niederlagen in der Bundesliga geriet jedenfalls auch der neue Trainer in die Kritik. „Schwartz zwängt Frankfurt in ein Korsett, das nicht paßt!“ urteilte das *Sportmagazin,* und der *Kicker* legte nach:

„Die technische Begabung vieler Spieler ist unbestritten, was dieser Elf fehlt, das sind: Spielmacher, Kondition, auch Härte! Man sollte sie im Training in den Boxring schicken, um ihr Bundesligahärte zu geben. Noch ist das 4-2-4 ohne jede Achse!“ (*Kicker* vom 6. September 1965)

Auch der Vorstand sah sich zum Handeln veranlaßt und verdonnerte die Spieler „wegen mangelnden Einsatzes im Spiel gegen den 1. FC Nürnberg“ zu je 100 Mark Geldstrafe, die aber nach Protesten der betroffenen Spieler „auf Bewährung“ ausgesetzt wurde. Nach einem 6:0 über den 1. FC Kaiserslautern arbeitete sich die Mannschaft langsam wieder nach oben.

Fast schon traditionell endeten in der Rückrunde die Spitzenspiele gegen die Meisterschaftsanwärter TSV 1860 München und Borussia Dortmund sowie gegen den designierten Absteiger Borussia Neunkirchen. Die „Löwen“

Ein neuer Star: In der Saison 1965/66 ging der Stern des jungen Jürgen Grabowski auf.

wurden am 26. März vor 44.000 Zuschauern mit 5:2, der frisch gebackene Europapokalsieger BVB am letzten Spieltag vor 65.000 Zuschauern mit 4:1 geschlagen. Bei diesem Spiel war Jung-Nationalspieler Jürgen Grabowski – er hatte Anfang Mai in Irland (4:0) und Nordirland (2:0) seine ersten beiden Länderspiele bestritten – der beste Mann auf dem Platz. Dafür gab es am 23. April eine blamable 1:2-Heimniederlage gegen Neunkirchen, bei der enttäuschte Anhänger sogar ihre Fahnen verbrannten! Mit 38:30 Punkten beendete die Eintracht die dritte Bundesliga-Saison als Siebter. Daß der Name Eintracht aber wieder einen guten Klang hatte, zeigte sich in sieben Testspielen gegen Nationalmannschaften, in denen es nur zwei Niederlagen (1:4 in Holland und 2:4 in Argentinien), aber vier Siege gab, darunter auch ein 3:1 in Buenos Aires gegen den deutschen WM-Gruppengegner Argentinien.

Trotz des halbwegs versöhnlichen Endes hatte die Eintracht im Sommer 1966 zwei spektakuläre Abgänge zu verzeichnen: Für die Rekordablöse von 175.000 Mark wechselten Lutz zu Meister TSV 1860 München und Trimhold für 125.000 Mark zu Borussia Dortmund. Mit Stein und Stinka verließen außerdem zwei verdienstvolle Oberliga-Recken den Riederwald in Richtung SV Darmstadt 98. Der Ungar Sztani, der nicht mehr an seine Glanzzeit von 1959 anknüpfen konnte, wurde eingebürgert, um die Verpflichtung von Fahrudin Jusufi von Partizan Belgrad zu ermöglichen.

1966/67 Ein spannendes Duell: Eintracht gegen Eintracht

Während Lutz und Grabowski bei der WM in England weilten, begann für den Rest der Truppe am 20. Juli wieder der Ernst des Lebens. Nach dem Gruppensieg in der Intertoto-Runde rechnete sich Elek Schwartz durchaus Chancen für die kommende Bundesliga-Saison aus, vorausgesetzt, daß „meine Mannschaft nicht mehr so launisch ist" (*Sportmagazin,* Bundesliga-Sonderheft 1966/67). Der Trainer kannte seine Pappenheimer inzwischen.

Doch zunächst spielte die Eintracht alles andere als launisch. Nach einem 4:0 gegen den 1. FC Köln war die Eintracht nach zwei Spieltagen erstmals Tabellenführer der Bundesliga! Bei Fortuna Düsseldorf gelang sogar ein weiterer Sieg (4:2), und vier Tage später hatte es die Eintracht in der Hand, ihre imponierende Startserie weiter auszubauen. Wegen des WM-Boxkampfes Karl Mildenberger - Cassius Clay im Waldstadion war das Heimspiel gegen Eintracht Braunschweig auf Mittwochabend vorgezogen worden. Vor 35.000 Zuschauern begann die Eintracht stürmisch, verstand es aber nicht, sich gegen die in der Defensive gut eingestellten Niedersachsen entscheidend durchzusetzen. Grabowski lag bei Schmidt an der Kette, Huberts fehlte das Durchsetzungsvermögen. Braunschweig war bei Kontern stets gefährlich und kam in der 68. Minute nach einer Maas-Flanke durch Gerwien zum goldenen Tor.

Die Saison 1966/67 wurde nicht nur in diesem Spiel ein Duell Eintracht gegen Eintracht. Da sowohl die Frankfurter als auch die Braunschweiger Eintracht die notwendige Konstanz vermissen ließen, begann ein munteres Bäumchen-wechsel-dich-Spiel an der Spitze. Nach einem 1:0 beim 1. FC Nürnberg – dem ersten Bundesliga-Sieg gegen den „Club“ – war man noch einmal Erster. Eine bessere Ausgangsposition wurde jedoch bis zum Ende der Vorrunde zu Hause verspielt: 1:3 gegen den Hamburger SV und 3:3 gegen den TSV 1860 München (nach einem 0:3-Rückstand konnte mit einem Kraftakt in den letzten 17 Minuten noch ein Punkt gerettet werden). Damit war die Eintracht sogar auf Platz 4 zurückgefallen.

Dafür verlief der Rückrundenstart genauso erfolgreich wie der Saisonstart. Mit drei Siegen in Folge übernahm die Eintracht am 28. Januar wieder die Spitze. Es sollte das letzte Mal in dieser Saison sein. Innerhalb von einer Woche wurde nämlich die Meisterschaft verspielt. Im Nachholspiel bei Borussia Dortmund gab es ein 1:3 und im Gipfeltreffen bei Eintracht Braunschweig sogar ein glattes 0:3. Den Unterschied zwischen den beiden Eintracht-Teams brachte der spätere Frankfurter Trainer Dettmar Cramer auf den Punkt:

„Die Frankfurter Eintracht besitzt zwar die besseren Einzelspieler, Braunschweig aber die viel besser eingespielte Mannschaft. Kampfkraft war schon immer eine Stärke der Braunschweiger. Jetzt kommen ganz hervorragend aufeinander abgestimmte Mannschaftsteile, ein erheblich verbessertes Spielvermögen und ein unbändiger Siegeswille hinzu. ... Frankfurts bessere Techniker sind dagegen ein Hemmschuh, wenn es gilt, Tore zu schießen.“ (*Kicker* vom 13. Februar 1967)

Obwohl noch 13 Spiele zu absolvieren waren, bedeutete die Niederlage in Braunschweig schon die Vorentscheidung. Zudem gelang es in den folgenden Wochen nicht, die Patzer der Niedersachsen auszunutzen. Fast „einträchtig“ gaben Frankfurter und Braunschweiger immer zusammen Punkte ab. Besonders bitter verlief der 29. April. Während Braunschweig zu Hause das Derby gegen Hannover 96 verlor (0:1), unterlag die Eintracht dem 1. FC Nürnberg in einem denkwürdigen Spiel gar mit 1:4. Trotz 20:1 Ecken gelang es nicht, diese Überlegenheit in Tore umzusetzen. Im Gegenteil: Der „Club“ konterte die Eintracht klassisch aus. Dazu kam eine desolate Leistung von Schiedsrichter Seiler aus Schmiden, der den Frankfurtern zwei Elfmeter verweigerte und beim vorentscheidenden 0:3 ein Nürnberger Handspiel übersah, was einen Eklat auslöste: Von den Rängen flogen Flaschen und andere Wurfgeschosse, Zuschauer drangen auf den Rasen vor, ein dichter Polizeikordon mußte das

Spielfeld absperren. Nach dem Spiel belagerte die Menge den Schiedsrichterausgang und warf in der Innenstadt die Scheiben der Nürnberger Bank ein. Sieben Personen wurden festgenommen, die Eintracht später wegen „Vernachlässigung der Platzdisziplin" vom DFB zu 1.000 Mark Geldstrafe verurteilt. Außerdem mußte ein Zaun um das Spielfeld errichtet werden.

Die Mannschaft steckte aber nicht auf und konnte vier Spieltage vor Schluß noch einmal mit den Braunschweigern gleichziehen. Jetzt aber wurde die Eintracht Opfer ihrer eigenen Terminplanungen, denn in der entscheidenden Phase der Meisterschaft mußten auch noch Spiele im Messe-, Intertoto- und Alpenpokal bestritten werden. Außerdem leistete man sich den Luxus, am 8. Mai zu einem Freundschaftsspiel gegen Cruzeiro Belo Horizonte (4:3) nach Washington zu fliegen! Bei insgesamt 70 Spielen stellte sich daher die Frage, ob die Kräfte ausreichen würden.

Es sollte denn auch nicht sein. Durch ein 0:3 in Bremen, 3:3 gegen Dortmund und 1:2 beim TSV 1860 München wurde am Ende sogar noch der zweite Platz, den man in dieser Spielzeit 22mal belegt hatte, verspielt. Nur Platz vier, das war nach dem Verlauf der Saison bitter.

Eine weitere Enttäuschung gab es im Messe-Pokal. Nach Erfolgen über Drumcondra Dublin, Hvidovre Kopenhagen, Ferencvaros Budapest und den FC Burnley war das Halbfinale gegen Dinamo Zagreb erreicht worden. Vor nur 10.000 Zuschauern wurden die Jugoslawen vier Tage nach Bundesliga-Ende sicher mit 3:0 geschlagen. Das Endspiel war greifbar nahe. Doch beim Rückspiel war die Mannschaft nicht wiederzuerkennen und verlor nach Verlängerung mit 0:4. Der Traum vom Finale war ausgeträumt. Trainer Schwartz ging mit der Mannschaft hart ins Gericht:

„Es ist immer dasselbe. Unseren Spielern fehlen in den entscheidenden Auseinandersetzungen die Nerven, weil keiner da ist, an dem sie sich aufrichten können. Diesmal haben nur wenige in unserer Elf eine ausreichende Leistung geboten ..., der Sturm war eine einzige Enttäuschung." (*Sportmagazin* vom 19. Juni 1967)

Schon nach der Vorrunde hatte der *Kicker* der Eintracht ein Torhüter-Problem – im Verlauf der Saison wurden mit Kunter, Loy und Feghelm drei Keeper eingesetzt! – attestiert, außerdem konnte der Weggang von Lutz nicht richtig kompensiert werden. Jusufi war zwar ein Klassespieler und beim Publikum beliebt, jedoch zu offensiv ausgerichtet. Zudem fehlte im Sturm ein Vollstrecker, denn Bronnert ließ nach starkem Beginn (elf Tore in zwölf Spielen) genauso stark nach. Doch woher neue Spieler nehmen? Die Finanzen des einstigen Vorzeigeklubs, der 1963 schuldenfrei in die Bundesliga eingezogen war, waren längst nicht mehr so geordnet. Bereits im zweiten Bundesligajahr hatte es durch den Zuschauereinbruch (nur 22.561) Minderein-

▶ FORTSETZUNG S. 187

EINWURF

Sommerfußball: Intertoto-Runde und Alpenpokal

Bereits in den 50er Jahren hatte es in Deutschland eine sog. „Oberliga-Vergleichsrunde“ gegeben, damit auch nach Ende der Meisterschaft attraktive Spiele auf dem Totozettel standen. Nach zwei Jahren wurden die Gruppenspiele aber durch „Pflicht-Freundschaftsspiele“ abgelöst. Im Januar 1961 beschloß das Mitropacup-Komitee, im Sommer eine Totorunde mit internationaler Beteiligung auszutragen, die nach dem Schweizer Nationaltrainer Karl Rappan benannt wurde. Die Eintracht nahm erstmals 1965 daran teil und wurde hinter dem PSV Eindhoven und IFK Norrköping und vor dem FC La-Chaux-de-Fonds Gruppendritter. 1966/67 war die Mannschaft erfolgreicher. Zunächst konnte gegen Lanerossi Vicenza, den FC La-Chaux-de-Fonds und Feyenoord Rotterdam der Gruppensieg unter Dach und Fach gebracht werden. Anschließend wurde durch Erfolge über den IFK Norrköping und Zaglebie Sosnowitz das Endspiel erreicht. Nachdem am 20. Mai 1967 das erste Spiel bei Inter Bratislava 3:2 gewonnen wurde, fand am 14. Juni das Rückspiel im Waldstadion statt. Vor 10.500 Zuschauern stand es nach 90 Minuten 1:0 für die Slowaken. In der Verlängerung gelang Solz der Ausgleich, womit der letztmals ausgespielte „Rappan-Cup“ am Riederwald landete.

Noch einmal (1977) nahm die Eintracht an der Intertoto-Runde teil, wurde aber hinter Inter Bratislava und vor Wacker Innsbruck und dem FC Zürich nur Gruppenzweiter. 1995 wurde der Wettbewerb reformiert und firmiert seither als UI-Cup (UEFA-Intertoto-Cup). Es war gleichzeitig das letzte Jahr, in dem die Eintracht an einem internationalen Wettbewerb teilnahm. Nach einem zweiten Platz in den Gruppenspielen hinter Vorwärts Steyr und vor Spartak Plovdiv, Iraklis Saloniki und Panerys Vilnius kam im UI-Achtelfinale bei Girondins Bordeaux das Aus (0:3).

Neben dem „Rappan-Cup“ gewann die Eintracht 1967 auch den Alpenpokal. Ursprünglich ein Wettbewerb zwischen Schweizer und italienischen Mannschaften, nahmen in diesem Jahr mit der Eintracht und dem TSV 1860 München erstmals auch zwei deutsche Mannschaften daran teil. Gleich zu Beginn kam es in Wiesbaden zu einem handfesten Skandal, als das Spiel gegen Turin Calcio wegen Zuschauertumulten abgebrochen werden mußte (mit 0:0 gewertet). Siege beim FC Zürich (5:2), gegen AC Mailand (1:0) und AS Rom (4:2) sowie beim FC Basel (2:1) bedeuteten schließlich den Gesamtsieg. 1968 sprang in den Gruppenspielen ein dritter, 1969 ein vierter Platz heraus. ■

nahmen von rund 700.000 Mark gegeben, die sich in den Büchern in roten Zahlen ausdrückten (Rudi Gramlich im *Sportmagazin* vom 9. August 1965). Zwar hatte sich der Zuschauerschnitt inzwischen wieder bei rund 28.000 eingependelt, doch liefen die Kosten den Einnahmen beständig davon. Für das Geschäftsjahr 1966 konnte nur durch die Transfers von Lutz und Trimhold noch ein Überschuß erzielt werden, doch schon 1967 war das Defizit auf insgesamt eine Million Mark angewachsen.

Beschleunigt wurde der wirtschaftliche Niedergang weiterhin durch den rapiden Rückgang der Zuschauerzahlen: Bis 1970 sank der Schnitt auf gerade einmal 18.151 ab.

1967/68 Die Spieler machen, was sie wollen

Die angesprochene Torwart-Krise versuchte man im Sommer mit der überraschenden Verpflichtung von Ex-Nationaltorhüter Hans Tilkowski (Borussia Dortmund) zu lösen. Außerdem kehrte Friedel Lutz, der beim TSV 1860 München nicht glücklich wurde, zur Verstärkung der Abwehr zurück. Ebenfalls zum Bundesliga-Kader stieß ein junger Amateur namens Bernd Hölzenbein. Allerdings standen Lutz wegen einer Achillessehnen-Operation und Blusch wegen eines Platzverweises am Ende der letzten Saison (!) für den Bundesliga-Start beim VfB Stuttgart nicht zur Verfügung. Da auch „Til" im Eintracht-Tor keine gute Figur machte, kehrte man mit einer deftigen 0:4-Packung aus dem Schwabenland zurück.

Es folgte eine Vorrunde mit mehr Tiefen als Höhen, die an das verkorkste zweite Bundesliga-Jahr erinnerte. Zu Hause wurde mit 9:9 (drei Niederlagen!) gerade einmal ein ausgeglichenes Punktekonto erreicht, auswärts gelang lediglich beim MSV Duisburg ein doppelter Punktgewinn. Mit 14:20 Punkten und 24:31 Toren (fünftschlechteste Abwehr) ging man als 14. in die Weihnachtsferien.

Auch im Messe-Pokal war das Engagement kurz. Das Ausscheiden gegen Nottingham Forest in der 1. Runde (0:1 in Frankfurt, 0:4 in England) kostete sogar Tilkowski seinen Platz im Eintracht-Tor. Doch auch ein Peter Kunter konnte die bis dato höchste Bundesliga-Auswärtsniederlage beim TSV 1860 München (0:5) nicht verhindern. Beim ersten Rückrundenspiel stand jedenfalls wieder „Til" zwischen den Pfosten. Zudem häufte sich die Kritik an Trainer Elek Schwartz und seiner Mannschaftsführung. Bereits Anfang November hatte der *Kicker* die Krise bei der Eintracht beleuchtet und war zu der Erkenntnis gekommen: „Die Spieler machen, was sie wollen!"

So wurde Schwartz vorgeworfen, kein Einzeltraining durchzuführen (Schwartz: „Für Einzeltraining fehlt mir ein zweiter Mann ..."), am 4-2-4

Meisterlich beim Meister:
Am 3. Februar 1968 brachte die Eintracht dem 1. FC Nürnberg die erste Heimniederlage bei. Willi Huberts (rechts) vollendet zum 2:0-Endstand. Torhüter Wabra und Strehl waren ohne Chance.

ohne Libero festzuhalten („Wir haben keinen, der diese Rolle spielen könnte."), Jusufis Offensivdrang, der Löcher in die Viererkette riß, nicht zu zügeln („Das ist eben sein Temperament. Aber er bringt den Druck aus der hinteren Reihe") und zu lasch und zu einfallslos zu trainieren: „Während die Torhüter in die Ecken hechten, ballern sich die Spieler untereinander zu. Rums – bums, hin – her. Immer die gleichen Paare, immer die gleichen Schüsse. Wenn die Torhüter beschäftigt sind, können die Feldspieler machen, was sie wollen." (*Kicker* vom 6. November 1967)

Doch zur allgemeinen Überraschung schaffte die Eintracht eine blendende Rückrunde. Als Spielverderber erwies sich lediglich der 1. FC Köln. Zuerst machte er allen Pokal-Hoffnungen der Eintracht ein Ende. Nach einem 1:1 nach Verlängerung in Müngersdorf schockte Jendrossek vier Minuten vor dem Ende die 25.000 Zuschauer im Frankfurter Wiederholungsspiel. Auch in der Bundesliga gingen die Kölner nicht gerade zimperlich mit der Eintracht um. Durch das 1:5 wurde schließlich ein besserer Tabellenplatz als der sechste verspielt, denn am Ende standen Köln, Bayern München und die Eintracht punktgleich mit 38:30 Zählern auf den Rängen 4 bis 6.

1968/69 Erich Ribbeck, der jüngste Trainer der Bundesliga

Trotz des Aufschwungs in der Rückrunde waren die Tage von Elek Schwartz in Frankfurt gezählt. Bereits Anfang April kristallisierte sich eine Entscheidung zwischen dem „Veteran" Robert „Zapf" Gebhardt (47, SpVgg Fürth) und dem „Youngster" Erich Ribbeck (31, Rot-Weiß Essen) heraus. Wer allerdings den Worten von Präsident Gramlich genau zuhörte, der konnte ahnen, daß letzterer die besseren Karten hatte. Angesichts der leeren Kassen sollte künftig verstärkt auf den eigenen Nachwuchs gebaut werden. So wurde Erich Ribbeck der jüngste Bundesliga-Coach aller Zeiten. Er mußte in der kommenden Saison allerdings ohne Blusch (für rund 140.000 Mark zum 1. FC Köln), Friedrich (1. FC Kaiserslautern) und Solz (SV Darmstadt 98) auskommen. Aufgefüllt wurde der Kader mit den eigenen Amateuren Keifler, Nickel und Kalb, die jedoch im Hinblick auf das Olympiaturnier 1972 keine Lizenzspieler wurden. Kritik aus den eigenen Reihen, „finanzielle Erwägungen hätten diesen Beschluß ausgelöst", wurde entgegengehalten, daß diese „nur in zweiter Linie die Überlegungen des Präsidiums" bestimmt habe: „Vorrangig war dabei die Überzeugung, daß der Zeitpunkt gekommen sei, an dem sich die intensive Nachwuchsarbeit bezahlt machen solle. Seit drei Jahren war die Schulung geeigneter Nachwuchsspieler wichtigster Punkt unserer Mannschaftspolitik." (Rudi Gramlich)

Da Ribbeck die Eintracht in der abgelaufenen Saison nur zweimal gesehen hatte, gegen Stuttgart und in Köln, also in einem guten und in einem schlechten Spiel, bezog er mit der Mannschaft ein einwöchiges Trainingslager in der Sportschule Grünberg, um den Kader zu sondieren. Im Tor setzte er weiter auf Tilkowski, für den abgewanderten Blusch griff er auf den wieder genesenen Lutz zurück, Friedrich und Solz wurden durch Bellut und Keifler ersetzt, und im Angriff waren Hölzenbein, Grabowski, Huberts und Nickel zunächst erste Wahl. In den Vorbereitungsspielen zeigte sich vor allem die Deckung gut abgestimmt und ließ nur gegen Partizan Belgrad (3:2) mehr als ein Gegentor zu. Auch das Prestigeduell gegen Bundesliga-Aufsteiger Kickers Offenbach konnte mit 1:0 gewonnen werden.

Zum Saisonauftakt gab es ein 2:0 über den anderen Aufsteiger, Hertha BSC Berlin, womit die Eintracht zusammen mit Bayern München an der Spitze stand. Doch während die Münchner den Platz an der Sonne über 34 Spieltage verteidigen konnte, nahm die Entwicklung am Riederwald eine ganz andere Richtung. Vier sieglose Spiele in Folge brachten den Absturz auf Platz 16. Trainer Ribbeck experimentierte, brachte Willi Huberts als Libero und Dieter Bellut als Mittelstürmer, doch das Abstiegsgespenst blieb in Frankfurt weiter Dauergast. Nach drei Niederlagen in der Rückrunde gegen die direkte Abstiegskonkurrenz (0:2 bei Hertha BSC, 1:2 gegen den 1. FC Köln und 0:1 beim Meister 1. FC Nürnberg) hatte die Eintracht sieben Spiele vor Schluß als 16. mit 22:32 Punkten die meisten Minuszähler der Liga auf dem Konto! Und das eine Woche vor dem Derby gegen die Offenbacher Kikkers, die als Elfter nur zwei Punkte besser dastanden. Vor 60.000 Zuschauern ging die Eintracht am 29. März jedoch hochmotiviert in dieses „Schicksalsspiel“ und gewann mit 3:2. Es war der Tag des Jürgen Grabowski, der nur versäumte, nach seinem Tor zum 3:1 (67. Minute) mit einem Elfmeter alles klar zu machen (78.).

Zwar zog die Eintracht damit wieder am alten Rivalen von der anderen Mainseite vorbei, das Zittern ging dennoch weiter, denn durch zahlreiche Nachholspiele hatte sich die Situation wieder dramatisch zugespitzt. Sechs Spieltage vor Schluß und eine Woche vor dem Auswärtsspiel bei Borussia Mönchengladbach stand man wieder auf Platz 16, punktgleich mit dem Vorletzten Kickers Offenbach. Gleiche Ausgangsposition, gleiches Ergebnis – wie gegen die Kickers gab es auch am Bökelberg ein 3:2. In den nächsten beiden Spielen hätte man sich bereits ins Mittelfeld absetzen können, doch sprang gegen Hannover 96 nur ein mageres 0:0 heraus, und in Kaiserslautern wurde ein 2:0-Vorsprung noch leichtfertig vergeben (der Ex-Frankfurter Friedrich traf zweimal zum 2:2-Ausgleich!). Selbst nach dem 3:0 gegen den TSV 1860 München war man mit 30:34 Punkten noch nicht aus dem Schneider. Erst nach dem 4:1 beim Hamburger SV war der Klassenerhalt endgültig gesichert. In den sauren Apfel des Abstiegs mußten der Deutsche Meister (!) 1. FC Nürnberg und der Nachbar aus Offenbach beißen.

War sportlich also noch einmal alles gut gegangen, so hatte sich die wirtschaftliche Situation weiter verschärft. Da das Geschäftsjahr 1968 erneut mit einem Verlust abgeschlossen worden war, regierte im Sommer 1969 erneut der Rotstift am Riederwald. Allerdings wollte man nicht noch einmal die gleichen Fehler wie im Vorjahr machen, als man erfahrene Spieler ziehen ließ. So wurde Grabowski (an dem Bayern München interessiert war) und Jusufi (der mit dem AS St. Etienne liebäugelte) die Freigabe verweigert. Walter Bechtold ließ man allerdings zu den Offenbacher Kickers ziehen. Aus finanziellen Gründen wurde der Kader auf nur noch 19 Spieler (15 Lizenzspieler und vier Amateure) verkleinert.

1969/70 In der Mittelmäßigkeit gefangen

Daß der kleine Kader ein großes Manko werden sollte, zeigte sich bereits in den Vorbereitungsspielen auf die Saison 1969/70. Bei Bundesliga-Rückkehrer Rot-Weiß Essen (1:2) machte ausgerechnet Amateur Lindemann die beste Figur. Zu allem Überfluß fielen Torhüter Kunter mit einer Lungenentzündung und Huberts mit einer Fußverletzung aus. Weitere kleine Blessuren führten dazu, daß Erich Ribbeck vermehrt auf Akteure der soeben in die Hessenliga aufgestiegenen eigenen Amateure zurückgreifen mußte. Problemkind Nr. 1 blieb weiterhin der Angriff, wo Grabowski quasi als „Ein-Mann-Sturm“ agierte. Von den vier in den ersten drei Spielen erzielten Toren waren zwei gegnerische Eigentore! Nach vier Spielen und einer 1:2-Heimniederlage gegen Borussia Mönchengladbach stand die Eintracht jedenfalls wieder da, wo sie nicht stehen wollte: auf dem drittletzten Platz.

Von Verletzungen erzwungen, präsentierte Trainer Ribbeck „die jüngste Bundesligamannschaft, die Eintracht Frankfurt besaß. Aber er hat es längst erkennen müssen: Der jüngsten Truppe steht die schwerste Saison bevor, die Eintracht je erlebte. Wer aus diesem Geschäft etwas herausholen will, muß auch etwas hineinstecken. Frankfurt versucht es seit Jahren auf die billige Tour. Es ließ seit Jahren die wenigen Männer ziehen, die noch Tore schießen konnten. ... Erfolg im Fußball ist auch eine Frage geschickter Personalpolitik. Wo nichts ist, kann der beste Trainer nichts holen." (*kicker-sportmagazin* vom 8. September 1969)

So weit sollte es aber in dieser Saison noch nicht kommen. In den nächsten vier Heimspielen sorgte Horst Heese – der vom Wuppertaler SV gekommene Stürmer war der einzige Neuzugang, der das Prädikat „Verstärkung" verdiente – mit vier Treffern dafür, daß alle acht Punkte am Main blieben. In den restlichen Spielen wurde dann allerdings das Mittelmaß zementiert; für Furore sorgte lediglich ein 2:1-Sieg beim bis dahin ungeschlagenen Tabellenführer Borussia Mönchengladbach. Immerhin gab es in der Rückrunde einige deutliche Heimsiege, u.a. ein 4:0 gegen den VfB Stuttgart, so daß Erich Ribbecks zweite Saison auf ein versöhnliches Ende hinauslaufen sollte. Besonders Jürgen Grabowski hatte sich wieder in den Vordergrund gespielt und war nach fast vier Jahren wieder zu Länderspielehren gekommen. Ihm winkte nun die WM-Teilnahme in Mexiko. Wegen der WM und des harten Winters mußten die letzten Spiele im wahrsten Sinne des Wortes durchgepeitscht werden. Das Pokal-Achtelfinale wurde sogar auf die Zeit nach der WM verlegt.

Im Sommer 1970 spitzte sich die Situation bei der Eintracht dramatisch zu. Im Vorfeld der Jahreshauptversammlung kam heraus, daß sich der Schuldenstand 1969 auf rund 1,8 Millionen Mark erhöht hatte. Besonders die Unterhaltung des Riederwald-Sportplatzes war mit jährlich 250.000 Mark ein Riesenklotz am Bein. Daher wurde erwogen, ihn wieder an die Stadt Frankfurt zurückzugeben. Präsident Gramlich malte gar ganz düstere Bilder: „Wenn die Stadt uns nicht hilft, müssen wir unter Umständen die Lizenz an den DFB zurückgeben – dann hat Frankfurt eben keinen Bundesligaverein mehr!" (*kicker-sportmagazin* vom 29. Juni 1970)

Es waren Rudi Gramlichs letzte Worte als Eintracht-Präsident. Da die Stadt eine finanzielle Unterstützung von „personellen Änderungen" abhängig machte, wurde Gramlich auf der am gleichen Abend stattfindenden Jahreshauptversammlung zum Ehrenpräsidenten „befördert". Die Leitung des

Hauptvereins übernahm einstweilen der bisherige Vizepräsident Albert Zellekens aus der Turnabteilung, die 1969 wieder in den Verein eingegliedert worden war. Angesichts der leeren Kassen verwunderte es nicht, daß auch am Kader der Lizenzspielermannschaft gespart werden mußte. Mit Huberts (Austria Wien) und Jusufi (Germania Wiesbaden) gingen zwei langjährige Stammspieler von Bord. Tilkowski und Lindner beendeten ihre aktive Laufbahn. Von den Neuzugängen konnten sich lediglich Reichel (VfB Gießen) und Rohrbach (SC Göttingen 05) in die Stammformation spielen.

1970/71 Zittern bis zum Ende

Zunächst schien jedoch alles eine positive Entwicklung zu nehmen. Durch ein 2:0 über den Hamburger SV wurde das Viertelfinale des DFB-Pokals erreicht, in dem das Derby gegen die Offenbacher Kickers eine große Kasse versprach. Da Trinklein angeschlagen war, betraute Erich Ribbeck gegen die Kickers Hölzenbein mit dem Libero-Posten – ein Schuß, der nach hinten losging. Nicht nur, daß Hölzenbein dabei eine schlechte Figur machte, er fehlte auch in der Offensive. Vor 50.000 Zuschauern war das Spiel bereits nach 21 Minuten entschieden: Schäfer (8.), H. Schmidt (19.) und Winkler (21.) sorgten für ein deutliches 0:3. So sehr sich die Eintracht auch mühte, an diesem Abend lief nichts zusammen. Zu allem Unglück wurde Bernd Nickel nach einer Attacke von H. Kremers auch noch so schwer verletzt, daß er für den Bundesliga-Auftakt ausfiel. Als erster Gast kam erneut der Hamburger SV ins Waldstadion. Anders aber als im Pokalspiel blieben die Frankfurter Spitzen diesmal stumpf, und der HSV entführte mit einem 0:0 einen Punkt. Das trostlose Gekicke war symptomatisch für die erste Saisonhälfte. Da auch in den letzten vier Vorrundenspielen dreimal kein Treffer gelang, ging die Eintracht mit der „Roten Laterne“ ins neue Jahr. Unterbrochen wurde die Tristesse allein durch das 3:0 im Derby gegen die Offenbacher Kickers. Mit lediglich neun erzielten Toren waren elf Punkte gesammelt worden. „Jetzt rächen sich die Sünden der Vergangenheit“, schrieb die Presse:

„Die Radikalkur totaler Verjüngung war ein Schnitt ins eigene Fleisch. ... Die Eintracht wählte ... einen merkwürdigen Weg: Sie verkaufte Spieler zu hohen Preisen und holte Spieler, die weniger kosteten. Masse statt Klasse. ... Die Bundesliga 70/71 präsentiert Eintracht die Rechnung für eine verplante Zukunft.“ (*kicker-sportmagazin* vom 23. November 1970)

Zu allem Überfluß hatte Torhüter Dr. Kunter im November auf der Heimfahrt vom Training einen schweren Autounfall und fiel bis Mitte März aus. Wie also sollte der Patient Eintracht noch zu retten sein? Als erstes wurde Dieter Lindner reaktiviert, zudem wurde ein „Krisenrat“ gebildet, dem auch

Abstiegskampf pur: Bernd Hölzenbein und Torhüter Dr. Peter Kunter stemmen sich den Offenbachern Egon Schmitt (links) und Walter Bechtold entgegen. Die Eintracht gewann auf dem Bieberer Berg mit 2:0.

der ehemalige Spielausschußvorsitzende Ernst Berger angehörte. Berger formulierte ganz klar, wie man sich noch retten wollte: „Beim HSV müssen wir nicht gewinnen, aber gegen Hannover unbedingt!" Also: Heimspiele gewinnen, und auswärts hilft der liebe Gott.

In Hamburg half er noch nicht. Obwohl die Eintracht durchaus gefallen konnte, verlor sie mit 0:3. Erich Ribbeck drückte es so aus: „Vielleicht sind wir nicht primitiv genug, um uns konsequent mauernd auswärts aus der Affäre zu ziehen." Gegen Hannover 96 begann am 30. Januar die Serie der „Überlebenskämpfe" im Waldstadion. Und endlich hatte die Eintracht auch das Glück des Tüchtigen. Sieben Minuten vor Schluß erzielte Nickel das umjubelte Siegtor zum 2:1. In Bielefeld ließ Ribbeck dann erstmals „primitiv" spielen. Doch sein Rezept, ein 0:0 zu ermauern, ging nur 84 Minuten auf. Dann traf Roggensack zum Tor des Tages. Dafür hatte die Eintracht ihre Heimstärke wiedergefunden. Nur gegen den 1. FC Köln gab es keinen Sieg (1:4 im Pokal, 1:1 in der Bundesliga). Auch fürs Torverhältnis wurde jetzt einiges getan: 5:0 gegen Rot-

Weiß Oberhausen, 5:2 gegen Eintracht Braunschweig. Doch durch die Auswärtsschwäche kam die Mannschaft nicht entscheidend weiter. Außerdem häuften sich jetzt auch die überraschenden Ergebnisse der Mitgefährdeten: FC Schalke 04 – Arminia Bielefeld 0:1, Arminia Bielefeld – 1. FC Köln 1:0, Rot-Weiß Oberhausen – FC Schalke 04 4:1, 1. FC Köln – Rot-Weiß Oberhausen 2:4. Was viele schon dachten, sollte wenig später Gewißheit werden: Einige Spiele waren manipuliert worden. Der Bundesliga-Skandal nahm seinen Lauf.

Zwei Spiele vor Saisonende hatte die Eintracht als 15. zwei Punkte Vorsprung vor dem Vorletzten Rot-Weiß Oberhausen, der nächste Gegner Kikkers Offenbach sogar drei. Ein Unentschieden auf dem Bieberer hätte nach Meinung der Experten den Klassenerhalt für beide hessischen Bundesligisten bedeutet. Die Kickers hätten 80.000 Karten an den Mann bringen können, so groß war das Interesse. Doch der Bieberer Berg faßte nur 31.500. Schon die ganze Woche über gab es verbale Scharmützel. Ordnungsdienst und Polizei waren auf alles vorbereitet. Es ging aber alles gut – zumindest aus Frankfurter Sicht: Durch Nickels Fallrückzieher (17. Minute) und Hölzenbeins Kopfballtorpedo (62.) schien die Eintracht gerettet. Doch Erich Ribbeck hob warnend den Zeigefinger: „Warum soll nicht am Samstag Offenbach in Köln, Oberhausen in Braunschweig und gar Bielefeld in Berlin gewinnen.“ Er sollte nicht ganz unrecht haben.

Der Nachmittag des 5. Juni 1971 war nichts für Herzkranke. Noch wurden der Meister und der zweite Absteiger gesucht. Bis zur Pause konnte die Eintracht gegen Borussia Mönchengladbach mithalten (1:1). Braunschweig führte gegen Oberhausen, bei Hertha stand’s 0:0, die Kickers aber führten 2:1 in Köln. Mitte der zweiten Halbzeit stieg die Spannung. In der 70. Minute schoß Köppel Gladbach in Führung. Dann machte die Nachricht vom Oberhausener Ausgleich und der Bielefelder Führung in Berlin die Runde. Wie stand’s in Köln? 2:2. Als die Gladbacher binnen elf Minuten auf 4:1 davonzogen, stand der Eintracht das Wasser plötzlich wieder bis zum Hals. Die wildesten Gerüchte kursierten – doch keiner wußte Genaues. Während die Borussen-Fans nach dem Schlußpfiff den Platz stürmten, herrschte beim Eintracht-Anhang weiterhin Unklarheit. Wie ist das Spiel in Köln ausgegangen? Schließlich erlöste der Stadionsprecher die gequälte Menge:

„Liebe Gladbacher Fans! Wir können ihre Freude über die zweite Deutsche Meisterschaft verstehen. Aber bitte verlassen sie den Rasen – die Eintracht braucht ihn für die nächste Bundesliga-Saison!“

Ein Aufschrei ging durchs Rund, das die 65.000 in ein schwarz-weißes Fahnenmeer verwandelten. Endlich sickerte auch das Ergebnis aus Köln durch: die Kickers hatten 2:4 verloren und mußten absteigen!

„Deutschlands Stolz: der Grabi und der Holz“ 1971 bis 1981

Nach Sicherung des Klassenerhaltes stand die Eintracht am Scheideweg: Sollte der 1968 begonnene Sparkurs fortgesetzt werden oder sollte wieder in Spieler, die den Verein weiterbringen konnten, investiert werden? Obwohl auch 1970 Verluste angehäuft wurden, entschied man sich für den zweiten Weg, da die Lizenzspielerabteilung – nicht zuletzt aufgrund des gestiegenen Zuschauerschnitts – rund 290.000 Mark Gewinn eingespielt hatte. Investiert wurde vornehmlich in neue Stürmer. Vom 1. FC Köln kam der Österreicher Parits und von Eskisehirspor Ender Konca. Ihn hatte Kapitän Grabowski nach den EM-Qualifikationsspielen gegen die Türkei in höchsten Tönen empfohlen.

1971/72 Ein unerwarteter Höhenflug

Doch Konca fiel die Umstellung auf die Bundesliga schwer. Dies wurde schon zum Auftakt beim Hamburger SV deutlich, wo er ein Totalausfall war und die Eintracht an einem „Tag des offenen Tores“ mit 1:5 den Kürzeren zog. Zum Glück konnte die Heimstärke aus der letzten Saison in die neue hinübergerettet werden: In den 17 Heimspielen blieb die Eintracht 1971/72 im Waldstadion ungeschlagen und gab nur drei Punkte ab. Nur auswärts war es weiterhin wie verhext. Nur ein Bespiel für die Berg- und Talfahrt der Vorrunde: 4:0 über Geheimfavorit Werder Bremen („Millionenelf“), 1:3 beim späteren Absteiger Borussia Dortmund, 2:0 über den verlustpunktfreien Tabellenführer FC Schalke 04, 0:1 bei Aufsteiger Fortuna Düsseldorf (in der 85. Minute!).

Die Defensivtaktik, an der Ribbeck bei Auswärtsspielen festhielt, wurde zunehmend kontrovers diskutiert. Ein schwerer Schlag war außerdem die schlimme Verletzung von Jürgen Grabowski, der mit einem Gelenkkapselriß und einer schweren Bänderdehnung am linken Fuß mehrere Wochen ausfallen sollte und den nach seiner Genesung die gleiche Verletzung am rechten Fuß traf. Spätestens seit der WM 1970 („bester Einwechselspieler der Welt“)

und dem Abstiegskampf war der „Grabi“ nämlich der Kopf der Eintracht. An seiner Seite entwickelten sich aber auch Hölzenbein und Nickel zu wichtigen Leistungsträgern. Seinen Platz auf dem rechten Flügel nahm zum Rückrundenauftakt Roland Weidle ein, den man in der Vorrunde schon als Fehleinkauf wieder abschieben wollte. Bald aber war der im Sommer 1971 vom VfB Stuttgart gekommene Dauerläufer ein weiterer unverzichtbarer Bestandteil der Mannschaft, der bis 1978 in 198 Bundesligaspielen das Eintracht-Trikot tragen sollte.

Doch es gab auch positive Höhepunkte in dieser Saison: ein vielumjubeltes und hart erkämpftes 3:2 gegen die Bayern beispielsweise, oder die 4:0-Revanche beim HSV, mit der erstmals der Sprung auf den 5. Platz gelang. Ein Fernschuß von Bernd Nickel machte zum Saisonabschluß beim MSV Duisburg in der 76. Minute alles klar: Eintracht Frankfurt war im UEFA-Pokal 1972/73 dabei, wo mit dem FC Liverpool ein attraktiver Gegner zugelost wurde.

Bei den Neuverpflichtungen wurde, nachdem das Sturmproblem mit 71 erzielten Toren (viertbester Angriff) gelöst schien, Wert darauf gelegt, die Abwehr zu stabilisieren (nur vier Vereine hatten mehr als 61 Gegentore kassiert). Von Rot-Weiß Oberhausen kam Uwe Kliemann, vom FC Singen 04 Amateur-Nationaltorhüter Günter Wienhold und vom FC Dossenheim ein 17jähriger DFB-Auswahlspieler namens Karl-Heinz Körbel.

1972/73 Der Absturz des Geheimfavoriten

Der langersehnte Auftritt der Frankfurter auf der UEFA-Bühne währte nur kurz. Beim FC Liverpool nahm das Unheil in der 13. Minute seinen Lauf, als Kevin Keegan die Engländer aus klarer Abseitsposition in Führung brachte. Zehn Minuten vor Schluß stellte Hughes das Endergebnis her. Ohne die angeschlagenen Grabowski, Parits, Rohrbach und Lutz bot die Eintracht im Rückspiel vor 18.000 Zuschauern zwar eine große kämpferische Leistung, schied aber durch ein 0:0 aus dem Wettbewerb aus.

Zu diesem Zeitpunkt waren die ersten Spiele in der Bundesliga absolviert, in die die Eintracht als „Geheimfavorit“ gestartet war. Anfangs lief auch fast alles nach Wunsch, und nach fünf Spielen war die Eintracht mit 7:3 Punkten Dritter. Die Erfolgsserie schien auch das Derby bei den Offenbacher Kickers zu überleben, denn fünf Minuten vor Schluß führte die Eintracht mit 2:1. In einem furiosen Endspurt raubte Erwin Kostedde jedoch den Frankfurtern mit zwei Toren noch den sicher geglaubten Sieg. Und das eine Woche vor dem Gastspiel des Deutschen Meisters Bayern München. Da Thomas Parits zu einem Länderspiel Österreichs abgestellt werden mußte (andernfalls wären 20.000 Mark Konventionalstrafe fällig gewesen!), entschied sich Trainer Ribbeck zu einem „Spiel mit dem Feuer“: Er beorderte Heese, der in Offenbach in der Abwehr gespielt hatte, wieder in die Sturmmitte und übertrug die Bewachung von Gerd Müller dem 17jährigen Debütanten Karl-Heinz Körbel. Ribbecks riskanter Schachzug ging auf. Müller machte nur einen Stich gegen Körbel, aber da stand es schon 2:0 für die Eintracht. Mit diesem 2:1-Sieg war der Abstand zum Tabellenführer FC Bayern wieder auf zwei Punkte geschrumpft – und nun ging es zum Schlußlicht Rot-Weiß Oberhausen, was sollte da schon passieren?

Dieses Spiel wurde aber wegweisend für den Rest der Saison. Die Eintracht konnte nur 20 Minuten überzeugen. Nachdem Parits vier „Hundertprozentige“ versiebt hatte, bat er in der Halbzeitpause entnervt um seine Auswechslung. Danach kam es, wie es kommen mußte: RWO wurde stärker und stärker und ging am Ende sogar als verdienter 1:0-Sieger vom Platz. Die Niederlage wirkte sich katastrophal auf die Besucherzahlen der nächsten Heimspiele aus: Gegen Bremen und Hertha verloren sich nur noch jeweils 7.000 Unentwegte im Stadion, gegen Schalke gar nur 6.000. Damit war klar, daß der angestrebte Zuschauerschnitt von 22.000 nie und nimmer erreicht werden konnte. Da dringend Geld benötigt wurde, wurde Horst Heese nach dem Pokalspiel bei Hannover 96 (0:1) Mitte Dezember für 170.000 Mark an den abstiegsbedrohten Hamburger SV verkauft.

Nachdem es zum Rückrundenauftakt beim Hamburger SV die siebte Auswärtsniederlage in Folge gegeben hatte (1:3) – der Ex-Eintrachtler Heese sorgte vier Minuten vor Schluß für die endgültige Entscheidung –, beschloß Gert Trinklein, sich bis zum ersten Auswärtssieg nicht mehr zu rasieren. Während bei den Fans bereits die ersten Witze die Runde machten („An was erkennt man im Sommer Gert Trinklein?“ – „An seinem bis zum Boden reichenden Vollbart.“), gelang gleich im nächsten Spiel beim 1. FC Kaiserslautern ein Sieg (1:0). Doch die aufkeimende Hoffnung auf einen neuerlichen UEFA-Platz wurde bald zerstört. Besonders die 0:3-Heimschlappe gegen die Offenbacher Kickers lag den Fans schwer im Magen. Zum ersten Mal seit 1949/50 (!) war den Kickers wieder das „Double“ im Derby gelungen. Folgerichtig landete die Eintracht zum Saisonende auch mit 34:34 Punkten einen Punkt hinter den Offenbachern auf dem 8. Platz.

1973/74 Mit neuem Trainer zum Pokalsieg

Bereits im Februar hatte sich ein Trainertausch mit dem 1. FC Kaiserslautern angedeutet. Nach fünf Jahren verließ Erich Ribbeck den Riederwald Richtung Betzenberg, dafür kam Dietrich Weise aus der Pfalz an den Main. Auch an der Vereinsspitze gab es Veränderungen. Dem Turner Zellekens folgte

Achaz von Thümen, Kanzler der Frankfurter Universität, im Präsidentenamt. Neuer Vizepräsident wurde der ehemalige Spielausschußvorsitzende Ernst Berger. Wenig Veränderungen gab es im Spielerkader. Mit Lutz, Schämer und Wirth schieden drei ältere Semester aus. Außerdem zog es Ender Konca, der in Frankfurt nie den Durchbruch geschafft hatte, zurück in die Türkei. Einziger neuer Mann an Bord war Abwehrspieler Andree (Borussia Dortmund). Das Attribut „Geheimfavorit" war die Eintracht jedenfalls los. Statt dessen war sie bald ein ganz heißer Titelanwärter.

Dabei hatte Weise nur eine taktische Veränderung vorgenommen: Rohrbach spielte wieder auf dem linken Flügel. Aber, so Weise, „die spielerisch schon immer starke Eintracht hat jetzt auch das Kämpfen gelernt". Neun Spiele blieb sie vom Start weg ungeschlagen und ließ sich auch durch Rückstände nicht vom Weg abbringen. Sechsmal geriet die Mannschaft in den ersten neun Spielen in Rückstand – und holte dennoch 15:3 Punkte. Unvergessen bleibt der Krimi am 25. August 1973 gegen den VfB Stuttgart. Zwischen der 60. und 65. Minute gingen die Schwaben mit 3:0 in Führung. Während die ersten Zuschauer bereits enttäuscht von dannen zogen, krempelte die Eintracht die Ärmel hoch: 67. 1:3 durch Nickel, 73. 2:3 durch Weidle, 83. Ausgleich durch Hölzenbein. Als „Holz" zwei Minuten später zum 4:3 einschoß, waren die Stimmbänder der 32.000 endgültig ramponiert. Und als beim Meister Bayern München nach einem 0:2-Rückstand noch ein 2:2 gelang, waren auch die letzten Zweifler überzeugt. „So kann Frankfurt Meister werden", schrieb das *kicker-sportmagazin.* Während der tausendköpfige Anhang auf dem Oktoberfest bereits das Lied von der „Frankfurter Eintracht, die ewig Deutscher Meister sein soll" anstimmte, dämpfte Dietrich Weise die Euphorie. Zu Recht, denn es sollten noch empfindliche Rückschläge kommen. Bei Rot-Weiß Essen wurde der Nimbus der Ungeschlagenheit eingebüßt (3:6) und bei den Offenbacher Kickers gab es die dritte Derby-Niederlage in Folge (2:5). Dennoch ging das spannende Kopf-an-Kopf-Rennen mit den Bayern München und Borussia Mönchengladbach weiter.

Der Aufschwung schlug sich auch in der Kasse nieder. Im Schnitt pilgerten 25.237 Fans ins renovierte Waldstadion, das nach einem Umbau zwei überdachte Tribünen hatte, auf denen rund 30.000 Zuschauer Platz fanden. Auch beim DFB war man auf die „neue" Eintracht aufmerksam geworden. Am 10. Oktober 1973 gab Bernd Hölzenbein beim 4:0 über Österreich in Hannover sein Länderspieldebüt. Neun Monate später sollte Deutschland mit der Frankfurter „Flügelzange" Grabowski–Hölzenbein Weltmeister werden.

Erst in der Rückrunde kam der Eintracht-Motor ins Stottern. Während man zu Hause bei 30:4 Punkten erneut ungeschlagen blieb, gelang in der gesamten Rückrunde kein Auswärtssieg mehr. Nach den Heimunentschie-

Der erste Pokalsieg 1974: Eintracht Kapitän Jürgen Grabowski (links im HSV-Trikot) präsentiert unter dem Beifall der Mannschaft (von links Kraus, H. Müller, Kalb, Trinklein, Weidle und Nickel) den „Pott“.

den gegen Kickers Offenbach (2:2) und Bayern München (1:1) verabschiedete man sich im März aus dem Rennen um die Meisterschaft. Dafür lief es im DFB-Pokal umso besser. Mit einem 4:3 nach Verlängerung über den 1. FC Köln wurde das Halbfinale gegen Bayern München erreicht. Dort behielt Jürgen Kalb in der 90. Minute beim Stand von 2:2 die Nerven und bezwang Sepp Maier mit einem Foulelfmeter. Damit stand die Eintracht nach zehn Jahren wieder im DFB-Pokalendspiel – gegen den Hamburger Sportverein.

Da das Pokalendspiel wegen der WM erst im August ausgetragen wurde, stand „Funkturm“ Uwe Kliemann genau wie Thomas Parits (zum FC Granada) nicht mehr zur Verfügung. Der gebürtige Berliner konnte bei einem Angebot von Hertha BSC nicht „Nein“ sagen. Dafür brachte der Transfer 700.000 Mark in die Kassen.

Zum Pokalfinale – zugleich Saisonauftakt – wurde die Mannschaft umgebaut. Das Abwehrzentrum wurde mit Trinklein und Körbel neu besetzt,

Beverungen (vom FC Schalke 04) rückte neben Grabowski und Nickel ins Mittelfeld, und im Angriff war Lorenz (von Rapid Wien) mehr als eine Alternative. Auch die Fans hatten lange auf solch ein Ereignis gewartet. Das Kontingent von 20.000 Eintrittskarten war im Handumdrehen vergriffen. Über alle möglichen Kanäle wurden weitere Tickets organisiert, so daß das Düsseldorfer Rheinstadion am 17. August fest in Frankfurter Hand war. Unter Leitung von Schiedsrichter Weyland aus Oberhausen begann die Eintracht mit ▶ Dr. Kunter; Reichel, Trinklein, Körbel, Kalb; Beverungen, Nickel, Weidle; Grabowski, Hölzenbein, Rohrbach.

„Grabi" also doch im Sturm. Das erste Tor erzielte jedoch ein Abwehrspieler. In der 40. Minute startete Trinklein von der Mittellinie einen Alleingang, wurde nicht angegriffen, marschierte weiter und weiter und zog schließlich aus zwölf Metern ab – die Eintracht führte 1:0. Nach der Pause war das Spiel verteilt, bis Björnmose eine Viertelstunde vor Schluß der Ausgleich glückte. Jetzt schien die Eintracht Opfer ihres eigenen Tempos zu werden. Dr. Kunter hatte Schwerstarbeit zu verrichten. Die Abwehr wankte, aber sie fiel nicht. Als spielentscheidend erwies sich schließlich, daß die Frankfurter auch in der Verlängerung meist schneller schalteten als die Hamburger. In der 96. Minute führte Nickel einen Freistoß blitzschnell aus, und Hölzenbein spitzelte das Leder über den herausstürzenden Torhüter Kargus zum 2:1 ins Netz.

Die endgültige Entscheidung fiel schließlich in der 115. Minute durch einen Konter. Hölzenbein zog rechts davon, und seine Flanke verwandelte der in der Mitte mitgeeilte Kraus mit einem Kopfballtorpedo zum 3:1. Der Jubel kannte keine Grenzen.

1974/75 Eine Saison der Superlative

Nach dem Pokalsieg begann eine spannende Saison, in der eine treffsichere Eintracht u.a. mit einem 9:1 gegen Rot-Weiß Essen bald an die Tabellenspitze stürmte. Die offensive Spielweise kam zwar bei den Zuschauern gut an, übertünchte aber auch manche Schwäche in der Defensive. Schon in der ersten Europapokalrunde wurde beim AS Monaco ein 2:0-Vorsprung verspielt (2:2). Gegen Dynamo Kiew kam es noch schlimmer. Bis acht Minuten vor Schluß stand es 2:1, dann schlugen die Ukrainer zweimal zu. Mit einem 1:2 im Rückspiel schied die Eintracht aus dem Europapokal aus. Auch in der Bundesliga lief längst nicht mehr alles rund. Eine Serie von vier Spielen ohne Sieg gipfelte in einem 5:5 gegen den VfB Stuttgart, bei dem sich die Abwehr erneut schwer blamierte, denn bis zur 84. Minute hatte die Eintracht noch 5:3 geführt! Während in diesem Spiel der vom Wuppertaler SV geholte Willi Neuberger sein Debüt im Eintracht-Trikot gab, war es der Anfang vom Ende für Dr. Kun-

Der zweite Pokalsieg 1975: Karl-Heinz Körbel (links) knallt den Ball an Michael Bella und MSV-Torhüter Dietmar Linders zum goldenen Tor ins Duisburger Netz.

ter, der von sich aus um eine schöpferische Pause bat und das Tor für Günter Wienhold räumte.

Dennoch blieben die Chancen auf die Meisterschaft bis Anfang April erhalten. Nach dem 2:0 über Bayern München am 5. April betrug der Rückstand auf die Gladbacher vier Punkte. Einen Monat später war der Traum jedoch ausgeträumt. Im Derby bei den Offenbacher Kickers und zu Hause gegen Hertha BSC wurde jeweils eine 1:0-Pausenführung verspielt. Zweimal 1:2, Meisterschaft ade!

Da sah es im Pokal umso rosiger aus. Vier Tage vor der Niederlage gegen die Berliner wurde durch ein 3:1 nach Verlängerung gegen Rot-Weiß Essen der erneute Einzug ins DFB-Pokalendspiel geschafft. Schon jetzt also war das Saisonfazit positiv: Platz 3 – die beste Plazierung seit 1964; 43:25 Punkte – neuer Rekord; 89:49 Tore – bester Angriff der Bundesliga. Dazu erneut im Pokalendspiel – was wollte man mehr?

Ausgerechnet vor dem Pokal-Finale hatte Jürgen Grabowski große Probleme im Oberschenkel. Doch schaffte es die medizinische Abteilung am Riederwald, daß der 21. Juni 1975 zum „großen Tag des Jürgen Grabowski" (Schlagzeile im *kicker-sportmagazin*) wurde. Nur auf drei Positionen gegenüber dem Vorjahresfinale verändert (Wienhold für Dr. Kunter im Tor, Neuberger für Kalb in der Abwehr und Lorenz für den verletzten Rohrbach im Sturm), bestimmte die Eintracht vor 43.000 Zuschauern im Niedersachsenstadion von Hannover von Anfang an das Geschehen. Doch der MSV Duisburg wehrte sich tapfer. Dann entpuppte sich Petrus als Eintracht-Fan und ließ kurz nach Beginn der zweiten Halbzeit einen heftigen Gewitterregen niederprasseln, der den Akteuren neue Kraft zu geben schien. Besonders einem: Karl-Heinz Körbel, der in der 57. Minute nach einem Abpraller am schnellsten schaltete und das 1:0 erzielte. Am Ende waren sich alle Beteiligten einig, daß mit der Eintracht die moderner spielende Mannschaft gewonnen hatte. Zweimal Pokalsieger in Folge, das hatten vorher nur der Dresdner SC (1940/41), der Karlsruher SC (1955/56) und Bayern München (1966/67) geschafft.

1975/76 Beim Tanz auf drei Hochzeiten ausgerutscht

Zur Realisierung der hochgesteckten Ziele wurde der Kader im Sommer 1975 mit Mittelfeldspieler Krobbach (Hamburger SV) und Torjäger Rüdiger Wenzel (FC St. Pauli) verstärkt. Doch wie schon nach dem ersten Pokalgewinn tat sich die Eintracht erneut schwer, den Erwartungen gerecht zu werden. Richtungsweisend sollte erneut das Derby auf dem Bieberer Berg sein.

Die Offenbacher Kickers waren nach drei Niederlagen mit vier Toren Differenz innerhalb von acht Tagen auf den letzten Platz abgerutscht. Während bei den Eintracht-Fans der Witz von der „neuen" Telefonnummer der Kikkers-Geschäftsstelle (26 04 15 nach den Ergebnissen) die Runde machte, stand in Offenbach Trainer Otto Rehhagel im Zentrum der Kritik. Bei einer weiteren Niederlage schien seine Ablösung beschlossene Sache.

Die Emotionen kochten wie immer hoch. Schon nach sechs Minuten sah Ritschel nach einem Foul an Grabowski Rot. Kurz darauf fiel Skala verletzt aus. Die Eintracht erspielte sich zwar eine optische Überlegenheit, verstand es aber nicht, sie in Tore umzusetzen. Zum Matchwinner wurde Sigi Held. Sekunden vor dem Halbzeitpfiff wurde er elfmeterreif gelegt: Hickersberger verwandelte vom Punkt zum 1:0. Und als sich Krobbach zwei Minuten vor Schluß vom Ex-Nationalspieler verladen ließ, stand es 2:0. Dazwischen immer das gleiche Bild: Eintracht überlegen, aber mangelhaft im Abschluß. Hölzenbeins Tor in der Schlußminute war nur noch Ergebniskosmetik. Die Eintracht hatte wieder einmal ein Spiel verloren, das sie nicht verlieren durfte. Otto Rehhagel brachte der Erfolg allerdings wenig Glück. Wegen eines Vorfalls aus dem Spiel im April – er soll Theiss aufgefordert haben „Hau dem Hölzenbein in die Knochen" – wurde er vom DFB für zwei Monate gesperrt und Anfang Dezember entlassen.

Bei der Eintracht, die zwischenzeitlich auf Platz 15 abgerutscht war, vollzog sich die Wende schließlich im Europapokal. Nach zwei leichten Siegen (5:1, 6:2) gegen den nordirischen Vertreter FC Coleraine gelang dem in dieser

Phase arg gescholtenen Bernd Hölzenbein der große Coup: Er erzielte beide Tore zum 2:1-Sieg bei Atletico Madrid. Das Rückspiel am 5. November fand unter großen Sicherheitsvorkehrungen im Waldstadion statt. Da sich der im Sterben liegende Diktator Franco hartnäckig weigerte, zum Tode verurteilte ETA-Mitglieder zu begnadigen, durften aus Angst vor antifrankistischen Demonstrationen keine Fahnen und Transparente mit ins Stadion genommen werden. Ein Tor von Reichel in der 88. Minute bedeutete den Einzug ins Viertelfinale. Mit dem Sieg über Atletico Madrid schien der Knoten geplatzt, und die nächsten beiden Heimspiele wurden überzeugend mit 6:0 gewonnen – gegen den VfL Bochum und Europapokalsieger Bayern München! Besonders gegen die Bayern spielte die Mannschaft wie im Rausch. In der ersten Halbzeit fielen die Tore im Zehn-Minuten-Takt. 5:0 stand es beim Seitenwechsel. Kein Wunder, daß Jürgen Grabowski Sepp Maier aufzog: „Sag' mal, was geht denn so in Dir vor? Du hast ja in der ersten Halbzeit noch keinen Ball in der Hand gehabt ... vor der Linie?" – „Oh mei. Das hab' ich auch noch nicht erlebt. Das hat ja nur so geknallt." (*Stadionzeitung* vom 29. November 1975)

Im zweiten Abschnitt besserte sich der Maier-Sepp und mußte nur noch einmal hinter sich greifen, allerdings wieder nach einem „Knaller": Nach einer Stunde verwandelte Bernd Nickel einen Eckball direkt!

Der Höhenflug der Eintracht, die endlich auch einen 1:0-Sieg im Derby gegen die Kickers schaffte und nun einen UEFA-Platz anpeilte, wurde am 13. März 1976 jedoch nach 14 Minuten empfindlich gestört. Bei einem Luftkampf mit dem Gladbacher Jensen brach sich Torhüter Wienhold den Knöchel. Zwar blieben die Chancen auf Platz 5 trotz des 2:4 auf dem Bökelberg intakt, der Schock im Frankfurter Lager saß jedoch tief, denn Dr. Kunter hatte seit November 1974 nur ein Pflichtspiel (im Europapokal in Coleraine) bestritten. Nachdem im Europapokal gegen Sturm Graz zweimal gewonnen werden konnte, konzentrierte sich alles auf die Halbfinalspiele gegen West Ham United. Das Hinspiel im Waldstadion gewann die Eintracht vor 50.000 Zuschauern mit 2:1. Bereits nach neun Minuten hatte Paddon eine Unsicherheit der Frankfurter Abwehr zur Führung der Engländer genutzt. Neuberger (29.) und Kraus (47.) konnten den Spieß jedoch umdrehen. Die größte Chance zu einem dritten Eintracht-Treffer vereitelte Paddon in der 69. Minute, als er einen Nickel-Schuß von der Torlinie kratzte.

So blieb die bange Frage, ob der knappe Vorsprung für das Rückspiel reichen würde. Im regenüberfluteten Upton Park wartete Dietrich Weise mit einer taktischen Überraschung auf: Er ließ den kopfballstarken Stürmer Bernd Lorenz Vorstopper spielen. 49 Minuten ging sein Konzept auf. Zwar rollte Angriff auf Angriff auf das von Dr. Kunter gehütete Eintracht-Tor, doch die Abwehr stand sicher. Erst nach Brookings Führungstor wurde die

Schlam(m)assel im Upton Park: Mit vereinten Kräften können McDowell und Lambert (am Boden) vor Eintracht-Mittelstürmer Rüdiger Wenzel klären. Die Eintracht schied bei West Ham United aus dem Europapokal der Pokalsieger aus.

Eintracht offensiver, hatte aber in der 56. Minute Pech, als der Schweizer Schiedsrichter Hungerbühler ein Handspiel im englischen Strafraum übersah. Da die Eintracht unbedingt ein Tor erzielen mußte, lief sie West Ham ins offene Messer. In der 68. Minute erhöhte Robson auf 2:0, und nach 77 Minuten schoß Brooking das 3:0. Zu spät (87.) gelang Beverungen der Ehrentreffer.

Zum Ende der Saison drohte die Eintracht mit leeren Händen dazustehen. Im DFB-Pokal war man schon im Januar bei Hertha BSC ausgeschieden, und nach der Niederlage im Europapokal lief auch in der Bundesliga nur noch wenig zusammen. Nach 2:6 Punkten aus den nächsten vier Spielen zog auch Dietrich Weise die Konsequenz und bat darum, zum Saisonende aus seinem Vertrag entlassen zu werden.

Während Weise bei Fortuna Düsseldorf schnell ein neues Betätigungsfeld fand, tat man sich am Riederwald schwer, einen geeigneten Nachfolger zu finden. Große Namen wurden an der Gerüchteküche gehandelt: Istvan Sztani, Dettmar Cramer und Ivica Horvat. Umso überraschender wurde eine 1b-Lösung präsentiert: Neuer Cheftrainer wurde der bisherige Weise-Assistent Hans-Dieter Roos. Freilich munkelte man sofort, daß Roos lediglich Platzhalter für einen „großen Namen" in der Saison 1977/78 sei.

EINWURF

Eintracht-Trikots: Tradition und Marketing

Schwarz, weiß und rot waren bereits die Farben der Victoria und der Kickers. Im Gründungsprotokoll der Victoria wurde die Spielkleidung mit „roten Blusen, weißem Gürtel und schwarzer Hose" festgelegt. Am 27. September 1903 wurden beim Kölner FC 1899 erstmals schwarz-rot längsgestreifte Trikots getragen. Für die Kickers sind für die Frühzeit „weiße Blusen mit rotem Adler und schwarze Hosen" überliefert. Nach der Vereinigung zum Frankfurter Fußball-Verein wurden auch die Farben übernommen. Bis zum Zusammenschluß mit der Turngemeinde 1861 spielte der FFV hauptsächlich in weißen Hemden mit Adler und schwarzen Hosen. In den 20er Jahren trug die Eintracht schließlich rote Hemden, die später wieder von schwarz-rot längsgestreiften Trikots abgelöst wurden. In diesen wurde auch das Endspiel um die Deutsche Meisterschaft 1932 bestritten.

Bis zum heutigen Tage sind die gestreiften Trikots das Markenzeichen der Eintracht geblieben. Geändert hat sich im Verlauf der Jahre lediglich die Breite der Streifen. Bis 1960 waren sie nur rund anderthalb, dann ca. fünf und seit 1965 etwa zehn Zentimeter breit. Von 1987 bis Anfang der 90er Jahre waren die Streifen sogar diagonal angeordnet, damit der Schriftzug des Tri-

Wie alles begann: Der FFC Victoria (links) präsentierte sich 1903 beim Kölner FC 1899 erstmals in schwarz-rot längsgestreiften Trikots.

Der Werbung ein Schnippchen geschlagen: Nach dem Pokalsieg 1974 machte Jürgen Grabowski (mit dem Pokal) Reklame für den „falschen" Trikotsponsor (links Kraus).

kotsponsors „Hoechst" besser zur Geltung kam. Nach einem erneuten Versuch mit roten Hemden ab 1993 kehrte man nach dem Abstieg 1996 zu schwarz-rot längsgestreiften Hemden zurück.

Schwarz-weiß blieb jedoch über all die Jahre mehr als nur ein Auswechseltrikot. In den 50er Jahren gab es Variationen mit roten Ärmeln oder einem roten Knopfsaum. Mit diesen Trikots wurde 1959 das Endspiel um die Deutsche Meisterschaft gewonnen. Mit dem Aufkommen von Flutlichtanlagen gab es auch spezielle „Flutlicht-Trikots": rotweiß quergestreift oder rot mit weißen Ärmeln. Letztere erlangten im Europapokal 1959/60 Berühmtheit.

Beim DFB-Pokalendspiel 1974 trat die Eintracht erstmals mit Trikotwerbung auf, die 1973 vom DFB sanktioniert worden war. Seitdem warben zehn Unternehmen auf der Brust der Eintracht-Fußballer. Vereinzelt versuchten die Sponsoren sogar Einfluß auf die Trikotfarbe zu nehmen. Das Hoechst-Tochterunternehmen „Infotec" hätte am liebsten orangefarbene Trikots gesehen. Mehr als weiße Auswärtstrikots mit orangenen Bündchen und adidas-Streifen ließ man jedoch nicht zu. Wesentlich mehr Einfluß nahm die Firma „Tetra Pak". Nicht nur, daß das Firmenlogo ins Trikot inkorporiert wurde, auf offiziellen Mannschaftsfotos war die Mannschaft nun auch in gelben Hemden und blauen Hosen zu sehen!

Am erfolgreichsten schnitt die Eintracht jedoch in schwarz-weiß ab. Nicht nur die Meisterschaft 1959, sondern auch alle vier Pokalsiege wurden in weißen Hemden und schwarzen Hosen errungen. Ganz in rot konnte der UEFA-Pokal-Triumph 1980 gefeiert werden. Wenig Glück brachten ausgerechnet die traditionellen schwarz-roten Streifen: Wie schon 1932 gingen auch 1964 das DFB-Pokal-Endspiel und 1992 das Meisterschaftsfinale in Rostock verloren.

Änderungen mußte auch der Adler über sich ergehen lassen. Beim Frankfurter FV hatte er seinen Platz noch groß auf der Brustmitte. Bei der Eintracht wurde er nicht nur kleiner, sondern 1980 auch noch modernisiert. Unter den Fans gibt es jedoch Bestrebungen, den „Traditions-Adler" wiederzubeleben. ■

Erlöse aus der Trikotwerbung

Saison	Trikotsponsor	Branche	Betrag in Mark	Ausrüster
1974/75	Remington	Elektrogeräte	ca. 200.000 *	adidas
1975/76	Remington	Elektrogeräte	ca. 200 000 *	adidas/ Admiral
1976/77	–	–	–	Admiral/ adidas
1977/78	ab 9.9.: Samson	Tabak	250.000	Admiral/ adidas
1978/79	Minolta	Kameras/Kopierer	500.000	adidas/erima
1979/80	Minolta	Kameras/Kopierer	550.000	adidas/erima
1980/81	Minolta	Kameras/Kopierer	600.000	adidas/erima
1981/82	Infotec	Kopierer/Telekop.	750.000	adidas/erima
1982/83	Infotec	Kopierer/Telekop.	750.000	adidas
1983/84	Infotec	Kopierer/Telekop.	500.000	adidas
1984/85	Portas	Türen & Küchen	600.000	adidas
1985/86	Portas	Türen & Küchen	600.000	adidas
1986/87	Hoechst	Chemie	650.000	adidas
1987/88	Hoechst	Chemie	650.000	Puma
1988/89	Hoechst	Chemie	700.000	Puma
1989/90	Hoechst	Chemie	700.000	Puma
1990/91	Hoechst	Chemie	0,7–1,0 Mio.**	Puma
1991/92	Samsung	Elektrogeräte	2.000.000	Puma
1992/93	Samsung	Elektrogeräte	2.000.000	Puma
1993/94	Tetra Pak	Verpackungen	2.000.000	Puma
1994/95	Tetra Pak	Verpackungen	2.000.000	Puma
1995/96	Tetra Pak	Verpackungen	2.500.000	Puma
1996/97	Mitsubishi Mot.	Autos	1.300.000	Puma
1997/98	Mitsubishi Mot.	Autos	1.300.000	Puma
1998/99	VIAG-Interkom	Telekommunikation	5.500.000	Puma

*) = Geschätzt, da keine genauen Angaben verfügbar.
**) = Abhängig vom Abschneiden im UEFA-Pokal.

Unter diesen Voraussetzungen standen die Planungen für die neue Saison unter keinem guten Stern. Wieder war es nicht gelungen, namhafte Spieler an den Main zu locken. Die Eintracht konnte und wollte bei den steigenden Transfersummen – im Sommer wechselte der Belgier Van Gool als erster Spieler für eine siebenstellige Ablösesumme in die Bundesliga – nicht mitpokern. Durch rückläufige Zuschauerzahlen (1975/76 lag der Schnitt nur noch bei 20.619), die entgangene Europapokal-Teilnahme und das Fehlen eines Trikotsponsors fehlte eine runde Million in der Kasse.

Dabei wäre personelle Verstärkung dringend notwendig gewesen: Neuberger (Oberschenkelzerrung), Hölzenbein (Muskelanriß im Oberschenkel), Nickel (Fersenprellung und Oberschenkelzerrung), Trinklein (zwei verstauchte Finger), Bihn (Muskelfaserriß) und Beverungen (Leistenzerrung) waren Dauergäste auf der Krankenstation. Auf dem Rasen lief es mehr schlecht als recht. Da half auch die Verpflichtung des jugoslawischen Nationalspielers Dragoslav Stepanovic zunächst wenig. Nach dem 1:4 gegen Wiederaufsteiger Borussia Dortmund am 6. November wurde schließlich die Notbremse gezogen. Angesichts von 7:17 Punkten und Tabellenplatz 16 waren die Tage von Trainer Roos gezählt. Sein Nachfolger wurde der als „Schleifer" gefürchtete Gyula Lorant, der sich aber zur Überraschung der Kiebitze am Riederwald lammfromm gab. „Ich weiß, daß ich als harter Trainer verschrieen bin. Doch ich bin ein Kamerad, wenn die Mannschaft mitzieht", erklärte der Ungar bei seinem Amtsantritt ganz diplomatisch (*kicker-sportmagazin* vom 11. November 1976). Und die Mannschaft sollte mitziehen ...

Gegensätzliche Charaktere: Der ungarische Trainer Gyula Lorant, als harter Hund und Polterer verschrieen, und Präsident Achaz von Thümen, der ehemalige Kanzler der Frankfurter Universität.

Bis zum ersten Spiel in Bremen (1:2) konnte aber selbst Lorant noch keine Wunder vollbringen. Angesichts von zwei Punkten Rückstand auf einen Nichtabstiegsplatz waren erst einmal 4:0 Punkte aus den aufeinanderfolgenden Heimspielen gegen den 1. FC Kaiserslautern und Rot-Weiß Essen Pflicht. Nachdem diese zur Erleichterung aller eingefahren wurden, skandierten die Fans bereits „Bayern, wir kommen!“ Tatsächlich trumpfte die Eintracht beim Tabellenzweiten groß auf und gewann mit 3:0. Während sich Lorant recht zugeknöpft zeigte, verriet Jubilar Hölzenbein – er erzielte per Elfmeter sein 100. Bundesligator – das Geheimnis des unerwarteten Erfolgs: „Der Trainer hat's eben geschafft, uns von der Mann- auf die Raumdeckung umzustellen.“ (*kicker-sportmagazin* vom 6. Dezember 1976)

Beharrlich arbeitete sich die Eintracht nach oben. Mit einem 3:1 beim Meister Mönchengladbach wurde die Erfolgsserie unter Gyula Lorant auf 19:3 Punkte ausgebaut und der Abstand auf die Borussen auf fünf Punkte verkürzt. Zwar erklärte Gladbachs Keeper Kleff „Eintracht Frankfurt ist die zur Zeit beste Bundesliga-Mannschaft!“ (*kicker-sportmagazin* vom 14. März 1977), am Riederwald konzentrierte man sich jedoch zunächst nur auf die UEFA-Pokal-Plätze. Drei Tage späte stieß man durch ein 1:1 im Nachholspiel bei Tennis Borussia zum ersten Mal auf den fünften, Anfang April sogar auf den vierten Platz vor. Dabei sollte es bleiben. Mit 42:26 Punkten und zwei Zählern Rückstand auf Titelverteidiger Borussia Mönchengladbach ging die Eintracht als Vierter durchs Ziel. Das war die zweitbeste Punktausbeute in 14 Jahren Bundesliga. Zudem war man mit 86 Toren zum dritten Mal in Folge die angriffstärkste Mannschaft und war in 21 Spielen hintereinander ungeschlagen geblieben (35:7 Punkte): ein neuer Bundesliga-Rekord!

1977/78 Der Trainertausch Lorant/Cramer

Schon unmittelbar nach dem letzten Saisonspiel in Düsseldorf (2:1) zeigte sich, daß Lorant doch nicht so lammfromm war, wie er sich bei seinem Einstand präsentiert hatte. Er wollte den totalen Erfolg, und dem hatten sich alle unterzuordnen, auch die Stars. Da die Eintracht im Sommer an der Intertoto-Runde teilnahm, war bereits am 23. Juni Trainingsauftakt am Riederwald. Daran sollten auch die mit der A- (Hölzenbein) und B-Nationalmannschaft (Körbel, Koitka, Kraus, Reichel und Wenzel) in Amerika weilenden Spieler teilnehmen, wenn sie nicht mindestens in drei Spielen eingesetzt würden. Als erster ging Bernd Hölzenbein auf Konfrontationskurs: „Das sehe ich nicht ein. Nach unserer Rückkehr mit der Nationalmannschaft [am 18. Juni, Anm. d. Verf.] mache ich auf jeden Fall mindestens eine Woche Urlaub. Ursprünglich waren mir von Herrn Lorant sogar fast zwei Wochen zugesichert worden.“ (*kicker-sportmagazin* vom 26. Mai 1977) Nicht nur in diesem Punkt mußte Lorant nachgeben. Seine Position wurde zusätzlich geschwächt durch die Anstellung eines Managers, „Hauptgeschäftsführer“ Dr. Josef Wolf, mit dem Reibereien vorprogrammiert waren.

Ohne die Nationalspieler erfolgte am 25. Juni der Auftakt in die Intertoto-Runde gegen den CSSR-Vizemeister Inter Bratislava (2:2). Erst im zweiten Spiel bei Wacker Innsbruck (1:1) waren Hölzenbein & Co. wieder mit von der Partie. Nicht dabei war im Rückspiel gegen die Österreicher Neuzugang Lothar Skala, denn die Eintracht-Verantwortlichen hatten vergessen, für ihn eine Spielgenehmigung für die Intertoto-Runde zu beantragen! Auch in Sachen Öffentlichkeitsarbeit trat der Hauptgeschäftsführer in ein Fettnäpfchen nach dem anderen. Das Waldstadion habe zu wenig Sitzplätze, der Bahnhof Sportfeld müsse näher ans Stadion verlegt werden. Außerdem forderte er neue Brücken über den Main, damit die Fans schneller ins Stadion kämen. Und überhaupt: „Die Hälfte des Stadions muß wieder abgerissen werden!“ Was 1998 in Hinblick auf die WM-Bewerbung 2006 sicherlich eine berechtigte Forderung ist, stand drei Jahre nach der WM 1974 natürlich nicht zur Diskussion. Bei den Kommunalpolitikern hatte Dr. Wolf jedenfalls mächtig Kredit verspielt. Verspielt hatte die Mannschaft auch bald den Gruppensieg in der Intertoto-Runde. Gyula Lorant war es aber eh egal, denn für ihn zählte nur die Bundesliga:

„Wir haben nur ein Ziel – Meister zu werden. Dafür arbeiten wir, trainieren wir, wenn es sein muß auch nachts; dafür schwitzen wir, wenn es sein muß, sogar Blut. Das kann klappen oder nicht, auf jeden Fall wollen wir alles versuchen. Es kommt darauf an, wie wir in den ersten fünf Spielen abschneiden. Alles kann im August schon in die Hose gehen.“ (*kicker-sportmagazin* vom 4. August 1977)

Genau so sollte es kommen. Bereits im zweiten Saisonspiel beendete der Schalker Helmut Kremers in der 87. Minute den erhofften Siegeszug, nachdem zuvor ein 0:2-Rückstand aufgeholt worden war. Fünf Tage später setzte der Hamburger SV noch einen drauf und konterte die Eintracht in der Schlußphase aus – 0:2. Statt Tabellenführer war man nur 13., und auch ein kurzes Zwischenhoch war rasch verflogen. Es blieb grausam: ein blamables 0:0 im UEFA-Pokal bei den Sliema Wanderers auf Malta, ein 1:3 zu Hause gegen den 1. FC Kaiserslautern, ein 0:3 in Bremen. Am 12. November stand die Eintracht mit 15:15 Punkten auf Platz 11, vier Punkte vor einem Abstiegsplatz.

Da Gyula Lorant nach der Niederlage offiziell das „Aus“ in Sachen Meisterschaft erklärt hatte, stand er vor den beiden Heimspielen gegen Bayern München schwer unter Druck. Das Los wollte es nämlich, daß die ebenfalls angeschlagenen Münchner vier Tage vor dem Bundesligaspiel auch in der 3. Runde des UEFA-Pokals im Waldstadion aufkreuzen mußten. Die Eintracht kannte kein Pardon und fertigte die Bayern zweimal mit 4:0 ab. Damit schien der Kopf des Trainers eigentlich gerettet, doch es sollte anders kommen.

Die beiden 0:4-Klatschen hatten nämlich Auswirkungen beim FC Bayern. Nach dem zweiten Spiel in Frankfurt wurde Trainer Cramer gefeuert. Sein Nachfolger wurde – Gyula Lorant! Im Gegenzug verpflichtete die Eintracht Dettmar Cramer. Die Mannschaft war wie vor den Kopf geschlagen, und Kapitän Jürgen Grabowski kündigte harte Worte an. Beim Spiel in Braunschweig (1:1) stand die Eintracht jedoch ohne Trainer da. Während Lorant die Bayern beim 4:2 gegen den 1. FC Kaiserslautern bereits coachte, saß Cramer in Schalke auf der Tribüne. In Braunschweig und im Rückspiel bei den Bayern (2:1) wurde Jürgen Grabowski im *kicker-sportmagazin* als „Interimstrainer" aufgeführt. Ein hohes Lob bekam er von Vizepräsident Dr. Kunter ausgesprochen: „Ich weiß, daß er zur Zeit sauer auf mich ist. Doch ich ziehe den Hut vor ihm, wie großartig er sich in dieser Angelegenheit verhalten hat. Er war gerade in diesen Tagen ein echter Mannschaftsführer." (*kicker-sportmagazin* vom 8. Dezember 1977)

Beim 0:0 in Saarbrücken saß Dettmar Cramer erstmals auf der Eintracht-Trainerbank. Zur allgemeinen Überraschung schien die Mannschaft den ganzen Trubel recht gut verdaut zu haben und blieb in der „Nach-Lorant-Ära" fünf Spiele ungeschlagen, womit sie sich auf den vierten Platz vorschob. Doch ausgerechnet, als der Anschluß nach oben wiederhergestellt worden war, leistete man sich drei Niederlagen in Folge. Besonders bitter das 0:5 zu Hause gegen Hertha BSC, bei dem erstmals „Cramer-raus"-Rufe zu hören waren. Die Verunsicherung bei der Mannschaft kam deutlich zum Vorschein: „Bei Herrn Cramer sitzen wir eine halbe Stunde lang vor der Tafel und staunen, was er uns alles in Wir-Form über den Fußball im besonderen erzählen kann. Der Ich-Mensch Lorant machte uns mit fünf Worten, mal sanft, mal brutal, klar, daß wir auf dem Spielfeld kämpfen und zusammenhalten müssen", beschrieb ein ungenannter Spieler die Stimmung im Team (*kicker-sportmagazin* vom 2. Februar 1978).

Das Wechselbad der Gefühle ging weiter. Plötzlich gab es wieder drei (Heim-)Siege in Folge, dem eine Niederlage beim Tabellenletzten FC St. Pauli (3:5) und das Aus im Viertelfinale des UEFA-Pokals bei Grasshoppers Zürich (0:1 nach 3:2 im Hinspiel) folgte. Am Ende wurde mit einem 7. Platz das Ziel UEFA-Pokalteilnahme aber knapp verfehlt.

Das Scheitern im Kampf um einen internationalen Wettbewerb brachte auch die Personalplanungen für 1978/79 mächtig durcheinander. Bereits im Februar hatte Dettmar Cramer Verstärkungen gefordert, „um die Leistungsträger Grabowski, Nickel, Neuberger und Hölzenbein zu entlasten und im mit fortschreitendem Alter immer bedrohlicher werdenden Verletzungsfall zu ersetzen." (*kicker-sportmagazin* vom 13. April 1978) Als erstes konnte der Vertrag mit Werner Lorant (1. FC Saarbrücken) unter Dach und Fach gebracht werden. Im letzten Moment vom Haken sprang Horst Hrubesch. Plötzlich zeigte auch der Hamburger SV starkes Interesse an dem Essener Stürmer. Da aber in der Eintracht-Kasse angesichts der einkalkulierten 900.000-Mark-Ablöse für Pezzey (Wacker Innsbruck) Ebbe herrschte, entließ die Eintracht Hrubesch für eine Garantiesumme von 250.000 Mark aus dem Vorvertrag. Auch der Pezzey-Transfer ging nicht reibungslos über die Bühne, denn durch die WM war der Marktwert des Österreichers gestiegen.

Hinter den Kulissen hatten inzwischen Jürgen Grabowski und Dr. Peter Kunter große Geschütze aufgefahren. Nachdem sich der „Vize" Einmischungen des Kapitäns in die Vereinspolitik verbeten hatte, drohte „Grabi" mit dem Ende seiner Karriere! Der Machtkampf war kurz, aber heftig und endete mit einer Niederlage von Dr. Kunter. Grabowski unterschrieb einen neuen Zweijahresvertrag, dem „Doc" dagegen wurde sein ehemaliger Mitspieler und jetzige Verwaltungsrat Dieter Lindner „zur Entlastung bei der Betreuung der Lizenzspielermannschaft" zur Seite gestellt (*kicker-sportmagazin* vom 2. Juni 1978). Nach dem gescheiterten Experiment mit dem „Hauptgeschäftsführer" Dr. Wolf wurde mit Udo Klug, dem ehemaligen Trainer der Eintracht-Amateure, ein „richtiger" Manager verpflichtet. Seine erste Tat war die überraschende Verpflichtung des Schweizer Nationalspielers Rudolf „Ruedi" Elsener, der in Frankfurt seit den UEFA-Pokal-Spielen gegen Grasshoppers Zürich kein Unbekannter mehr war. Als nächstes wurde die Trainerfrage gelöst. Nach langem Überlegen entschloß sich Dettmar Cramer, zum 30. Juni 1978 zu gehen. Umgehend präsentierte Manager Klug mit dem bisherigen Duisburger Coach Otto Knefler einen Nachfolger. Damit war der vereinsinternen Opposition vorerst der Wind aus den Segeln genommen. Auf einer außerordentlichen Mitgliederversammlung am 7. September scheiterte sie mit dem Versuch, Präsident von Thümen und „Vize" Dr. Kunter zu stürzen, mit 226:370 Stimmen.

1978/79 Trotz großer Namen nur das Minimalziel erreicht

Die Arbeit des neuen Managers trug schnell weitere Früchte. So wurden Krobbach (für 250.000 Mark an Arminia Bielefeld) und Trinklein (für zwei Ablösespiele und 50% Beteiligung bei einem Weiterverkauf an Kickers Offenbach) transferiert, der Ausrüstervertrag mit adidas zu verbesserten Konditionen (135.000 statt bisher 20.000 Mark jährlich) um fünf Jahre verlängert und mit dem Kamerahersteller „Minolta" ein neuer Trikotsponsor gefunden, der künftig eine halbe Million pro Saison zahlte. Das Geld brauchte man auch, um Bruno Pezzey als neuen Libero endgültig nach Frankfurt zu locken. Für ihn mußte Dragoslav Stepanovic den zweiten Nicht-EG-Ausländer-Platz räumen. Versüßt wurde dem Serben der Abschied in Richtung Wormatia Worms angeblich mit 100.000 Mark.

Die langfristige Planung geriet in Gefahr, als Trainer Otto Knefler am 23. September auf der Rückfahrt vom Pokalspiel in Bremen (3:2) mit dem Auto schwer verunglückte. Knefler erholte sich gesundheitlich nicht mehr. Im Dezember schied er bei der Eintracht aus, acht Jahre später, im Oktober 1986, starb er an den Spätfolgen dieses Unfalls. Übergangsweise wurde die Mannschaft von Manager Klug trainiert, der nach langem Suchen am 8. Januar 1979 einen neuen Coach präsentierte: Nachdem eine Verpflichtung Ernst Happels aus finanziellen Gründen gescheitert war, hieß der neue Mann Friedel Rausch. Die Vorgaben an ihn waren klar: „Wir müssen uns für den UEFA-Pokal qualifizieren. Ansonsten würden wir nicht erreichen, was wir uns vorgenommen haben“, verkündete Udo Klug

Rauschs Startbilanz konnte sich sehen lassen. In den ersten sieben Rückrundenspielen blieb die Eintracht unbesiegt und hatte sich auf dem vierten Platz festgesetzt. Mit einem 1:2 zu Hause gegen den VfB verlor man allerdings nicht nur zwei Punkte, sondern auch noch Bernd Hölzenbein durch Platzverweis. Dann ging es Schlag auf Schlag: 1:4 bei Hertha BSC, 1:4 gegen den 1. FC Köln und 0:2 im Derby beim abgeschlagenen Tabellenletzten SV Darmstadt 98 – innerhalb von nur 14 Tagen hatte man nicht nur den Anschluß nach oben verspielt. Allerdings fing sich die Mannschaft wieder, schied im DFB-Pokal erst im Halbfinale aus (1:2 gegen Hertha BSC) und erreichte durch ein 2:0 beim MSV Duisburg noch knapp einen UEFA-Platz.

Die Freude über den versöhnlichen Saisonausgang war nicht nur beim nach Duisburg mitgereisten Anhang groß. Auch innerhalb des Vereins war Ruhe eingekehrt und die noch vor Jahresfrist lautstarke Opposition verstummt. Dennoch gab es zwei Änderungen. Für Dr. Peter Kunter und Gerhard Jakobi, der acht Jahre Schatzmeister gewesen war, wurden der ehemalige Oberligaspieler Kurt Krömmelbein und Joachim Erbs ins Präsidium gewählt. Auch Manager Klug konnte aufatmen und „den kontinuierlichen Übergang in die achtziger Jahre personell einleiten“. Im Klartext bedeutete dies, daß man stärker auf den Nachwuchs setzte. Mit Klaus Funk (VfB Stuttgart) wurde ein neuer Torhüter verpflichtet. Außerdem kamen Stefan Lottermann (Kickers Offenbach), Horst Ehrmantraut (FC Homburg) und Harald Karger (FC Burgsolms) an den Riederwald. Ein „fertiger“ Spieler sollte nur für den Sturm verpflichtet werden. Als der Transfer des Engländers Ray Clarke (Ajax Amsterdam) nicht realisiert werden konnte, wurde der Südkoreaner Bum-kun Cha, der Anfang 1979 ein Kurzgastspiel beim SV Darmstadt 98 gegeben hatte, an den Riederwald geholt.

Zwei der Neueinkäufe machten rasch von sich reden, erstmals bei den beiden 3:2-Heimsiegen gegen das Spitzen-Duo Hamburger SV und Bayern München, bei dem der Stern von Harald Karger aufging. Gegen den HSV erzielte er zwei Tore, gegen die Bayern gelang ihm der Siegtreffer, nachdem die Münchner schon mit 2:0 geführt hatten. Da neben „Schädel-Harry" auch der Koreaner Bum-kun Cha ein Volltreffer war, schien eine erfolgreiche Saison sicher.

Doch da begann das Elend des Bruno Pezzey. Kaum war am 15. Dezember seine zehnwöchige Sperre aufgrund eines „Fernseh-Urteils" – er hatte den Leverkuser Jürgen Gelsdorf mit einem Faustschlag in der Unterleib getroffen – abgelaufen, zog er sich auf einer Reise an die Elfenbeinküste eine schwere Darmerkrankung zu und fiel für drei Spiele aus. Auch das neuerliche Comeback dauerte nicht lange. Bereits in seinem zweiten Spiel in Leverkusen (!) sah er die Rote Karte und wurde erneut für sechs Spiele gesperrt. Eine Woche nach dem Pokal-Aus in Stuttgart (2:3 nach einer 2:0-Pausenführung!) verabschiedete man sich daher aus dem Titelrennen. Immerhin konnte der Anschluß an die UEFA-Pokal-Plätze gehalten werden – bis zu jenem ominösen 15. März 1980.

Vier Tage vor dem Viertelfinal-Rückspiel im UEFA-Pokal bei Zbrojovka Brünn zog sich Kapitän Jürgen Grabowski im Bundesliga-Spiel gegen Borussia Mönchengladbach (5:2) nach einem Foul des jungen Lothar Matthäus eine schwere Verletzung des linken Mittelfußknochens zu, die das vorzeitige Ende seiner glanzvollen Karriere bedeutete. Ohne „Grabi" gab es 0:10 Punkte in Folge, womit man sich den Abstiegsrängen bis auf drei Punkte näherte. Ein Wechselbad der Gefühle erlebten die Fans nach der Heimniederlage gegen den 1. FC Kaiserslautern (3:5 nach 3:1-Führung). Zwar wurde am Dienstag danach der Einzug ins UEFA-Pokal-Finale geschafft, doch während die Fans noch feierten, gab das Präsidium am Donnerstag die Trennung von Trainer Friedel Rausch zum Saisonende und die Verpflichtung von Lothar Buchmann bekannt. Das brachte das Faß zum Überlaufen, so daß es gegen den VfL Bochum (0:1) zu massiven Fan-Protesten kam. Im völlig verwaisten „Block G", in dem sonst die Treuesten der Treuen stehen, hing lediglich ein Transparent mit der Aufschrift „So weit führt Eure Personalpolitik". Immerhin riß sich die Mannschaft noch einmal zusammen und beendete die Saison mit 32:36 Punkten als Neunter. Aber wen interessierte das am Ende noch? Seit dem 21. Mai lag die Eintracht-Fangemeinde nämlich im UEFA-Pokal-Rausch – und das im wahrsten Sinne des Wortes.

Nach hart umkämpften Runden gegen den FC Aberdeen und Dinamo Bukarest wartete in der dritten Runde des europäischen Wettbewerbs mit dem Spitzenteam von Feyenoord Rotterdam ein schwerer Gegner. Ältere

Zuschauer müssen sich am Abend jenes 28. November 1979 knapp 20 Jahre zurückversetzt gefühlt haben, denn die Eintracht – in ungewohnten grünen Trikots! – brannte ein Feuerwerk allererster Klasse ab. Wieder einmal eröffnete Cha den Torreigen (20. Minute), dem Nickel zehn Minuten später das 2:0 folgen ließ. Allerdings verletzte sich „Dr. Hammer" kurz darauf und mußte durch Lottermann ersetzt werden. Dieser sorgte schließlich für die Entscheidung. Erst spielte er Verteidiger Helmut Müller mustergültig frei – 3:0 (50.), dann stoppte er eine Flanke von Cha mit der Brust und knallte den abtropfenden Ball volley ins Tor (58.). Stafleu gelang zwei Minuten vor dem Ende lediglich der (vermeidbare) Ehrentreffer. Trotz des 1:4-Rückstands war das Stadion „De Kuip" beim Rückspiel mit 65.000 Zuschauern bis auf den letzten Platz gefüllt. Torhüter Funk war der Turm in der (Abwehr-)Schlacht. Er mußte nicht nur bei den Angriffen der holländischen Stürmer auf der Hut sein, sondern auch vor den fanatischen Feyenoord-Fans, die seinen Strafraum mit zahllosen Wurfgeschossen bombardierten. Mehr als ein Tor von Peters in der Nachspielzeit gelang Feyenoord aber nicht. Die Eintracht stand im Viertelfinale, wo recht mühelos Zbrojovka Brünn ausgeschaltet werden konnte.

Fanprotest im Stadion: „So weit führt Eure Personalpolitik", steht auf dem Transparent, das die leeren Ränge zierte.

Im Halbfinale war die Bundesliga schließlich unter sich. Das Los führte die Eintracht mit dem schwersten Brocken, Tabellenführer Bayern München zusammen. Die 0:2-Niederlage im Hinspiel schien angesichts der katastrophalen Form in der Bundesliga bereits das Aus zu bedeuten. Beim Rückspiel präsentierte sich jedoch eine völlig verwandelte Eintracht-Mannschaft den 50.000 Zuschauern im Waldstadion. Eine halbe Stunde lang war das Spiel von der Taktik geprägt. Während sich die Bayern damit begnügten, ihren Hinspiel-Vorsprung zu verteidigen, fürchtete Friedel Rausch ein schnelles Gegentor. Nachdem Pezzey die Eintracht jedoch in Führung geschossen hatte (31.), entwickelte sich ein lebhafteres Spiel. In den letzten zehn Minuten wurden schließlich alle taktischen Anweisungen über Bord geworfen, die Eintracht drückte auf das zweite Tor und wurde drei Minuten vor Schluß belohnt: Pezzey köpfte eine Nickel-Ecke am zaudernden Junghans vorbei zum 2:0 ein –

Verlängerung! Nun gab es einen offenen Schlagabtausch. 103. Minute: 3:0 durch Karger. Damit wäre die Eintracht im Endspiel gewesen. Zwei Minuten später: 3:1 durch Dremmler, jetzt hatten die Bayern die Nase vorn. Wiederum zwei Minuten später: 4:1 durch Karger, Eintracht wieder im Finale. Die letzen Zweifel beseitigte Lorant in der 118. Minute, als er einen Foulelfmeter zum vielumjubelten 5:1 verwandelte. Nach 20 Jahren stand Eintracht Frankfurt wieder in einem Europapokal-Finale.

Endspielgegner war Titelverteidiger Borussia Mönchengladbach. Bis auf Grabowski und Helmut Müller hatte Trainer Rausch alle Akteure an Bord. Mit dabei war auch der 19jährige Fred Schaub. „Vielleicht bringe ich ihn als Joker", meinte Rausch. „Man weiß ja nie, wie das Spiel läuft." Nun, es lief zunächst hervorragend, und Schaub wurde – noch – nicht gebraucht. „Schädel-Harry" Karger brachte die Eintracht in der 37. Minute per Kopf in Führung, doch Kulik konnte unmittelbar vor dem Pausenpfiff ausgleichen. Auch in der zweiten Halbzeit präsentierte sich die Eintracht als bessere Mannschaft und ging nach 71 Minuten durch Hölzenbein erneut in Führung. Aber wie schon in Brünn konnte das 2:1 nicht über die Runden gerettet werden. Als Lothar Matthäus 13 Minuten vor Schluß ausglich, rissen sich die Borussen noch einmal zusammen und kamen zwei Minuten vor Schluß doch noch zum schmeichelhaften 3:2 durch Kulik.

Im Rückspiel mußte die Eintracht auf Karger verzichten, der in Gladbach kurz vor Schluß mit einem Innenbandschaden ausgeschieden war. Für ihn beorderte Friedel Rausch Norbert Nachtweih in den Angriff, Fred Schaub nahm auf der Bank Platz. Von Anfang an bestimmte die Eintracht das Spiel, doch wurden die meisten Angriffe eine leichte Beute der dichtgestaffelten Gladbacher Abwehr. Andererseits blieben die Borussen mit ihren Kontern stets gefährlich. Die Entscheidung fiel schließlich durch die Wechseltaktik der beiden Trainer. Während Jupp Heynckes Stürmer Calle Del'Haye 68 Minuten auf der Bank hatte schmoren lassen, hatte Friedel Rausch das richtige Näschen und wechselte 13 Minuten vor Schluß Schaub für Nachtweih ein. Während Del'Haye aber zu spät kam, griff Schaub genau zum richtigen Zeitpunkt ein. Kaum vier Minuten auf dem Platz, erzielte er in der 81. Minute das goldene Tor. Fast auf den Tag 20 Jahre nach dem Endspiel von Glasgow (3:7 gegen Real Madrid) war die Eintracht endlich Europapokalsieger! Und, wenn man die 180 Minuten zusammenfaßte, sogar verdientermaßen. Im Mittelpunkt der Ovationen standen Torschütze Fred Schaub und der scheidende Kapitän Jürgen Grabowski, der nach dem Schlußpfiff spontan von den Spielern auf die Schultern gehoben wurde.

„Mr. Eintracht" war von Bord gegangen. Er selbst nahm es mit gemischten Gefühlen: „Das eine Auge lacht, das andere weint."

Das Ende einer großen Karriere: Nach dem UEFA-Pokal-Sieg 1980 trugen Torschütze Fred Schaub (links) und Ersatz-Torhüter Klaus Funk Jürgen Grabowski auf den Schultern durchs Waldstadion.

EINWURF

Interview mit Jürgen Grabowski

Der 44malige Nationalspieler und Weltmeister von 1974 kam 1965 vom FV Biebrich 02 zur Eintracht. Nach einer schweren Verletzung des linken Mittelfußknochens mußte er seine aktive Laufbahn 1980 beenden. Bis 1992 gehörte er dem Verwaltungsrat der Eintracht an. Der gelernte Versicherungskaufmann ist seit 1979 mit Helga verheiratet und leitet heute eine Versicherungsagentur in Taunusstein.

Jürgen Grabowski, was haben Sie am 4. Mai 1996 gemacht?

Das fällt mir jetzt so spontan nicht ein.

An diesem Tag verlor die Eintracht gegen Schalke und stieg aus der Bundesliga ab...

...ja, jetzt fällt's mir wieder ein. Ich war an diesem Tag mit meiner Frau privat auf der Autobahn nach Düsseldorf unterwegs und hatte natürlich das Radio eingeschaltet. Für die Eintracht ging's da ja um alles oder nichts. Man hatte alle 14 Tage auf die Heimspiele gesetzt, aber da ging ja auch nichts mehr. Als dann das Zwischenergebnis vom 0:1 gemeldet wurde, dann das 0:2, das war echt eine komische Situation. Man hatte zwar die ganze Zeit gewußt, wie schwer es werden würde, die Klasse zu halten, aber als der Abstieg dann perfekt war, da konnte und wollte man es kaum glauben.

Das heißt also, Sie gehen nicht mehr ins Stadion?

Nein, das nicht, aber nur noch sehr selten.

Ein Blick zurück. Sie kamen 1965 aus Biebrich an den Riederwald. Wie ist das damals gelaufen?

Vor allem viel ruhiger als heute. Da war der Presserummel noch nicht so groß. In der A-Jugend hatten wir mit Biebrich 02 in Grünberg das Endspiel um die hessische A-Jugend-Meisterschaft gegen Hessen Kassel erreicht. Wir im Endspiel, und die Eintracht und die Offenbacher, die ja auch damals in der Jugend schon dominierten, ausgeschieden, das war Wahnsinn. Danach habe ich in der Hessenliga gespielt, und da muß es sich bis Frankfurt rumgesprochen haben, daß da in Biebrich einer ist, der ganz gut kicken kann. Und als dann das Angebot von Präsident Gramlich kam, da habe ich nicht lange überlegt.

Sie waren also bereits in jungen Jahren Eintracht-Fan?

Nein, da galten meine Sympathien dem 1. FC Kaiserslautern. Es war die große Zeit mit Fritz Walter und seinen „Roten Teufeln".

Waren auch andere Vereine an Ihnen interessiert?

Ja, es gab Anfragen von Opel Rüsselsheim und vom SV Alsenborn [beide waren damals gerade in die Regionalliga aufgestiegen, Anm. d. Verf.] ...

... da hätten Sie als Verehrer von Fritz Walter doch eigentlich nach Alsenborn gehen müssen, denn der Fritz wohnt ja dort.

(Grabowski lacht) Ja, eigentlich. Aber die Eintracht spielte in der Bundesliga, und so ein Angebot kommt nicht zweimal.

Bei der Eintracht wurden Sie auf Anhieb Stammspieler.

Das stimmt, aber ich muß natürlich auch sagen, daß ich riesiges Glück hatte. Die Eintracht hatte gerade mit Elek Schwartz einen neuen Trainer verpflichtet, der hatte vorher bei Benfica Lissabon den Eusebio trainiert und war ein Verfechter von technisch attraktivem Fußball. Bei ihm bekam ich sofort eine Chance. Ohne überheblich zu wirken, er meinte schon nach ein paar Wochen: „Der spielt dieses Jahr noch in der Nationalelf!" Und so kam es dann auch. In Irland machte ich im Mai 1966 mein erstes Länderspiel, war anschließend bei der WM in England dabei. Das ging schon wie im Traum, da ist alles super gelaufen. Wer weiß, wenn da ein Trainer mehr auf Kämpfertypen gestanden hätte, dann wär's vielleicht ganz anders gekommen.

Sie hielten der Eintracht 15 Jahre die Treue. Warum sind Sie niemals weggegangen?

Einmal war ich schon so gut wie weg. 1969, da war ich mir mit Bayern München bereits einig. Aber Präsident Gramlich verweigerte die Freigabe. Es gab auch Anfragen aus Holland, Belgien und Spanien – Italien war ja damals nicht möglich (Ausländersperre, Anm. d. Verf.), aber alle wurden sofort vom Präsidenten abgeblockt: keine Freigabe. Das war für mich schon sehr wichtig, denn ich hatte immer das Gefühl, die wollen dich halten. Hätten die damals die Freigabe erteilt, wäre ich weggewesen. Ich habe es im Nachhinein auch nicht bereut, denn ab 1969 war ich Kapitän, und damit hattest du auch eine gewisse Verantwortung für die Mannschaft und den Verein übernommen. Außerdem bin ich ein bodenständiger Typ und habe mich im Rhein-Main-Gebiet immer wohl gefühlt.

Welches war Ihr größter Erfolg, die Fußball-Weltmeisterschaft 1974 einmal ausgenommen?

Keine Frage, die beiden Pokalsiege 1974 und 1975. Mit dem UEFA-Pokal 1980 ist das bei mir persönlich so eine Sache. Aber natürlich war das auch ein großer Erfolg, schließlich war ich bis zum Viertelfinale gegen Brünn immer dabei, bevor ich dann verletzt wurde und nicht mehr spielen konnte. Aber die Pokalsiege haben für mich doch einen höheren Stellenwert. Wir hatten ja schon immer eine ganz gute Rolle gespielt, zeigten technisch guten Fußball, nur die Titel fehlten halt. Und dann gleich zwei hintereinander.

In Ihrer Karriere haben Sie ja auch einige Trainer erlebt. Von wem haben Sie am meisten gelernt?

Das ist schwer zu sagen. Man lernt von jedem etwas. Mit Elek Schwartz hatte ich, wie gesagt, gleich am Anfang riesiges Glück. Ich bin aber mit allen klargekommen, mit Erich Ribbeck, Dietrich Weise und Dettmar Cramer. Faszinierend war Gyula Lorant. Er hatte sicherlich auch seine Ecken und Kanten, aber wie er uns trainiert hat, uns Selbstbewußtsein eingeimpft hat, das war phänomenal. Als er im Herbst 1976 kam, waren wir Vorletzter, dann legten wir diese Serie hin, und am Ende fehlten uns zwei Punkte zur Deutschen Meisterschaft. Wie er dann allerdings ein Jahr später in einer Nacht- und Nebel-Aktion abgeschossen wurde, das fand ich nicht okay. Als Kapitän habe ich um Lorant gekämpft wie ein Löwe, aber es war nichts zu machen. Eine hohe Meinung hatte ich auch von Otto Knefler. Wenn er damals nicht den schweren Autounfall gehabt hätte, der das Ende seiner Karriere bedeutete, wer weiß, wo wir 1978/79 gelandet wären.

Jürgen Grabowski, können Sie sich vorstellen, bei der Eintracht irgendwann noch einmal eine Funktion zu übernehmen?

Ich will es mal so formulieren: Als ich 1980 meine Karriere beendete, waren zum richtigen Zeitpunkt die falschen Leute da. Mit denen, die damals das Sagen hatten, war eine Zusammenarbeit kaum möglich. Mit dem ehemaligen Vizepräsidenten Ernst Berger oder Schatzmeister Gerhard Jakobi zum Beispiel wäre dies kein Problem gewesen. So ging ich den Fans zuliebe wenigstens in den Verwaltungsrat. 1992 war dann Schluß. Ich konnte mich mit der Art und Weise, wie bei der Eintracht in führenden Gremien miteinander umgegangen wurde, nicht mehr identifizieren. Aber auch ohne offizielles Amt werde ich der Eintracht immer verbunden bleiben. ■

Trotz des UEFA-Pokal-Siegs gab es im Sommer 1980 ungelöste Probleme bei der Eintracht, vor allem die Frage, wer im „Jahr 1 nach Grabi" die Position des abgetretenen Kapitäns übernehmen sollte. Ein großes Fragezeichen gab es auch um den neuen Trainer Lothar Buchmann, denn der Schatten des bei den Fans sehr populären Friedel Rausch hing als schwere Hypothek in der Luft. Sogar auf der Jahreshauptversammlung hatte das Präsidium schwere Kritik wegen des Trainerwechsels einstecken müssen.

Viel Wirbel gab es im dritten Saisonspiel bei Bayer Leverkusen (1:2), wo der Koreaner Cha nach einem Foul von Jürgen Gelsdorf einen Bruch des Querfortsatzes am zweiten Lendenwirbel sowie eine Nieren- und Wirbelsäulenprellung erlitt. Eintracht-Arzt Dr. Josef Runzheimer nannte die Attacke von Gelsdorf „schwere Körperverletzung", und Manager Klug wollte gar eine „Methode" erkannt haben, „wie dieser Mann ausgeschaltet werden soll". Von Seiten des Vereins wurde sogar eine Zivilklage vor einem ordentlichen Gericht erwogen, doch für den gläubigen Christen Bum-kun Cha war Rache kein Thema. Schließlich hatten sowohl die Eintracht als auch Cha Glück im Unglück. Nur fünf Wochen nach dem tragischen Zwischenfall stand der Koreaner wieder im Eintracht-Sturm, und mit ihm zunächst der Erfolg. In der Bundesliga gab es drei Siege in Folge, und im UEFA-Pokal steuerte der Koreaner beim 3:0 gegen Schachtjor Donezk zwei Tore zum Einzug in die 2. Runde bei.

Dennoch sollte der europäische Wettbewerb für den UEFA-Titelverteidiger zur großen Enttäuschung werden. Nachdem in der 2. Runde der FC Utrecht ausgeschaltet worden war, brannte die Eintracht am 26. November 1980 gegen den FC Sochaux eine Stunde lang ein Feuerwerk ab. Als Nachtweih nach 62 Minuten das 4:0 erzielte, schien die Sache gelaufen. Selbst das 4:1 durch Genghini konnte man noch gelassen hinnehmen. Als Pezzey jedoch zwei Minuten vor Schluß ein unglückliches Eigentor unterlief, sah plötzlich alles anders aus. Da danach auch in der Liga nur noch wenig zusammenlief, brach vor dem Rückspiel das große Zittern aus. Auf dem schneebedeckten Platz neben den Peugeot-Werken wurde die Eintracht schließlich „gejagt wie die Schneehasen" (*kicker-sportmagazin* vom 11. Dezember 1980). Zu keinem Zeitpunkt fand die Mannschaft ein probates Mittel gegen die beherzt kämpfenden Franzosen. Genghini (16.) und Revelli (44.) sorgten schon in der ersten Halbzeit für die Entscheidung. Im ganzen Spiel hatte die Eintracht nur eine Chance, als Pezzey nach 20 Minuten an die Latte köpfte. Während das Präsidium, Trainer Buchmann und die Spieler die Welt nicht mehr verstanden, bewies Manager Klug Galgenhumor und überraschte die Frankfurter Journalisten nach dem Spiel mit dem Satz: „Dann müssen wir eben den DFB-Pokal holen!“

Weiterer Ärger braute sich Anfang Januar zusammen, als Bernd Hölzenbein ankündigte, den Verein nach der Saison Richtung Amerika zu verlassen. Damit drohte der Eintracht nach dem Abgang von Jürgen Grabowski der Verlust des zweiten Weltmeisters. Mit den übrigen Spitzenkräften (Neuberger, Nickel, Cha, Körbel) konnte dagegen frühzeitig Einigung über Vertragsverlängerungen erzielt werden, wobei man allerdings bis an die Grenze des finanziell Machbaren gehen mußte. Aus diesem Grund sollte der Bundesliga-Kader für 1981/82 auch von 22 auf nur noch 17 oder 18 Lizenzspieler verkleinert werden. Auch auf dem Spielfeld stellten sich wieder Erfolge ein, obwohl eine gewisse spielerische Stagnation nicht zu übersehen war. Den Grund hierfür nannte der Ex-Frankfurter Wolfgang Kraus, der beim 5:0 gegen den FC Schalke 04 auf der Tribüne saß:

„Die meisten Spieler bei der Eintracht zeigen zu wenig Risikobereitschaft. Nur Nickel versucht etwas Überraschendes und Außergewöhnliches. Zum Glück ... ist auch noch ein Bruno Pezzey da. Doch die meisten der anderen Spieler spielen inzwischen zu schablonenhaft. Die Eintracht ist eine Mannschaft geworden, die als höchstes Ziel noch die UEFA-Pokal-Qualifikation erreichen kann. Mehr ist nicht drin.“ (*kicker-sportmagazin* vom 29. Januar 1981)

Als Tabellenfünfter schaffte die Mannschaft tatsächlich dieses Ziel, und sie machte sich daran, des Managers Vorgabe zu erfüllen: Sie griff nach dem DFB-Pokal. Mit zwei Heimsiegen über den VfB Stuttgart (2:1) und Hertha BSC Berlin (1:0) wurde der Einzug ins Pokal-Endspiel geschafft. Ein Mann ragte dabei besonders heraus: Kapitän Bernd Hölzenbein, der sich am 11. April beim 4:0 über den 1. FC Köln mit zwei Toren vom Frankfurter Publikum verabschiedete. Seit er Anfang Februar einen Vertrag bei den Ft. Lauderdale Strikers in der amerikanischen Profiliga unterschrieben hatte, spielte er wie befreit auf. Belohnt werden sollte „Holz“ schließlich am 2. Mai 1981 im Stuttgarter Neckarstadion.

Anders als 1974 und 1975 ging die Eintracht 1981 nicht unbedingt als Favorit ins DFB-Pokal-Endspiel, denn bei der „Generalprobe“ hatte es zweieinhalb Wochen zuvor beim 1. FC Kaiserslautern eine 0:2-Niederlage gegeben. Vor allem vor dem Kraftpaket Hans-Peter Briegel hatte man im Eintracht-Lager viel Respekt.

Doch im Finale waren beide Mannschaften nicht wiederzuerkennen. Die Eintracht in der Besetzung

▶ Pahl; Sziedat, Pezzey, Körbel, Neuberger; Lorant, Nachtweih, Borchers, Nickel; Hölzenbein, Cha

zeigte spielerisch mehr, und so konnte der 1. FC Kaiserslautern das Spiel nur

Zum Abschied den dritten Pokalsieg: Stolz präsentiert Kapitän Bernd Hölzenbein nach dem Finalsieg 1981 den „Pott". Mit ihm freuen sich Neuberger, Nickel, Pezzey, Lorant und Cha (von links). Es war nach 15 Jahren das letzte Spiel von „Holz" im Eintracht-Trikot.

39 Minuten offen gestalten. Dann sorgte ein Doppelschlag für die Vorentscheidung. Zuerst erzielte Neuberger mit einem sehenswerten Volleyschuß unhaltbar für Hellström das 1:0. Der Jubel im Eintracht-Lager war noch nicht abgeebbt, da gelang Nachtweih ein Traumpaß auf Ronlad Borchers, der überlegt zum 2:0 vollendete. Von diesem Schlag erholte sich Kaiserslautern nicht mehr. Lediglich Briegel erreichte Normalform, konnte aber das 3:0 durch seinen Gegenspieler Cha nach 64 Minuten auch nicht verhindern. Geyes Tor in der 90. Minute war lediglich Ergebniskosmetik – die Eintracht war zum dritten Mal DFB-Pokalsieger. Einen „Triumph der Spielkunst" nannte *kicker-sportmagazin* den Final-Sieg der Frankfurter.

Es war gleichzeitig der letzte Triumph für Bernd Hölzenbein, für den das Endspiel das letzte Spiel im Eintracht-Dress war. Sechsmal hatte er in 14 Jahren ein Finale erreicht und davon fünf gewonnen: das WM-Finale 1974, die DFB-Pokal-Endspiele 1974, 1975 und 1981 sowie die UEFA-Pokal-Endspiele

1980. „Und wenn statt Hoeneß Sie den Elfmeter gegen die CSSR getreten hätten, hätten Sie auch das Europameisterschaftsfinale 1976 gewonnen“, sagte ihm der ebenfalls scheidende Präsident Achaz von Thümen. Hölzenbein blieb auch in der Stunde seines letztes Triumphes bescheiden wie immer: „Ich danke meinen Kameraden. Sie hatten mir versprochen, zu meinem Abschied alles zu geben. Und sie haben Wort gehalten.“ 48 Stunden später saß er mit seiner Familie im Flieger nach Florida. „Deutschlands Stolz, der Grabi und der Holz“ war Vergangenheit.

Der Kampf ums Überleben
1981 bis 1989

Nicht nur bei der Mannschaft hatte es eine Zäsur gegeben. Auch das Führungsteam des Vereins wechselte, leider mit unerfreulicher Begleitmusik. Hinter den Kulissen tobte ein schmutziger Wahlkampf um die Nachfolge von Präsident Achaz von Thümen und Vizepräsident Dieter Lindner. Schlecht war es auch um die Finanzen gestellt. Trotz des UEFA-Pokal-Sieges hatte es 1980 einen Verlust von 724.369 Mark gegeben. Zurückzuführen war dies auf sinkende Zuschauerzahlen (im Vergleich zu 1979 waren 1980 trotz zwei zusätzlicher Heimspiele rund 70.000 Fans weniger ins Stadion gekommen) und der Steigerung der Kosten der Lizenzspieler-Abteilung um eine Million auf 5,778 Millionen Mark. Unter dem Strich bedeutete dies Schulden in Höhe von vier bis fünf Millionen Mark. Während man mit der Stadt Gespräche um einen Verkauf der Tribüne am Riederwald aufnahm, wurde in der Nacht vom 24. auf den 25. Mai ein neues Präsidium gewählt. Als Mann der Vereinsgremien wurde Axel Schander, Kaufmann, Tennis-Funktionär und ehemaliger Karnevalsprinz, ins Rennen geschickt. Seine größten Widersacher waren der Tischtennis-Abteilungsleiter Jupp Schlaf und Wirtschaftsberater Wolfgang Zenker, die als Wahlgeschenk die Verpflichtung des Schalker Nationalstürmers Klaus Fischer in Aussicht stellten. Viereinhalb Stunden wurde auf der Jahreshauptversammlung schmutzige Wäsche gewaschen. Mit 338:307 machte schließlich Schander das Rennen. Neuer Vizepräsident wurde Hermann Höfer, neuer Schatzmeister Dieter Bartl, der aber Ende Juli die Brocken wieder hinschmiß und durch Peter Heinz ersetzt wurde.

Die neuen Chefs setzten Akzente. Am 9. Juni wurde Manager Klug ohne irgendwelche Vorwarnungen fristlos gekündigt. Als offizielle Erklärung des Vereins wurden „unterschiedliche Auffassungen über die Führung der Geschäfte“ genannt, die wahren Gründe wurden aber bis heute nicht genannt. Es zeichnete sich aber schnell ab, daß einige peinliche Fehler zur Demission Klugs führten. So soll ein falsches Wort in den Spielerverträgen den Verein eine sechsstellige Summe gekostet haben. Statt einer Erfolgsprämie „für einen Titel *oder* das Erreichen eines UEFA-Pokal-Platzes“ stand dort *und.* So war neben der Pokalprämie auch eine Prämie für den fünften Platz fällig.

Die angespannte finanzielle Lage ließ mit dem Offensivspieler Joachim Löw (VfB Stuttgart) nur eine Neuverpflichtung zu. Mit den beiden U18-Europameistern Ralf Falkenmayer (eigener Nachwuchs) und Holger Anthes (FSV Frankfurt) wurden zwei Investitionen in die Zukunft getätigt.

Die Hoffnungen des Vereins richteten sich auf die Einnahmen aus dem UEFA-Wettbewerb. Dabei wäre beinahe schon die 1. Runde die letzte gewesen. Nach einem 2:0 in Frankfurt benötigte man bei PAOK Saloniki sogar ein Elfmeterschießen zum Einzug in die nächste Runde. Zum „Helden von Toumba" wurde dabei Torhüter Jürgen Pahl. Nachdem Lorant, Körbel, Trapp, Nachtweih und Pezzey ihre Elfmeter verwandelt hatten, meisterte Pahl den Schuß von Dimopoulos. Damit bewahrte er die Eintracht vor „schlimmen Folgen", wie Präsident Schnader hinterher erklärte. „Wir benötigen aus dem Europapokal mindestens eine Million Mark an Einnahmen." (*kicker-sportmagazin* vom 1. Oktober 1981) Wie schlecht es inzwischen um den Verein stand, kam in der Woche vor dem Pokalspiel bei Fortuna Düsseldorf ans Tageslicht. „Eintracht Frankfurt droht die Pleite" stand in großen Lettern auf der Titelseite von *kicker-sportmagazin* (8. Oktober 1981). Unter der Woche flog man sogar nach Israel, weil es 35.000 Mark Gage für ein Freundschaftsspiel gegen die dortige Nationalmannschaft gab.

Ohne den verletzten Borchers und den gesperrten Nachtweih flog der Titelverteidiger im Rheinstadion mit 1:3 aus dem DFB-Pokalwettbewerb. Auch im Europapokal folgte bei SKA Rostow eine 0:1-Niederlage. Das Rückspiel entwickelte sich zu einem richtigen Schicksalsspiel, denn angesichts der immer prekärer werdenden finanziellen Situation – inzwischen wurde von sechs Millionen Mark Schulden gesprochen – gab es wilde Gerüchte um einen möglichen Transfer von Bruno Pezzey zu Bayern München. Am Montag vor dem Rückspiel gegen Rostow erklärte Präsident Schander den Österreicher jedoch für unverkäuflich. Beim Spiel selbst sah man überall im Stadion Pezzey-Sympathie-Plakate. Trotz des 2:0-Sieges war man im Eintracht-Lager stinksauer – auf Holger Obermann vom Hessischen Rundfunk. In seinem TV-Kommentar war nämlich öfter von den Schulden und „Pezzeys letztem Spiel im Eintracht-Dress" die Rede als vom Geschehen auf dem grünen Rasen.

Ratlosigkeit machte sich breit, als die Eintracht im Bundesliga-Mittelfeld herumstocherte und nachdem man auch im Europapokal der Pokalsieger knapp an Tottenham Hotspur gescheitert war: Borchers und Cha hatten den 0:2-Rückstand von London bereits nach 15 Minuten ausgeglichen, doch ließ Hoddle zehn Minuten vor Schluß alle Halbfinal-Träume platzen. Woher sollte man nun das Geld auftreiben, um die Mannschaft auch 1982/83 attraktiv gestalten zu können? Zwar wollte Willi Neuberger (35) noch ein Jahr dranhängen, bei Pezzey und Borchers dagegen sah es nicht so gut aus. Der AC Florenz hatte 3,5 Millionen Mark für den Österreicher geboten, doch die Eintracht pokerte hoch. „Ronnie" dagegen wollte den Klub verlassen, wenn Pezzey verkauft würde. Auch nach einem neuen Trainer hielt man Ausschau, und intern stand das Präsidium unter schwerem Beschuß. Der eigene Verwaltungsrat, der Schander und Höfer erst vor zehn Monaten ins Amt gedrängt hatte, forderte nun dessen Rücktritt!

So stand der Eintracht einmal mehr eine Zerreißprobe bevor. Auch in der Trainerfrage blieb man glücklos. Dietrich Weise wurde vom DFB nicht freigegeben, Hennes Weisweiler zog das finanziell lukrativere Angebot von Grasshoppers Zürich vor, Branko Zebec wurde vom Verwaltungsrat wegen seines Alkoholproblems abgelehnt, und der Tscheche Vaclav Jacek besaß keine DFB-Lizenz. So wurde schließlich Anfang Mai mit dem Österreicher Helmut Senekowitsch lediglich eine 1b-Lösung präsentiert. Auch aus den „Pezzey-Millionen" wurde es nichts. Mitte April zogen die Italiener ihre Offerte zurück. Wie der Verbleib des Österreichers ohne eine Teilnahme am Europapokal aber ein weiteres Jahr finanziert werden sollte, wußte am Riederwald niemand.

Nun tobte die Schlammschlacht hinter den Kulissen. Die Stimmung vor der Jahreshauptversammlung am 18. Mai war explosiv. Am 13. Mai ging das Präsidium in die Offensive und warf dem Verwaltungsrat vor, jahrelang Bilanzmanipulationen geduldet oder stillschweigend übersehen zu haben. In dieser Schmierenkomödie bezogen die Fans eindeutig Partei für Axel Schander, der aber auf der Jahreshauptversammlung einen klassischen Pyrrhus-Sieg errang. Nachdem der Antrag des Verwaltungsrates mit 298:155 Stimmen abgeschmettert worden war, traten der komplette Verwaltungsrat, Vizepräsident Höfer und Schatzmeister Heinz zurück. Der Präsident hatte die Schlacht gewonnen, aber keine Soldaten mehr. Zudem war die Lizenz in höchster Gefahr, denn bis Ende Juni mußten 1,5 Millionen Mark Kaution beim DFB hinterlegt werden. Das Ein-Mann-Präsidium Schander war aber handlungsunfähig. Bis zur Fortsetzung der Jahreshauptversammlung am 27. Mai präsentierte Schander mit Wolfgang Zenker und Wolfgang Knispel jedoch zwei Kandidaten für die Komplettierung der Führungsriege. Außerdem gelang ihm ein spektakulärer Coup: Für 100.000 Mark Gage flog die Eintracht zu einem Testspiel gegen WM-Teilnehmer Kuwait nach Casablanca und siegte mit 2:1.

Dennoch malte der neue „Vize" Zenker ein düsteres Bild an die Wand: In den nächsten zwei Monaten mußten drei Millionen Mark aufgetrieben werden, um den Spielbetrieb für die kommende Saison zu garantieren. Während in Spanien die Weltmeisterschaft begann, lief am Riederwald die Rettungsaktion für die Eintracht auf Hochtouren. Der Transfer von Nachtweih zu Bayern München brachte 1,7 Millionen Mark in die leeren Kassen. Durch eine 20%ige Steigerung im Dauerkartenverkauf konnte eine weitere Million verbucht werden. Einige Spieler verzichteten auf einen Teil ihrer Prämien, dazu kamen zahlreiche Spenden und Bürgschaften. Am 29. Juni kam „grünes Licht" aus der DFB-Zentrale hinter dem Waldstadion: Die Lizenz für 1982/83 war erteilt worden!

1982/83 Finanzskandal und Ausverkauf

Der neue Trainer entpuppte sich als die befürchtete Fehlbesetzung. Nach dem fünften Saisonspiel (0:1 gegen den VfL Bochum) war die Eintracht auf den 17. Platz zurückgefallen – und die Tage von Helmut Senekowitsch gezählt. Am Freitag vor dem Spiel bei Bayern München (0:4) wurde er entlassen, in München saß Assistent Uli Meyer auf der Bank, und tags darauf wurde – der Monate zuvor vom alten Verwaltungsrat geschmähte – Branko Zebec als Nachfolger präsentiert. Mit ihm kam wenigstens die Heimstärke zurück: Von den 14 Heimspielen unter seiner Regie wurden zehn gewonnen, drei endeten unentschieden, und nur eines – das letzte gegen Werder Bremen (0:1) – wurde verloren. Auswärts sah es allerdings so schlimm wie noch nie aus: Lediglich vier magere Punkte (ein Sieg, zwei Unentschieden) sprangen in der gesamten Saison heraus. Damit war man natürlich im Rennen um einen UEFA-Pokal-Platz vollkommen chancenlos.

Ein Grund für die Inkonstanz mag der von Branko Zebec in Angriff genommene Umbau der Mannschaft gewesen sein. Neben dem Ex-Bochumer Jupp Kaczor (Feyenoord Rotterdam) wurde im November mit Thomas Kroth (vom 1. FC Köln) auch eine Verstärkung fürs Mittelfeld geholt. Dafür wurde Routinier Werner Lorant an den FC Schalke 04 abgegeben. Außerdem führte Zebec mit Uwe Müller, Mike Kahlhofen und Thomas Berthold drei Spieler, die im Sommer 1982 mit der Eintracht Deutscher A-Jugend-Meister geworden waren, an den Bundesliga-Kader heran. Dies war auch dringend notwendig. Zwar hatte sich die finanzielle Situation bis zum Jahresende ein wenig entspannt, doch waren weitere Einsparungen nicht zu umgehen. Am Ende mußten Cha und Pezzey verkauft werden, während Nickel ablösefrei davonzog und Neuberger seine Laufbahn beendete. Doch während die Mannschaft wenigstens den Klassenerhalt frühzeitig gesichert hatte, wurde der Verein von einem riesigen Finanzskandal bis auf die Grundfesten erschüttert.

Ausgelöst wurde er von einem Pfändungsbeschluß in Höhe von 200.000 Mark gegen Eintracht-Stürmer Bum-kun Cha. Wie viele seiner Mitspieler hatte der Koreaner 1980 von Wolfgang Zenker zwei Häuser nach dem sogenannten „Bauherrenmodell" erworben und sich damit finanziell übernommen. Zenker, Repräsentant einer großen Immobilien-Gruppe und seit Sommer 1982 Vizepräsident der Eintracht, wurde eine Interessenkollision vorgeworfen. Umgehend traten Präsident Schander, „Vize" Zenker und Schatzmeister Knispel zurück und erklärten, auf der drei Tage später stattfindenden Jahreshauptversammlung nicht mehr zu kandidieren. Damit war Eintracht Frankfurt führungslos. Bis zum 30. Mai begab man sich wieder einmal auf Kandidatensuche.

Mit Dr. Klaus Gramlich wurde der Sohn des ehemaligen Nationalspielers und langjährigen Vorsitzenden an die Spitze gewählt. In einer Kampfabstimmung unterlag Wolfgang Zenker dem „Nobody" Dr. Harald Böhm mit 216:263 Stimmen. Wiedergewählt wurde dagegen Schatzmeister Knispel, ein Vertreter eines rigorosen Sparkurses. Während noch mit möglichen Interessenten um die Ablösesummen für Cha (schließlich für eine Million Mark zu Bayer Leverkusen) und Pezzey (für 1,25 Millionen Mark zu Werder Bremen) gepokert wurde, konnten die notwendigen Bürgschaften in Höhe von 2,9 Millionen für die neue Lizenz aufgetrieben werden. Nach dem Abgang von insgesamt zehn Spielern war allerdings klar, daß es 1983/84 nicht nur gewaltige finanzielle, sondern auch sportliche Probleme geben würde.

1983/84 Mit den „jungen Wilden" im Abstiegskampf

In dieser Situation hatte der Verein allerdings das große Glück, Deutschlands beste Jugendmannschaft zu stellen. Die B-Jugend war 1980, die A-Jugend 1982 und 1983 Deutscher Meister geworden. Aus diesen drei Mannschaften sollten in naher Zukunft immerhin 14 Spieler auch in der Bundesliga das Trikot der Eintracht tragen. Die Transfererlöse in Höhe von rund 2,4 Millionen Mark wurden fast komplett in neue Spieler investiert, von denen allerdings nur der Schwede Jan Svensson (IFK Norrköping) voll einschlug. Fruck (MSV Duisburg) war immerhin Stammspieler, Eymold (Hessen Kassel) und Mattern (SV Darmstadt 98) konnten nicht überzeugen, und der hochgelobte Jürgen Mohr (Hertha BSC Berlin) sollte erst in der Endphase der Saison zur erhofften Verstärkung werden. Mit dieser Mischung aus wenigen Routiniers, einigen Hungrigen und vielen Youngsters ging die Eintracht in ihre 21. Bundesliga-Saison, die die bislang schwerste der Vereinsgeschichte werden sollte.

War der Start in die Saison 1982/83 schon katastrophal gewesen, so stellte der Saisonbeginn 1983/84 (fast) alles bisher Dagewesene in den Schatten. Erst am fünften Spieltag gelang der erste Sieg (3:0 gegen Fortuna Düsseldorf). Da stand man mit 4:6 Punkten noch auf Platz 11. Auch im Pokal hatte man sich bei den Amateuren des SC Göttingen 05 (2:4) bis auf die Knochen blamiert. Zum Knackpunkt wurde das Derby auf dem Bieberer Berg, wo die Eintracht teilweise mit zehn gegen zwölf spielte. Uwe Bein hatte die Offenbacher in der 27. Minute mit einem Handelfmeter in Führung gebracht. Danach drängte die Eintracht mit aller Macht auf den Ausgleich, scheiterte aber entweder an der vielbeinigen Kickers-Abwehr oder an Schiedsrichter Hontheim aus Trier, der die Stimmung mit zahlreichen unerklärlichen Entscheidungen weiter anheizte, ein herrliches Freistoßtor von Falkenmayer nicht gab (Ball noch nicht freigegeben!) und zudem in der 71. Minute Sziedat vom Platz stellte. Dennoch ließ die Mannschaft nicht locker und kam zwei Minuten vor dem Ende durch Sievers zum längst verdienten Ausgleich. Doch während der Anhang auf den Tribünen noch jubelte, versetzte Kutzop der Eintracht den „Todesstoß“: 1:2 – wieder wurde ein Derby verloren, das man eigentlich nicht verlieren durfte.

Was folgte, war kurz, aber schmerzhaft: Ein Eigentor von Youngster Kraaz bei Eintracht Braunschweig (3:4) besiegelte den Absturz ans Tabellenende. Nach zwei weiteren Niederlagen mußte der glücklose Branko Zebec seinen Stuhl räumen. Aber auch A-Jugend-Erfolgscoach Klaus Mank und das Eintracht-Idol Jürgen Grabowski konnten den weiteren Niedergang nicht stoppen. Nach einem 0:7 in Köln – der höchsten Bundesliga-Auswärtsniederlage aller Zeiten – wurden Nägel mit Köpfen gemacht: Vom 1. FC Kaiserslautern kam Dietrich Weise an den Riederwald zurück.

Er impfte der Mannschaft neue kämpferische Tugenden ein. Es wurde um jeden Ball gefightet. So auch in Leverkusen, wo man schnell mit 0:2 zurücklag, nach Svenssons Anschlußtor (57.) aber vehement auf den Ausgleich drängte und sprichwörtlich in letzter Sekunde mit dem Ausgleichstor durch Uwe Müller belohnt wurde, und das eine Woche vor dem Derby gegen Kickers Offenbach. Wie schon beim Hinspiel wurde Michael Kutzop zum „Spieler des Spiels“. Allerdings nicht als strahlender, sondern als tragischer Held, denn Sekunden vor dem Halbzeitpfiff brachte er die Eintracht per Eigentor in Führung. „Kutzop, wir danken Dir“, sang der G-Block die ganze Pause durch. Auch Sziedat sorgte für Parallelen zum Vorspiel und flog in der 70. Minute (in Offenbach war es die 71. gewesen) wegen wiederholten Foulspiels vom Platz. Zwei Tore des Schweden Svensson sorgten schließlich für ein klares 3:0, mit dem die Eintracht an den Kickers vorbei auf Platz 16 zog. Mit einem überraschenden 3:2 in Bremen (dem ersten Auswärtssieg seit einem Jahr) konnte der drittletzte Platz stabilisiert werden. Alle Versuche, auch noch den sicheren 15. Platz zu erreichen, wurden durch Heimniederlagen gegen Eintracht Braun-

Sieg beim Titelverteidiger: Ralf Falkenmayer verwandelt am 19. Mai 1984 einen Foulelfmeter zum 2:0 beim Hamburger SV. Uli Stein (Nr. 1) ist machtlos.

schweig (1:2) und den 1. FC Köln (0:2) leichtfertig vertan. Nach drei Niederlagen in Folge geriet sogar der Relegationsplatz 16 noch einmal in Gefahr, denn vor dem „Schicksalsspiel" gegen den 1. FC Nürnberg waren die Offenbacher Kickers wieder bis auf einen Punkt an die Eintracht herangekommen.

17.000 Zuschauer sahen ein Drama, wie es auch der beste Theater-Regisseur nicht hätte inszenieren können. Zum tragischen Helden wurde diesmal Karl-Heinz Körbel, der die Eintracht schon nach fünf Minuten mit 1:0 in Führung gebracht hatte. Als Abramczik in der 69. Minute ausglich, machte sich Entsetzen im weiten Rund breit. Sollte der „Club" ausgerechnet im Waldstadion seinen ersten (!) Auswärtspunkt holen? Er sollte nicht, denn der „treue Charly" brachte die Eintracht in der 81. Minute wieder in Führung. Doch schon 60 Sekunden später erneut blankes Entsetzen: Nach einem Zweikampf zwischen Sievers und Abramczik fiel der Nürnberger so unglücklich auf Körbels Standbein, daß dieser sich das Schien- und Wadenbein brach! Aber auch zu zehnt nahm die Mannschaft das Herz in die Hand. In der 86. Minute hätte Falkenmayer mit einem Foulelfmeter bereits alles klar machen können, doch in der Schlußminute sorgte schließlich Thomas Berthold mit dem vielumjubelten 3:1 für die Erlösung.

Damit waren die Weichen gestellt für das Erreichen der Relegationsrunde, in der als Zweitliga-Dritter der MSV Duisburg auf die Eintracht wartete. Das erste Spiel an der Wedau wurde zu einem „halben“ Heimspiel, denn Tausende Eintracht-Fans hatten sich auf den Weg in den Westen gemacht. Auch der verletzte Karl-Heinz Körbel fieberte auf der Bank mit. Während des gesamten Spiel hatte die Eintracht aber nur zwei brenzlige Situationen zu überstehen. Einmal nach Svenssons Führungstor (23.), als der Schiedsrichter ein MSV-Tor von Wohlfarth wegen Foulspiels nicht gab (51.), und das zweitemal in der 72. Minute, als Pahl einen Foulelfmeter von Steininger parierte. Da aber stand es bereits 3:0 für die Eintracht, die an diesem Tag nicht mehr zu halten war und sogar auf 5:0 erhöhte. 45.000 Zuschauer kamen zum Rückspiel ins Stadion, die trotz eines wenig erbaulichen Spiels (1:1) hochzufrieden nach Hause gingen. Es machte wieder Spaß, sich mit der Mannschaft zu identifizieren. Zehn Jahre nach dem ersten DFB-Pokalsieg hatte Dietrich Weise dem Frankfurter Fußball erneut einen Adrenalinstoß verpaßt. Ralf Falkenmayer wurde mit der Berufung ins EM-Aufgebot für Frankreich belohnt.

1984/85 Auch die „Mannschaft der Zukunft“ nur Durchschnitt

Während die Fans euphorisch auf Wolke 7 schwebten und dies ihren Mitmenschen lautstark mitteilten – zu dieser Zeit anvancierte der Rodgau-Monotones-Titel „Erbarme, zu spät! Die Hesse komme!“ zum Lieblings-Song der Eintracht-Fangemeinde –, blieb Dietrich Weise auf dem Teppich. Den Klassenerhalt gesichert zu haben, war eine Sache; darauf aufzubauen und die Mannschaft wieder in höhere Gefilde zu führen, eine andere. Zumal wegen der nach wie vor gespannten finanziellen Situation auf spektakuläre Neueinkäufe verzichtet werden mußte. Mit Torhüter Hans-Jürgen Gundelach wurde lediglich ein Spieler aus dem eigenen Nachwuchs in den Profikader aufgenommen.

Die „jungen Wilden“ schlugen sich am Anfang auch gar nicht schlecht und erreichten im Verlauf der Hinrunde sogar einmal Platz vier. Zudem konnten sich gleich mehrere Eintracht-Spieler als DFB-Auswahlspieler empfehlen: Falkenmayer, Berthold, Kroth in der A-Nationalmannschaft, Kraaz, U. Müller, Berthold, Kroth, Gundelach und Krämer in der U21. Um sich in der Bundesliga zu behaupten, fehlte jedoch eine ordnende Hand, wie es sie früher in Gestalt von Grabowski, Hölzenbein und Nickel gegeben hatte. Auf Dauer vermochten weder Kroth, Mohr oder Trieb dem Eintracht-Spiel entscheidende Impulse zu geben. So dümpelte die Eintracht bald im Mittelfeld vor sich hin, nie in ernster Abstiegsgefahr, aber auch nie ernsthaft in den Kampf um einen UEFA-Pokal-Platz verwickelt.

EINWURF

Schlachtenbummler, Fans, Hooligans

„Der Frankfurter ist ein gar komisch Subjectum. Er lässt sich nur schwer aus seiner geruhsamen Ruh' bringen, wenn's sich nicht um seinen Äppelwoi, seinen Skat, sein Börsenpapier oder nolens volens seinen Verein handelt. Begeisterung ist eine Ware, die im Krieg zu haufenweise gehandelt wurde. Es war schlechte, gedopte Qualität. Ihre Marktgängigkeit ist so ziemlich dahin. Dazu war die Inflation zu stark. Zudem sind die Zeiten so, dass jedermann an die Stelle von Hoffen und Harren eine mehr oder weniger berechtigte Skepsis setzt..."

Diese Worte schrieb G. Rosenberger am 27. Februar 1923 im *Kicker* anläßlich des Bundespokalspiels Süddeutschland – Westdeutschland, das mit 30.000 Zuschauern für einen neuen Zuschauerrekord auf dem Eintracht-Sportplatz am Riederwald sorgte. Daß bei der „Begeisterung" aber bisweilen über das Ziel hinausgeschossen wurde, gab es schon vor dem 1. Weltkrieg. Am 3. Dezember 1911 kam es beim Spiel Amicitia Bockenheim – FC Hanau 93 zu schweren Tumulten unter Spielern und Zuschauern, die eine zweijährige Disqualifikation von Amicitia nach sich zogen. Bei der Eintracht gab es erstmals richtig „Rabbatz" beim Gastspiel von Viktoria 94 Hanau am 22. Oktober 1922, als der Ordnungsdienst große Mühe hatte, „die mit Stöcken bewaffneten Hanauer Zivilisten in Schach zu halten" (*Kicker* vom 23. Oktober 1922). Mit dem Anwachsen der Zuschauerzahlen und der Rivalität zwischen Eintracht und FSV ab Mitte der 20er Jahre kam es besonders bei den Frankfurter Derbys des öfteren zu Scharmützeln zwischen den Anhängern aus beiden Lagern. Besonders hoch ging es am 4. Oktober 1931 am Riederwald her, als „20.000 teilweise zügellose Menschen ... das Spielfeld [umsäumten] ... Mancher Groll lag aufgespeichert in der Menge ..." Als in der 88. Minute erst die Eintracht in Führung ging und der FSV postwendend ausglich, „setzte es Streit unter den jubelnden und schimpfenden Zuschauern und es gab blutige Köpfe. Die Sanitäter mußten eingreifen. ... Nach einiger Zeit kam das bekannte weiße Krankenauto herangefahren, um einen oder mehrere Schwerverletzte ins Krankenhaus zu überführen." (*Fußball* vom 6. Oktober 1931) Gottlob blieben Ausschreitungen solcher Schärfe die Ausnahme.

Kurz vor einer Katastrophe stand auch das Endrundenspiel zwischen der Eintracht und dem 1. FC Kaiserslautern am 17. Mai 1953. Tausende, die keine

Karten mehr erhalten hatten, rissen Zäune ein und bahnten sich den Weg ins Stadion, wo sie die Laufbahn stürmten und sogar das Stadiondach erklommen. Mehrmals mußte die Polizei einschreiten, zum Teil sogar mit gezogenen Gummiknüppeln, da das Publikum an mehreren Stellen eine drohende Haltung gegen die Ordnungshüter einnahm. Der schwerste Zwischenfall am Riederwald ereignete sich am 5. Dezember 1959 im Anschluß an das Spiel gegen den SSV Reutlingen (2:2). Nachdem Schiedsrichter Riegg (Augsburg) kurz vor Schluß ein Foul an Erwin Stein im Strafraum nicht ahndete, wurde er nach dem Abpfiff von aufgebrachten Zuschauern tätlich angegriffen. Die Eintracht wurde daraufhin zu 500 Mark Geldstrafe verurteilt, der Übeltäter erhielt drei Jahre Stadionverbot.

Eine vollkommen neue Spezies von „Schlachtenbummlern" brachte die Einführung der Bundesliga 1963 mit sich. Die Reisen waren länger, der Alkohol floß reichlicher, und immer öfter gab es Sachschäden in den Sonderzügen der Bahn, so daß diese Fahrten schließlich eingestellt wurden. Daß auch die Eintracht-Fans keine „Waisenknaben" waren, bewiesen die Vorfälle beim Spiel gegen den 1. FC Nürnberg 1967 oder beim Pokalspiel in Schweinfurt Ende 1971. „Die Eintracht täte gut daran, sich einmal in aller Form von solchen Freunden zu distanzieren", schrieb die *Frankfurter Neue Presse* am 6. Dezember 1971. Die Gewalt zu bekämpfen oder zumindest gewaltbereite Fans besser zu kontrollieren, hatten sich schließlich die Anfang der 70er Jahre wie Pilze aus dem Boden schießenden Fan-Klubs auf die Fahnen geschrieben. Bei der Eintracht waren „Die Adler" die Vorreiter. Ihre erste Auswärtsfahrt ging 1973 nach Hamburg, worauf sich die erste Fan-Freundschaft anbahnte (heute besteht ein enger Kontakt zu den Fans des MSV Duisburg).

Natürlich organisierten sich bald auch Gruppen, die auf „Randale" aus waren. Die „Adlerfront" und das „Preßwerk" aus Rüsselsheim waren bald die „Hauer" in der Frankfurter Fan-Szene. Ihren medienwirksamsten Auftritt hatte die „Front" am 1. Mai 1982, als sie die Mai-Kundgebung des DGB auf dem Römerberg störte und Schlägereien mit türkischen Arbeitern anzettelte. Gleichzeitig tauchten die ersten Skins und Neonazis auf. Beim Europapokalspiel der Eintracht 1982 in Tottenham gab es sogar Kontakte zu den damals besonders berüchtigten Chelsea-Fans (welche die Tottenham Hotspurs als „jüdischen" Klub ansahen).

Vermutungen, daß rechte Gruppierungen die Fan-Szene unterwandert hätten, bewahrheiteten sich zumindest in Frankfurt nicht. Allerdings fanden ausländerfeindliche Sprüche und rechtes Gedankengut auch hier ihre Abnehmer. Die verstärkte polizeiliche Präsenz wurde jedoch von allen Fangruppen als störend empfunden. Während die friedlichen Fans gegen Videoüberwachung und mehr Zäune im „Block G" demonstrierten, zogen sich die

Überwiegend friedlich: die Eintracht-Fans.

gewaltbereiten Fans in andere Blöcke zurück oder wurden teilweise durch Stadionverbote ganz am Besuch der (Heim-)Spiele gehindert. Gleichzeitig setzte die Frankfurter Polizei „Kontakt-Beamte“ ein, die sozusagen als Sozialarbeiter vor Ort tätig sein sollten. Ihre Arbeit war nicht einfach. Von den meisten Fans (friedlich oder gewaltbereit) als „Spitzel“ gemieden, mußte einer sogar am eigenen Leib erfahren, wie die rauhe Fan-Welt manchmal aussah. Bei seiner ersten Auswärtsfahrt mußte der in Zivil mitreisende Frankfurter Polizist den Schlagstockhieb eines uniformierten Bochumer Kollegen einstecken.

Dennoch kann man zu Recht behaupten, daß das Waldstadion stets zu den friedlicheren Stadien der Bundesliga gehörte und gehört. Direkte „Feindberührung“ mit den Gäste-Fans ist schon aus räumlichen Gründen kaum möglich, seitdem diesen schon vor Jahren der Block A als fester Standort zugewiesen wurde. Auch nach dem Abstieg 1996 blieb es weitestgehend ruhig, auch wenn sich das Abbrennen von Feuerwerkskörpern und Rauchbomben durchaus als ernstes Problem darstellte. Besonders beim Auswärtsspiel in Mainz am 28. November 1997 fielen einige Eintracht-Hooligans gehörig aus der Rolle, was der Eintracht sogar Probleme mit dem DFB einbrachte. ■

1985/86 Nur zwei Tore vor der Relegation

Im Sommer verließ neben Kroth (zum Hamburger SV) und Mohr (zum Aufsteiger 1. FC Saarbrücken) auch Cezary Tobollik den Verein. Der schlitzohrige Pole hatte nach einigen spektakulären Auftritten zu hoch gepokert und wechselte schließlich zum Zweitliga-Aufsteiger Viktoria Aschaffenburg. Für ihn wurde Uwe Bühler vom Karlsruher SC verpflichtet, der allerdings nur 15 Bundesligaspiele mitmachen sollte und 1987 zum Sportinvaliden erklärt werden mußte. Sowohl als Verstärkung für die Abwehr als auch als treffsicherer Schütze erwies sich sein KSC-Kollege Klaus Theiss, der mit sieben Toren bester Eintracht-Torschütze 1985/86 werden sollte.

Damit ist bereits angedeutet, wo es in der neuen Saison am meisten mangeln sollte: im Sturm. Mit nur 35 Toren unterbot die Eintracht ihren bisherigen Minus-Rekord aus der Saison 1970/71 (39). Bester Angreifer war mit Holger Friz (fünf Tore) ein Eigengewächs, das 1983 mit der A-Jugend Deutscher Meister gewesen war. Selbst Nachbesserungen während der Saison – Dieter Kitzmann (1. FC Kaiserslautern) und David Mitchell, der erste Australier in der Bundesliga – änderten daran wenig. Nur zweimal gelangen mehr als zwei Tore (je 3:0 gegen den Hamburger SV und FC Schalke 04), dafür gab es mit 14 Unentschieden (davon acht 1:1) einen neuen Vereinsrekord seit Bundesliga-Bestehen. Der erste Sieg gelang dafür in der Fremde: Nach dem 1:0 bei Fortuna Düsseldorf am 20. August 1985 sollte es allerdings zwei Jahre und fünf Tage – oder 34 Spiele (!) – dauern, bis auswärts wieder ein doppelter Punktgewinn gelang. Auch im Waldstadion waren Siege nur noch Mangelware. Erst am neunten Spieltag gelang der erste (1:0 gegen Bayer Leverkusen). Dafür leistete man sich den Luxus, gegen beide Absteiger, Hannover 96 und 1. FC Saarbrücken, mit 1:3 zu verlieren. Vor allem die Niederlage gegen die Saarländer stieß bitter auf, denn der beste Akteur auf dem Platz war mit Jürgen Mohr der Mann, der seine Fähigkeiten im Eintracht-Trikot nie unter Beweis stellen konnte.

Am Ende wurde es ganz knapp. Bei Punktgleichheit mit Borussia Dortmund rettete die Eintracht nur das geringfügig bessere Torverhältnis (–14 statt –16) vor der Relegation. Längst vergangen geglaubte Zeiten waren zurückgekehrt. Die „Mannschaft der Zukunft" war Vergangenheit, der Kredit beim Publikum wieder verspielt: Nur 15.744 Zuschauer im Schnitt hatten die Heimspiele sehen wollen, die schlechteste Bilanz seit 1972/73 (damals wegen des Stadionumbaus nur 13.714).

Hoffnung auf eine bessere Zukunft versprach erneut die A-Jugend, die zum dritten Mal Deutscher Meister wurde. Ihr Bester, Andreas Möller, rückte sofort in den Bundesliga-Kader auf. Da man aber inzwischen zu der Überzeugung gekommen war, daß Jugend allein den Verein nicht weiter brachte, wurden der polnische WM-Stürmer Wlodzimierz Smolarek (Widzew Lodz) und der Ex-Eintrachtler Wolfgang Kraus (FC Zürich) verpflichtet. Dafür verließen Svensson (zurück zum IFK Norrköping) und Trieb (SV Waldhof Mannheim) den Riederwald.

Der Start in die neue Saison war grandios. Nach einem 5:0 gegen Fortuna Düsseldorf war die Eintracht Tabellenführer – ein Strohfeuer, dem bald wieder sportliche Niederlagen und zudem vereinsinternes Gerangel folgten, diesmal zwischen dem Trainer und Wolfgang Kraus. Der „Scheppe" war nämlich mit der Intention an der Riederwald zurückgeholt worden, ab 1987/88 als Manager zu wirken. Darüber war Weise, der schon bei seinem ersten Engagement in den 70er Jahren nichts von einem Manager hatte wissen wollen, verärgert. Gaben ihm damals allerdings die Erfolge recht, so war die Eintracht jetzt nur noch Mittelmaß. Zur Eskalation kam es nach der 0:1-Heimniederlage gegen den FC Schalke 04, der ersten in 23 Jahren Bundesliga überhaupt. Weise wollte zukünftig auf den Spieler Kraus verzichten. Da er wegen der vierten Gelben Karte ohnehin für das nächste Spiel gesperrt war, „habe man den Schnitt gezogen", erklärte Weise. Zwei Tage später war der nächste Schnitt gezogen – und Weise nicht mehr Trainer am Riederwald. Die Erklä-

Bild in Eintracht: Trainer Dietrich Weise und die Neuen (von links Andreas Möller, Wolfgang Kraus, Reinhold Jessl und Volker Münn) vor der Saison 1986/87. Anfang Dezember spielte zuerst „Scheppe" Kraus keine Rolle mehr in Weises Plänen, kurz darauf war Weise nicht mehr Trainer am Riederwald.

rung des Präsidiums war dürftig: „Das ist wie ein Mosaik, wie ein Puzzle. Irgendwann fällt der letzte Stein." (*kicker-sportmagazin* vom 4. Dezember 1986)

Schon eine Woche später wurde mit Karl-Heinz Feldkamp (Bayer Uerdingen) der neue Trainer für 1987/88 präsentiert. Bis dahin sollte Co-Trainer Timo Zahnleiter das leckgeschlagene Schiff wieder auf Vordermann bringen, was aber nicht gelang. Daß die Eintracht nicht in ernste Schwierigkeiten kam, hatte sie lediglich der Tatsache zu verdanken, daß es in dieser Saison mit dem FC Homburg, Fortuna Düsseldorf und Blau-Weiß 90 drei noch schlechtere Mannschaften gab. Mit nur 25:43 Punkten – der schlechtesten Ausbeute in 24 Jahren Bundesliga – wurde die Saison 1986/87, die so glanzvoll begonnen hatte, erneut als Viertletzter beendet. Wie tief man wieder gesunken war, zeigte sich vor dem letzten Heimspiel gegen Borussia Dortmund (0:4): Als Pahl, Berthold, Falkenmayer und Theiss offiziell verabschiedet werden sollten, verweigerten sie den Blumenstrauß und Händedruck von Präsident Dr. Gramlich. „Blumen sollen Herzlichkeit zeigen", so Torhüter Pahl, „aber Herzlichkeit gibt es in diesem Verein nicht mehr."

1987/88 Zum vierten Mal Pokalsieger

Im Sommer 1987 wurde bei der Eintracht der große Schnitt gemacht. Nach Jahren des Kleckerns wurde wieder geklotzt. Für rund 4,5 Millionen Mark wurden neun Spieler abgegeben, dafür zehn neue für knapp 6,3 Millionen geholt. Der Hauptteil davon, nämlich 3,6 Millionen, wurde in den ungarischen Mittelfeld-Akrobaten Lajos Detari von Honved Budapest investiert, der dem Team zu einem neuen Höhenflug verhelfen sollte. Die neu zusammengewürfelte Mannschaft tat sich jedoch mit dem von Karl-Heinz Feldkamp verordneten Offensiv-Fußball schwer. Zudem kam Lajos Detari, zu dessen Bundesliga-Debüt beim 1. FC Kaiserslautern (2:2) sogar der berühmte Ferenc Puskas angereist war, nur langsam auf Touren. Doch nicht nur dem Ungarn wehte ein rauher Wind ins Gesicht: drei Spiele und drei Niederlagen (ohne eigenen Torerfolg!) später hatte die Eintracht die Rote Laterne in der Hand. Doch langsam fing sich die Mannschaft, wenngleich es manchen groben Rückschlag gab, so ein 2:5 beim FC Homburg, als Torhüter Gundelach ins Kreuzfeuer der Kritik geriet. Sechs Wochen später reagierte „Kalli" Feldkamp und holte den beim Hamburger SV beurlaubten Uli Stein.

Etwas über drei Monate nach seinem Faustschlag im Supercup gegen Jürgen Wegmann (Bayern München) feierte der Ex-Nationalspieler ein vielumjubeltes Comeback im Waldstadion. Auf Anhieb wurden drei Spiele in Folge gewonnen, womit die Eintracht auf Platz 7 kletterte. Doch kaum daß das Torhüterproblem gelöst schien, braute sich ein neues zusammen. Beim Pokalsieg in Düsseldorf (1:0) hatte Trainer Feldkamp Andreas Möller ausgewechselt und vor laufenden Fernsehkameras kritisiert. Für Möller und seinen Freund und Berater – und Eintracht-Jugendtrainer! – Klaus Gerster ein Grund für einen sofortigen Wechsel zu Borussia Dortmund, der der Eintracht 2,4 Millionen Mark Ablöse einbrachte.

Die Ligasaison war gelaufen – immerhin Neunter war die Eintracht am Ende – doch dafür war man im DFB-Pokal erfolgreicher. Auf dem Weg ins Endspiel hatte es am 13. April im Halbfinale bei Werder Bremen einen wahren „Pokal-Krimi" gegeben, denn der Deutsche Meister in spe zog ein Powerplay auf, daß es einem Angst und Bange werden konnte. Ein Uli Stein in Superform und ein Klasse-Konter, der von Frank Schulz verwertet wurde, ließ die Eintracht das Weserstadion als 1:0-Sieger verlassen. Im Finale von Berlin war die Eintracht in der Aufstellung

▶ Stein; Binz; Schlindwein, Körbel; Kostner, Sievers, Schulz, Detari, Roth; Friz, Smolarek

gegen den VfL Bochum zwar leicht favorisiert, tat sich gegen dessen kompakte Deckung jedoch schwer. In der zweiten Halbzeit hatte die vorher viel zu passiv agierende Mannschaft in der Schwüle des Olympiastadions jedoch mehr zuzusetzen, so daß VfL-Keeper Zumdick immer mehr in den Blickpunkt des Geschehens rückte. Auf Seiten der Eintracht setzte Lajos Detari nun die Akzente und sorgte in der 81. Minute auch für die Entscheidung. Nach einem Foul des heutigen Eintrachtlers Epp an ihm zirkelte der Ungar den Freistoß um die Bochumer Mauer und unhaltbar für Zumdick ins Dreieck. 1:0 – damit war die Eintracht zum vierten Mal in ihrer Geschichte DFB-Pokalsieger. Für zwei Spieler war es ein ganz besonderer Tag: Eintracht-Kapitän Karlheinz Körbel war bei allen vier Erfolgen seit 1974 dabei, und für Torhüter Uli Stein war es der zweite Pokalsieg binnen Jahresfrist (1987 mit dem Hamburger SV).

Das Pokal-Finale war der Höhepunkt der Saison, aber auch der Schlußpunkt der Siegermannschaft. Während man bei der Eintracht noch das Ende der sieben mageren Jahre feierte und von neuen Taten im Europapokal träumte, nahmen die Spekulationen um die Zukunft ihres ungarischen Spielmachers Lajos Detari zu. Mitte Juli platzte die Bombe: Detari wechselte zu Olympiakos Piräus, das sich den Transfer 1,4 Milliarden Drachmen (16 Millionen) Mark kosten ließ. Zehn Tage vor dem Start in die neue Saison hatte die Eintracht ihren wichtigsten Spieler verloren.

Da auch Smolarek den Verein verlassen hatte (zu Feyenoord Rotterdam) war guter Rat teuer. Die Neuzugänge Gründel (Hamburger SV), Heidenreich (TSV 1860 München) und Studer (FC St. Pauli) waren eigentlich als Ergänzung zu Detari verpflichtet worden, sollten nun aber Regie im Mittelfeld führen. Für die Eintracht war urplötzlich wieder die „Stunde Null" angebrochen. Das zeigte sich bereits im Supercup-Spiel gegen Werder Bremen, das mit 0:2 verloren wurde. Versuche, Wolfram Wuttke vom 1. FC Kaiserslautern zu verpflichten, scheiterten an der Ablöse-Forderung der Pfälzer. Statt um einen UEFA-Pokal-Platz spielte die Eintracht von Anfang an gegen den Abstieg. Noch nie zuvor war die Eintracht mit drei Niederlagen in Folge gestartet. Nach der 1:2-Heimpleite gegen Aufsteiger Stuttgarter Kickers tobte das Publikum und forderte „Vorstand raus".

Derweil bemühte man sich, schnellstmöglich einen Detari-Ersatz zu besorgen. Geholt wurde schließlich der Engländer Peter Hobday (Hannover 96, 1,5 Millionen Mark). Ihm folgte Dirk Bakalorz (Borussia Mönchengladbach, 780.000) und im Oktober Dieter Eckstein (1. FC Nürnberg, 3,5 Millionen). Zu diesem Zeitpunkt steckte der Karren allerdings schon tief im Dreck. Nachdem sich Karl-Heinz Feldkamp wegen eines Kompetenzgerangels zwischen Präsidium, Manager und Trainer bei der geplanten Verpflichtung des Polen Dziekanowski düpiert fühlte und sich wegen eines Bandscheibenschadens krank gemeldet hatte, gelang unter Assistent Zahnleiter der erste Sieg (1:0 gegen den 1. FC Köln). Doch auch er konnte die sportliche Talfahrt nicht stoppen. Nach einer 0:1-Niederlage beim VfL Bochum zogen die Verantwortlichen die Notbremse: Tags darauf wurde Pal Csernai als neuer Trainer verpflichtet, am Montag Manager Kraus entlassen, am Dienstag Einigung mit Feldkamp über eine Vertragsauflösung erzielt. Zwei Wochen später wurde mit dem Ex-Eintracht-Spieler Jürgen Friedrich ein neuer Manager eingestellt. Wie „beliebt" der alte Manager war, zeigt eine Postkarte, die Armin Kraaz, im Sommer 1988 mit 23 Jahren zum Oberligisten Rot-Weiß Frankfurt gewechselt, „Scheppe" Kraus nach dessen Entlassung schickte:

„Servus Wolfgang, viel Glück, dumme Sprüche und eine Boulevard-Zeitung sind nicht die einzigen Voraussetzungen für eine Manager-Karriere. Dazu gehören auch Format, Ehrlichkeit und Anstand. Endlich hat es einmal nicht die Falschen getroffen. Mit einer gewissen Genugtuung grüßt Dich Armin Kraaz." (*kicker-sportmagazin* vom 29. September 1988)

Mit Format, Ehrlichkeit und Anstand war es seinerzeit bei der Eintracht nicht mehr weit her. Als erstes gelang es Csernai trotz einer fast vierwöchigen Pause wegen der Olympischen Spiele in Seoul nicht, das vorhandene Spieler-

Der vierte Pokalsieg 1988: Trainer Karl-Heinz Feldkamp (rechts) und Torschütze Lajos Detari mit dem Pokal. Sechs Wochen später war der Ungar nicht mehr in Frankfurt, weitere zwei Monate später war auch Feldkamp weg. Die Eintracht stand vor einem Scherbenhaufen.

material zu einer verschworenen Einheit zusammenzuschweißen. Im Gegenteil: Zum „Einstand“ gab es drei Niederlagen in Folge und wieder die Rote Laterne. Damit hatte der Ungar bereits jeglichen Kredit beim Publikum verspielt. Beim Europapokalspiel im türkischen Sakaryaspor (3:1) wurde er von einem Teil der mitgereisten Fans während des ganzen Spiels mit Sprechchören wie „Wir sind Frankfurter und Du nicht!“ bedacht. Hoch her ging es auch bei der anstehenden Jahreshauptversammlung am 14. November 1988, die zur bislang schwärzesten Stunde der Vereinsgeschichte ausartete. Bevor nämlich Präsident Dr. Klaus Gramlich und „Vize“ Klaus Mank bei den Wahlen gegen Dr. Joseph Wolf, den ehemaligen Hauptgeschäftsführer, und Weltmeister Bernd Hölzenbein unterlagen, hatte ein erzürntes Eintracht-Mitglied einen Ordner, der ihm nach Ablauf der Redezeit vom Mikrofon wegziehen wollte, mit einem Faustschlag in die Blumendekoration befördert.

„Befördern“ wollte man auch gleich wieder den neuen Präsidenten. Schon kurz nach seiner Wahl regte sich eine Opposition, die ihn bei der Fortsetzung der Versammlung am 29. November wieder abwählen wollte. Doch dazu kam es gar nicht mehr. Nach nur neun Tagen gab Dr. Wolf „zum Wohle und im Interesse von Eintracht Frankfurt“ auf. Zu seinem Nachfolger wurde der Devisenmakler Matthias Ohms gewählt, der der Eintracht 1983 mit einer Millionen-Bürgschaft schon einmal die Lizenz gerettet hatte. Zu seinen ersten Maßnahmen gehörte die Entlassung von Trainer Pal Csernai. Am 12. Dezember waren die Tage des Ungarn am Riederwald gezählt, am 18. hielt sein Nachfolger Jörg Berger Einzug, der vom SC Freiburg losgeeist wurde. Ihm war klar, daß eine schwere Aufgabe auf ihn wartete und der Klassenerhalt nur geschafft werden könne, wenn alle an einem Strang ziehen würden: Mannschaft, Management und Vorstand.

Doch die Wende ließ auf sich warten. Im März verabschiedete man sich auch aus dem Europapokal (0:0 und 0:1 gegen den belgischen Titelverteidiger KV Mechelen). Nach einem 0:1 beim SV Waldhof Mannheim am 8. April fiel die Eintracht wieder auf den drittletzten Platz zurück und sollte diesen bis zum Saisonende nicht mehr abgeben.

Allerdings wurde es am letzten Spieltag noch einmal äußerst knapp. Die Rechnung war einfach. Da sich Bayern München die Meisterfeier gegen Bochum (26:40 Punkte) nicht verderben lassen wollte (und sollte), und die Stuttgarter Kickers (24:42) und der 1. FC Nürnberg (26:40) direkt aufeinandertrafen, wäre die Eintracht (25:43) bei einem Sieg in Hannover gerettet gewesen. Vor 12.000 Zuschauern – davon mindestens zwei Drittel Eintracht-Fans – präsentierte sich die Mannschaft am 17. Juni in der ersten Halbzeit aber saft- und kraftlos und lag durch ein Tor von Siggi Reich mit 0:1 zurück. Um 16.49 Uhr wurde es dann dramatisch: Die Stuttgarter Kickers waren gegen

Das Zittern geht weiter: Mit einem 1:1 beim Absteiger Hannover 96 verpaßte die Eintracht am 17. Juni 1989 den direkten Klassenerhalt und mußte in die Relegation. Carsten Surmann tröstet den niedergeschlagenen Dieter Eckstein (Nr. 11).

den „Club“ in Führung gegangen. Damit war die Eintracht Vorletzter. Zwölf Minuten später sorgte Karl-Heinz Körbel jedoch für die Erlösung. Er traf im übrigen ins gleiche Tor wie fast auf den Tag genau 13 Jahre zuvor, damals allerdings zum zweiten Frankfurter Pokalsieg. Damit löste der „treue Charly“ sein Versprechen ein: „So lange ich spiele, steigt die Eintracht nicht ab.“

Und so kam es auch. Im ersten Relegationsspiel gegen den 1. FC Saarbrükken präsentierte sich eine kämpferische Eintracht, die durch Tore von Andersen und Binz verdient mit 2:0 gewann. Die bange Frage war jedoch, ob der Zwei-Tore-Vorsprung für das Rückspiel reichen würde. Er sollte, aber wie! Bereits nach zehn Minuten hatte Anthony Yeboah zum 1:0 für die Saarländer getroffen, denen sich danach gute Chancen zum zweiten Tor boten. Es war einmal mehr Frank Schulz, der die Eintracht nach 51 Minuten mit einem Freistoßtor zurück ins Spiel brachte. Der 1. FCS resignierte aber nicht, und als Yeboah nach 76 Minuten die erneute Führung gelang, hatte die Eintracht noch manch brenzlige Situation zu überstehen. Sie wankte zwar, fiel aber nicht. Wie nervenaufreibend die Schlußphase war, geht schon aus der Tatsache hervor, daß Lasser in der Nachspielzeit wegen Ballwegschlagens die Rote Karte erhielt. Den 5.000 Eintracht-Fans war’s letztendlich egal. Trotz der 1:2-Niederlage war Eintracht Frankfurt auch 1989/90 Bundesligist.

Erfolg macht blind
1989 bis 1996

Nachdem „Atze" Friedrich am 18. Mai gekündigt hatte, wurde die Manager-Position bei der Eintracht nicht neu besetzt. Dafür kümmerte sich Vizepräsident Bernd Hölzenbein jetzt verstärkt um die sportlichen Belange. Er wollte den Verein endlich wieder nach oben bringen.

1989/90 Mit Hessen zurück an die Spitze

Als erstes gab es einen erneuten Schnitt, bereits den dritten nach 1983 und 1987. Das neue Konzept hieß „Mit Hessen zurück an die Spitze". Vor allem die neue Mittelfeld-Achse Uwe Bein (Hamburger SV, offensiv) – Ralf Falkenmayer (von Bayer Leverkusen zurück, defensiv) machte den Unterschied zur Zittersaison 1988/89 aus. Da auch der schon als Fehleinkauf abgestempelte Norweger Jörn Andersen plötzlich wie am Fließband traf, kletterte die Eintracht zur Überraschung aller Experten und zur großen Freude der wieder zahlreich ins Stadion strömenden Fans am 3. Spieltag an die Tabellenspitze. Nur einmal stand man in der Vorrunde nicht auf einem UEFA-Pokal-Platz.

Hessen-Power I: Trainer Jörg Berger mit den Neuzugängen 1989/90. Stehend von links Heide, Falkenmayer, Bein und Sippel, vorn Klein und Conrad. Alle erlernten ihr Fußball-Abc im Hessenland.

Die Torausbeute hatte sich mit 34 im Vergleich zu acht in der Vorrunde 1988/89 mehr als vervierfacht! Punktemäßig hatte man mit 28:14 nach 21 Spielen bereits zwei Zähler mehr auf der Habenseite als in der ganzen vorangegangenen Saison. Tabellenführer Bayern München lag nur einen Zähler vor der Eintracht.

Mit einem 5:1 gegen den VfB Stuttgart blieb man den Bayern auch im Frühjahr 1990 dicht auf den Fersen, so daß das Spiel am 17. März bereits als vorweggenommenes Finale galt. Vor 70.000 Zuschauern im Olympiastadion (darunter über 20.000 Eintracht-Fans!) brannte die Eintracht in der ersten Halbzeit ein wahres Feuerwerk ab und hätte durchaus 3:0 führen können. Mit Glück und Cleverness hielten die Bayern jedoch ihr Tor sauber und kamen auf die gleiche Art und Weise schließlich sogar zu einem schmeichelhaften Sieg. Nach 58 Minuten nutzte Strunz ein Mißverständnis zwischen Stein und Andersen zum einzigen Treffer des Spiels. Damit setzten sich die Münchner vier Punkte ab, was bei der Eintracht einen Knacks hinterließ. Mit einem 0:3 gegen Bayer Leverkusen verabschiedete man sich aus dem Meisterschaftsrennen. Allerdings gelang am Ende durch ein 3:1 gegen Vizemeister 1. FC Köln noch der Sprung auf den dritten Platz. Außerdem wurde mit Jörn Andersen (18 Tore) erstmals ein Eintracht-Spieler und erstmals ein ausländischer Profi überhaupt Bundesliga-Torschützenkönig.

1990/91 Ein Jahr der verpaßten Möglichkeiten

Bereits nach der unglücklichen Niederlage von München hatte Vizepräsident Bernd Hölzenbein trotzig verkündet, „nächste Saison jagen wir die Bayern erst richtig!" Schon vorher hatte der Weltmeister von 1974 Zeichen gesetzt: Seit Februar war die Rückkehr von Andreas Möller aus Dortmund an den Main perfekt, im März wurden die Verträge mit Binz, Körbel und Stein verlängert. Lediglich Andersen ging von Bord. Er hatte mit Italien spekuliert, doch als sich ein Wechsel zum FC Genua 93 zerschlug, hatte die Eintracht bereits den Ghanaer Anthony Yeboah vom 1. FC Saarbrücken verpflichtet.

Mit dem Anspruch der neuen „Macht am Main" waren aber auch gewaltige finanzielle Anstrengungen notwendig. Allein für Möller mußten 4,35 Millionen, für Yeboah 1,2 Millionen Mark auf den Tisch geblättert werden. Außerdem wurde das Gehaltsniveau gewaltig erhöht, denn anders wären die anderen Stars nicht zu halten gewesen. Allein war diese Aufgabe nicht zu bewältigen – die Detari-Millionen waren im Abstiegskampf 1988/89 aufgezehrt worden. Da auch Trikot-Sponsor „Hoechst AG" nicht bereit war, entscheidend über sein bisheriges Engagement (700.000 Mark jährlich) hinauszugehen, mußte der Möller-Transfer mit Hilfe weiterer Sponsoren finanziert

Hessen-Power II: Die Eintracht-Fans zeigen im Münchner Olympiastadion Flagge.

werden. So steuerten Präsident Ohms und Börsenmakler Wolfgang Steubing, Präsident des Oberligisten Rot-Weiss Frankfurt, jeweils eine halbe Million hinzu. Während die Mannschaft sportlich aufgerüstet wurde, begann finanziell der berühmte „Tanz auf der Rasierklinge“: Im Vergleich zur Vorsaison war der Etat von 8,2 auf 12,9 Millionen Mark gesteigert worden – und sollte sich bis zum Abstiegsjahr 1995/96 noch einmal verdoppeln. Diese teure Mannschaft war nur zu halten, wenn sich umgehend sportliche Erfolge einstellen würden, auf nationaler und internationaler Ebene.

Doch gerade auf internationalem Parkett blamierte sich die Millionen-Truppe gleich bei ihrem ersten Auftritt bis auf die Knochen. In Kopenhagen präsentierte sich die Eintracht wie ein Zweitligist und unterlag Bröndby IF sang- und klanglos mit 0:5. Zwar rehabilitierte sich die Mannschaft im Rückspiel (4:1), in der Bundesliga dagegen wurde entscheidend an Boden verloren. Statt mit einem Sieg bei Aufsteiger SG Wattenscheid 09 an die Spitze vorzustoßen, fiel man hinter das Duo 1. FC Kaiserslautern und Bayern München auf den dritten Platz zurück. Als im Oktober lediglich ein Sieg gelang, kam es zur Zerreißprobe. Nach der 1:4-Heimniederlage gegen Bayern München ging Uli Stein in der Kabine zuerst auf Andreas Möller, dann auf Anthony Yeboah und schließlich auf Trainer Berger los: „Soll ich den Möller auf die Tribüne setzen, oder machen Sie das? Aber Sie machen ja hier überhaupt nichts mehr, was spielen Sie eigentlich für eine Rolle?“ (*kicker-sportmagazin* vom 1. November 1990)

Während die Sache für Stein mit einer Abmahnung endete, standen Andreas Möller und sein Berater Klaus Gerster weiterhin in der Kritik. Gerster war nämlich im Sommer mit Möller aus Dortmund an den Riederwald zurückgekehrt und hatte dort einen Vierjahresvertrag als Manager erhalten. Dies empfand nicht nur Trainer Berger als unglückliche Konstellation, auch Teile der Mannschaft monierten, daß der „schwarze Abt" zusammen mit Möller und Binz die Vereinspolitik aushecke. Stärker noch als beim Wechsel Möllers nach Dortmund im Winter 1987/88 war ein Interessenkonflikt deutlich. Einige behaupteten gar, „Gerster wolle Stein, Bein und Gründel aus der Mannschaft drücken, um freies Feld für Möller, die eigenen Interessen und die eigene Position zu schaffen" (*kicker-sportmagazin* vom 1. November 1990). Zwischen diesen Gruppen stand Trainer Berger und sollte schließlich in diesem Konflikt aufgerieben werden.

Trotz der internen Probleme konnte der Anschluß an die Spitze bis zum Ende der Vorrunde gehalten werden. Beim 4:3 gegen den 1. FC Kaiserslautern Anfang März schoß sich Andi Möller mit drei Toren endlich den Frust von der Seele. Doch statt eine Wende zum Guten trat das Gegenteil ein. Zwar wurde durch ein 3:1 über die SG Wattenscheid 09 das Halbfinale des DFB-Pokals erreicht, in der Bundesliga geriet dagegen der fünfte Platz in ernste Gefahr. Ohne die Qualifikation für einen internationalen Wettbewerb aber drohte das vorschnelle Ende der neuen „Macht am Main". Schon im Dezember nämlich hatte Bernd Hölzenbein angekündigt, notfalls Spieler zu verkaufen, um den Verein nicht ins Verderben zu führen. Den großen Knall gab es schließlich am 13. April 1991: Nach einer 0:6-Heimniederlage gegen den Hamburger SV kam es zur Trennung von Trainer Jörg Berger.

Was auf den ersten Blick als logische Folge des sportlichen Desasters erschien, hatte in Wahrheit tiefere Gründe. Nach einer Präsidiumssitzung soll Manager Gerster der Mannschaft mitgeteilt haben, daß die Position des Trainers nicht mehr sicher sei. „Wenn so etwas in der Mannschaft bekannt wird, dann gibt man ihr ein Alibi. So haben einige Spieler denn auch gespielt. Für mich kommt daher diese Niederlage nicht überraschend." (*kicker-sportmagazin* vom 15. April 1991) Mit diesen Worten redete sich Berger um den eigenen Kopf. Die Mannschaft ging auf Distanz zum Coach, das Präsidium (Präsident Ohms: „Es kann nicht sein, daß ein Angestellter des Vereins öffentlich über alle anderen Angestellten herfällt") sogar noch einen Schritt weiter. Keine 24 Stunden später präsentierte Bernd Hölzenbein mit dem ehemaligen Eintracht-Spieler Dragoslav Stepanovic den neuen Trainer.

Mit drei Siegen zum Einstand brachte „Stepi" die Eintracht wieder auf UEFA-Pokal-Kurs. Dabei hatte der Jugoslawe gar nicht so viel verändert. Bein und Möller bekamen alle Freiheiten in der Offensive. Binz kehrte wieder auf die Libero-Position zurück, Körbel spielte wieder Manndecker. Zwar wurde der Einzug ins Pokal-Endspiel gegen Werder Bremen verpaßt – nach einem 2:2 nach Verlängerung unterlag man an der Weser mit 3:6 –, dafür wurde das

UEFA-Pokal-„Endspiel" gegen den VfB Stuttgart gewonnen. Nach einem glatten 4:0 gegen die Schwaben wurde die Saison immerhin noch als Vierter abgeschlossen. Ein langes Gesicht machte lediglich Kapitän „Charly" Körbel, der beim FC St. Pauli (1:1) die vierte Gelbe Karte gesehen hatte und so seine Karriere als Bundesliga-Rekordspieler (602 Einsätze) nicht im heimischen Waldstadion beenden konnte.

Der letzte Akt des „treuen Charly": Schiedsrichter Prengel aus Düsseldorf zeigt Karl-Heinz Körbel beim FC St. Pauli die vierte Gelbe Karte der Saison. Damit war die Karriere des Bundesliga-Rekordspielers nach 602 Einsätzen beendet.

1991/92

„Fußball 2000" – bis zum Finale

Auch in der neuen Saison, in der die Bundesliga durch „Ost-Erweiterung" auf 20 Vereine aufgestockt wurde, vertraute man im wesentlichen der Vorjahresmannschaft. Eine Alternative für den Angriff sollte Edgar Schmitt sein, der für „Stepis" Ex-Klub Eintracht Trier 36 Tore in der Oberliga Südwest erzielt hatte. Außerdem wurde Mitte September Jörn Andersen von Fortuna Düsseldorf zurückgeholt, so daß die Eintracht über die wohl hochkarätigste Offensiv-Abteilung der Liga verfügte. Dies mußte als erster (Wieder-)Aufsteiger FC Schalke 04 erfahren, der mit einer 5:0-Packung zurück nach Gelsenkirchen geschickt wurde. Doch mit berauschendem Fußball allein ist noch niemand Deutscher Meister geworden. Erst als der „Fußball 2000" auch die notwendigen Punkte einbrachte, konnte sich die Eintracht an der Spitze festsetzen. Nach einem 6:3 beim MSV Duisburg am 16. Spieltag standen bereits 40 Tore zu Buche, je 20 zu Hause und auswärts. Zwar schied man erneut im UEFA-Pokal gegen den Außenseiter AA

Gent aus (0:0 in Belgien, 0:1 zu Hause), dafür wurde die Eintracht erstmals Bundesliga-Herbstmeister.

Nach der Winterpause kam die Mannschaft nur langsam aus den Startlöchern. Im Umfeld gab es Spekulationen um einen Transfer von Andi Möller nach Italien, intern Spannungen zwischen Trainer Stepanovic und den „Rebellen“ Kruse, Studer und Gründel. Die Mannschaft rutschte auf Platz vier ab, fand aber im Frühjahr ihre Form wieder. Im März gab es vier Siege in Folge und ein 2:2 in Dortmund. Mit einem 1:1 gegen den VfB Stuttgart eroberte sich die Eintracht schließlich wieder die Tabellenführung. Allerdings lief das Eintracht-Spiel längst nicht mehr so rund, was sich auch in der Trefferquote niederschlug: 43 Toren in der Vorrunde folgten nur 33 in der Rückrunde. Und je länger es dauerte, bis der Angriff das entscheidende zweite oder dritte Tor nachlegte, desto anfälliger wurde die Abwehr. Beispiel Wattenscheid: 1:0 nach 15 Minuten, Ausgleich in der 83. Noch schlimmer das letzte Heimspiel gegen Werder Bremen. Wieder ein frühes 1:0 (20.), doch mit einem Doppelschlag in der 77. und 79. Minute drehten die nach ihrem Europapokalsieg geschwächten Bremer den Spieß um. Lähmendes Entsetzen machte sich unter den 46.000 Zuschauern breit. Zwar gelang Yeboah umgehend der Ausgleich, zum Sieg langte es aber nicht mehr – auch weil Schiedsrichter Löwer aus Unna der Eintracht in der Schlußphase einen Foulelfmeter (Eilts an Bein) verweigerte. So ging das Spitzentrio Eintracht, VfB und BVB punktgleich (50:24) in die letzte und alles entscheidende Runde.

Theoretisch hatte die Eintracht bei Hansa Rostock die leichteste Aufgabe. Dank der besten Tordifferenz hätte ein Sieg den Titel bedeutet. Für die Fans, die zu Tausenden ins Ostseestadion gepilgert waren, gab es da keinen Zweifel. Sie wunderten sich allerdings, warum Trainer Stepanovic die Mannschaft, die zuletzt 7:1 Punkte geholt hatte, veränderte. Für Routinier Gründel kam Frank Möller ins Team, und im Sturm erhielt der Ex-Rostocker Kruse, der in der Rückrunde nur zu drei Kurzeinsätzen gekommen war, den Vorzug.

Während Kruse diesen Schachzug mit seinem Tor zum 1:1 noch rechtfertigte, bleibt bis heute unerklärlich, warum die Mannschaft fast eine Stunde mehr reagierte, als selbst agierte. Im Mittelfeld ging Andreas Möller völlig unter, und im Sturm mangelte es Yeboah an Durchsetzungskraft. Erst nach dem Rostocker Führungstreffer (65.) und Kruses Ausgleich zwei Minuten später wachte die Eintracht auf und zog ein Powerplay auf – der erlösende Führungstreffer wollte aber nicht fallen. In der 77. Minute verweigerte Schiedsrichter Berg der Eintracht zudem einen klaren Elfmeter, als Ralf Weber zum Torschuß ausholte und ihm Böger von hinten die Beine wegzog. Und als kurz vor Schluß der eingewechselte Edgar Schmitt nur den Innenpfosten traf, kam es, wie es kommen mußte: Nach einem Befreiungsschlag über-

Die Entscheidung von Rostock: Stefan Böger zieht Ralf Weber von hinten die Beine weg, doch der Elfmeterpfiff blieb aus.

lief Böger die aufgerückte Eintracht-Deckung und erzielte das 2:1 für Hansa. Wieder stand die Eintracht mit leeren Händen da. So nah war sie dem Titel in 29 Jahren Bundesliga noch nie gewesen. Was ihr im Gegensatz zur Meisterelf von 1959 fehlte, waren mannschaftliche Geschlossenheit und Teamgeist.

Im Mittelpunkt der Kritik stand einmal mehr Andreas Möller, der in den entscheidenden Wochen mehr mit sich selbst beschäftigt schien als mit der Mannschaft und der Meisterschaft. So war kurz vor dem Finale in Rostock durchgesickert, daß er im Falle des Titelgewinns 200.000 Mark Prämie erhalten sollte (die übrigen Spieler nur 50.000 Mark). Außerdem hatte er unmittelbar nach dem Spiel gegen Bremen Einigung über seinen Wechsel zu Juventus Turin erzielt. Mit Möller verließ auch sein Freund Klaus Gerster den Riederwald: Ihm war nach der Pleite von Rostock fristlos gekündigt worden.

1992/93 Auch „Stepi" mit seinem Latein am Ende

Obwohl die Eintracht durch den Möller-Transfer 3,8 Millionen Mark Ablöse erhielt, waren ihr in punkto Neueinkäufen die Hände gebunden, da die Hausbank, die Bank für Gemeinwirtschaft, den Kreditrahmen von bisher 8,5 auf fünf Millionen Mark senkte. Zwar forderte die Eintracht von Möller wegen der vorzeitigen Auflösung des Vertrages weitere fünf Millionen Mark, doch sollte dieser Fall die Gerichte noch zweieinhalb Jahre beschäftigen. Erst im Dezember 1994 einigten sich beide Parteien auf einen Kompromiß, der Möller zur Zahlung von knapp 2,6 Millionen Mark verpflichtete. Außerdem durfte die Eintracht rund 600.000 Mark behalten, die nach Möllers Transfer zu Juventus auf einem Sperrkonto eingefroren waren.

Da sich der als Möllers Nachfolger geholte Ex-Gladbacher Uwe Rahn in der Vorbereitung verletzte, grub Trainer Stepanovic den fast 35jährigen Rudi Bommer wieder aus, der seine Profikarriere eigentlich schon 1988 beendet hatte und vier Jahre bei Viktoria Aschaffenburg in der Oberliga gespielt hatte. Wie schon in den letzten Jahren gelang der Eintracht auch 1992/93 ein Super-Start mit elf Spielen ohne Niederlage. Daß es dennoch nicht zum Platz ganz oben reichte, war auf eine Reihe unnötiger Unentschieden zurückzuführen (3:3 in Gladbach und 1:1 gegen Saarbrücken in letzter Sekunde). Dafür entdeckte Stepanovic in der eigenen Amateurmannschaft einen jungen Nigerianer namens Augustine Okocha, der auf Anhieb den Sprung zum Stammspieler schaffte. Selbst ein deutliches 1:4 beim Karlsruher SC ließ die Eintracht weiter auf Tuchfühlung zum Spitzenreiter Bayern München bleiben. Mit nur einem Punkt Rückstand wurde die Vorrunde als Zweiter beendet. Außerdem wurde beim KSC nach Verlängerung (1:1) und Elfmeterschießen der Sprung ins Halbfinale des DFB-Pokals geschafft. Dafür gab es wieder ein frühes Scheitern im UEFA-Pokal, wo nach einem Rekord-Sieg gegen Widzew Lodz (9:0) in der 2. Runde das Aus gegen Galatasaray Istanbul kam (0:0 und 0:1).

Bereits Anfang Januar erklärte Trainer Stepanovic, daß für ihn am Saisonende Schluß in Frankfurt sei. Auch die Zukunft von Bein, Stein und Yeboah, die um besser dotierte Verträge pokerten, war lange ungewiß. Der Form der Mannschaft schien dies nicht zu schaden, so daß es am 6. März im Münchner Olympiastadion zum großen Showdown kam: FC Bayern (29:9 Punkte) – Eintracht (28:10). Mit Michael Anicic (für den verletzten Yeboah) und dem Brasilianer Alessandro da Silva (nach 61 Minuten für Okocha eingewechselt) gaben dabei zwei Amateure ihr Bundesliga-Debüt. An ihnen lag es aber am wenigsten, daß das Spiel mit 0:1 verloren wurde. Wie schon 1990 wurde das Spiel in München zum Wendepunkt. Nach zwei weiteren Niederlagen war die Eintracht aus dem Titelrennen ausgeschieden. Dafür stand der Trainer im Kreuzfeuer der Kritik – und das drei Tage vor dem Pokal-Halbfinale gegen Bayer Leverkusen, „Stepis" künftigen Klub!

Was sich schon bei den Niederlagen in Dortmund (0:3) und gegen Mönchengladbach (1:3) angedeutet hatte, setzte sich auch gegen Leverkusen fort. Nach der schnellen Bayer-Führung durch Thom (6.) erspielte sich die Eintracht zwar eine optische Überlegenheit, ein Doppelschlag von Kirsten und

Thom (72./75.) beendete jedoch alle Frankfurter Pokalträume – und „Stepis" Engagement nach fast genau zwei Jahren am Riederwald. Er hatte viel bewegt in Frankfurt, sich dabei aber auch abgenutzt. Spätestens seit den geplatzten Vertragsgesprächen kurz vor Weihnachten wußte er, daß er nicht mehr das volle Vertrauen des Präsidiums – Ausnahme Bernd Hölzenbein – genoß.

Doch trotz Trainerwechsel – Ex-Eintracht-Idol Horst Heese wurde „Stepis" Nachfolger – geriet die UEFA-Pokalqualifikation noch in Gefahr. Besonders peinlich war dabei der Auftritt gegen Bayer Uerdingen. Zwar hatte die Eintracht beim Tabellenletzten mit 5:2 gewonnen, doch war Trainer Heese dabei ein folgenschwerer Lapsus unterlaufen: Nach einer Verletzung des jugoslawischen „Fußball-Deutschen" Komljenovic hatte er den Slowaken Penksa eingewechselt – und damit neben Zchadadse (Georgien), Okocha (Nigeria) und Yeboah (Ghana) einen Ausländer zuviel auf dem Platz. Zwar wurde der Wechselfehler sofort bemerkt und Penksa nach drei Minuten durch Anicic (Fußball-Deutscher Jugoslawe) ersetzt, doch kannten die Statuten des DFB keine Gnade: Das Spiel wurde mit 2:0 Toren und Punkten für Uerdingen gewertet.

Die endgültige Qualifikation für den UEFA-Pokal wurde aber im folgenden Heimspiel gegen den 1. FC Kaiserslautern (3:0) unter Dach und Fach gebracht. Durch ein abschließendes 1:0 beim Hamburger SV wurde die Saison schließlich noch als Dritter beendet.

1993/94 Hochmut kommt vor dem Fall

Nachdem es auch im dritten Anlauf nicht mit der Meisterschaft geklappt hatte, wurde für 1993/94 noch einmal kräftig investiert. Bereits Ende April war man sich mit dem Polen Jan Furtok (für 2,1 Millionen Mark vom Hamburger SV) einig. Mitte Juni wurde mit Klaus Toppmöller der neue Trainer präsentiert, und nur kurz darauf mit Maurizio Gaudino (VfB Stuttgart/drei Millionen) ein weiterer hochkarätiger Name. Finanziell ermöglicht wurden diese Transfers durch die Verkäufe von Edgar Schmitt (Karlsruher SC), Axel Kruse (VfB Stuttgart) und Stefan Studer (SG Wattenscheid 09) für zusammen rund 3,1 Millionen Mark und durch die Abgabe einiger Spieler aus dem zweiten Glied. Da sich auch der vom Oberligisten Hessen Kassel geholte Mittelfeldspieler Mirko Dickhaut in der Vorbereitung als brauchbare Alternative entpuppte, ging man selbstbewußt wie noch nie in eine neue Punktspielsaison:

„Die Eintracht war zuletzt zweimal Dritter. Daher kann der Anspruch, Meister werden wollen, nicht zu hoch sein. Auch als Trainer strebe ich nach hohen Zielen. Und das kann in Frankfurt nur heißen: Her mit dem Titel!" (Trainer Toppmöller im *kicker-sportmagazin* vom 5. August 1993)

Beim Startsieg in Mönchengladbach jedenfalls zeigte die Mannschaft Fußball vom feinsten und gewann auch in der Höhe verdient mit 4:0. Mit einem 5:1 beim 1. FC Nürnberg übernahm sie am 4. Spieltag die Tabellenführung und eilte von Sieg zu Sieg. Nach elf Spielen standen 20:2 Punkte auf dem Konto, und die Eintracht hatte damit den Startrekord der Münchner Bayern aus der Saison 1980/81 (20:2) egalisiert. Allerdings hatten in letzter Zeit einige Beigeräusche den auf Hochtouren laufenden Eintracht-Motor stottern lassen. Es begann mit der schweren Knieverletzung von Anthony Yeboah (zuvor neun Tore in sieben Spielen) im Spiel gegen Dynamo Dresden (3:2), nach der der Ghanaer für den Rest der Vorrunde ausfiel, und setzte sich beim blamablen 1:2 im UEFA-Pokal vor eigenem Publikum gegen Dynamo Moskau fort (nachdem man in Rußland noch mit 6:0 triumphiert hatte).

So schien die erste Niederlage (0:1 beim MSV Duisburg) fast wie eine Erlösung zu wirken. „Irgendwann mußte es kommen. Es war nicht zu erwarten, daß wir ohne Niederlage durch die Saison kommen", meinte Torhüter Uli Stein (*kicker-sportmagazin* vom 18. Oktober 1993). Zunächst schien es auch, als ob die Mannschaft die Niederlage wegstecken könnte. Bereits nach 15 Spielen war die Herbstmeisterschaft mit fünf Punkten Vorsprung vor den Bayern unter Dach und Fach. Da die Eintracht auch im UEFA-Pokal gegen Dnjepr Dnejpropetrowsk weitergekommen war, die Bayern dagegen gegen Norwich City ausgeschieden waren, ließ sich Trainer Toppmöller zu der Aussage „Bye, bye – Bayern" hinreißen.

Doch Hochmut kommt bekanntlich vor dem Fall. Nachdem der Eintracht bis dahin das Spielglück hold war, schien sie nun von allen guten Geistern verlassen: 0:3 in Hamburg (und Bänderriß von Weber), 0:3 gegen Köln, 0:3 gegen Gladbach, 0:1 in Bremen – die fünf Punkte Vorsprung waren verspielt, die Tabellenführung futsch. Hoffnung machte allerdings der Einzug ins UEFA-Pokal-Viertelfinale durch zwei 1:0-Siege über Deportivo La Coruña. Zudem glaubte Trainer Klaus Toppmöller, daß mit der Genesung von Yeboah auch die Sturmmisere beendet werden könne. Doch die Gründe für die Krise lagen tiefer. So lange die Mannschaft auf der Erfolgswelle schwamm, hatte sie sich nach außen hin als Einheit präsentiert. Als sich jedoch die ersten Mißerfolge einstellten, zeigten sich die Probleme offen. Zwar hatte Toppmöller bei seinem Amtsantritt im Sommer noch angekündigt, bei Querelen innerhalb des Teams rigoros durchzugreifen. Doch nur Kapitän Uli Stein monierte immer wieder, daß einige Spieler selbstkritischer mit ihren Leistungen und Fehlern umgehen sollten, was für zusätzlichen Zündstoff sorgte. „In erster Linie muß der Trainer nach den Ursachen gefragt werden", sagte Vizepräsident Bernd Hölzenbein nach der Niederlage in Bremen (*kicker-sportmagazin* vom 6. Dezember 1993). Viereinhalb Jahre später wurde „Holz" deutlicher.

Angesprochen auf den Teamgeist der Aufstiegsmannschaft 1998 meinte er: „Hätten die Spieler zu meiner Zeit als Vizepräsident und Manager nur zehn Prozent dieses Zusammenhaltes bewiesen, wären wir zweimal Deutscher Meister geworden. Damals herrschten Neid und Mißgunst.“ (*kicker-sportmagazin* vom 12. Juni 1998)

Den sportlichen Abwärtstrend konnte zunächst auch die Verpflichtung von Thomas Doll (Lazio Rom) nicht stoppen. Zudem scheiterte die Eintracht im Viertelfinale des UEFA-Pokals im Elfmeterschießen an Austria Salzburg. Zwischen dem 2. und 10. April verwandelten sich schließlich alle Meisterschaftsträume in einen Alptraum. Es begann mit einer 0:1-Niederlage beim Tabellenletzten (wo auch sonst!) VfB Leipzig, setzte sich mit einer 1:2-Heimniederlage gegen den MSV Duisburg fort (Siegtor in der 89. Minute!) und kulminierte nach der 1:2-Niederlage bei Bayern München. Schon nach der Blamage von Leipzig hatte Uli Stein seine Kapitänsbinde abgegeben und einen radikalen Schnitt gefordert. Toppmöller reagierte und setzte gegen Duisburg Binz und Furtok auf die Tribüne. Doch auch das konnte seinen Kopf nicht mehr retten. Nachdem sich die Mannschaft durch die Niederlage in München endgültig aus dem Kreis der Titelanwärter gespielt hatte, wurde Uli Stein fristlos entlassen. „Es ging nicht allein um die Worte der letzten Wochen“, erklärte Präsident Ohms. „Die Strömungen aus der Mannschaft haben uns erschrocken. Der Schmelztiegel ist übergelaufen.“ (*kicker-sportmagazin* vom 11. April 1994) Mit dem Torhüter, der sechseinhalb Jahre bei der Eintracht zwischen den Pfosten gestanden hatte, mußte auch Klaus Toppmöller gehen. „Der Trainer hat die Negativ-Tendenz in der Mannschaft nicht erkannt und aufgefangen. Und er hat seine Position mit der Uli Steins verknüpft“, begründete Präsident Ohms diesen Schritt.

Jetzt galt es, wenigstens die UEFA-Pokal-Qualifikation zu retten. Richten sollte es der bisherige Co-Trainer Karl-Heinz Körbel. Der „treue Charly“ tat, wie ihm geheißen, holte aus den letzten vier Spielen 5:3 Punkte und damit das begehrte UEFA-Pokal-Ticket. Unmittelbar nach dem letzten Spiel wurde bereits an der Zukunft gebastelt. Von Werder Bremen wurde Thorsten Legat verpflichtet (für 2,5 Millionen Mark), vom 1. FC Nürnberg kam Torhüter Andreas Köpke (für eine Million) und vom 1. FC Köln Stephan Paßlack (für 600.000 Mark). Dafür mußte die Eintracht in Zukunft auf Uwe Bein verzichten, der ablösefrei zu den Urawa Red Diamonds in die japanische J-League wechselte. Keine Freigabe erteilte die Eintracht dagegen Maurizio Gaudino, der unbedingt zum 1. FC Kaiserslautern wechseln wollte. Nicht allein die geforderten acht Millionen Mark Ablöse, sondern auch das Veto des neuen Trainers Jupp Heynckes, ließen den Deal scheitern. In dessen Plänen spielte „Mauri“ nämlich eine entscheidende Rolle.

Ihm lagen nicht wenige Fans als „Zeugen Yeboahs" zu Füßen: Der ghanesische Stürmerstar Anthony Yeboah wurde 1993 und 1994 Torschützenkönig der Bundesliga.

Mit Jupp Henckes glaubten die Verantwortlichen endlich jenen Mann gefunden zu haben, der der Eintracht den Schlendrian austreiben sollte. Zwar gehörte die Mannschaft nicht mehr unbedingt zu den Titelanwärtern, ein UEFA-Pokal-Platz sollte am Ende jedoch schon herausspringen. „Daß wir uns als Einheit präsentieren, attraktiven Fußball spielen und unter den ersten drei bis vier Mannschaften mitspielen", nannte Heynckes als Saisonziele (*kicker-sportmagazin* vom 21. Juli 1994). Genau in umgekehrter Reihenfolge mußten sie jedoch nacheinander zu den Akten gelegt werden. Dem Anspruch, oben mitspielen zu wollen, konnte man von Anfang an nicht gerecht werden. Erst am letzten Spieltag wurde erstmalig ein einstelliger Tabellenplatz (der 9.) erreicht. Attraktiven Fußball bot die Mannschaft nur einmal, beim 4:1 über den späteren Deutschen Meister Borussia Dortmund Anfang September. Von seiner Einschätzung, die Eintracht sei eine „sehr disziplinierte und arbeitswillige" Mannschaft (*kicker-sportmagazin* vom 18. August 1994), mußte Heynckes schließlich Anfang Dezember Abschied nehmen.

Besonders vermißt wurde jener Mann, der mit seinen „tödlichen Pässen" die Eintracht ab 1989 an die Spitze der Liga geführt hatte: Uwe Bein. Er saß bei der deprimierenden 0:3-Niederlage gegen Uerdingen auf der Tribüne und „hatte nie den Eindruck, daß da etwas passiert" (*kicker-sportmagazin* vom 26. September 1994). Hohn und Spott mußte dafür der Mann über sich ergehen lassen, der seine Nachfolge im Trikot mit der Nr. 10 übernommen hatte: Thorsten Legat. Dabei mußte es allen schon von vornherein klar gewesen sein, daß er keine Spielmacherfähigkeiten besaß. Da auch Okocha nur mit seinen Tricks begeisterte und Gaudino seit dem geplatzten Wechsel zu Kaiserslautern nur noch mit halbem Herzen bei der Sache zu sein schien, klaffte im Mittelfeld ein großes Loch, so daß Torjäger Anthony Yeboah auf sich alleine angewiesen war. Da zudem Jupp Heynckes dem Ghanaer „Schwierigkeiten, sich zu artikulieren" vorhielt, war eine weitere Lunte gelegt.

Die Explosion erfolgte schließlich am 2. Dezember. Im Abschlußtraining vor dem Spiel gegen den Hamburger SV legten Yeboah, Gaudino und Okocha eine derart lasche Berufsauffassung an den Tag, daß sie Heynckes zu einem Straftraining verdonnerte. Dies nahmen die drei zum Anlaß, am nächsten Tag nicht gegen den HSV anzutreten: Gaudino, weil er sich „körperlich und mental kaputt", Okocha, weil er sich „von den eigenen Mitspielern kritisiert" fühlte. Doch damit bissen die „Rebellen" bei Heynckes auf Granit. „Wer von sieben bis 17 Uhr an der Drehbank steht oder auf dem Bau arbeitet und dafür nur ein Prozent der Spielergehälter verdient, hat für diese Situation kein Verständnis" (*kicker-sportmagazin* vom 5. Dezember 1994), erklärte der Coach.

Dezember-Revolutionäre: Maurizio Gaudino, Jay-Jay Okocha und Anthony Yeboah (von links) wurden Anfang Dezember 1994 von Trainer Jupp Heynckes aus dem Kader geworfen.

Das kam beim Publikum an. Und als mit einer beispiellosen kämpferischen Leistung auch noch der HSV 2:0 geschlagen wurde und „Heynckes, Heynckes"-Rufe von den Tribünen zu hören waren, schien er der neue Held vom Riederwald. Gaudino wurde noch vor Weihnachten an Manchester City ausgeliehen, Yeboah im Januar an Leeds United verkauft. Lediglich Okocha fand Gnade und wurde wieder in den Kader aufgenommen.

Zwar hatte sich Heynckes mit seiner kompromißlosen Haltung gegen die drei „Meuterer" durchgesetzt, das schlingernde Schiff Eintracht konnte er jedoch nicht wieder in ruhigere Gewässer steuern. Nach der deutlichen 0:3-Niederlage zum Rückrundenauftakt in Köln stand selbst er unter Druck. Zwar folgten vier Spiele ohne Niederlage und zwei respektable Auftritte im UEFA-Pokal gegen Juventus Turin (1:1, 0:3), doch spielerisch trat die Mannschaft auf der Stelle. Nach einer 0:3-Demontage zu Hause gegen den FC Schalke 04 warf Heynckes schließlich die Brocken hin.

„Die Trennung zum jetzigen Zeitpunkt habe ich vollzogen, um dem Verein die Möglichkeit zu geben, die dringend notwendigen personellen Verstärkungen der Bundesligamannschaft allein nach seinen Vorstellungen zu realisieren. Ich bedaure, daß aus meiner Sicht die Trennung von der Eintracht unvermeidbar war. Doch die Erkenntnis, daß der Verein und ich nicht zueinander passen,

Das „Mädchen für alles": 1954 kam Toni Hübler (hier zwischen Präsident Matthias Ohms und Manager Bernd Hölzenbein) als Gärtner an den den Riederwald und überlebte dort 24 Trainer. Ende 1994 ging der Zeugwart nach über 40 Dienstjahren in den verdienten Ruhestand.

ist in jüngster Zeit immer stärker geworden. Zu unterschiedlich sind unsere Auffassungen von professioneller Arbeit und dem Aufbau einer Spitzenmannschaft, der in Frankfurt erforderlich ist." (*kicker-sportmagazin* vom 3. April 1995)

Obwohl Heynckes Größe bewies und auf eine Abfindung verzichtete, war er für die Fans fortan der Buhmann. „Fehlende Durchschlagskraft im Sturm" hatte er zuletzt bemängelt. Da verziehen ihm die Fans nicht, daß er Publikumsliebling Anthony Yeboah aus dem Kader geworfen hatte. Eine Strafe zur Abschreckung ja, aber gleich ganz weg, das mochten die Fans jetzt nicht mehr mittragen. Doch man tut Jupp Heynckes sicherlich Unrecht, ihn zum „Totengräber der Eintracht" zu stempeln. Im Gegenteil: Vielleicht war er der erste, der erkannt hatte, daß sich die Eintracht auf einem absteigenden Ast befand und eine düstere Zukunft vor sich hatte. Wenn man sich die Wortwahl seiner Erklärung einmal genauer anschaut, erhärtet sich diese Vermutung.

Wie im Vorjahr übernahm Karl-Heinz Körbel das Training und schaffte am Ende noch einen einstelligen Tabellenplatz und die Qualifikation für den UI-Cup. Mit 33:35 wies die Eintracht aber erstmals seit 1988/89 wieder ein negatives Punktekonto auf. Daß es überhaupt so viele wurden, war einem Lapsus der Münchner Bayern zu verdanken, die bei ihrem 5:2-Sieg im Waldstadion in der Schlußphase einen Vertragsamateur zuviel einsetzten und das Spiel nachträglich mit 0:2 angerechnet bekamen.

1995/96 Ein Ende mit Schrecken

Nach dem gescheiterten Versuch mit einem international renommierten Trainer setzte man im Sommer 1995 auf die hausinterne Lösung. „Charly" Körbel blieb Chef am Riederwald, Rudi Bommer wurde zum Assistenten befördert, war aber weiterhin aktiver Spieler. Dafür wurde auf dem Transfermarkt in großem Stil zugeschlagen: Rainer Rauffmann (SV Meppen) und der Schwede Johnny Ekström (Dynamo Dresden) sollten das Sturmproblem lösen, Markus Schupp (Bayern München) und Domenico Sbordone (FC Augsburg) dem Mittelfeld zu neuem Glanz verhelfen, Dirk Böhme (1. FC Nürnberg) und René Beuchel (Dynamo Dresden) die Abwehr verstärken. Zudem kehrte Maurizio Gaudino aus England zurück, verabschiedete sich jedoch nach nur 68 Minuten im Eintracht-Trikot im September wieder in Richtung Mexiko.

Zu diesem Zeitpunkt war die Eintracht Fünfter, und die Fans träumten vom UEFA-Pokal. Doch hinter den Kulissen brodelte es. Trainer Körbel drohte gar mit seinem Rücktritt, als bekannt wurde, daß die Eintracht Geheimverhandlungen mit 1860-Coach Werner Lorant geführt haben sollte, was beide Seiten aber heftigst bestritten. Der „Charly" war jedenfalls sensibilisiert: „Ich werde noch mehr die Augen und Ohren aufhalten. Für mich erhebt sich die Frage, was erst passiert, wenn wir zwei Spiele verlieren sollten?" (*kikker-sportmagazin* vom 14. September 1995) Sie sollte schneller gestellt werden, als es allen – Präsidium, Trainer, Mannschaft und Fans – lieb sein konnte. Nach nur einem Punktgewinn aus fünf Spielen war die Mannschaft in der Bundesliga auf den drittletzten Platz abgestürzt und beim TSV 1860 München mit Pauken und Trompeten aus dem Pokal geflogen (1:5).

Spätestens jetzt stellte sich heraus, daß im Sommer für fast fünf Millionen Mark zwar jede Menge Masse, aber wenig Klasse eingekauft worden war. Rauffmann und Ekström trafen in der gesamten Saison zusammen nur siebenmal, Schupp konnte im Mittelfeld wenig Akzente setzen. Also wurde nachgebessert. Der Kroate Ivica Mornar wurde für 500.000 Mark von Hajduk Split ausgeliehen, doch bester Torschütze der Saison wurde der von den eigenen Amateuren geholte Matthias Hagner (zehn Tore). Torhüter Köpke forderte angesichts 23 Gegentore zwei neue Abwehrspieler, was Manager Hölzenbein auf die Palme brachte („nicht zu finanzieren"). Derweil stand Trainer Körbel im Regen. Vier Spiele ohne Niederlage retteten jedoch (vorerst) seinen Kopf. Ihre beste Saisonleistung lieferte die Mannschaft beim 4:1 gegen Tabellenführer Bayern München. Eine 1:5-Abfuhr beim Hamburger SV zum Vorrundenende ließ das gerade erst wieder erlangte Selbstvertrauen jedoch wie ein Kartenhaus einstürzen.

Himmelhoch jauchzend...: Beuchel, Hagner, Komljenovic, Rauffmann, Dickhaut, Binz, Köpke, Schupp und Okocha (von links) nach dem 4:1 gegen Tabellenführer Bayern München am 4. November 1995.

Zur Stabilisierung der mit 33 Gegentoren schwächsten Abwehr der Liga wurde als erstes der Australier Ned Zelic von den Queens Park Rangers geholt. Im Präsidium wurde unterdessen laut über einen Trainerwechsel nachgedacht. Spekulationen über eine Rückkehr von Dragoslav Stepanovic dementierte Manager Hölzenbein jedoch: „Solange ich bei der Eintracht bin, kommt Stepi nicht zurück." (*kicker-sportmagazin* vom 22. Januar 1996) Zehn Wochen später war er doch da.

Der freie Fall begann im März. Als gegen den SC Freiburg ein Heimspiel verlorenging (0:1), das zu gewinnen keiner verdient hatte, richtete sich der Fan-Protest gegen die Führung. „Vorstand raus" und „Hölzenbein raus" schallte es von den Rängen. „Körbel büßt für die Sünden der Vergangenheit", schrieb *kicker-sportmagazin* und verwies auf die schon zwei Jahre zuvor aufgedeckten Mängel: „Selbstüberschätzung, schlechte Einkaufspolitik, falsche 'Ausländer-Politik', zu hohe Gehalts-Struktur, schwache Führungs-Struktur, Sündenbock-Strategie, Blau-Äugigkeit, Nervenschwäche, Hinterhältigkeit und Intriganten-Spiele." Nach einer 0:6-Abfuhr in Dortmund und nach einem 0:2 gegen Borussia Mönchengladbach war man mit dem Latein am Ende. Die Eintracht stand neun Spieltage vor Saisonende auf einem Abstiegsplatz. Unmittelbar nach dem Schlußpfiff war Körbel seinen Job los, keine halbe Stunde später der neue Mann bekannt: Dragoslav Stepanovic.

Doch auch der zigarillorauchende Serbe konnte das Steuer nicht mehr rumreißen. Unter seiner Regie gab es nur noch fünf mickrige Punkte. Angezählt wurde die Mannschaft am 1. Mai in Köln: 0:3. Der K.o. folgte drei Tage später im Waldstadion: Nach einem weiteren 0:3 gegen den FC Schalke 04 war Eintracht Frankfurt zum ersten Mal in der 97jährigen Vereinsgeschichte nur noch zweitklassig. Es war gleichzeitig auch das Ende der Ära Ohms. Als der Präsident nach der Niederlage die Vertrauensfrage stellte, nahm der – all die Jahre tatenlos zusehende – Verwaltungsrat den Ball auf und entzog Ohms das Vertrauen. Mit Ohms ging auch Schatzmeister Joachim Erbs. Lediglich „Vize" Peter Röder blieb einstweilen noch im Amt, ebenso Manager Hölzenbein und Trainer Stepanovic. Zwei Wochen später war das Kapitel Bundesliga in Frankfurt nach 33 Jahren beendet. Wie es am Riederwald weitergehen sollte, wußten zu diesem Zeitpunkt nicht einmal die Fußballgötter.

...zu Tode betrübt: Dickhaut (Nr.14), Flick (18), Dworschak und Zelic (30) nach dem 1:4 gegen den Hamburger SV am 18. Mai 1996. Eintracht Frankfurt war nach 97 Jahren nur noch zweitklassig.

Ein Abstecher nach unten
1996 bis 1998

Anders als bei Mitabsteiger 1. FC Kaiserslautern, wo der Sturz in die Zweitklassigkeit sportlich und administrativ neue Energien freisetzte, fehlte es in Frankfurt an Konzepten und Perspektiven. Allein mit dem Abtritt von Ohms war wenig gewonnen. Zum Interimspräsidenten wurde mit Dieter Lindner nämlich ausgerechnet der Vorsitzende jenes Gremiums berufen, welches das finanzielle Chaos eigentlich hätte verhindern müssen: der Verwaltungsrat. Ex-Verwaltungsrat und Mäzen Wolfgang Steubing fuhr daher schweres Geschütz gegen den Meisterspieler von 1959 auf:

„Um den Verein überhaupt noch zu retten und ihn bei den bevorstehenden Spielerverkäufen nicht erpreßbar zu machen, benötigt er kurzfristig Risiko-Kapital. Dies allerdings kann kein Unternehmen zur Verfügung stellen, solange in den Gremien der Eintracht Personen entscheiden, die schon mit einst vorhandenem Kapital nicht umgehen konnten, obwohl die Satzung vorschreibt, daß dem Verwaltungsrat Personen angehören sollen, die Ahnung von wirtschaftlichen Dingen haben. Dieses Gremium müßte nun entweder dem Verein Türen öffnen, über finanzielles Engagement selbst in die Verantwortung treten oder aber die Tür schleunigst hinter sich schließen." (*kicker-sportmagazin* vom 9. Mai 1996)

Doch neue Leute zu finden, war leichter gesagt als getan. Jürgen Grabowski, den Umfragen zufolge 90 Prozent der Eintracht-Fans als die ideale Integrationsfigur ansahen, lehnte dankend ab. Kein Wunder, denn die Aufgaben, die auf eine neue Führung zukamen, waren gewaltig. Obwohl der Verein noch vor Jahresfrist als finanziell gesund galt, hatte sich ein Schuldenberg von über zehn Millionen Mark aufgetürmt. Um wenigstens die Voraussetzungen für die Erteilung der Zweitliga-Lizenz zu erfüllen, mußten Spieler verkauft werden. 13 Akteure gingen von Bord und erbrachten den vom DFB geforderten Transfer-Überschuß in Höhe von 7,5 Millionen Mark. Dem standen nur „Billig-Einkäufe" entgegen. Der einzige große Name war Mexiko-Rückkehrer Gaudino. Außerdem wurde „Oldie" Bommer (fast 39!) wieder reaktiviert. Die Frage war, wie sich diese kurzfristig zusammengemischte Truppe in der neuen Umgebung zurechtfinden würde.

Wider Erwarten löste der Abstieg bei den Fans eine Trotzreaktion aus. Zu den ersten beiden Heimspielen gegen den FSV Zwickau (2:1) und Fortuna Köln (3:1) kamen über 40.000 Zuschauer, die einen ungeahnten Höhenflug ihrer Lieblinge erlebten: Nach vier Spielen war die Eintracht Tabellenführer. Lediglich Trainer Stepanovic warnte vor zu großen Erwartungen und verwies stets darauf, daß man erst nach zehn Spielen wisse, wo die Mannschaft wirklich stehe. Er sollte recht behalten. Der Absturz begann mit einer 1:6-Pokal-Pleite beim SV Meppen. Nur drei Punkte aus den nächsten sieben Zweitligaspielen (darunter drei 0:1-Heimniederlagen in Folge!) ließen die Eintracht auf Platz 13 abrutschen. Der Rückstand auf einen Aufstiegsrang betrug bereits sieben, der Vorsprung auf einen Abstiegsrang nur noch drei Punkte.

Dagegen schien sich die Situation an der Vereinsspitze zu entkrampfen. Nach langem Suchen wurden am 2. Oktober mit Hans-Joachim Otto und dem Duo Rolf Heller/Hans-Joachim Schroeder ein neuer Präsident und zwei „Vize" präsentiert. Am 20. Oktober folgte mit Bernd Thate ein neuer Schatzmeister. Doch die Amtszeit dieses Präsidiums war rekordverdächtig kurz. Am 4. November durchsuchte die Steuerfahndung im Zusammenhang mit einem Verfahren gegen Anthony Yeboah aus dem Jahr 1993 die Büroräume am Riederwald. 24 Stunden später gaben Präsident Otto und Schatzmeister Thate auf. Die Eintracht war wieder führungslos.

Die eigentliche Wende in der Vereinspolitik wurde erst mit der Kür von Rolf Heller zum neuen Präsidenten eingeleitet. Zusammen mit Dr. Peter Lämmerhirdt als Vize und Gaetano Patella als Schatzmeister setzte er Zeichen. Zunächst wurde der Ende November auslaufende Vertrag mit Bernd

Das neue Präsidium: Präsident Rolf Heller, Vizepräsident Peter Lämmerhirdt und Schatzmeister Gaetano Patella (von links). Nicht auf dem Foto: Hans-Joachim Schroeder.

Hölzenbein nicht verlängert, so daß der Weltmeister von 1974 nach acht Jahren als Vizepräsident und Manager Ende November von Bord ging. Auch „Stepis" Tage als Trainer waren gezählt. Obwohl vor dem letzten Vorrundenspiel der Kader mit Petr Hubtchev (Hamburger SV) und Olaf Janßen (1. FC Köln) noch einmal aufgerüstet wurde, gab es eine blamable 2:3-Heimniederlage gegen den Tabellenletzten VfB Oldenburg. Sieben Monate nach dem Bundesliga-Abstieg stand die Eintracht erneut auf einem Abstiegsplatz. Noch in der Kabine wurde Stepanovic entlassen, und die Spieler mußten unter Polizeischutz aus dem Stadion gebracht werden. „Nehmen, nehmen und nichts geben", schallte es ihnen von den enttäuschten und aufgebrachten Fans hinterher.

Noch vor Weihnachten wurde mit dem ehemaligen Eintracht-Spieler Horst Ehrmantraut (zuletzt SV Meppen) ein Nachfolger präsentiert. Von den Fans anfänglich argwöhnisch beäugt, wollte der akribische Arbeiter zunächst „ganz ruhig bleiben" und sich „schnell ein Bild von der Mannschaft und ihren Möglichkeiten verschaffen" (*kicker-sportmagazin* vom 23. Dezember 1996). Daß er dabei keine faulen Kompromisse eingehen wollte, mußte als erster Rudi Bommer erfahren, der selbst Hoffnungen gehegt hatte, neuer Cheftrainer am Riederwald zu werden. Erst warf er dem Präsidium schlechten Stil vor, da er die Verpflichtung Ehrmantrauts erst aus der Zeitung erfahren habe, dann lehnte er es ab, unter dem neuen Coach weiter als Co-Trainer zu arbeiten. Als er schließlich gegen Jena nicht eingewechselt wurde und Ehrmantraut als „Möchtegern-Trainer" bezeichnete, endete das Kapitel Bommer im April 1997 nach fast sechs Jahren mit einem faden Beigeschmack. Atmosphärische Störungen gab es auch mit Maurizio Gaudino, der nach dem Versuch eines Hackentritts ausgewechselt wurde, und mit Slobodan Komljenovic, der nach einer katastrophalen Vorstellung in Uerdingen bereits nach 35 Minuten vom Feld geholt wurde und den Trainer daraufhin übel beleidigt haben soll.

Doch Horst Ehrmantraut ging unbeirrt seinen Weg. Den Klassenerhalt schaffen mit einer Mannschaft, die er nicht zusammengestellt hatte, war seine Aufgabe. Um dies zu erreichen, mußten alle am gleichen Strang ziehen. Wer dies nicht wollte oder konnte, hatte bei ihm nichts mehr zu suchen. So wurden auch die eigentlich für die Winterpause anstehenden Vertragsverhandlungen mit einigen Spielern vorerst verschoben. „Ich muß mir erst einmal ein Bild über das Leistungsvermögen jedes einzelnen Spielers verschaffen", meinte Ehrmanntraut. Erst wenn er die Mannschaft „geistig und körperlich auf Vordermann gebracht" habe, sollten Gespräche stattfinden. Denn: „Talentierte Spieler gibt es überall, nicht nur bei der Eintracht." (*kicker-sportmagazin* vom 3. Februar 1997).

Der Weg aus dem Jammertal war lang und dornenreich. Punkt für Punkt wurde gesammelt, und langsam aber sicher entfernte man sich von der Abstiegszone. Am Ende stand immerhin ein siebter Tabellenplatz. Nach drei Siegen in Serie waren kurzfristig sogar noch einmal Aufstiegshoffnungen aufgekommen. Langfristig viel wichtiger war jedoch, daß im letzten Heimspiel gegen den 1. FC Kaiserslautern (0:0) Ralf Weber nach fast zwei Jahren sein Comeback feierte. Es war gleichzeitig das letzte Spiel von Maurizio Gaudino, der mit Tränen in den Augen Richtung FC Basel verabschiedet wurde. Mit „Mauri" verließen auch Dickhaut (VfL Bochum), Komljenovic (MSV Duisburg), Ekström (IFK Göteborg), Becker (VfB Stuttgart), Roth (FSV Frankfurt) und Bommer (Trainer beim VfR Mannheim) den Verein. Von der Mannschaft, die einst um die Deutsche Meisterschaft gespielt hatte, waren mit Weber und Bindewald nur noch zwei Akteure übriggeblieben. Gefüllt wurden die Lücken mit zwölf Neuen, die zusammen nicht mehr als 625.000 Mark Ablöse kosteten.

Das kam vor allem der Vereinskasse zugute: Der Schuldenstand war von 17 auf 6,8 Millionen Mark zum Zeitpunkt des Lizenzantrags für die Saison 1997/98 gesunken. Präsident Heller dankte vor allem den Fans, „die den Verein eigentlich gerettet haben. Im Herbst vergangenen Jahres hat jeder gesagt, der Verein ist tot. Die Fans haben mit ihrem Rückhalt nach draußen dokumentiert: da ist noch was da. Es lohnt sich auch, in den Verein zu investieren. Die ganzen Sponsoren und auch die Banken und all das, was sich im Umfeld des Vereins bewegt, es orientiert sich natürlich daran, wie so ein Verein nach innen und nach außen lebt. Und da haben die Fans einen ganz wichtigen Beitrag geleistet." (Interview im Film *Die Zweitkläßler,* HR3 am 11. Juni 1997)

1997/98 Ein Mann setzt sich durch

Die Saison, die mit dem Aufstieg enden sollte, begann schon überraschend erfolgreich. Mit fünf Siegen in Folge gelang der beste Saisonstart einer Eintracht-Mannschaft seit dem Kriegsjahr 1941/42! Und anders als im Vorjahr steckte die Mannschaft auch Rückschläge weg. Den ersten gleich im sechsten Spiel beim SC Freiburg (0:0), bei dem sich Stürmer Urs Güntensperger einen Kreuzbandriß im linken Knie zuzog. Insbesondere beim glanzvollen Pokal-Sieg gegen den Bundesligisten Werder Bremen (3:0) war die Wandlung in der Mannschaft zu erkennen. Trainer Ehrmantraut hatte aus „einem Team von Verkannten und Verbannten eine verschworene Einheit" geformt (*kickersportmagazin* vom 25. September 1997).

Zwar kam auch diesmal wieder die seit Jahren gefürchtete Herbstkrise mit sechs Spielen ohne Sieg, schlechter als auf Platz 5 rutschte die Eintracht aber nie ab. Nach der 1:2-Niederlage bei der SpVgg Greuther Fürth setzte der früher (zu Recht) gescholtene Verwaltungsrat ein Signal: Um die von Trainer Ehrmantraut geforderten Verstärkungen zu realisieren, sollte man sich von einigen Ersatzspielern trennen. Abgegeben wurde aber nur Stürmer Hakan Cengiz, für den im Januar im Tausch der Liberianer Jonathan Sawieh vom SV Waldhof Mannheim kam.

Das Spiel in Fürth war Tief- und Wendepunkt zugleich. Es sollte für lange Zeit die letzte Niederlage sein. Doch zunächst ging es nur mühsam aufwärts. Bestrebungen, Maurizio Gaudino aus der Schweiz zurückzuholen, scheiterten am Veto der Mannschaft. Obwohl selbst ein Befürworter der Gaudino-Rückkehr, verteidigte Präsident Heller den gemeinsamen Entschluß von Präsidium, Verwaltungsrat und Trainer, „Mauri" abzusagen. „Wir wollten einen Effenberg-Effekt vermeiden", sagte er in einem Interview in der *Frankfurter Rundschau* vom 18. November 1997. Statt Gaudino kam Ansgar Brinkmann vom niedersächsischen Oberligisten BV Cloppenburg. Mit ihm gelang zum Vorrundenende ein 2:1-Erfolg bei Fortuna Köln, mit dem die Eintracht wieder auf einen Aufstiegsplatz zurückkehrte. Psychologisch ein großer Vorteil, denn ähnlich wie vor Jahresfrist, als nach der Pleite gegen Oldenburg jedem die Augen aufgingen, zeigte sich nun, daß der Aufstieg machbar war, wenn alle nur daran glaubten und darauf hinarbeiteten.

Eine weitere Verstärkung wurde im Januar mit dem Österreicher Christoph Westerthaler (APOEL Nicosia) an Land gezogen. Nachdem auf der Jahreshauptversammlung am 26. Januar 1998 auch ein Schlußstrich unter die Vergangenheit gezogen wurde – das ehemalige Präsidium Ohms/Röder/Erbs wurde nach 19 Monaten entlastet, obwohl die eingesetzte Untersuchungskommission bei Ohms 27.500 Mark an zweifelhaften Rechnungen ausgemacht hatte – galt alle Konzentration der Vorbereitung auf die Rückrunde. Dabei gelang mit einem Unentschieden und fünf Siegen eine Kopie des Saisonstarts. Besonders wertvoll waren die Siege bei Tabellenführer 1. FC Nürnberg (1:0) und gegen den Dritten SC Freiburg (2:0), mit dem die Eintracht die Führung wieder übernahm und nur noch zweimal abgeben sollte.

Das Ziel Aufstieg greifbar vor Augen, schien die Mannschaft aber plötzlich Angst vor der eigenen Courage zu bekommen. Gegen den späteren Absteiger Carl Zeiss Jena bewahrte sie nur eine Energieleistung in der zweiten Halbzeit vor einer unerwarteten Niederlage (2:2). Und auch gegen den Konkurrenten FC Gütersloh (0:0) schien zunächst einmal „Nicht verlieren" das Hauptziel. Da aber auch die Konkurrenz patzte, blieb die Eintracht stets an der Spitze. Nach einem 2:1 in Unterhaching bot sich am fünftletzten Spieltag gegen die SpVgg Greuther Fürth sogar die Chance, den Aufstieg mit einem Sieg schon vorzeitig klar zu machen. Doch weder gegen die Franken (1:1) noch beim FC

Der Wiederaufstieg: Ausgelassen feiern die Eintracht-Fans nach dem Spiel gegen

Mainz auf den Tribünen und dem Rasen des Waldstadions.

St. Pauli, wo es nach 17 Spielen wieder einmal eine Niederlage gab (0:2), sprangen die erlösenden drei Punkte heraus. Im dritten Anlauf klappte es dann aber doch: Am Montag, dem 25. Mai, langte vor 33.000 Zuschauern im Waldstadion ein 2:2 gegen den FSV Mainz 05. Mit einem 4:2 gegen Fortuna Köln wurde im letzten Saisonspiel auch noch die Zweitliga-Meisterschaft unter Dach und Fach gebracht. Das ganze Spiel war ein Fest: Begeistert wurden die Mannschaft und Trainer Horst Ehrmantraut von den 41.300 Zuschauern gefeiert.

Ohne Zweifel war Horst Ehrmantraut der Vater des Erfolgs. Anfangs von vielen belächelt, hatte er es geschafft, der Eintracht ein neues Gesicht zu geben. „Ich wollte weg von diesem Image der Eintracht, nur Fußball zu zelebrieren, nur schönspielen und relativ bescheiden ausgerichtet auf Erfolg", sagte er am Abend nach dem Spiel gegen Fortuna Köln im *Sportkalender* von HR3. Gleichzeitig blieb er aber auch in der Stunde seines größten Erfolgs als Trainer bescheiden und lobte den Zusammenhalt der Mannschaft:

„Die Jungs haben einen derartigen Teamgeist, ich glaube, das gibt es in Deutschland in der Bundesliga und der 2. Liga nicht nochmal. Was diese Mannschaft verkörpert, auf dem Platz leistet, ist gigantisch."

Der König vom Waldstadion: Trainer Horst Ehrmantraut wird nach dem Spiel gegen Fortuna Köln von der Mannschaft auf den Thron gehoben.

Seinen 100. Geburtstag wird Eintracht Frankfurt am 8. März 1999 als Bundesligist feiern können. Um zu gewährleisten, daß auch darüber hinaus Erstligafußball in Frankfurt geboten werden kann, wurden schon frühzeitig alle Hebel in Bewegung gesetzt. Schon am 19. Februar 1998 wurde der Vertrag mit Trainer Ehrmantraut um ein Jahr verlängert, es folgten die Leistungsträger Urs Güntensperger (bis 2000), Ralf Weber (bis 2002), Alexander Kutschera (bis 2001), Marco Gebardt (bis 2001) und Christoph Westerthaler (bis 2000). Verstärkt wurde der Kader mit Torhüter Zsolt Petry (Feyenoord Rotterdam), den beiden Schneiders, Uwe (1. FC Nürnberg) und Bernd (Carl Zeiss Jena), dem Ungarn Istvan Pisont (Beitar Jerusalem), dem Chinesen Yang-Chen (Guoan Peking), drei jungen Talenten vom FC Augsburg (Donald Agu, Alexander Rosen, Michael Mutzel) und Frank Gerster (Bayern München Amateure). Wegen der nach wie vor angespannten Finanzsituation standen dafür wieder nur 1,8 Millionen Mark zur Verfügung.

Da nach dem Bosman-Urteil den Bereichen Vermarktung und Sponsoring eine immer größere Bedeutung zukommt, wurde im April die „Eintracht Frankfurt Sport-Marketing und Service GmbH“ gegründet. Diese soll zukünftig zwei Drittel der zur Aufrechterhaltung des Spielbetiebs notwendigen Einnahmen erwirtschaften: Vermarktung der Rechte (Medien, Banden, Sponsoring etc.), Herausgabe der Stadionzeitung, Abwicklung der Verwaltungsaufgaben inklusive Eintrittskartenverkauf. Die GmbH ist so konzipiert, daß sie für den Fall, daß der DFB einmal seine Statuten ändern und die Spielberechtigung nicht nur an Vereine, sondern auch an Kapitalgesellschaften vergeben sollte, auch in eine Aktiengesellschaft umgewandelt werden kann.

Ein großer Schritt nach vorne war ohne Zweifel auch der Vertragsabschluß mit einem neuen Trikotsponsor am 2. Juli. Statt der 1,3 Millionen Mark von „Mitsubishi Motors“ schaufelt nun die „VIAG Interkom“ rund 5,5 Millionen jährlich in die Kassen. Außerdem ist der Verein gerade dabei, die Rückzahlung eines Darlehens über 578.000 Mark von Jay-Jay Okocha sowie die Transfersumme für Michael Anicic (410.000 Mark vom Grazer AK) gerichtlich einzuklagen.

Bewegung gibt es auch in der Stadionfrage. Obwohl man sich einig war, daß das Waldstadion in seinem jetzigen Zustand keinem internationalen Standard mehr entspricht, klafften die Vorstellungen, wie Abhilfe zu schaffen ist, bei der Stadt, den Investoren und der Eintracht lange Zeit auseinander. Während die Stadt den Neubau eines multifunktionalen „Skydomes“ für 390 Millionen Mark anstrebte, wurde von der Eintracht eine „Hessenarena“ favorisiert, zu der das jetzige Stadion für 100 Millionen Mark von Grund auf saniert

Zukunftsmusik: Ab dem Jahr 2002 soll die Eintracht in einem reinen Fußballstadion mit verschließbarem Dach und verschiebbarem Rasengrund spielen. Diese multifunktionale Anlage soll mindestens 45.000 Zuschauern Platz bieten und auch für Musikkonzerte genutzt werden.

und überdacht werden sollte. Präsident Heller sah den Vorteil für den Verein schon allein in der Tatsache, daß die „Hessenarena" 52.000 Zuschauer fassen würde, der „Skydome" jedoch nur 45.000. Außerdem wurden von Vereinsseite immer wieder wirtschaftliche Argumente ins Spiel gebracht. Bei der Errichtung des „Skydome", so Rolf Heller am 25. Juni in der *Frankfurter Rundschau,* hätte die Eintracht, gemessen an der Kalkulation für die Bundesliga-Saison 1998/99, Mindereinnahmen von fast sechs Millionen Mark zu erwarten. Hauptstreitpunkt waren die 102 VIP-Logen und 1.800 Business-Plätze, die von den Betreibern des „Skydome" an zahlungskräftige Kunden verkauft werden sollten. Die Eintracht, so Heller, hätte dann für 3.000 Plätze auf der Haupttribüne kein Geld erhalten.

Mitte Juli 1998 kam es zum Kompromiß. Demnach wird das bestehende Stadion durch eine multifunktionale Anlage ersetzt, die über ein verschiebbares Dach verfügt. Außerdem soll die Kapazität durch eine variable Nutzung der Plätze auf den Hintertor-Tribünen verändert werden können: Zwischen 45.000 (nur Sitzplätze) und 53.000 (37.000 Sitz- und 16.000 Stehplätze) schwankt das Fassungsvermögen.

Versüßt wird der Eintracht die dreijährige Bauzeit, in der nur 30.000 Plätze zur Verfügung stehen, durch fünf Millionen Mark „Entschädigung", kostenfreie Nutzung der Arena und Wahrung ihrer Rechte in den Bereichen TV-Übertragung, Vermarktung und Kartenverkauf. Lediglich an den Logen und Business-Sitzen wird der Verein nicht partizipieren.

Obwohl die Fans dem neuen Stadion skeptisch bis ablehnend gegenüberstehen, sprach Rolf Heller von „einem tragfähigen Kompromiß", der es der Eintracht auch weiterhin erlaube, „eine [eigenständige] Fankultur" zu pflegen *(Frankfurter Rundschau* vom 18. Juli 1998). Vorbehaltlich der endgültigen Zustimmung von Magistrat und Stadtverordnetenversammlung (am 31. Dezember läuft die Bewerbungsfrist für die WM 2006 ab), sollen bereits im Sommer 1999 die Bagger und Bulldozer anrollen.

Es wird sich zeigen, ob sich das Stadion-Konzept rechnet und ob die Anlage von den Fans akzeptiert wird. Voraussetzung ist in jedem Fall, daß die Eintracht ihre Zugehörigkeit zur 1. Liga dauerhaft erhält. Trainer Ehrmantraut versucht, allzu hochfliegende Träume zu dämpfen:

„Wir sind dabei, eine neue Eintracht aufzubauen. Wir wollen eine neue Eintracht strukturieren, dazu gehört, daß ich zwei, drei Jahre Zeit bekomme. Der Aufstieg kam sehr früh, wir haben letztes Jahr 15 Spieler integriert, müssen dieses Jahr wieder sechs, sieben, acht Spieler integrieren, in die Mannschaft einbinden, das braucht seine Zeit." (Gespräch im HR3-*Sportkalender* vom 7. Juni 1998)

Fest steht: Ihren 100. Geburtstag wird die „launische Diva", werden „Schlappekicker" und „Himmelsstürmer", wird der Deutsche Meister von 1959, der viermalige DFB-Pokalsieger und UEFA-Cup-Gewinner, werden die ehemaligen „Zeugen Yeboahs" und die vielen anderen Fans auf jeden Fall so feiern, wie es dem Verein gebührt: erstklassig.

Das Spieler-Lexikon
Von „Adam“ bis Zelic

Adamkiewicz, Edmund. Geb. 21.4.1920, gest. Mai 1991. Der Mittelstürmer kam im Mai 1939 von Viktoria Wilhelmsburg zur Eintracht, kehrte aber nach Kriegsausbruch nach Hamburg zurück, wo er sich dem HSV anschloß. 1942 bestritt „Adam“ zwei A-Länderspiele für Deutschland. In der Saison 1946/47 kehrte er noch einmal nach Frankfurt zurück. Weitere Stationen: 1947 bis 1951 Hamburger SV, 1951/52 VfB Mühlburg, 1952/53 Karlsruher SC, 1953 bis 1955 Harburger TB. 20 Oberligaspiele (15 Tore) für die Eintracht.

Andersen, Jörn. Geb. 3.2.1963. Der gebürtige Norweger (27 A-Länderspiele) kam über Östsiden IL, Fredrikstad FK und Valerengen Oslo 1985 zum 1. FC Nürnberg. 1988 wechselte er zur Eintracht und wurde 1990 mit 18 Treffern als erster Ausländer Bundesliga-Torschützenkönig. Danach ging er zu Fortuna Düsseldorf, kehrte aber im September 1991 an den Riederwald zurück. Nachdem er 1992 die deutsche Staatsbürgerschaft angenommen hatte, wechselte er im Januar 1994 zum Hamburger SV und später zu Dynamo Dresden, dem FC Zürich und FC Lugano. 98 Bundesligaspiele (33 Tore) für die Eintracht.

Arheilger, Emil. Der 1915 geborene Laborarbeiter gab im Dezember 1937 sein Debüt in der Eintracht-Ligamannschaft, mit der er 1938 Gaumeister im Südwesten wurde. Entweder als Mittelstürmer oder Läufer eingesetzt, war er in der ersten Oberliga-Saison 1945/46 mit 15 Treffern bester Eintracht-Torschütze. Während des Krieges war er zeitweise Gastspieler bei Eintracht Braunschweig.

Baas, Heinz. Geb. 13. 4. 1922, gest. 6. 12. 1994. Der Halblinke kam 1946 über den SV Solingen-Gräfrath und den Duisburger SV zur Eintracht. Von 1949 bis 1953 spielte er für Kickers Offenbach, 1953/54 für den SV Darmstadt 98. Später als Trainer u. a. beim FSV Mainz 05, FSV Frankfurt, SV Wiesbaden, Hessen Kassel und dem Karlsruher SC tätig. 74 Oberligaspiele (27 Tore) für die Eintracht.

Bäumler, Erich. Geb. 6.1.1930. Der Allroundstürmer kam 1954 von der SpVgg Weiden an den Riederwald. Mit der Eintracht wurde er 1957 Flutlicht-Pokalsieger und 1959 Süddeutscher Meister. 1956 bestritt er ein A- (1 Tor) und 2 B-Länderspiele (1 Tor). Nach zwei Jahren beim FSV Mainz 05 wechselte er 1962 als Spielertrainer zu Opel Rüsselsheim (bis 1965). 110 Oberligaspiele (41 Tore).

Bechtold, Adolf. Geb. 20.2.1926. Der Verteidiger und Läufer begann 1938 bei Eintracht und debütierte am 27. Dez. in der 1. Mannschaft, für die er 711 Spiele bestritt, davon 389 Meisterschaftsspiele (3 Tore). 1953 und 1959 wurde der Ehrenspielführer Süddeutscher Meister und betreute nach Beendigung seiner aktiven Laufbahn 1960 zehn Jahre lang die A- und B-Jugend. Auch sein 1943 in Rußland gefallener Bruder Alfred spielte in der 1. Mannschaft.

Bechtold, Walter. Geb. 25.7.1947. Kam 1962 vom SV Nieder-Wöllstadt an den Riederwald. Weitere Stationen: 1969 bis 1972 Kickers Offenbach, 1972 bis 1980 SV Darmstadt 98, 1980/81 TSG Usingen, 1981 bis Ende Vorrunde 1982/83 FVgg Kastel, später auch beim legendären FC Rhein-Main aktiv. 74 Bundesligaspiele (33 Tore) für die Eintracht.

Becker, Fritz. Geb. 13.1.1888, gest. 22. 2. 1963. Frankfurts erster Nationalspieler war bereits 1904 in der ersten Mannschaft des FFC Kickers aktiv und spielte später auch für den Frankfurter FV und die Eintracht. 1908 erzielte er beim 3:5 in der Schweiz das erste Tor der deutschen Länderspielgeschichte. Später war er lange Jahre im Spielauschuß tätig, zuletzt 1946/47. Ehrenmitglied und Ehrenspielführer.

Becker, Matthias. Geb. 19.4.1974. Kam 1987 von der DJK Zeilsheim zur Eintracht-Jugend und debütierte 1993/94 in der Bundesliga. Das „ewige“ Talent bestritt aber nur 37 Bundesliga- (4 Tore) und 28 Zweitligaspiele (9 Tore) für die Eintracht und wechselte 1997 zum VfB Stuttgart.

Bein, Uwe. Geb. 26.9.1960. Der Osthesse kam über den TSV Lengers, VfB Heringen, Kickers Offenbach, 1. FC Köln und Hamburger SV 1989 zur Eintracht, wo er bis 1994 maßgeblich an der erfolgreichsten Ära der Eintracht in der Bundesliga beteiligt war. Nachdem der Mann mit dem „tödlichen Paß“ bereits für die Kickers zwei Spiele in der deutschen Olympia-Auswahl bestritten hatte, wurde er in Frankfurt A-Nationalspieler. 17mal trug er das DFB-Trikot (3 Tore) und gehörte 1990 zum deutschen Aufgebot, das in Italien Weltmeister wurde. Von 1994 bis Dezember 1996 spielte er für Urawa Red Diamonds in der J-League und danach für den VfB Gießen. 1998 wechselte er zum Oberliga-Aufsteiger SV Asbach. 150 Bundesligaspiele (37 Tore) für die Eintracht.

Berger, Ernst. Gest. 20.1.1978. „Berger II“, wie er zur Unterscheidung von seinem Bruder Heinz genannt wurde, entstammt einer alten Eintracht-Familie. Vater Heinrich war ein hervorragender Turner und später im Vorstand tätig. Nach einem einjährigen Gastspiel bei Union Niederrad kehrte Ernst Berger 1935 mit seinem Bruder an den Riederwald zurück und half zuletzt 1943/44 noch einmal in der Ligamannschaft aus. Von 1955 bis 1965 war das Ehrenmitglied Spielausschußvorsitzender, von 1973 bis 1977 Vizepräsident.

Berthold, Thomas. Geb. 12. 11. 1964. Begann 1974 bei Kewa Wachenbuchen und wechselte 1978 von der SG Wachenbuchen in die Eintracht-Jugend, mit der er 1980 Deutscher B-Jugend- und 1982 Deutscher A-Jugendmeister wurde. 1985/86 absolvierte er die ersten 21 seiner 62 A-Länderspiele (1 Tor). 1986 stand er in der deutsche Vize-, 1990 in der deutschen Weltmeister-Mannschaft. Außerdem nahm er noch an der WM 1994 und der EM 1988 teil. Von 1987 bis 1989 spielte er bei Hellas Verona, von 1989 bis 1991 beim AS Rom, von 1991 bis 1993 bei Bayern München und seit 1993 beim VfB Stuttgart. 111 Bundesligaspiele (17 Tore) für die Eintracht.

Beverungen, Klaus. Geb. 24. 9. 1951. Der 13malige Jugendnationalspieler wurde bei Heßler 06 groß und kam 1974 nach vier Jahren beim FC Schalke 04 zur Eintracht, mit der er 1974 und 1975 DFB-Pokalsieger wurde. Nachdem sein Vertrag 1977 nicht mehr verlängert wurde, kam er über den FC St. Pauli (1977/78) und Westfalia Herne (Rückrunde 1978/79) zum südbadischen Amateurligisten SV Kuppenheim, bei dem er bis Ende 1984 aktiv war. Anschließend war er Spielertrainer bei Phönix Durmersheim. 61 Bundesligaspiele (16 Tore) für die Eintracht.

Bindewald, Uwe. Geb. 13.8.1968. FSV Dorheim, SG Melbach-Södel und Kikkers Offenbach hießen die Stationen des Manndeckers, bevor er 1987 zur Eintracht kam. „Zico" ist damit der dienstälteste Eintracht-Profi, der alle Höhen und Tiefen miterlebte. Seine ersten von 176 Bundesligaspielen (2 Tore) absolvierte er 1988/89. Auch nach dem Abstieg 1996 blieb er der Eintracht treu und bestritt 64 Zweitligaspiele (2 Tore).

Binz, Manfred. Geb. 22.9.1965. „Manni der Libero" kam 1979 vom VfR Bokkenheim zur Eintracht, mit der er 1983 Deutscher A-Jugendmeister und 1988 DFB-Pokalsieger wurde. 1990 war er der erste Neuling, den der neue Bundestrainer Berti Vogts berief. Nach 14 A- (1 Tor), 9 U-21-Länderspielen und der verkorksten EM 1992 war das Kapitel Nationalmannschaft jedoch beendet. 1996 wechselte er zum italienischen Zweitligisten Brescia Calcio, mit dem ihm 1997 auf Anhieb der Wiederaufstieg in die Serie A gelang. Doch schon im Dezember 1997 kehrte er zu Borussia Dortmund in die Bundesliga zurück. 336 Bundesligaspiele (26 Tore) für die Eintracht.

Blusch, Peter. Geb. 11.6.1942. Ein eisenharter Verteidiger, der 1964 von den Sportfreunden Siegen geholt wurde. 1968 wechselte der einmalige B-Nationalspieler zum 1. FC Köln und 1970 zum 1. FC Kaiserslautern. Ab 1971 war er in der Schweiz zunächst bei Neuchâtel Xamax und später als Spielertrainer beim FC Biel tätig. 110 Bundesligaspiele (5 Tore) für die Eintracht.

Bommer, Rudi. Geb. 19.8.1957. Eigentlich hatte der gebürtige Aschaffenburger 1988 als knapp 31jähriger nach 347 Bundesligaeinsätzen (51 Tore) für Fortuna Düsseldorf und Bayer Uerdingen bereits Abschied vom Profigeschäft genommen. Über den TV 1860 und Viktoria Aschaffenburg sowie Kickers Offenbach war er 1976 in den Westen gekommen. Seine erfolgreichste Zeit erlebte er in Düsseldorf: DFB-Pokalsieger 1979 und 1980, 6 A-Länderspiele, EM- und Olympia-Teilnahme 1984. Seine zweite Olympia-Teilnahme und den Gewinn der Bronzemedaille 1988 in Seoul erlebte er schon wieder als Spieler von Viktoria Aschaffenburg. 1992 wurde er von Eintracht-Trainer Dragoslav Stepanovic noch einmal für die Bundesliga reaktiviert. Obwohl er von 1994 bis 1996 mit einer kurzen Unterbrechung nebenbei die Eintracht-Amateure trainierte (1995 Aufstieg in die Regionalliga) und von 1994 bis August 1995 und von April 1995 bis 1996 auch als Co-Trainer tätig war, blieb der Publikumsliebling („Ruuudi") weiter am Ball, überwarf sich aber Anfang 1997 mit dem neuen Coach Horst Ehrmantraut, da er insgeheim gehofft hatte, mit der Stepanovic-Nachfolge betraut zu werden. Nach einem mehr oder weniger erfolglosen Engagement als Trainer des Süd-Regionalligisten VfR Mannheim schnürte er im Frühjahr 1998 beim Oberligisten Viktoria Aschaffenburg noch einmal die Fußballschuhe. 70 Bundesliga- (5 Tore), 14 Zweitligaspiele (1 Tor) für die Eintracht.

Borchers, Ronald. Geb. 10.8.1957. „Ronnie" kam 1970 über den SV Niederursel und Germania Ginnheim zur Eintracht. Zwar debütierte er 1975/76 bereits als 18jähriger in der Bundesliga, der Durchbruch zum Stammspieler gelang jedoch erst 1978/79, als der achtmalige Jugendnationalspieler auch in die A- (insgesamt 5 Einsätze), B- (vier) und Amateur-Nationalmannschaft (ebenfalls vier) berufen wurde. 1980 mit der Eintracht UEFA-Pokal-, 1981 DFB-Pokal-Sieger, wurde er 1984 allerdings ausgemustert. Nach Kurzgastspielen bei Arminia Bielefeld, Grasshoppers Zürich, SV Waldhof Mannheim, FSV Frankfurt und Kickers Offenbach kehrte er 1991 noch einmal an den Riederwald zurück und verstärkte die Amateur-Mannschaft in der Oberliga. Seine aktive Laufbahn beschloß er 1992/93 beim Landesligisten SV Bernbach, den er als Trainer 1995 in die Oberliga führte. Von Januar 1996 bis April 1997 betreute er Kickers Offenbach, mit dem FSV Frankfurt gelang ihm 1998 der Wiederaufstieg in die Regionalliga. 169 Bundesligaspiele (24 Tore) für die Eintracht.

Brinkmann, Ansgar. Geb. 3.7.1969. FC Bakum, Blau-Weiß Lohne, Bayer Uerdingen, VfL Osnabrück, Preußen Münster, FC Gütersloh, SC Verl und noch einmal FC Gütersloh hießen die Stationen des Mittelfeldakteurs, der trotz seines Talents nie den ganz großen Durchbruch geschafft hatte. Daher ging er im Sommer 1997 auch zum niedersächsischen Oberligisten BV Cloppenburg, von wo ihn Horst Ehrmantraut im Dezember 1997 an den Riederwald holte. 17 Zweitligaspiele (3 Tore) für die Eintracht.

Bronnert, Siegfried. Geb. 6.9.1944. Der „Shooting Star" der Saison 1966/67.

Acht Tore in elf Vorrundenspielen sorgten dafür, daß sich die Eintracht einen spannenden Kampf um die Meisterschaft mit ihrem Braunschweiger Namensvetter lieferte. Leider lief es für „Sigi", der über TSV Wettmar, TuS Altwarmbüchen, TuS Celle und FC St. Pauli 1966 an den Riederwald gekommen war, danach nicht mehr so rund. 1968 kehrte er in den Norden zurück und war für den VfB Lübeck, FC St. Pauli, SC Göttingen 05, KSV Baunatal und VfR Osterode aktiv. 24 Bundesligaspiele (12 Tore) für die Eintracht.

Cha, Bum-kun. Geb. 22.5.1953. Zunächst verschwand er genauso schnell, wie er gekommen war. Ende 1978 hatte der wendige Stürmer vom Luftwaffensportklub Seoul ein Bundesligaspiel für den SV Darmstadt 98 bestritten, wurde dann aber in die Heimat zurückbeordert. Nach dem Abstieg der „Lilien" sicherte sich die Eintracht im Sommer 1979 die Dienste des Koreaners, der mit seinen Toren maßgeblich für den UEFA-Pokal-Sieg 1980 und DFB-Pokal-Sieg 1981 verantwortlich war. 1983 wurde er aus finanziellen Gründen zu Bayer Leverkusen transferiert, wo er 1988 zum Abschluß seiner Karriere in Deutschland noch einmal den UEFA-Pokal gewann. Nachdem er 1986 als Spieler an der WM in Mexiko teilgenommen hatte, führte er die Südkoreaner 1998 als Nationaltrainer zu ihrer vierten, allerdings glücklosen WM-Teilnahme in Folge, die ihm die Entlassung einbrachte. 122 Bundesligaspiele (46 Tore) für die Eintracht

Claus, Dr. Friedrich. Gest. 16.5.1962. Eine der großen Spielerpersönlichkeiten der Zeit vor dem 1. Weltkrieg. Er spielte schon 1907 in der ersten Mannschaft des FFC Kickers und gewann mit dem Frankfurter FV von 1912 bis 1914 drei Nordkreismeisterschaften in Folge. Der Ehrenspielführer bekleidete außerdem mehrere Vorstandsämter.

Detari, Lajos. Geb. 24.4.1963. Ein Ballzauberer, der sein Talent jedoch nie voll zur Entfaltung brachte. Hervorgegangen aus dem FC Aszfaltutepitoe Budapest, war er bis 1987 der große Star von Honved Budapest und nahm 1986 an der WM in Mexiko teil. 1987 sicherte sich die Eintracht für 3,6 Millionen Mark die Dienste des 61maligen ungarischen Nationalspielers. Wenige Wochen nach dem DFB-Pokalsieg 1988 erlag er jedoch dem Lockruf des Geldes und wechselte für die damalige Rekordsumme von über 10 Millionen Mark zu Olympiakos Piräus. Es folgten Gastspiele beim FC Bologna, Ancona Calcio, Ferencvaros Budapest, FC Genua 1893 und Neuchâtel Xamax. Nach einer halbjährigen FIFA-Sperre wegen Nichterfüllung seiner Vertragspflichten ging er 1996 zum österreichischen Zweitligisten VSE St. Pölten. 33 Bundesligaspiele (11 Tore).

Dickhaut, Mirko. Geb. 11.1.1971. Über den KSV Baunatal und Hessen Kassel kam der defensive Mittelfeldspieler 1993 zur Eintracht und wurde auf Anhieb Stammspieler. Auch im ersten Zweitligajahr gehörte er zu den Aktivposten im Eintracht-Team, ging im Sommer 1997 jedoch zum Bundesligisten VfL Bochum. 89 Bundesliga- (7 Tore), 31 Zweitligaspiele (2 Tore) für die Eintracht.

Dietrich, Walter. Geb. 24.2.1902, gest. 1975. Der 14malige Schweizer Nationalspieler löste 1925 die erste „Hysteriewelle" im Frankfurter Fußball aus. Nicht nur die Eintracht-Anhänger schnalzten ob der Ballkünste des Allround-Fußballers, der auf fast allen Positionen eingesetzt werden konnte und wurde. Am besten zur Geltung kam er jedoch als linker Halbstürmer. Hätte es damals schon Rückennummern gegeben, der Schweizer wäre einer der ersten Großen mit der „Nr. 10" bei der Eintracht gewesen. Von 1925 bis 1935 bestritt Walter Dietrich 212 Pflichtspiele und erzielte dabei 67 Tore. 1930 und 1932 wurde er mit der Eintracht Süddeutscher Meister und stand 1932 auch in der Mannschaft, die im Endspiel um die Deutsche Meisterschaft dem FC Bayern München unterlag. In der Schweiz hatte er für den FC Basel und Servette Genf gespielt. 1924 und 1928 nahm er an den Olympischen Fußballturnieren in Paris und Amsterdam teil. Nach Beendigung seiner aktiven Spielzeit leitete er in Frankfurt ein Architekturbüro, das 1937 maßgeblich am Wiederaufbau der abgebrannten Tribüne am Riederwald beteiligt war.

Doll, Thomas. Geb. 9.4.1966. Der Mecklenburger kam über Lokomotive Malchin und Hansa Rostock 1986 zum Berliner FC Dynamo (später FC Berlin), für den er bis 1990 29 A-Länderspiele für die DDR bestritt. Nach der Wende spielte er ein Jahr beim Hamburger SV, bevor er 1991 für eine Ablösesumme von 17 Millionen Mark zu Lazio Rom wechselte. Seine Karriere in der Nationalmannschaft wurde nach 18 Länderspielen durch Verletzungen gestoppt. Von Februar bis Juni 1994 war er an die Eintracht ausgeliehen. Nach der Rückkehr zu Lazio wurde er im Oktober 1994 erneut von der Eintracht verpflichtet, doch blieb ihm auch in Frankfurt das Verletzungspech treu. Danach spielte er zwei Jahre in Italien beim AS Bari, kehrte im Sommer 1998 aber zum HSV zurück. 28 Bundesligaspiele (3 Tore) für die Eintracht.

Eckstein, Dieter. Geb. 12.3.1964. „Ekkes", der aus der Jugend des Kehler FV stammt, kam beim 1. FC Nürnberg ganz groß nach der „Spielerrevolution" in der Saison 1984/85 heraus. Neben 7 A-Länderspielen bestritt er auch 3 Olympia-Auswahl- und 6 U-21-Spiele. Nach den Olympischen Spielen 1988 in Seoul wurde er im Oktober 1988 von der Eintracht verpflichtet. Im Februar 1991 kehrte er nach Nürnberg zurück. Von bis September 1993 spielte er für den FC Schalke 04, im März/April 1995 stand er bei West Ham United unter Vertrag, bestritt aber wegen einer Fußverletzung kein einziges Spiel. 1995/96 folgte ein Gastspiel beim SV Waldhof Mannheim, dann zog es ihn zum Schweizer B-Ligisten FC Winterthur. Im Dezember 1996 wechselte er zum Süd-Regionalligisten FC Augsburg und 1998 zum Bayernligisten Post/Süd Regensburg. 70 Bundesligaspiele (14 Tore) für die Eintracht.

Ehmer, Karl. Geb. 25.11.1906, gest. November 1978. Ein Torjäger im wahrsten Sinne des Wortes, der 1927 aus Kronberg zur Eintracht kam. Bereits in seiner ersten Saison erzielte er in 22 Meisterschaftsspielen 34 Treffer! Insgesamt brachte er es in 222 Pflichtspielen auf 224 Tore. Zwar wurde er von Reichstrainer Prof. Nerz mehrmals zu Nationalmannschaftslehrgängen eingeladen, der Sprung ins A-Team gelang ihm jedoch nicht. Nach einer Blinddarmoperation 1933 kam er etwas aus dem Tritt und beendete 1938 seine aktive Laufbahn. Für seine Verdienste um die Eintracht wurde er zum Ehrenspielführer ernannt.

Ehrmantraut, Horst. Geb. 11.12.1955. Der Saarländer erlernte sein Fußball-Abc bei der SpVgg Einöd und kam 1979 vom FC Homburg zur Eintracht, mit der er 1980 den UEFA-Pokal gewann. Anschließend spielte „Ehre" bis 1985 für Hertha BSC Berlin, bevor er zum FC Homburg zurückkehrte. Nach Beendigung seiner aktiven Laufbahn stieg er 1988 ins Trainergeschäft ein und betreute Blau-Weiß 90 Berlin und den SV Meppen. Seit dem 18. Dezember 1996 ist er Cheftrainer am Riederwald und führte die Eintracht von einem Abstiegsplatz in der 2. Bundesliga 1998 zur Zweitliga-Meisterschaft und zum Wiederaufstieg in die Bundesliga. 13 Bundesligaspiele für die Eintracht.

Eigenbrodt, Hans-Walter. Geb. 4.8. 1935, gest. 29.3.1997. Der Verteidiger spielte seit 1948 bei der Eintracht und gab 1955/56 sein Debüt in der Vertragsspielermannschaft. 1959 wurde er mit der Eintracht Deutscher Meister und stand ein Jahr später im Finale des Europapokals der Landesmeister (3:7 gegen Real Madrid). 1965 mußte er seine Laufbahn als Sportinvalide beenden, blieb der Eintracht jedoch als Jugendtrainer erhalten. Die von ihm betreute Mannschaft wurde 1977 erster Deutscher B-Jugend-Meister. 79 Oberliga- (1 Tor), 15 Bundesligaspiele.

Ekström, Johnny. Geb. 5.3.1965. Der weitgereiste Schwede (47 Länderspiele) konnte sich bei der Eintracht nie richtig durchsetzen. IFK Göteborg, FC Empoli, Bayern München, AS Cannes, IFK Göteborg, AC Reggiana, Betis Sevilla und Dynamo Dresden hießen die Stationen, bevor er 1995 seine Zelte am Riederwald aufschlug. 1997 kehrte er zum IFK Göteborg zurück, mit dem er im Herbst 1997 noch einmal in der Champions League spielte. 16 Bundesliga- (3 Tore) und 18 Zweitligaspiele (5 Tore) für die Eintracht.

Elsener, Rudolf. Geb. 18.2.1953. Der schnelle Schweizer (41 Länderspiele), der aus dem FC Industrie Zürich hervorkam, fiel den Eintracht-Verantwortlichen bei den UEFA-Pokal-Spielen gegen Grasshoppers Zürich im Frühjahr 1978 auf und wurde postwendend verpflichtet. Nach nur einem Jahr kehrte der „Turbo" jedoch wieder in seine Heimat zurück und spielte bis 1984 für den FC Zürich und anschließend für Neuchâtel Xamax, Vevey Sports und Yverdon Sports. 33 Bundesligaspiele (6 Tore).

Epp, Thomas. Geb. 7.4.1968. Der U-20- (sechs Einsätze, Vizeweltmeister 1987) und U-21-Nationalspieler (ein Einsatz) kam im Sommer 1997 an den Riederwald, nachdem er vorher für Germania Bietigheim, den VfB Stuttgart, VfL Bochum, 1. FC Saarbrücken, erneut VfL

Bochum, die Stuttgarter Kickers und den SV Waldhof Mannheim gespielt hatte. 32 Zweitligaspiele (4 Tore) für die Eintracht.

Falkenmayer, Ralf. Geb. 11.2.1963. „Falke“ kam 1979 vom SV Niederursel zur Eintracht, wo er 1981 U-18-Europameister wurde und kurz darauf sein Bundesligadebüt feiern durfte. 1984 stand er im Aufgebot für die EM in Frankreich, zu Länderspielehren (4 Einsätze) kam er aber erst unter der Regie von Teamchef Franz Beckenbauer. Nach einem zweijährigen Abstecher zu Bayer Leverkusen, wo er 1988 UEFA-Pokal-Sieger wurde, kehrte er 1989 nach Frankfurt zurück. Nachdem sein Vertrag nach dem Abstieg nicht verlängert wurde, wechselte er im Oktober 1996 zu Eintracht Trier, mußte seine Karriere aber nach einem Beinbruch im Winter 1997/98 beenden. 337 Bundesligaspiele (30 Tore) für die Eintracht

Feigenspan, Ekkehard. Geb. 13.5.1935. Der Mittelstürmer, der 1955 vom VfB Friedberg zur Eintracht kam, war mit drei Toren der Held des Endspiels um die Deutsche Meisterschaft 1959 gegen Kickers Offenbach (n. V. 5:3). Nach diesem Triumph zog es ihn jedoch zum TSV 1860 München und anschließend zu Rot-Weiß Essen, wo er 1966/67 sogar noch zu einem Bundesligaeinsatz kam. Nach dem Abstieg von RWE beendete er seine Karriere bei der SSVg Velbert. 79 Oberligaspiele (52 Tore) für die Eintracht.

Fischer, Hans. Geb. 8.2.1914. Der 2. Weltkrieg verhinderte eine größere Karriere des Torhüters, der 1938 von Reichsbahn-Rot-Weiss Frankfurt zur Eintracht kam und dort bis 1948 spielte. 1945/46 stand er im ersten Oberligaspiel im Tor der Eintracht und wurde im Verlauf der Saison sogar einmal als Rechtsaußen eingesetzt, wobei er sich prompt in die Torschützenliste eintrug! Insgesamt stand er in 42 Gauliga- und mindestens 14 Oberligaspielen auf dem Platz.

Friedrich, Jürgen. Geb. 11.11.1943. „Atze“ Friedrich kam aus der Eintracht-Jugend, wechselte 1968 aber zum 1. FC Kaiserslautern. Nachdem er seine Karriere 1974 wegen Sportinvalidität beenden mußte, war der einmalige U-23-Nationalspieler zweimal (von 1977 bis 1981 und von 1985 bis 1988) Präsident der Pfälzer. Von September 1988 bis Juni 1989 war er Manager bei der Eintracht. Heute ist er im Aufsichtsrat des 1. FC Kaiserslautern. 7 Oberliga- (3 Tore), 78 Bundesligaspiele (12 Tore) für die Eintracht.

Furtok, Jan. Geb. 9.3.1963. Der Pole (36 Länderspiele) kam 1988 über Gornik MK und GKS Kattowitz in die Bundesliga, wo er zunächst fünf Jahre für den Hamburger SV stürmte. 1993 wurde er von der Eintracht verpflichtet und bestritt in zwei Jahren 53 Bundesligaspiele (9 Tore). 1995 kehrte er zum GKS Kattowitz zurück.

Gaudino, Maurizio. Geb. 12.12.1966. Dreimal kam der Sohn italienischer Eltern zur Eintracht, und dreimal verließ er Frankfurt unter zum Teil recht merkwürdigen Begleiterscheinungen. Auf Rat des damaligen U-21-Auswahltrainers Berti Vogts nahm „Mauri", der 1981 von der TSG Rheinau zum SV Waldhof Mannheim gekommen war, die deutsche Staatsbürgerschaft an und bestritt 6 U-21-Länderspiele. Mit dem VfB Stuttgart, wo er von 1987 bis 1993 unter Vertrag stand, wurde er 1992 Deutscher Meister. Nach seinem Wechsel zur Eintracht bildete er 1993/94 zusammen mit Uwe Bein ein geniales Mittelfeld-Duo; der ganz große Wurf, die Deutsche Meisterschaft, wurde aber trotzdem verspielt. Dafür feierte er sein Debüt in der A-Nationalmannschaft (5 Einsätze / 1 Tor) und stand im WM-Aufgebot 1994. Nachdem er sich im Dezember 1994 mit dem neuen Trainer Jupp Heynckes überworfen hatte, wurde er an Manchester City ausgeliehen. Im Sommer 1995 kehrte er kurzzeitig an den Riederwald zurück, verließ den Klub aber bereits im September wieder Richtung CF America de Mexico. Nach dem Abstieg 1996 folgte sein drittes Gastspiel in Frankfurt, diesmal war ein längerfristiges Engagement geplant. Er entschied sich aber 1997 für das finanziell lukrativere Angebot des FC Basel. Als die sportlichen Erfolge dort jedoch ausblieben und Gaudino zeitweise sogar auf die Tribüne verbannt wurde, kehrte er im Sommer 1998 in die Bundesliga zurück, wo er beim VfL Bochum ein Wiedersehen mit dem Ex-Eintracht Trainer Klaus Toppmöller feierte. 43 Bundesliga- (7 Tore) und 32 Zweitligaspiele (9 Tore) für die Eintracht.

Gebhardt, Marco. Geb. 7.10.1972. Die Eintracht ist die erste Profi-Station des Mittelfeldspielers, der bis 1995 in Sachsen-Anhalt für den Halleschen FC, Anhalt Dessau und Lok/Altmark Stendal gespielt hatte. Nach zwei Jahren beim West-Regionalligisten SC Verl kam er im Sommer 1997 als Vertragsamateur zur Eintracht, wo er sich wegen seiner Laufstärke schnell einen Stammplatz sichern konnte. 31 Zweitliga-Spiele (2 Tore).

Gmelin, Wilhelm. Der Torhüter-Veteran gehörte von 1911 bis 1922 der ersten Mannschaft des Frankfurter FV und der Eintracht an und wurde je zweimal Nordkreis- und Nordmainmeister. Er war einer der ersten Ehrenspielführer der Eintracht.

von Goldberger, Dr. Paul. „Gilly" war aus Freiburg zum FFC Kickers gekommen, wo er „Mädchen für alles" war: Spieler, Trainer und bis zur Fusion mit der Victoria auch Vorsitzender. Nach dem Gewinn der Nordkreismeisterschaft 1912 kehrte er Frankfurt jedoch aus beruflichen Gründen den Rücken. Insgesamt bestritt er über 350 Spiele für die Kickers und den FFV.

Grabowski, Jürgen. Geb. 7.7.1944. „Grabi" wurde bei den Biebricher Vereinen SV 19 und FV 02 groß, bevor er zwischen 1965 und 1980 das Spiel der Eintracht entscheidend prägte, zuerst als Rechtsaußen, später als Mittelfeldregisseur. Bereits 1966 stand er im deutschen WM-Aufgebot, wurde in England aber nicht eingesetzt. 1970 erwarb er sich in

Mexiko den Ruf als „bester Einwechselspieler der Welt“, und 1974 wurde er an seinem 30. Geburtstag Weltmeister. Es war gleichzeitig das letzte seiner 44 A-Länderspiele (5 Tore). Außerdem bestritt er je ein Amateur- und U-23-Länderspiel. Mit der Eintracht gewann er 1974 und 1975 den DFB-Pokal. Eine schwere Verletzung des linken Mittelfußknochens, die seine Karriere beendete, verhinderte 1980 das Mitwirken in den UEFA-Pokal-Endspielen gegen Borussia Mönchengladbach. Mit einem Spiel gegen die deutsche Nationalmannschaft nahm er im November 1980 Abschied vom Profi-Fußball. Bei der Eintracht war er bis 1992 Mitglied im Verwaltungsrat, bevor er sich mit seinem Ex-Kollegen Bernd Hölzenbein überwarf und sich aus diesem Gremium zurückzog. 441 Bundesligaspiele (109 Tore) für die Eintracht.

Grabowski im WM-Finale 1974

Gramlich, Rudolf. Geb. 6.6.1908, gest. 14.3.1988. Der gebürtige Offenbacher wurde in der Jugendmannschaft von Borussia Frankfurt groß, bevor er während seines Studiums drei Jahre bei den Sportfreunden Freiberg in Sachsen spielte. 1929 kehrte er nach Frankfurt zurück und blieb der Eintracht bis zu seinem Tod in mehreren Funktionen treu. Als Spieler war er bis 1939 maßgeblich am Aufschwung der Eintracht und dem Gewinn zweier Süddeutscher Meisterschaften (1930 und 1932), dem Einzug ins Finale der Deutschen Meisterschaft 1932 und der Gaumeisterschaft 1938 verantwortlich. Von 1931 bis 1936 bestritt er 22 A-Länderspiele und nahm an der WM 1934 in Italien teil. Vereinsvorsitzender 1939 bis 1942, 1943/44 noch einmal Aktiver in der ersten Mannschaft. Nach dem Krieg Spielausschußvorsitzender (1949/50), dann Stellvertretender Vorsitzender (1955) und vom 1. September 1955 bis 1970 1. Vorsitzender (später Präsident) der Eintracht. In seine Amtsperiode fielen die Deutsche Meisterschaft 1959, das Europapokal-Endspiel gegen Real Madrid 1960, die Qualifikation für die Bundesliga 1963 und die „Wiedervereinigung“ von Sportgemeinde und Turn- und Fechtgemeinde Eintracht zu „Eintracht Frankfurt e.V.“ 1968/69. Rudi Gramlich war Ehrenspielführer und Ehrenpräsident der Eintracht, Träger des Bundesverdienstkreuzes und der Goldenen Ehrennadel des DFB. 1975 wurde er zum Ehrenmitglied des DFB erhoben. Von 1983 bis 1988 war sein Sohn Klaus Präsident der Eintracht.

Groß, Friedrich. Der 1914 geborene Verteidiger kam 1935 von der FG 02 Seckbach zur Eintracht, für die er bis 1943 insgesamt 91 Pflichtspiele (4 Tore) bestritt und mit der er 1938 Gaumeister war.

Gründel, Heinz. Geb. 13.2.1957. Der gebürtige Berliner spielte bis 1978 für Rapide Wedding und Hertha BSC. Seinen Durchbruch schaffte der offensive Mittelfeldspieler dann in Belgien, wo er bis 1985 bei Thor Waterschei und Standard Lüttich spielte. Beim Hamburger SV wurde er A-Nationalspieler (4 Einsätze) und gehörte zum erweiterten Kader für die WM 1986 in Mexiko. Von 1988 bis 1993 stand er bei der Eintracht unter Vertrag, bestritt aber im letzten Jahr verletzungsbedingt kein Spiel mehr. 91 Bundesligaspiele (9 Tore) für die Eintracht.

Güntensberger, Urs. Geb. 24.11.1967. Der Schweizer kam nach dem Abstieg 1996 zur Eintracht, nachdem er zuvor für den FC Albisrieden, FC Winterthur, FC Lugano, FC Luzern und FC Zürich Tore am Fließband erzielt hatte. Auch bei der Eintracht wurde er seinem Ruf als Torjäger zunächst gerecht. Doch just in dem Moment, als er auf dem Sprung in die Schweizer Nationalmannschaft schien, gerieten die Eintracht und er in eine Krise. Auch in seinem zweiten Jahr in Frankfurt war er vom Pech verfolgt. Erst zog er sich einen Kreuzbandriß, dann einen Muskelfaserriß zu. Dennoch ist seine Tor-Quote mit 11 Toren in 44 Zweitligaspielen recht beachtlich.

Gundelach, Hans-Jürgen. Geb. 29.11.1963. „Hansi" Gundelach kam 1977 vom FSV Großenhausen zur Eintracht-Jugend, mit der er 1980 Deutscher B-Jugend- und 1982 Deutscher A-Jugend-Meister wurde. Von 1985 bis 1987 war er die Nr. 1 im Eintracht-Tor, bevor er von Uli Stein verdrängt wurde und 1989 zum FC Homburg wechselte. Von 1992 bis 1997 war er zweiter Mann bei Werder Bremen. Zwar konnte er mit den Bremern 1993 die Deutsche Meisterschaft und 1994 den DFB-Pokal-Sieg feiern, zu mehr als 9 Bundesligaeinsätzen reichte es für den zweimaligen U 21-Nationalspieler jedoch nicht. 87 Bundesligaspiele für die Eintracht.

Hagner, Matthias. Geb. 15.8.1974. Einer von mehreren Spielern, die ihren Weg von der Talenteschmiede des FC Burgsolms an den Riederwald gefunden haben. Nach einer Saison in der A-Jugend der Eintracht kehrte der offensive Mittelfeldspieler 1991/92 noch einmal zu seinem Stammverein zurück, bevor er 1992 zu den Eintracht-Amateuren kam. Nachdem er bis 1995 nur fünf Bundesligaspiele mitgemacht hatte, dachte er bereits an einen erneuten Vereinswechsel, wurde von Bernd Hölzenbein aber in letzter Sekunde doch noch überredet, einen weiteren Anlauf bei der Eintracht zu versuchen. Trotz des Abstiegs schaffte der fünfmalige U-21-Nationalspieler den Durchbruch. Dabei brachte er das Kuriosum fertig, sowohl in der Bundesliga als auch in der Regionalliga bester Eintracht-Torschütze zu werden – und mit beiden Teams absteigen zu müssen! Nach zwei Jahren beim VfB Stuttgart, mit dem er 1997 DFB-Pokalsieger wurde, ging er im Sommer 1998 zu Borussia Mönchengladbach. 31 Bundesligaspiele (10 Tore) für die Eintracht.

Heese, Horst. Geb. 31.12.1943. Der Sohn eines Boxers, der 1969 über den VfB Hilden, die Spfr. Hamborn 07 und den Wuppertaler SV zur Eintracht gekommen war, wurde in Frankfurt schnell zum Publikumsliebling, da er eine Kämpfernatur war und selbst da noch mit dem Kopf hinging, wo andere bereits den Fuß zurückzogen. Vor der Rückrunde 1972/73 wechselte er zum Hamburger SV und 1974 zum belgischen Klub AS Eupen, wo er seine aktive Laufbahn beendete. Als Trainer arbeitete er u.a. bei Kickers Offenbach, dem 1. FC Nürnberg, FSV Frankfurt und Viktoria Aschaffenburg und sprang 1993 nach dem Rücktritt von Dragoslav Stepanovic sogar als Cheftrainer bei der Eintracht ein, wo er trotz seines Wechselfehlers von Uerdingen – drei Ausländer gleichzeitig auf dem Platz – noch die Qualifikation für den UEFA-Pokal schaffte. 108 Bundesligaspiele (27 Tore) für die Eintracht.

Heilig, Werner. Geb. 20.10.1921, gest. 30.8. 1986. 25 Jahre lang, von 1932 bis 1957 trug der Ehrenspielführer das Trikot der Eintracht und erzielte seit seinem Debüt 1940 im Tschammer-Pokal in rund 400 Pflichtspielen mindestens 59 Tore für die erste Mannschaft. Seine Stammposition war linker Läufer, doch wurde er bisweilen auch als Stürmer eingesetzt. Außerdem war er ein guter Tennisspieler, kein Wunder, leitete sein Bruder Günter doch seit 1969 die Tennis-Abteilung. 1953 war der examinierte Chemiker Kapitän der Mannschaft, die die dritte Süddeutsche Meisterschaft an den Riederwald holte.

Henig, Helmut. Geb. 12.8.1921. Obwohl zwischen seinem ersten und letzten Spiel im Eintracht-Trikot fast 19 Jahre lagen, war der Torhüter zeitweise ein richtiger Wandervogel. Hervorgegangen aus der Eintracht-Jugend, spielte er nach dem Krieg zunächst kurz beim VfB Riederwald. In der Meisterschaft 1945/46 war er dann gleich für drei Frankfurter Vereine aktiv: Im November/Dezember 1945 in der Oberliga für die Eintracht, von Januar bis März 1946 beim Landesligisten Rot-Weiss und ab April 1946 für den FSV. Zwischen März und Juni 1947 schloß sich ein Gastspiel bei der TSG Ulm 1846 an, bevor er 1947 im Tausch gegen Toni Turek an den Riederwald zurückkehrte. 1953 wurde er mit der Eintracht Süddeutscher Meister und bestritt ein B-Länderspiel. Von 1954 bis 1956 stand er ein zweites Mal bei der TSG Ulm 1846 unter Vertrag, und als er 1956 nach Hessen zur SG Dietzenbach zurückkehrte, schien seine Karriere beendet. Doch zur Überraschung aller wechselte er 1957 als fast 36jähriger noch einmal an den Riederwald und stand im Meisterjahr 1958/59 in den ersten acht Oberligaspielen im Eintracht-Tor. Insgesamt kam er auf über 260 Pflichtspieleinsätze.

Höfer, Hermann. Geb. 19.7.1934, gest. 22.10.1996. Ein weiteres langjähriges

Mitglied der Eintracht-Familie, das bis zu seinem plötzlichen und unerwarteten Tod dem Verein die Treue hielt. Entdeckt wurde der spätere Verteidiger von Trainer Windmann bei den Amateuren, mit denen er 1954 Meister der B-Klasse wurde. Zur Überraschung der Fachleute stand der 19jährige dann bereits in der Endrunde um die Deutsche Meisterschaft als Linksaußen seinen Mann und sicherte sich auf Anhieb einen Stammplatz. 1956 nahm er am Olympischen Fußballturnier in Melbourne teil, mehr als 6 Amateur- und 1 U-23-Länderspiel konnte er jedoch nicht verbuchen. Dafür stand er in der Meistermannschaft von 1959 und im Europapokal-Finale 1960. Nachdem er 1966 wegen Verletzung seine aktive Laufbahn beenden mußte, war er lange Jahre Jugend- und Amateurtrainer und 1981/82 sogar Vizepräsident. 224 Oberliga- (17 Tore) und 68 Bundesligaspiele (2 Tore).

Hölzenbein, Bernd. Geb. 9.3.1946. „Deutschlands Stolz, der Grabi und der Holz!" sangen die Eintracht-Fans, nachdem Deutschland 1974 mit der Frankfurter „Flügelzange" Weltmeister geworden war. Dabei hatte Bernd Hölzenbein erst im Oktober 1973 sein erstes von 40 Länderspielen (5 Tore) bestritten. Nachdem er 1976 mit der deutschen Mannschaft im EM-Endspiel im Elfmeterschießen an der Tschechoslowakei gescheitert war, trat er nach der WM 1978 aus der Nationalmannschaft zurück. Der Eintracht, zu der er 1966 von TuS Dehrn gekommen war, sagte er 1981 nach dem dritten Pokalsieg tschüß. Mit 160 Toren in 420 Bundesligaspielen ist er bis heute der erfolgreichste Eintracht-Torjäger. Neben den drei Pokalsiegen 1974, 1975 und 1981 führte er die Eintracht 1980 auch als Kapitän zum UEFA-Pokal-Sieg. Von 1981 bis 1985 spielte er in Amerika bei den Ft. Lauderdale Strikers und Memphis Americans, später bei den Baltimore Blasts in der US-Hallenrunde. 1985 beendete er seine Karriere beim Südwest-Oberligisten FSV Salmrohr. Als Vizepräsident – seit November 1988 – wurde er Baumeister einer neuen großen Eintracht-Mannschaft um Stein, Bein, Möller und Yeboah, doch blieb ihm wie schon als Spieler der ganz große Wurf, die Deutsche Meisterschaft, versagt. Mit der Verpflichtung von Trainer Jupp Heynckes und seiner Berufung zum hauptamtlichen Sportlichen Leiter 1994 verließ ihn dann auch das Glück. So bleibt sein Name letztendlich auch mit dem bitteren Abstieg aus der Bundesliga verbunden. Am 4. November 1996 räumte er sein Büro am Riederwald und widmet sich seitdem wieder seinem Tennis- und Squash-Zentrum.

Horvat, Ivica. Geb. 16.7.1926. Der 60-malige jugoslawische Nationalspieler (WM-Teilnehmer 1950 und 1954) kam 1957 von Dinamo Zagreb an den Riederwald. Als Mittelläufer gab er der Eintracht-Hintermannschaft jene Stabilität, die im Gewinn der Deutschen Meisterschaft 1959 gipfelte. Wegen einer schweren Verletzung konnte er im Endspiel jedoch nicht mitwirken und mußte seine aktive Laufbahn beenden. 1961 zum Sportinvaliden erklärt, war er bis 17. 4. 1964 Co-Trainer am Riederwald und vom 18. April 1964 bis 1965 als Nachfolger des erkrankten Paul Oßwald Cheftrainer der Bundesliga-Mannschaft. Nachdem er zwischenzeitlich nach Jugoslawien zurückgekehrt war, betreute er in den 70er Jahren die Bundesligisten FC Schalke 04 und Rot-Weiß Essen. 56 Oberliga-Spiele.

Huberts, Willi. Geb. 22.1.1938. Der viermalige österreichische A- und zweimalige B-Nationalspieler kam 1963 über den Grazer AK und Hungaria New York nach Frankfurt und drückte dem Eintracht-Spiel bis zu seinem Abschied 1970 den Stempel auf. Zu diesem Zeitpunkt war er mit 67 Toren aus 213 Spielen bester Bundesliga-Torschütze der Eintracht. 1970 kehrte er in seine Heimat zurück, wo er noch bis 1979 für Austria Wien, VÖEST Linz und Alpine Donawitz spielte und anschließend erfolgreich als Trainer arbeitete.

Hubtchev, Petr. Geb. 26.2.1964. Der Bulgare spielte bis 1994 bei Leks Lovetch und Levski Sofia und wechselte nach der WM 1994 in den USA zum Hamburger SV. Da bei der Eintracht nach dem Abstieg und Weggang von Manfred Binz ein neuer Libero gesucht wurde, kam der 35malige Nationalspieler im Dezember 1996 als neuer Abwehrchef an den Riederwald und erzielte in 44 Zweitligaspielen 2 Tore.

Imke, Paul. Gest. April 1964. „Annoncen-Imke“ kam 1919 von Hannover 96 zum Frankfurter FV. 1924/25 wurde er noch einmal reaktiviert und rettete die Eintracht vor dem Abstieg. Als Ehrenmitglied, Ehrenspielführer und Vorstandsmitglied sowie als langjähriger Herausgeber der Vereinszeitung blieb er der Eintracht bis zu seinem Tod eng verbunden.

Janes, Paul. Geb. 11.3.1912, gest. 12.6. 1987. Viele mögen sich wundern, den 71maligen Nationalverteidiger, der bis 1970 deutscher Rekord-Internationaler war, in diesem Verzeichnis zu finden, denn eigentlich ist sein Name ganz eng mit Fortuna Düsseldorf verbunden, zu der er 1930 von Jahn Küppersteg gestoßen war. Nachdem er während des Krieges bereits Gastspieler bei der SpVgg Wilhelmshaven 05 und beim Hamburger SV gewesen war, bestritt er im Februar/März 1946 auch zwei Oberligaspiele für die Eintracht, bevor er zu Fortuna Düsseldorf zurückkehrte, wo er 1951 seine aktive Laufbahn beendete.

Janßen, Olaf. Geb. 8.10.1966. Elf Jahre trug der Mittelfeldspieler das Trikot des 1. FC Köln, zu dem er 1985 über den Hülser FC und Bayer Uerdingen gestoßen war. 1988 nahm er am Olympischen Fußballturnier in Seoul teil und bestritt insgesamt 3 Olympia-Auswahl- und 1 U-21-Spiel für den DFB. Als er beim „FC“ ausgemustert schien, wechselte er im Dezember 1996 zur Eintracht, kam aber wegen mehrerer Verletzungen (Knie, Achillessehne, Wade) in anderthalb Jahren lediglich auf 18 Zweitligaspiele (2 Tore).

Jockel, Karl. Spielte schon 1907 in der ersten Mannschaft des FFC Viktoria. Nach der Fusion mit dem FCF Kickers gewann er mit dem Frankfurter FV 1912-14 drei Nordkreis-Meisterschaften in Folge sowie 1920 und 1921 zwei Nordmain-Titel. Danach beendete er die aktive Laufbahn und wurde später zum Ehrenmitglied und Ehrenspielführer ernannt.

Jusufi, Fahrudin. Geb. 8.12.1939. Der 55malige jugoslawische Nationalspieler (Olympiasieger 1960 und WM-Teilnehmer 1962) kam 1966 vom Europapokalfinalisten Partizan Belgrad zur Eintracht, wo er schon bald zum Publikumsliebling wurde („Wir brauchen keinen Beckenbauer, wir brauchen keinen Held – wir haben einen Jusufi, den besten Mann der Welt!"). Markenzeichen des Außenverteidigers waren die runtergerollten Stutzen. Von 1970 bis 1972 spielte er für den Hessenligisten Germania Wiesbaden, bevor er als Spielertrainer zum FC Dornbirn nach Österreich wechselte. In Deutschland betreute er später u.a. den FC Schalke 04, die SG Wattenscheid 09 und den TSV 1860 München. 111 Bundesligaspiele (2 Tore).

Kalb, Jürgen. Geb. 20.5.1948. Mit 48 Einsätzen ist Jürgen Kalb die Nr. 2 in der Rangliste der deutschen Amateur-Nationalspieler, mit denen er 1972 am Olympischen Fußballturnier in München teilnahm und 1974 Amateur-Europameister wurde. 1967 vom VfB Unterliederbach an den Riederwald gekommen, war er 1974 mit der Eintracht DFB-Pokalsieger. Nach 1975 spielte er beim Karlsruher SC und beim SV Darmstadt 98. Nachdem er 1980 zum VfB Unterliederbach zurückgekehrt war, folgte noch ein zweieinhalbjähriges Engagement beim FC Hanau 93. 1986 beendete er seine Laufbahn bei seinem Stammverein. 185 Bundesligaspiele (26 Tore) für die Eintracht.

Karger, Harald. Geb. 14.10.1956. „Schädel-Harry" bestritt zwischen 1979 und 1983 zwar nur 28 Bundesligaspiele (9 Tore) für die Eintracht, mit 5 Toren in 10 Spielen war er jedoch einer der Garanten für den UEFA-Pokal-Sieg 1980, wo er sich im ersten Finale in Mönchengladbach so schwer verletzte, daß seine Profikarriere zu Ende war, bevor sie richtig begonnen hatte. Der über TuS Waldhausen und den FC Burgsolms an den Riederwald gekommene Stürmer beendete seine Laufbahn schließlich in

der Amateurliga bei SV Wiesbaden, Eintracht Glas-Chemie Wirges, VfL Bad Ems und FC Werdorf.

Kaster, Heinz. Geb. 23.2.1929. Der bereits verstorbene Vater des Nationalspielers Dieter Müller(-Kaster) spielte bis 1948 bei Kickers Offenbach und kam 1949 nach einem einjährigen Abstecher beim FC St. Pauli zur Eintracht. Der Verteidiger war Mitglied der Süddeutschen Meisterelf 1953 und bestritt bis 1954 insgesamt 96 Oberligaspiele (2 Tore) für die Eintracht.

Kellerhoff, Bernhard. Geb. 21. 3. 1900. Der torgefährliche Linksaußen kam im April 1926 von Schwarz-Weiß Essen zur Eintracht, mit der er 1930 und 1932 Süddeutscher Meister wurde. Eine schwere Knieverletzung verhinderte 1932 nicht nur seine Teilnahme an den Endrundenspielen um die Deutsche Meisterschaft, sondern bedeutete nach 168 Pflichtspielen (34 Tore) im Adler-Trikot das Ende seiner aktiven Laufbahn. Danach wirkte er als Trainer: 1934/35 betreute er den SC 08 Münster, ab 1935 den SC Göttingen 05, mit dem er 1936 den Aufstieg in die Gauliga Niedersachsen schaffte. Von Februar bis Dezember 1948 war er Trainer der Eintracht-Oberligamannschaft.

Kirchheim, Rudi. Der aus der eigenen Jugend stammende Mittelläufer und spätere Verteidiger erlebte in den 20er Jahren alle Höhen und Tiefen der Eintracht. In seinem ersten Jahr in der Liga-Mannschaft verpaßte er 1922 in den Entscheidungsspielen gegen Germania 94 die Nordmain-Kreismeisterschaft, 1925 wäre er dann fast abgestiegen. Dafür war er gegen Ende seiner Karriere 1928 beim ersten Auftritt der Eintracht in der Endrunde zur Deutschen Meisterschaft (0:2 bei der SpVgg Sülz 07) mit dabei. Ein Jahr später beendete er seine aktive Laufbahn. Aufgrund der ungenauen Presseangaben zu Anfang und Mitte der 20er Jahre konnte die genaue Zahl seiner Pflichtspiele im Eintracht-Dress leider nicht ermittelt werden (nachgewiesen sind 85 Spiele / 5 Tore).

Kliemann, Uwe. Geb. 30.6.1949. Der „Funkturm“ kam 1972 über den BC Lichterfelde 12, Hertha Zehlendorf und Rot-Weiß Oberhausen zur Eintracht, wo er sehr schnell zum Publikumsliebling wurde. Wahrscheinlich wäre der Vorstopper auch noch länger in Frankfurt geblieben, wenn ihm 1974 nicht Hertha BSC ein Angebot gemacht hätte, das er nicht abschlagen konnte. So kam der gebürtige Berliner, der in zwei Jahren alle 68 Bundesligaspiele (8 Tore) mitgemacht hatte, 1974 auch um die verdiente Pokalsieger-Medaille, da das Endspiel wegen der WM erst am Beginn der folgenden Saison ausgetragen wurde. Für Hertha absolvierte er 1 A-Länderspiel und wechselte nach dem Abstieg 1980 zu Arminia Bielefeld, wo er aber bereits nach einem Jahr wegen Sportinvalidität die Schuhe an den berümten Nagel hängen mußte. Als Trainer arbeitete er bei Hertha BSC und der SpVgg Bayreuth und lebte ab 1986 zeitweise in Südafrika.

Köpke, Andreas. Geb. 12.3.1962. Der 59malige Nationaltorhüter (davon 25 als Eintracht-Spieler), der 1996 Europameister wurde, kann auf einen wenig schmeichelhaften „Rekord“ verweisen: Mit allen Vereinen, bei denen er in Deutschland im bezahlten Fußball tätig war, ereilte ihn das Schicksal des Abstiegs! 1981 verpaßte er mit seinem Stammklub Holstein Kiel die Qualifikation für die neue eingleisige 2. Bundesliga, aus der er dann 1984 mit dem SC Charlottenburg und 1986 mit Hertha BSC Berlin abstieg. Nach acht Jahren Bundesliga beim 1. FC Nürnberg, ereilte ihn 1994 dort das gleiche Schicksal. Bei seinem folgenden Wechsel zur Eintracht dachte wohl keiner der Beteiligten daran, daß es zwei Jahre später schon wieder so weit sein sollte. Als 1996 erst der schon perfekt scheinende

Wechsel zum VfB Stuttgart rückgängig gemacht wurde und ein Transfer zum FC Barcelona platzte, wechselte er zu Olympique Marseille. Nachdem er 1990 und 1994 nur Ersatz-Keeper war, wurde die WM 1998 in Frankreich zum glanzlosen Höhepunkt seiner Karriere. 66 Bundesligaspiele für die Eintracht.

Körbel, Karl-Heinz. Geb. 1.12.1954. 24 Jahre war der „treue Charly" in verschieden Funktionen für die Eintracht tätig. So glanzvoll wie sein Debüt im Oktober 1972, so schmachvoll war sein Abgang Ende März 1996. Sein erstes Bundesligaspiel bestritt der 1972 vom FC Dossenheim an den Riederwald gewechselte 30malige Jugend-Nationalspieler gegen keinen Geringeren als den großen Gerd Müller. Damals konnte keiner ahnen, daß er 1991 am Ende seiner Karriere mit 602 Einsätzen (45 Tore) Bundesliga-Rekordspieler sein würde. Hätte ihn nicht ein Beinbruch im Abstiegskampf 1984 für längere Zeit außer Gefecht gesetzt, es wären wohl noch ein paar mehr geworden. Der Mittelfeldspieler und spätere Vorstopper bestritt 6 A-, 10 B- und 5 Amateur-Länderspiele, war Amateur-Europameister 1974, viermal DFB-Pokalsieger (1974, 1975, 1981, 1988) und UEFA-Pokal-Sieger 1980. Nach Beendigung seiner aktiven Laufbahn wurde er 1991 zunächst Co-Trainer am Riederwald, schaffte dann 1994 nach der Beurlaubung von Klaus Toppmöller als Cheftrainer noch die Qualifikation für den UEFA-Pokal, um unter Jupp Heynckes wieder ins zweite Glied zurückzutreten. Nach dessen Rücktritt war er vom 3. April 1995 bis zum 30. März 1996 noch einmal Cheftrainer. Sein als Spieler gefällter Spruch „Solange ich hier spiele, steigen wir nicht ab!", brachte ihm als Trainer kein Glück. Bei der Eintracht wurde er im Abstiegskampf 1996 gefeuert, den VfB Lübeck konnte er 1996/97 in der 2. Bundesliga auch nicht mehr retten, und beim FSV Zwickau wurde er 1997/98 vorzeitig entlassen.

Koitka, Hans-Josef. Geb. 12.2.1952. Der neunmalige Amateur- und dreimalige B-Nationalspieler kam kurz vor Ende der Saison 1975/76 von der SG Wattenscheid 09 zur Eintracht, für die er bis 1979 das Tor hütete. Nach einem Jahr 2. Liga bei Rot-Weiß Lüdenscheid heuerte „Jupp" 1980 beim Hamburger SV an. Von 1982 bis 1987 hieß es erneut 2. Bundesliga, zuerst Alemannia Aachen, dann SG Wattenscheid 09, bevor er ein zweites Mal zum HSV wechselte, wo er als 38jähriger 1990 seine aktive Laufbahn beendete. 1995/96 trainierte er seinen Stammverein SG Wattenscheid 09. 91 Bundesligaspiele für die Eintracht.

Kolb, Ludwig. Geb. 6.11.1919. Der Verteidiger kam 1938 von Hassia Dieburg und spielte bis 1952 bei der Eintracht. Der Krieg verhinderte eine erfolgreichere Laufbahn. Ironie des Schicksals: In der Saison, bevor er an den Riederwald kam, war die Eintracht Gaumeister, ein Jahr nach seinem Abschied Süddeutscher Meister. Nach über 100 Pflichtspielen ging er 1952/53 als Spielertrainer zum FC Hanau 93.

Komljenovic, Slobodan. Geb. 2.1.1971. Der Sohn eines bosnischen Vaters und einer montenegrinischen Mutter spielte bis 1991 bei der SG Griesheim und SG Hoechst, bevor er zu den Eintracht-Amateuren wechselte. Sein Debüt im Bundesliga-Team gab er in der Saison

1992/93. Seit 1997 spielt der Manndekker und defensive Mittelfeldspieler beim MSV Duisburg. 1998 nahm er mit Jugoslawien an der WM in Frankreich teil. 107 Bundesliga- (4 Tore), 27 Zweitligaspiele (1 Tor) für die Eintracht.

Konca, Ender. Geb. 22.10.1947. Jürgen Grabowski war 1970 nach dem EM-Qualifikationsspiel gegen die Türkei voll des Lobes über den Stürmer von Eskisehirspor (14 A-Länderspiele), der daraufhin für die Saison 1971/72 verpflichtet wurde. Nach zwei Jahren kehrte er in seine Heimat zu Fenerbahce Istanbul zurück. 36 Bundesligaspiele (7 Tore).

Kraaz, Armin. Geb. 3.2.1965. Als 14jähriger kam der Abwehrspieler von Viktoria Preußen Frankfurt zur Eintracht-Jugend, mit der er 1983 Deutscher A-Jugend-Meister wurde. Im Zuge des finanziell notwendigen Umbruchs der Mannschaft wurde er bereits in seinem ersten Jahr im Seniorenbereich Stammspieler. Doch schon als 23jähriger nahm der sechsmalige U-21-Nationalspieler 1988 Abschied vom Profifußball und entschied sich für seine berufliche Fortbildung. Acht Jahre spielte er bei Rot-Weiss Frankfurt, bevor er 1996 als A-Jugend-Trainer an den Riederwald zurückkehrte. Von März bis Juni 1997 betreute er auch die Eintracht-Amateure. 123 Bundesligaspiele (3 Tore).

Krämer, Harald. Geb. 13.2.1964. „Schädel-Harry II“ ist ein weiteres Produkt erfolgreicher Nachwuchsarbeit. 1978 vom VfB Unterliederbach zur Eintracht gekommen, wurde er 1980 Deutscher B-Jugend- und 1982 Deutscher A-Jugend-Meister. Von 1987 bis 1990 spielte er in Österreich für Sturm Graz, konnte sich anschließend jedoch weder beim Chemnitzer FC noch bei Hansa Rostock durchsetzen und mußte 1992 Sportinvalidität anmelden. Im November 1994 kehrte er zu seinem Stammklub VfB Unterliederbach zurück. 61 Bundesligaspiele (15 Tore) für die Eintracht.

Kraus, Alfred. Geb. 16.1.1924. Der Sturmtank, der aus der eigenen Jugend kam, gab bereits als 17jähriger im April 1941 sein Debüt in der ersten Mannschaft, für die er bis 1952 in 97 nachgewiesenen Pflichtspielen 103 Tore erzielte. Von 1947 bis 1949 spielte er bei der SpVgg Langenselbold.

Kraus, Willi. Geb. 3.12.1926, gest. 1997. „Scheppe“ Kraus, der Vater des späteren Bundesligaprofis Wolfgang, spielte bis 1946 bei Viktoria Eckenheim. Nachdem er im Oktober 1945 kurz beim FSV Frankfurt mitgewirkt hatte, kam er 1946 zur Eintracht. Aus Ärger über seine Nichtberücksichtigung für die Amerika-Reise wollte er 1951/52 eigentlich zu Viktoria Aschaffenburg wechseln, doch erhielt er von der Eintracht keine Freigabe. 1952/53 spielte er für Alemannia Aachen, bevor er an den Main zurückkehrte und bis 1957 für den FSV Frankfurt und anschließend für Preußen Frankfurt aktiv war. 101 Oberligaspiele (43 Tore) für die Eintracht.

Kraus, Wolfgang. Geb. 20.8.1953. Wie Vater Willi wurde auch Sohn Wolfgang in Frankfurt nur „Scheppe“ genannt. Bereits als 11jähriger jagte er bei der Eintracht dem runden Leder nach und debütierte gegen Ende der Saison 1971/72 in der Bundesliga-Mannschaft. 1974 half er mit, den ersten DFB-Pokal an den Riederwald zu holen. Eine schwere Verletzung verhinderte, daß er ein Jahr später bei der Titelverteidigung erneut dabei war. Unterschiedliche Gehaltsvorstellungen zwischen ihm und Manager Udo Klug waren dafür verantwortlich, daß der zweimalige B- und zehnmalige Amateur-Nationalspieler 1979 den Riederwald Richtung München verließ. Nach fünf Jahren FC Bayern und zwei Jahren in der Schweiz beim FC Zürich kehrte er 1986 nach Frankfurt zurück und bestritt weitere 15 Bundesligaspiele (1 Tor) für die Eintracht, bevor er Ende 1986 den Posten des Managers übernahm, den er bis zur vorzeitigen Entlassung im September 1988 ausübte. 189 Bundesligaspiele (30 Tore) für die Eintracht.

Kreß, Richard. Geb. 6.3.1925, gest. 30.3. 1996. 15 Jahre, von 1938 bis 1953, spielte Richard Kreß für den Fuldaer Vorortverein FV Horas, für den er 1953 auch ein Amateur-Länderspiel bestritt. Erst als 28jähriger wechselte der Drogist zur Eintracht und bestritt 1954 sein erstes A-Länderspiel. Obwohl er stets zu den besten Stürmern der Oberliga Süd gehörte, mußte er mit der Eintracht erst Deutscher Meister werden und ins Europapokal-Finale einziehen, um 1960 und 1961 acht weitere Länderspiele zu bestreiten. Zu einer Nominierung für die WM 1962 in Chile reichte es dann aber doch nicht. Beim Bundesliga-Start war er der älteste Akteur der neuen Spielklasse. 274 Oberliga- (68 Tore), 17 Bundesligaspiele (2 Tore).

Krömmelbein, Kurt. Geb. 21.7.1922, gest. Janaur 1998. Kurt Krömmelbein stammt aus einer ganz alten Eintracht-Familie. Vater Karl und Onkel Artur gehörten 1899 zu den Gründungsmitgliedern der Frankfurter Kickers, aus denen nach der Vereinigung mit der Viktoria zuerst der Frankfurter FV und später die Eintracht wurde. Kein Wunder, daß der junge Kurt bereits als Zehnjähriger den schwarz-rot gestreiften Adler-Dress trug. Zwar spielte er 1948/49 für den FC Rödelheim 02 in der Oberliga Süd, kehrte danach aber zur Eintracht zurück, mit der er 1953 Süddeutscher Meister wurde. Später war der Halbstürmer und Läufer lange Zeit als Vereinsjugendwart und 1979/80 als Vizepräsident tätig. 81 Oberligaspiele (8 Tore) für die Eintracht.

Kroth, Thomas. Geb. 26.8.1959. Der offensive Mittelfeldspieler, der in fünf verschiedenen DFB-Auswahl-Mannschaften spielte (1 A-, 2 Olympia-Auswahl-, 13 U-21-, 17 U-18-/1 Tor und 2 U-16-Länderspiele/1 Tor) kam 1982 über die Stationen SV Erlenbach, Kickers Offenbach und 1. FC Köln zur Eintracht. Nach 1985 folgten vier Jahre beim Hamburger SV und zwei bei Borussia Dortmund, bevor er sich 1991 aus dem Profigeschäft verabschiedete und seine Laufbahn beim Wiesbadener Vorortklub SV Frauenstein ausklingen ließ. Heute ist Thomas Kroth Spielervermittler mit offizieller FIFA-Lizenz. 74 Bundesligaspiele (13 Tore) für die Eintracht.

Kruse, Axel. Geb. 28.9.1967. Der gebürtige Pommeraner kam über Dynamo und Motor Wolgast 1981 zur KJS (Kinder- und Jugendschule) nach Rostock und spielte bis 1989 für den FC Hansa. Kurz vor der Wende nutzte er ein Intertotorundenspiel in Kopenhagen zur Flucht in den Westen. Hier engagierte ihn Hertha BSC Berlin, mit der er 1990 den Aufstieg in die Bundesliga schaffte.

Von Februar 1991 bis 1993 spielte er bei der Eintracht, anschließend drei Jahre beim VfB Stuttgart. 1996 kehrte er zu Hertha BSC zurück und schaffte im ersten Anlauf den Wiederaufstieg in die Bundesliga. 54 Bundesligaspiele (14 Tore) für die Eintracht.

Kudras, Ernst. Geb. 17.9.1924. Der gebürtige Oberschlesier spielte bis Kriegsende beim SV Ratibor 03 und kam 1948 zur Eintracht, für die er bis 1957 in 231 Oberligaspiele (4 Tore) als Verteidiger seinen Mann stand. 1953 wurde er mit der Eintracht Süddeutscher Meister.

Kübert, Fritz. Von April 1925 bis 1930 bestritt das Ehrenmitglied rund 100 Pflichtspiele (3 Tore) für die Eintracht, meist als rechter Läufer. Später war er im Spielausschuß und als Vereinsjugendleiter tätig. Sohn Fritz stand von 1959 bis 1965 bei der Eintracht unter Vertrag, bestritt jedoch nur ein einziges Bundesligaspiel – am 19. September 1964 bei der 0:7-Heimschlappe gegen den Karlsruher SC.

Künz, Ernst. Der viermalige österreichische Amateur-Nationalspieler (Olympiateilnehmer 1936) kam 1938 vom vorarlbergischen Klub FC Lustenau 07 zur Eintracht, für die er bis 1944 spielte. Der Krieg verhinderte, daß er mehr als 28 Pflichtspiele (6 Tore) im Adler-Trikot absolvierte.

Kunter, Dr. Peter. Geb. 28.4.1941. Der „fliegende Doc" war der erste Bundesligaspieler, der bewies, daß Profifußball und ein ernsthaftes akademisches Studium gut miteinander zu vereinbaren sind. Der viermalige Amateur-Nationalspieler wechselte 1961 von Eintracht Wetzlar zum Freiburger FC und kam

1965 an den Riederwald. Bis 1976 stand der Zahnarzt in 234 Bundesligaspielen im Eintracht-Tor und wurde 1974 DFB-Pokalsieger. Nach Beendigung seiner aktiven Laufbahn übte er 1977 - 1979 das Amt des Vizepräsidenten aus, zog sich danach jedoch vom Fußball zurück.

Kutschera, Alexander. Geb. 21.3.1968. Der weitgereiste Abwehrspieler wurde im Januar 1997 verpflichtet, um der angeschlagenen Eintracht-Hintermannschaft mehr Stabilität zu verleihen. Hervorgegangen aus der Jugend der SG Eichenfeld, spielte der Bayer bis zu seinem Engagement am Riederwald für Eintracht Freising, die Amateure von Bayern München, Blau-Weiß 90 Berlin, Bayer Uerdingen und den TSV 1860 München. War 1997/98 in allen Spielen dabei. Insgesamt 49 Zweitligaspiele (1 Tor) für die Eintracht.

Landerer, Ludwig. Geb. 31.5.1937. Ein weiterer Bayer in den Reihen der Eintracht, um dessen Verpflichtung es 1961 einigen Wirbel gegeben hatte. Da ihn sein bisheriger Klub TSG Ulm 1846 nicht freigab, durfte er 1961/62 nur in

Pokalspielen eingesetzt werden. Zuvor hatte der zweimalige Amateur-Nationalspieler für den FC Penzberg, Amicitia und Bayern München gespielt. 1966 ging der Mittelläufer für ein Jahr zum FSV Frankfurt, bevor er 1967 nach München zurückkehrte, wo er Spielertrainer beim ESV wurde. 30 Oberliga- (1 Tor) und 22 Bundesligaspiele für die Eintracht

Legat, Thorsten. Geb. 7.11.1968. Ein großes Mißverständnis war 1994 die Verpflichtung des Mittelfeldspielers, der zuvor 177 Bundesligaspiele für den VfL Bochum und Werder Bremen absolviert hatte. Trainer Heynckes verpaßte dem einmaligen U-21-Nationalspieler das Trikot mit der Nr. 10, doch die in ihn gesetzten Erwartungen als Nachfolger von Uwe Bein konnte Legat nicht erfüllen. So wurde jedes Heimspiel für den aus der Jugend von Vorwärts Werne stammenden Westfalen zu einem Spießrutenlaufen, und er war froh, 1995 nach 22 Bundesligaspielen (2 Tore) zum VfB Stuttgart wechseln zu dürfen.

Leis, Bernhard. Geb. 8.9.1906. Der aus Kelsterbach stammende Mittelläufer gehörte der großen Eintracht-Mannschaft der 30er Jahre an. Gleich in seinem ersten Jahr am Riederwald wurde er 1930 Süddeutscher Meister, ein Erfolg, den er 1932 wiederholen konnte. Er war auch im Endspiel um die Deutsche Meisterschaft dabei, konnte das 0:2 gegen Bayern München aber nicht verhindern. Bis 1937 erzielte er in 179 Pflichtspielen 19 Tore für die Eintracht.

Lindemann, Hermann. Geb. 29.10.1910. Der aus dem osthessischen Philippsthal stammende Außenläufer hatte bereits eine bewegte Karriere hinter sich, als er im April 1937 zur Eintracht kam. FSV Frankfurt, VfB Leipzig und Kickers Offenbach hießen seine vorherigen Stationen. Mit der Eintracht wurde er 1938 auf Anhieb Gaumeister. Nach Kriegsausbruch wechselte er zunächst zu Germania 94 Frankfurt, später zur BSG IG Farben, nach deren Auflösung er 1942 an den Riederwald zurückkehrte. Zeitweilig Gastspieler bei der WTSV Schweinfurt, trug er bis zu seinem Wechsel zu Union Niederrad im Oktober 1946 das Eintracht-Trikot in über 80 Spielen (1 Tor). Nach Beendigung seiner aktiven Laufbahn wurde er Trainer und betreute u.a. den Bundesligisten Borussia Dortmund.

Lindner, Dieter. Geb. 11.6.1939. Der langjährige Mannschaftskapitän war immer zur Stelle, wenn man ihn brauchte. Bereits als 17jähriger debütierte er im Februar 1957 als Mittelstürmer in der Oberliga-Mannschaft, mit der er 1959 Deutscher Meister und 1960 Europapokal-Finalist war. 1970 hatte der einmalige B-Nationalspieler eigentlich seine aktive Laufbahn bereits beendet; als die Abstiegsgefahr jedoch immer bedrohlicher wurde, wurde er noch einmal reaktiviert und half mit, den Klassenerhalt zu sichern. Danach gehörte er viele Jahre dem Verwaltungsrat an, war 1980/81 Vizepräsident und nach dem Bundesliga-Abstieg vom 5. Mai bis 2. Oktober 1996 Interimspräsident. 132 Oberliga- (49 Tore), 189 Bundesligaspiele (5 Tore).

Lindner, Willi. Geb. 27.6.1910, gefallen 5.3.1944. „Etsche" Lindner war einer von vielen Eintrachtlern, die nicht mehr aus dem 2. Weltkrieg heimkehrten. Der Linksaußen spielte bis 1928 bei Union Niederrad und kam im September 1932 nach Gastspielen bei Rot-Weiss Frankfurt und Tennis Borussia Berlin zur Eintracht. 1933 bestritt er sein einziges A-Länderspiel gegen Frankreich. Im März 1935 zog es ihn zu Tura Leipzig, doch kehrte er 1938 von Reichsbahn-Rot-Weiss Frankfurt zur Eintracht zurück, für die er bis zu seinem Tod 75 Pflichtspiele (41 Tore) bestritt. Im Juli 1941 leitete er sogar ehrenamtlich das Training am Riederwald.

Linken, Fritz. Geb. 20.12.1913. Der bereits verstorbene Außenstürmer wurde 1938 gleich in seinem ersten Jahr in der Ligamannschaft der Eintracht Gaumeister. Der Krieg verhinderte eine glanzvollere Karriere, denn von März 1940 bis zu seiner Rückkehr aus englischer Kriegsgefangenschaft im November 1947 tauchte sein Name nicht mehr in den Eintracht-Aufstellungen auf. 1949 beendete er nach 70 Pflichtspielen (20 Tore) im Adler-Trikot seine aktive Laufbahn. Als Trainer begann er 1965 mit Tasmania 1900 Berlin das unglückliche Abenteuer Bundesliga.

Löw, Joachim. Geb. 3.2.1960. Der ehemalige Trainer des VfB Stuttgart war 1981/82 über den FC Schönau, Eintracht Freiburg, den SC Freiburg und VfB Stuttgart an den Riederwald gekommen und kehrte 1982 zunächst zum SC Freiburg zurück. Die weiteren Stationen des viermaligen U-21-Nationalspielers hießen Karlsruher SC, erneut SC Freiburg, FC Schaffhausen, FC Winterthur und FC Frauenfeld, wo er seine aktive Laufbahn 1995 beendete. 24 Bundesligaspiele (5 Tore) für die Eintracht.

Lorant, Werner. Geb. 21.11.1948. Schon als Spieler war „Werner Beinhart" ein kompromißloser Akteur, der sich selbst und seinen Gegnern nichts schenkte. Der über den SV Welver und Westfalia Herne zum Bundesligaprofi aufgestiegene Mittelfeldspieler war in der deutschen Eliteklasse bei vier seiner fünf Stationen vom Pech verfolgt: Mit Borussia Dortmund (1972), Rot-Weiß Essen (1977), dem 1. FC Saarbrücken (1978) und Schalke 04 (1983) mußte er jeweils absteigen. Seine erfolgreichste Zeit als Spieler erlebte er von 1978 bis

Ende 1982 bei der Eintracht, mit der er 1980 UEFA- und 1981 DFB-Pokalsieger wurde. Nach einem Jahr beim Zweitligisten Hannover 96 ging er 1984 zunächst als Spielertrainer zum SV Heidingsfeld und 1986 zum FC Schweinfurt 05, mit dem er 1990 den Aufstieg in die 2. Bundesliga schaffte. Seit 1992 ist Werner Lorant Coach des TSV 1860 München, mit dem er den Durchmarsch von der Bayern- in die Bundesliga – und den Einzug in den UEFA-Pokal – schaffte. 134 Bundesligaspiele (21 Tore) für die Eintracht.

Lorenz, Bernd. Geb. 24.12.1947. „Jason" bestritt für 1969 Duwo 08 Hamburg sechs Amateur-Länderspiele, wechselte aber nach zwei Jahren bei Werder Bremen 1971 zu Rapid Wien, von wo ihn Trainer Weise 1974 zur Eintracht holte. 1975 wurde er DFB-Pokalsieger, wechselte 1976 aber zu Young Boys Bern. Später spielte er noch für den FC Augsburg sowie in Österreich für den First Vienna FC und den FC Admira/Wakker, wo er 1980 seine Profikarriere beendete. 30 Bundesligaspiele (13 Tore) für die Eintracht.

Lottermann, Dr. Stefan. Geb. 5.3.1959. Der zweite Akademiker in den Reihen der Eintracht, zu der er 1979 über den FC Burgsolms und Kickers Offenbach gekommen war. 1983 wechselte er zum 1. FC Nürnberg und dann zum SV Darmstadt 98. Bei seinem Stammverein FC Burgsolms beendete er 1989 seine aktive Laufbahn. Von Dezember 1992 bis September 1994 war er Vorsitzender der Spielergewerkschaft VdV. 97 Bundesligaspiele (14 Tore) für die Eintracht.

Loy, Egon. Geb. 14.5.1931. Der einmalige Amateur-Nationalspieler kam 1954 vom TSV 04 Schwabach zur Eintracht, für die er bis 1967 das Tor hütete. Seine größten Erfolge waren der Gewinn der Deutschen Meisterschaft 1959 und der Einzug ins Europapokal-Finale 1960 gegen Real Madrid (3:7). 209 Oberliga-, 69 Bundesligaspiele

Lutz, Friedel. Geb. 21.1.1939. Der heutige Zeugwart der Eintracht kam 1957 vom FV Bad Vilbel an den Riederwald und war 1958/59 bereits Stammspieler der Meistermannschaft. Auch im Europokal-Finale von Glasgow war er als Verteidiger dabei. Bei der WM 1966 in England bestritt er im Halbfinale gegen die UdSSR sein 12. und letztes Länderspiel. Danach wechselte er zum TSV 1860 München, wo er aber nie heimisch wurde, weshalb er bereits 1967 nach Frankfurt zurückkehrte. Nach 1973 war er noch bei TuS Maccabi Frankfurt, der SpVgg Neu-Isenburg, und beim FC Rhein-Main aktiv. 124 Oberliga- (4 Tore), 200 Bundesligaspiele (4 Tore) für die Eintracht.

Mantel, Hugo. Geb. 14.5.1907. Der fünfmalige Nationalspieler kehrte nicht mehr aus dem Krieg zurück. Er starb im Februar 1942 in Rußland an Fleckfieber. Der „Schotte" kam 1928 über die TSG 04 Dortmund-Bövinghausen, den TSV Duisburg 1899, Rheinhausen und den Dresdner SC zur Eintracht, mit der er als linker Läufer 1930 und 1932 Süddeutscher Meister wurde und 1932 das Endspiel um die Deutsche Meisterschaft erreichte. Im Februar 1934 verließ er Frankfurt, da er in Mailand eine pharmazeutische Vertretung übernehmen sollte. Da er als Nicht-Italiener jedoch keine Spielgenehmigung für Ambrosiana-Inter erhielt, kehrte er im Dezember 1934 zur Eintracht zurück, für die er bis 1938 insgesamt 183 Pflichtspiele (3 Tore) bestritt. Anschließend war er bis zu seinem Tod für Germania 94 Frankfurt aktiv.

Meier, Erich. Geb. 30.3.1935. „Flutlicht-Meier" erlebte seine Sternstunden in den Europapokalspielen 1959/60, in denen er in sechs Spielen vier Tore erzielte. In der Oberliga stand er anschließend jedoch im Schatten von Lothar Schämer, so daß der 1956 vom FV Breidenbach an den Riederwald gekommene Linksaußen 1962 zum 1. FC Kaiserslautern wechselte. Nach 1965 ließ er seine Laufbahn in Holland bei Alkmaar '54 und AGOVV Apeldoorn ausklingen. 43 Oberligaspiele (17 Tore) für die Eintracht.

Mitchell, David. Geb. 13.6.1962. Der erste Australier in der Geschichte der Bundesliga war als Profi für 13 Vereine in acht Ländern auf drei Kontinenten aktiv. Über Adelaide City und Sydney City kam er 1983 zu den Glasgow Rangers, von wo er über Adelaide City, Seiko Hongkong und Sydney City im Dezember 1985 den Weg zur Eintracht fand. Ab 1987 stand der 29malige Nationalspieler bei Feyenoord Rotterdam, dem FC Chelsea, NEC Nimwegen, erneut FC Chelsea, Newcastle United, Swindon Town, Altay Izmir und dem FC Millwall unter Vertrag, bevor er im März 1995 bei Selangor in der malaysischen Profiliga anheuerte. 35 Bundesligaspiele (5 Tore).

Möbs, August. Geb. 8.8.1908. Der torgefährliche Halbstürmer kam 1945 bei einem Bombenangriff auf Frankfurt ums Leben. Im März 1930 vom VfB Friedberg an den Riederwald gekommen, bestritt er bis 1939 insgesamt 163 Pflichtspiele (92 Tore) für die Eintracht, mit der er 1932 Süddeutscher Meister wurde und das Endspiel um die Deutsche Meisterschaft erreichte.

Möller, Andreas. Geb. 2.9.1967. Der 1981 vom BSC Schwarz-Weiß 19 Frankfurt zur Eintracht gestoßene Mittelfeldspieler feierte seinen ersten großen Erfolg 1985, als er Deutscher A-Jugend-Meister wurde. Es folgten Berufungen in die U-20- (Vizeweltmeister 1987) und U-21-Auswahl, bevor er im Dezember 1987 nach einem Disput mit Trainer Feldkamp zu Borussia Dortmund wechselte, wo er auch A-Nationalspieler wurde. 1990 unterschrieb er einen Fünfjahres-Vertrag bei der Eintracht, aus dem er 1992 ausstieg und zu Juventus Turin ging, was ihn 3,2 Millionen Mark Abfindung an die Eintracht kostete. Nach der WM 1994 in den USA kehrte er zu Borussia Dortmund zurück. Spielte in 1998 Frankreich bereits sein drittes, allerdings glückloses WM-Turnier. Außerdem war er bei den EM-Turnieren 1992 (als Eintracht-Spieler) und 1996 dabei. 104 Bundesligaspiele (33 Tore) für die Eintracht.

Mohr, Jürgen. Geb. 18.8.1958. Auf Händen wollten ihn die Eintracht-Verantwortlichen am liebsten nach Frankfurt tragen, nachdem er im Oktober 1982 fast im Alleingang für einen Hertha-Sieg über die Eintracht gesorgt hatte. Nach dem Abstieg der Berliner kam der Mittelfeldspieler, der vorher bei Rhenania Rothe Erde Aachen, Borussia Brand und dem 1. FC Köln gespielt hatte, im Sommer 1983 zur Eintracht, wo er aber sein Können selten unter Beweis stellen konnte. Zudem warf ihn eine langwierige Verletzung zurück. 1985 wechselte er zuerst zum 1. FC Saarbrücken und anschließend in die Schweiz, wo er von 1986 bis 1991 für den FC Luzern, FC Sion und Servette Genf spielte. 1991/92 folgte ein einjähriges Gastspiel bei Blau-Weiß 90 Berlin, bevor er seine Karriere bei Eintracht Trier ausklingen ließ. 41 Bundesligaspiele (5 Tore) für die Eintracht.

Moog, Alfons. Geb. 14.2.1915. In den DFB-Statistiken sind alle sieben Länderspiele dem VfL 99 Köln zugeordet. Dabei war der Abwehrspieler, der 1935 vom SV Kottenheim zum VfL 99 gekommen war, bei sechs von ihnen als Gastspieler für die Eintracht aktiv. Zwischen Dezember 1939 und Sommer 1941 trug er in 19 von 26 möglichen Gauligaspielen sowie in 5 Tschammer-Pokalspielen das Eintracht-Trikot. Außerdem verstärkte er während des Krieges auch kurz den FC Schweinfurt 05. Seine Karriere beendete er 1949 beim SC West Köln.

Müller, Helmut. Geb. 12.4.1953. Der 1973 vom BSV Weißenthurm an den Riederwald gewechselte Abwehrspieler kam, sah und traf: Gleich bei seinem Debüt in der Bundesliga erzielte er im Januar 1974 sein erstes Tor in der höchsten deutschen Spielklasse. Der dreimalige Amateur-Nationalspieler stand außerdem in der DFB-Pokalsieger-Mannschaft 1974. Eine schwere Verletzung, die ihn 1982 zum Sportinvaliden machte, verhinderte jedoch sein Mitwirken in den UEFA-Pokal-Endspielen 1980, nachdem er bis dahin in allen Spielen mit von der Partie gewesen war. 139 Bundesligaspiele (3 Tore).

Müller, Uwe. Geb. 16.10.1963. Der 1978 von der SpVgg Langenselbold geholte Stürmer wurde mit der Eintracht 1980 Deutscher B- und 1982 Deutscher A-Jugend-Meister. 1988 wechselte der sechsmalige U-21-Nationalspieler nach Österreich, wo er bis 1997 für den FC Admira/Wacker, Austria Wien und den SC Eisenstadt spielte und sogar die österreichische Staatsangehörigkeit annahm. 1997 kehrte er zum hessischen Oberliga-Aufsteiger FV Steinau zurück. 131 Bundesligaspiele (18 Tore).

Nachtweih, Norbert. Geb. 4.6.1957. Der dreimalige DDR-B- und U-23-Nationalspieler spielte bis zu seiner Flucht in den Westen bei Motor Sangerhausen, MK Eisleben, Traktor Polleben und Chemie Halle. Nach Absitzen der FIFA-Sperre konnte er 1977/78 erstmals im Bundesliga-Team der Eintracht eingesetzt werden. 1980 stand er im siegreichen UEFA-Pokal-, ein Jahr darauf im DFB-Pokalsieger-Team. 1982 wurde er aus finanziellen Gründen zu Bayern München transferiert, wo er bis 1989 spielte. Nach zwei Jahren bei AS Cannes holte ihn Trainer Stepanovic im

Sommer 1991 überraschend zurück an den Riederwald, doch war sein Gastspiel nach nur drei weiteren Bundesligaeinsätzen wieder beendet. Im Dezember 1991 ging er zum SV Waldhof Mannheim, wo er bis Dezember 1995 blieb. Anschließend Trainer beim hessischen Oberligisten SV Bernbach. 120 Bundesligaspiele (26 Tore) für die Eintracht.

Neuberger, Willi. Geb. 15.4.1946. Vom unterfränkischen TuS Röllfeld zog es den Mittelfeldspieler 1966 zu Borussia Dortmund, wo er zu A- (2 Spiele) und B-Länderspiel-Ehren (1 Spiel) kam. 1971 ging er zur „Millionen-Elf" von Werder Bremen, die aber ihrem Namen nie gerecht wurde. Pech hatte er auch bei seiner nächsten Station, dem Wuppertaler SV, mit dem es schon 1973/74 wieder steil bergab ging. Etwas überraschend kam daher sein Wechsel im November 1974 zur Eintracht. 1983 beendete er seine aktiven Laufbahn mit 520 Einsätzen als (vorübergehender) Bundesliga-Rekordspieler. Mit der Eintracht, bei der er bis 1985 zwei Jahre als Co-Trainer arbeitete, wurde er zweimal DFB-Pokal- (1975 und 1981) und 1980 UEFA-Pokal-Sieger. 267 Bundesligaspiele (18 Tore) für die Eintracht.

Nickel, Bernd. Geb. 15.3.1949. „Doktor Hammer", der 1966 vom SV Eisemroth zur Eintracht gekommen war, bestritt bis 1983 insgesamt 426 Bundesligaspiele und ist mit 141 Treffern zweitbester Eintracht-Torschütze in der Bundesliga. Obwohl er in vier DFB-Auswahlteams berufen wurde (1 A-, 5 B-/3 Tore, 41 Amateur-/18 Tore, 1 U-23-Länderspiel) und beim Olympischen Fußballturnier 1972 dabei war, blieb der UEFA-Pokal-Sieg 1980 mit der Eintracht sein größter internationaler Er-

folg. Außerdem half er mit, den DFB-Pokal dreimal (1974, 1975 und 1981) an den Riederwald zu holen. Seine Karriere beendete der Mittelfeldspieler mit dem kernigen Schuß 1983/84 bei Young Boys Bern.

Nikolov, Oka. Geb. 25.5.1974. Der Torhüter, der schon im Kader der mazedonischen Nationalmannschaft stand, ist seit dem Abstieg 1996 die Nr. 1 im Eintracht-Tor. Er kam 1991 über die SG Sandbach und den SV Darmstadt 98 an den Riederwad. 4 Bundesliga-, 65 Zweitligaspiele.

Okocha, Augustine. Geb. 14.8.1973. „Jay-Jay" war 1991 von den Enugu Rangers aus Nigeria zu Borussia Neunkirchen gekommen und wechselte 1992 zu den Eintracht-Amateuren. Trainer Stepanovic setzte ihn schon bald in der Bundesliga ein, wo er schnell eine feste Größe wurde. Im Herbst 1994 gehörte er zu den drei Rebellen gegen Trainer Jupp Heynckes, fand im Gegensatz zu Maurizio Gaudino und Anthony Yeboah jedoch Gnade bei den Verantwortlichen und blieb bis 1996 am Riederwald. Er nahm 1994 mit Nigeria an der WM in den USA teil. Nach dem Abstieg 1996 wechselte der offensive Mittelfeldspieler zu Fenerbahce Istanbul, wurde 1996 in Atlanta Olympiasieger und spielte 1998 in Frankreich seine zweite WM. Dort machte er mit Dribbelkünsten auf sich aufmerksam und wurde von Paris St. Germain verpflichtet. 90 Bundesligaspiele (18 Tore).

Pahl, Jürgen. Geb. 17.3.1956. Der fünfmalige DDR-B-Nationalspieler von Chemie Halle flüchtete 1976 zusammen mit Norbert Nachtweih in die Bundesrepublik, wo ihm nach dem UEFA-Pokalsieg 1980 der Durchbruch zur Nr. 1 im Eintracht-Tor gelang. 1981 wurde er außerdem DFB-Pokalsieger. Nachdem er 1985 seinen Stammplatz an „Hansi" Gundelach verloren hatte, wechselte er 1987 zu Rizespor in die Türkei, wo er seine Karriere 1989 beendete. 152 Bundesligaspiele.

Parits, Thomas. Geb. 7.10.1946. Der 27-malige österreichische Nationalspieler wurde 1971 vom 1. FC Köln geholt, um die chronische Sturmschwäche zu beenden. Der Mittelstürmer, der vorher für den SC Siegsdorf und Austria Wien gespielt hatte, wechselte 1974 zum FC Granada nach Spanien, von wo aus er 1977 in seine Heimat zurückkehrte und bis 1981 noch je zwei Jahre bei Austria Wien und VÖEST Linz unter Vertrag stand. Nach Beendigung seiner aktiven Laufbahn arbeitete er zweimal recht erfolgreich als Trainer bei Austria Wien. 74 Bundesligaspiele (18 Tore) für die Eintracht.

Pezzey, Bruno. Geb. 3.2.1955, gest. 31.12.1994. Der kopfballstarke Abwehrspieler wurde 1978 nach der WM in Argentinien von Wacker Innsbruck geholt. Der gebürtige Vorarlberger, der über den SV Lauterach und Schwarz-Weiß Bregenz nach Tirol gekommen war, gewann mit der Eintracht 1980 den UEFA- und 1981 den DFB-Pokal, mußte 1983 aus finanziellen Gründen an Werder Bremen verkauft werden.

1987 kehrte der 84malige Nationalspieler (WM-Teilnehmer 1978 und 1982) nach Innsbruck zurück, wo er bis 1990 für den FC Tirol spielte. Völlig überraschend verstarb er an Silvester 1994 nach einer Herzattacke. 141 Bundesligaspiele (27 Tore) für die Eintracht.

Pfaff, Alfred. Geb. 16.7.1926. „Don Alfredo" spielte schon als 10jähriger bei der Eintracht, seine ersten Oberligaspiele bestritt er jedoch 1948/49 für den FC Rödelheim 02. An den Riederwald zurückgekehrt, wurde er bald zur Seele des Eintracht-Spiels und 1953 erstmals in die Nationalmannschaft berufen. Sein Pech war, daß er genau auf der gleichen Position wie Fritz Walter spielte, so daß er es nur auf 7 A- (2 Tore) – davon 2 als Kapitän – und 2 B-Länderspiele (2 Tore) brachte. Bei der WM 1954 wurde er beim denkwürdigen 3:8 gegen Ungarn eingesetzt. 1961 beendete der Ehrenspielführer seine aktive Laufbahn. Seine größten Erfolge sind der Gewinn der Deutschen Meisterschaft 1959, der Einzug ins Europapokal-Endspiel 1960 sowie die beiden Süddeutschen Meisterschaften 1953 und 1959. 301 Oberligaspiele (103 Tore) für die Eintracht.

Pfeiffer, Willi. Jahrgang 1895, gest. 1965/66. Fast 25 Jahre war der Allroundspieler für den FCF Kickers, den Frankfurter FV und die Eintracht aktiv. Sein überschäumendes Temperament brachte ihn nicht nur einmal mit den Fußball-Autoritäten in Konflikt. Von September bis November 1922 spielte er deshalb kurz für Kickers Offenbach, und 1927/28 war er nach einer Tätlichkeit im Derby gegen den FSV ein Jahr gesperrt. Dennoch blieb er immer durch und durch Eintrachtler und wurde später zum Ehrenmitglied und Ehrenspielführer ernannt. 1930 wurde er mit der Eintracht Süddeutscher Meister und half noch mit, den Grundstein für die Erfolge des Jahres 1932 (erneut Süddeutscher Meister und Einzug ins Finale um die Deutsche Meisterschaft) zu legen. Nachdem er bereits 1930 für sein 700. Spiel im Eintracht-Dress geehrt worden war, ging er 1932 als Spielertrainer zu Union Niederrad. Nach dem 2. Weltkrieg gehörte er dem Ältestenrat der Eintracht an.

Reichel, Peter. Geb. 30.1.1951. Der Abwehrspieler gehörte immer zu den eher stillen Vertretern seiner Zunft. 1970 vom VfB Gießen, für den er 10 Jugend-Länderspiele bestritt, zur Eintracht gekommen, genoß die berufliche Ausbildung zum Lehrer stets Vorrang vor der

Karriere als Fußballprofi. Seine Erfolgsbilanz kann sich trotzdem sehen lassen: Neben zwei Pokalsiegen (1974 und 1975) stehen 2 A- und 7 B-Länderspiele zu Buche. 1978 nahm er Abschied von der Bundesliga, blieb der Eintracht jedoch weiterhin treu und spielte bis 1982 für die Amateure in der Oberliga. 225 Bundesligaspiele (9 Tore).

Remlein, Alfons. Geb. 11.9.1925. „Ali" Remlein kam 1953 über Blau-Weiß 90 Berlin, den FV Geisenheim, SV Wiesbaden und die TSG Ulm 1846 zur Eintracht, wo er bis 1956 zu einem der besten Außenläufer im Süden gehörte. 68 Oberligaspiele (6 Tore) für die Eintracht.

Röll, Karl. Geb. 16.7.1916. Der Rechtsaußen kam 1936 aus Fulda nach Frankfurt und wurde mit der Eintracht 1938 Gaumeister. Auch bei ihm verhinderte der Krieg, während dessen er zeitweilig bei der SpVgg Zeitz als Gastspieler mitwirkte, eine glanzvollere Karriere. Am 4. November 1945 war er beim ersten Oberligaspiel bei Phönix Mannheim (2:2) dabei und erzielte das erste Eintracht-Tor. Insgesamt sind von 1936 bis 1946 nur 87 Pflichteinsätze in der ersten Mannschaft nachgewiesen, in denen er mindestens 47 Tore erzielte.

Rohrbach, Thomas. Geb. 4.4.1949. Über Hessen Bad Hersfeld, Borussia Fulda und den SC Göttingen 05 kam der Pastorensohn 1970 zur Eintracht, wo zusammen mit Gert Trinklein bald als „Enfant terrible" galt. Eigentlich als Linksaußen verpflichtet, funktionierte ihn Trainer Ribbeck 1971/72 zum linken Außenverteidiger um. Erst Dietrich Weise setzte wieder auf die Offensivkünste des einmaligen B-Nationalspielers, der 1974 DFB-Pokalsieger wurde. 1975 zog es ihn nach Griechenland, wo er bis 1981 für Ethnikos und Olympiakos Piräus spielte. Nachdem er 1980/81 mit dem SSV Ulm 1846 die Qualifikation für die neue eingleisige 2. Bundesliga verpaßt hatte, kehrte er zu Hessen Bad Hersfeld zurück. 1985 war er dann noch beim FC Rhein-Main aktiv. 134 Bundesligaspiele (16 Tore).

Rossi, Marco. Geb. 9.9.1964. Der aus der Nähe von Turin stammende Italiener kam im August 1996 auf Empfehlung von Maurizio Gaudino, mit dem er zusammen beim CF America in Mexiko gespielt hatte, zur Eintracht. Die Profikarriere des Abwehrspielers begann 1982 bei Turin Calcio, von wo ihn sein Weg zum Drittligisten SSC Campania Neapel führte. In der Serie B spielte er für US Catanzaro und Brescia Calcio, mit dem er 1992 in die Serie A aufstieg. Von 1993 bis 1995 stand er bei Sampdoria Genua unter Vertrag. 1997 ging er nach Italien zurück und wurde vom Erstligisten FC Piacenza verpflichtet. 14 Zweitligaspiele.

Roth, Dietmar. Geb. 16.9.1963. Der einmalige B- und achtmalige U-21-Nationalspieler kam 1987 über den FV Liedolsheim, Karlsruher SC und FC Schalke 04 zur Eintracht, mit der er auf Anhieb DFB-Pokalsieger wurde. Bis zu seinem Wechsel zum FSV Frankfurt 1997 war er ein fester Bestandteil der Eintracht-Abwehr. 237 Bundesliga- (5 Tore), 27 Zweitligaspiele für die Eintracht.

Schädler, Erwin. Geb. 8.4.1917. Der bereits verstorbene viermalige Nationalspieler des Ulmer FV 94 war von September 1940 bis 1942 das erste Mal als

Gastspieler am Riederwald. Ein zweites Gastspiel folgte von 1943 bis Januar 1945, zuletzt in der KSG FSV/Eintracht. Nach dem Krieg war der Halbstürmer oder Außenläufer mit Ausnahme der Saison 1948/49, in der er nach Ulm zur TSG 1846 zurückgekehrt war, Oberligaspieler bei der Eintracht, für die er bis 1950 mehr als 96 Meisterschaftsspiele (mindestens neun Tore) bestritt.

Schämer, Lothar. Geb. 28.4.1940. Der Linksaußen mit der „linken Klebe" wurde 1960 vom SV Erzhausen geholt und machte sich bald als Torjäger einen Namen. 1962 wurde er mit 26 Treffern Torschützenkönig der Oberliga Süd. In der Bundesliga wurde er erst zum linken Läufer, dann zum linken Außenverteidiger umgeschult. 1973 kehrte er zum SV Erzhausen zurück und war später noch beim FC Rhein-Main aktiv. 76 Oberliga- (43 Tore), 216 Bundesligaspiele (24 Tore).

Schaller, Fritz. Geb. 18.1.1902. Der Rechtsaußen kam im Januar 1925 vom 1. FC Oberstedten zur Eintracht, für die er bis 1933 in 179 Pflichtspielen 99 Tore erzielte. 1930 und 1932 gehörte er den Süddeutschen Meistermannschaften an, außerdem stand er 1932 im Endspiel um die Deutsche Meisterschaft.

Schaub, Fred. Geb. 28.8.1960. Nicht wegen seiner 21 Bundesligaeinsätze (3 Tore), sondern wegen seiner 13 Minuten im 2. UEFA-Pokal-Endspiel 1980 gegen Borussia Mönchengladbach ging er in die Eintracht-Annalen ein. In der 77. Minute eingewechselt, erzielte er vier Minuten später das „goldene" Tor zum UEFA-Pokal-Sieg. Es war nicht der erste große Erfolg des Stürmers, der 1976 vom FV Neuhof an den Riederwald gekommen war. 1977 gewann er mit der Eintracht die erste Deutsche B-Jugend-Meisterschaft. Trotzdem kam er bei der Eintracht nie über die Rolle des Einwechselspielers hinaus. Wenige Monate nach seinem Tor gegen Gladbach sah er sich bei der SpVgg Fürth in der 2. Bundesliga wieder, und auch bei Borussia Dortmund und Hannover 96

gelang der Durchbruch zum Bundesliga-Stammspieler nicht. Über den SC Freiburg kam er 1988 nach Österreich, wo er bis 1993 beim FC Admira/Wakker, VfB Mödling und Favoritner AC spielte. Nach zwei Jahren als Spielertrainer bei Germania Fulda, kehrte er 1995 zum FV Neuhof zurück.

Schieth, Hubert. Geb. 26.1.1927. Der aus Obersayn im Westerwald stammende Halbrechte kam 1947 zum FC Rödelheim 02 und wechselte nach dem Oberliga-Abstieg 1949 zur Eintracht. Nach dem Gewinn der Süddeutschen Meisterschaft 1953 war er bis 1961 Vertragsspieler bei Schwarz-Weiß Essen. Anschließend arbeitete er im Westen recht erfolgreich als Trainer. Von 1981 bis 1983 war er Manager beim VfL Bochum und anschließend in gleicher Funktion bei Bayer Leverkusen und beim BVL 08 Remscheid. 103 Oberligaspiele (45 Tore) für die Eintracht.

Schlindwein, Dieter. Geb. 7.2.1961. Der einmalige Olympia-Auswahl-Spieler kam 1987 über den FC Karlsdorf, SV Waldhof Mannheim und Werder Bremen zur Eintracht, mit der er 1988 den DFB-Pokal gewann. 1989 fiel er dem Neuaufbau zum Opfer und wechselte zum FC St. Pauli, wo er bis 1997 unter Vertrag stand. 32 Bundesligaspiele (1 Tor) für die Eintracht.

Schmidt, Adolf. Geb. 16.12.1919. Der Halbstürmer und Außenläufer kam 1938 von der SpVgg Oberrad zur Eintracht. Nach Kriegsbeginn als Gastspieler bei Hertha BSC Berlin aktiv, spielte er im Januar 1945 sogar noch für die KSG FSV/Eintracht. Von 1945 bis 1948 eine der Stützen der Eintracht-Oberligamannschaft, wechselte er 1948 nach internen Differenzen zusammen mit Albert Wirsching zu Kickers Offenbach. Von 1950 bis 1954 war er beim FC Bern tätig, seit Dezember 1953 als Spielertrainer. Insgesamt sind 117 Pflichtspiele (mindestens 18 Tore) im Eintracht-Trikot nachgewiesen. Er erlag bei Gartenarbeiten einem Herzschlag.

Schmitt, Adam. Geb. 6.11.1914. Der 1935 von Hassia Dieburg gekommene Allroundspieler bestritt die meisten seiner nachgewiesenen 232 Pflichtspiele (mindestens 139 Tore) für die Eintracht als Innenstürmer, wurde aber gegen Ende seiner Laufbahn auch als Außen- und Mittelläufer eingesetzt. 1938 wurde er mit der Eintracht Gaumeister. Nach seinem Abschied vom Riederwald 1949 war der Ehrenspielführer noch mehrere Jahre als Spielertrainer bei Eintracht Bad Kreuznach tätig.

Schmitt, Edgar. Geb. 29.4.1964. Zum „Euro-Eddie" wurde er zwar erst beim KSC, zum „goldenen Joker" wäre er bei der Eintracht jedoch fast am 16. Mai 1992 geworden, doch prallte sein Schuß kurz vor Schluß vom Rostocker Innenpfosten ins Feld zurück. Deutscher Meister nach nur zehn Bundesligaspielen wäre die Krönung für den Stürmer gewesen, der über den FC Bitburg, FSV Salmrohr, 1. FC Saarbrücken und Eintracht Trier erst im Sommer 1991 als Profi zur Eintracht gekommen war. 1993 wechselte er zum Karlsruher SC und im Januar 1997 zum Zweitligisten Fortuna Köln, wo er 1998 seine Karriere beendete. 30 Bundesligaspiele (10 Tore) für die Eintracht.

Schmitt, Ludwig. Geb. 28.10.1910. Der in russischer Gefangenschaft auf der Krim verstorbene Torhüter kam 1930 vom BSC Oberrad zur Eintracht, für die er bis 1938 in 158 Pflichtspielen zwischen den Pfosten stand. Höhepunkt seiner Laufbahn war das Jahr 1932 mit dem Gewinn der Süddeutschen Meisterschaft und dem Einzug ins Endspiel um die Deutsche Meisterschaft.

Schütz, Franz. Geb. 6.12.1900, gest. 22.3.1955. Der gebürtige Offenbacher kam über den BSC 99 und die Kickers 1920 zum BSC Köln. Nach fünf Jahren beim Mülheimer SV kehrte er 1925 an den Main zurück und schloß sich der Eintracht an, wo er lange Jahre zusammen mit Hans Stubb ein erstklassiges Verteidigerpaar abgab, das auch zusammen in der Nationalmannschaft spielte. Neben den 11 Länderspielen gehören der zweimalige Gewinn der Süddeutschen Meisterschaft (1930 und 1932) und der Einzug ins Endspiel der Deutschen Meisterschaft zu den Höhepunkten in der Laufbahn des Ehrenspielführers, der das Eintracht-Trikot bis 1934 in 221 Pflichtspielen (4 Tore) trug.

Schulz, Frank. Geb. 18.2.1961. Der Mittelfeldspieler kam 1987 über Westfalia Herne und den VfL Bochum an den Riederwald. Sein Tor im Halbfinale bei Werder Bremen öffnete den Weg zum Pokal-Endspiel 1988, das mit 1:0 gegen seinen Ex-Klub Bochum gewonnen wurde. 1989 wechselte der einmalige Olympia-Auswahlspieler zum VfL Osnabrück und 1990 zu Borussia Mönchengladbach. Seine letzte Station war Alemannia Aachen, wo er 1995 nach zwei Jahren seine Laufbahn beendete. 50 Bundesligaspiele (10 Tore) für die Eintracht.

Schur, Alexander. Geb. 23.7.1971. Obwohl er gerade einmal zwei Handvoll Spiele in der 2. Bundesliga bestritten hatte, gab es im Frühjahr 1997 jede Menge Aufregung um seinen beabsichtigten Wechsel zum FSV, von wo der beim VfR Bockenheim und Rot-Weiss Frankfurt großgewordene Mittelfeldspieler 1995 zur Eintracht gekommen war. Da er unter Trainer Stepanovic keine Zukunftschance mehr am Riederwald sah, hatte er bereits im Oktober 1996 am Bornheimer Hang unterschrieben. Als er sich unter Horst Ehrmantraut jedoch einen Stammplatz sicherte, wurden alle Hebel in Bewegung gesetzt, ihn doch bei der Eintracht zu halten. So kam es schließlich zu einem großen Ringtausch: Alexander Schur blieb bei der Eintracht, dafür gingen Guht, Hennig und Roth zu den Bornheimern. 51 Zweitligaspiele (5 Tore).

Schymik, Eberhard. Geb. 8.7.1934. Obwohl der 1955 vom 1. FC Gelnhausen gekommene Läufer oder Verteidiger bis 1964 bei der Eintracht spielte, war er bei den Endspielen 1959 (Deutsche Meisterschaft) und 1960 (Europapapokal) nicht mit von der Partie. Auch in der ersten Bundesliga-Saison kam er über einen Einsatz im DFB-Pokal nicht hinaus. 191 Oberligaspiele (14 Tore).

Sievers, Ralf. Geb. 30.10.1961. Der Junioren-Weltmeister von 1981 kam 1982 vom Lüneburger SK zur Eintracht. 1990 wechselte der Mittelfeldspieler, der ein B-Länderspiel bestritt und 1988 DFB-Pokalsieger wurde, zum FC St. Pauli, von wo er 1993 zum Lüneburger SK zurückkehrte. 205 Bundesliga- (9 Tore) für die Eintracht.

Smolarek, Wlodzimierz. Geb. 16.7.1957. Der 60malige polnische Nationalspieler (13 Tore) spielte bis 1986 bei Alexandrow Lodz, Legia Warschau und Widzew Lodz. Nach der WM 1986 in Mexiko kam er zur Eintracht. Nach dem DFB-Pokal-Sieg 1988 wechselte er zu Feyenoord Rotterdam und im Januar 1990 zum FC Utrecht, wo er seine aktive Laufbahn 1996 beendete. 63 Bundesligaspiele (13 Tore).

Sobotzik, Thomas. Geb. 16.10.1974. „Sobo" kam erst 1989 mit seinen Eltern aus Oberschlesien, wo er für Piast Gleiwitz und Gornik Zabrze spielte, in die Bundesrepublik, wo sich sofort die Eintracht und der VfB Stuttgart um ihn stritten. Seit 1990 am Riederwald, wechselte er 1995 für zwei Jahre zum FC St. Pauli. Nach dessen Abstieg 1997 kehrte er nach Frankfurt zurück. 2 Bundesliga, 32 Zweitligaspiele (10 Tore) für die Eintracht.

Solz, Wolfgang. Geb. 12.2.1940. Der „Brasilianer" kam 1958 von Union Niederrad zur Eintracht, wo er seinem einen Jugend-Länderspiel (1 Tor) zwei Einsätze in der A-Nationalmannschaft hinzufügte. 1968 wechselte er zum SV Darmstadt 98 und 1971 als Spielertrainer zur SpVgg Bad Homburg (Deutscher Amateurmeister 1973). Von 1974 bis 1977 war er in gleicher Funktion bei der SpVgg Neu-Isenburg tätig. 69 Oberliga- (17 Tore), 113 Bundesligaspiele (46 Tore).

Stein, Erwin. Geb. 10.6.1935. Der torgefährliche Mittelstürmer, der 1954 über die SG Bornheim und den FFC Olympia 07 zur SpVgg Griesheim 02 kam, gehörte zum deutschen Olympia-Aufgebot für Rom 1960 und hatte bereits 1 A- (1 Tor) und 2 Amateur-Länderspiele (4 Tore) bestritten, als er im Sommer 1959 zur Eintracht wechselte. Dadurch fiel er bei Bundestrainer Sepp Herberger in Ungnade, und seine internationale Karriere war beendet. Statt dessen ging er bei der Eintracht auf Torjagd. Von 1966 bis 1969 spielte er für den SV Darmstadt 98, bevor er zur SpVgg Griesheim 02 zurückkehrte. 107 Oberliga- (75 Tore), 41 Bundesligaspiele (14 Tore).

Stein, Ulrich. Geb. 23.10.1954. Der ehemalige Nationaltorhüter (6 A-, 2 B-, 5 Amateur-Länderspiele) wurde 1987 nach seinem Faustschlag im Supercupspiel gegen Bayern München beim Hamburger SV vor die Tür gesetzt. Im November wurde er von der Eintracht verpflichtet, mit der er 1988 DFB-Pokal-Sieger wurde. Nachdem er an Ostern 1994 zusammen mit Trainer Toppmöller entlassen worden war, wechselte er 1994/95 erneut zum Hamburger SV, bevor er 1995 zu Arminia Bielefeld zurückkehrte, wo er nach seinem Wechsel vom FC Wunstorf von 1976 bis 1980 schon einmal gespielt hatte. 1997 wurde er in Bielefeld jedoch ausgemustert, so daß seine Bundesliga-Karriere mit einem Vergleich vor dem Arbeitsgericht endete. 224 Bundesligaspiele für die Eintracht.

Stepanovic, Dragoslav. Geb. 30.8.1948. Der 34malige jugoslawische Nationalspieler (1 Tor) spielte in seiner Heimat für Sibnica, OFK und Roter Stern Belgrad. 1976 kam „Stepi" zur Eintracht, mit der er eine Serie von 21 Bundesligaspielen ohne Niederlage hinlegte. 1978 wechselte er zum Zweitligisten Wormatia Worms. Von 1979 bis 1981 spielte er für Manchester City, bevor er seine Karriere 1982 in Worms beendete. Seine Trainerlaufbahn begann er bei Progres Frankfurt, von wo ihn sein Weg über den FSV und Rot-Weiss Frankfurt sowie Eintracht Trier im April 1991 zurück an den Riederwald führte. 1992 verlor er die sicher geglaubte Meisterschaft erst im letzten Spiel in Rostock, und nach dem Scheitern im Pokal-Halbfinale 1993 trat er am 30. März

1993 zurück. Danach betreute er Bayer Leverkusen und Athletic Bilbao, bevor er am 1. April 1996 „Charly" Körbel ablöste. Er konnte den Abstieg aus der Bundesliga jedoch auch nicht abwenden, und als er nach der Vorrunde 1996/97 mit der Eintracht sogar auf einem Abstiegsplatz in der 2. Bundesliga stand, waren seine Tage am 7. Dezember 1996 gezählt. Seit Sommer 1998 betreut er AEK Athen. 49 Bundesligaspiele (3 Tore).

Stinka, Dieter. Geb. 10.8.1937. Der Außenläufer kam 1958 vom 1. FC Gelnhausen und wurde mit der Eintracht 1959 auf Anhieb Deutscher Meister. 1966 wechselte der einmalige B-Nationalspieler zum SV Darmstadt 98 und dann zum FCA Darmstadt. Nach Beendigung seiner aktiven Laufbahn war er bis 1983 als Co- und Amateur-Trainer am Riederwald tätig. 100 Oberliga- (18 Tore), 43 Bundesligaspiele (4 Tore).

Stubb, Hans. Geb. 8.10.1906, gest. 19.3.1973. Der Verteidiger kam 1928 über Germania 94 Frankfurt und die SpVgg Ostend 07 zur Eintracht, für die er bis Kriegsende über 500 Spiele bestritt – zuletzt sogar als Torhüter! 1930 und 1932 wurde er Süddeutscher, 1938 Gaumeister. Im Endspiel um die Deutsche Meisterschaft 1932 war er der Unglücksrabe, der den Handelfmeter zur Führung des FC Bayern München verursachte. Berühmtheit erlangte sein einziges Tor in 10 Länderspielen, das er 1934 im Frankfurter Stadion gegen Ungarn mit einem Freistoß aus 60 Metern Entfernung erzielte. Nach Kriegsende gehörte der Ehrenspielführer dem ersten Spielausschuß der Eintracht an.

Studer, Stefan. Geb. 30.1.1964. Von 1988 bis 1993 fegte der Abwehrspieler, der über den PSV Buxtehude, TV Hausbruch-Neugraben, die Amateure des Hamburger SV und den FC St. Pauli an den Riederwald kam, über die linke Außenbahn. Nach zwei Jahren bei der SG Wattenscheid 09 und bei Hannover 96, feierte er 1995 bei Hansa Rostock ein gelungenes Comeback in der Bundesliga. Seit 1998 Spielertrainer bei VSV Hedendorf/Neukloster. 128 Bundesligaspiele (9 Tore) für die Eintracht.

Svensson, Jan. Geb. 24.4.1956. Der 26-malige schwedische Nationalspieler kam im Sommer 1983 über IK Ramunder, IK Sleipner und IFK Norrköping zur Eintracht. 1986 kehrte er zum IFK Norrköping zurück, bevor er von März 1988 bis 1990 in der Schweiz für den FC Wettingen spielte. 1993 war er dann noch für seinen Stammklub IK Ramunder in der 3. Liga Schwedens aktiv. 96 Bundesligaspiele (16 Tore).

Szabo, Peter. Geb. 1899, gest. Sept. 1963. Der zwölfmalige ungarische Nationalspieler war der erste richtige „Legionär" im Eintracht-Trikot. Der Linksaußen war 1919 vom MTK Budapest zum 1. FC Nürnberg gewechselt. Nach dem Gewinn der Deutschen Meisterschaft 1920 zog er weiter zur Eintracht, mit der er 1921 Nordmainmeister wurde. 1923 landete er über Chemnitz bei Wacker München, bevor es ihn in die Schweiz und nach Polen verschlug, wo er den mehrmaligen Meister Ruch Chorzow betreute. 1939 kehrte er nach Frankfurt zurück und war bis zum 31. Mai 1941 Trainer der Eintracht. Ab März 1942 leitete er das Gemeinschaftstraining aller Frankfurter Vereine.

Sziedat, Michael. Geb. 22.8.1952. Der gebürtige Berliner kam 1980 nach dem Abstieg von Hertha BSC zur Eintracht, mit der er 1981 auf Anhieb DFB-Pokalsieger wurde. Vorher spielte der einmalige B-Nationalspieler beim BC Lichterfelde 12 und BFC Preussen. 1984/85 kehrte der rechte Außenverteidiger noch für ein Jahr zu Hertha BSC in die 2. Bundesliga zurück. 99 Bundesligaspiele (4 Tore) für die Eintracht.

Sztani, Istvan. Geb. 19.3.1937. Der Ungar verließ nach dem Volksaufstand 1956 seine Heimat, wo er für Vasas Budapest gespielt hatte. Nach Ablauf seiner Sperre war er ab 1957 für die Eintracht spielberechtigt, mit der er 1959 Deutscher Meister wurde. Danach wechselte er nach Belgien zu Standard Lüttich. 1965 kehrte er an den Riederwald zurück. 1968/69 beendete er seine Laufbahn bei TuS Makkabi Frankfurt. Heute ist er als Spielerbeobachter für die Eintracht tätig. Außerdem trainierte er mehrere Jahre die FG 02 Seckbach. 36 Oberliga- (20 Tore), 21 Bundesligaspiele (3 Tore).

Tiefel, Willi. Geb. 14.7.1911, gefallen im September 1941. Ein weiterer Niederräder, der bei der Eintracht zum Nationalspieler (7 Länderspiele) wurde. 1932 von der Union an den Riederwald gekommen, bestritt er bis 1936 insgesamt 59 Pflichtspiele (5 Tore) für die Eintracht. 1936 wurde der bei einer Kaufhaus-Kette angestellte Läufer nach Berlin versetzt, wo er bis 1940 für den BSV 92 spielte. Seine letzte Station war 1940/41 der Brandenburger SC 05.

Tilkowski, Hans. Geb. 12.7.1935. Obwohl seine größte Zeit eigentlich schon vorbei war, wurde der 39malige Nationaltorhüter und Vizeweltmeister von 1966 im Sommer 1967 verpflichtet. Vor seinem Wechsel an den Riederwald, wo er bis 1970 spielte, hatte „Til" für den SV Husen 19, SuS Kaiserau, Westfalia Herne und Borussia Dortmund gespielt. Als Trainer betreute er später u.a. die Bundesligisten Werder Bremen und 1. FC Saarbrücken. 40 Bundesligaspiele für die Eintracht.

Tobollik, Cezary. Geb. 22.10.1961. Der flinke Außenstürmer kehrte 1983 nach einem Familienbesuch nicht mehr nach Polen zurück, wo er für Stal Mielec und Cracovia Krakau gespielt hatte. 1985 pokerte er aber bei der Vertragsverlängerung zu hoch. Über Viktoria Aschaffenburg landete er 1986 in Frankreich beim RC Lens, wo er bis 1989 blieb. Als Angebote aus der Bundesliga ausblieben ging er 1990/91 zu Kickers Offenbach. Seit Januar 1993 geht er wieder für Viktoria Aschaffenburg auf Torjagd. 42 Bundesligaspiele (12 Tore).

Trieb, Martin. Geb. 23.9.1961. Der Junioren-Weltmeister von 1981 kam 1982 über den SSV Margertshausen und FC Augsburg zur Eintracht. Über den SV Waldhof Mannheim und SC Freiburg kehrte der viermalige U-21-Nationalspieler 1990 zum FC Augsburg zurück, von wo er im September 1992 zum TSV Haunstetten ging. 90 Bundesligaspiele (5 Tore) für die Eintracht.

Trimhold, Horst. Geb. 4.2.1941. Der einmalige A-Nationalspieler begann beim nordhessischen SV Volkmarsen und kam 1963 von Schwarz-Weiß Essen zur Eintracht. 1966 ging der Mittelfeldspieler zu Borussia Dortmund., kehrte aber 1971 ins Rhein-Main-Gebiet zurück, wo er in Hanau eine Druckerei betreibt. Bis 1978 spielte der „Schotte" beim FSV Frankfurt (Deutscher Amateurmeister 1972), bevor er seine Laufbahn bei Germania Enkheim beendete. 71 Bundesligaspiele (15 Tore) für die Eintracht

Trinklein, Gert. Geb. 18.6.1949. Der Abwehrspieler kam 1967 von Rot-Weiss Frankfurt zur Eintracht. Wegen diverser Spritztouren mit seinem „Spezi" Thomas Rohrbach wurde ihm immer ein recht zweifelhafter Lebenswandel nachgesagt, doch bei den Fans war „Schoppe-Gert" stets beliebt. 1974 und 1975 wurde er mit der Eintracht DFB-Pokalsieger. Nach einer Saison bei Kikkers Offenbach beendete der einmalige B-Nationalspieler seine Karriere 1980 bei Dallas Tornado in der amerikanischen Profiliga. 230 Bundesligaspiele (10 Tore).

Trumpler, Theodor. Geb. 7.4.1907. Der Halbrechte kam 1929 von Germania Ginnheim und wurde auf Anhieb mit der Eintracht Süddeutscher Meister. 1932 konnte er diesen Erfolg wiederholen und stand im Endspiel um die Deutsche Meisterschaft. Obwohl er 1936 nach 109 Pflichtspielen (33 Toren) seinen Abschied aus der Ligamannschaft genommen hatte, sprang er 1941/42 noch einmal ein, als Not am Mann war, und bestritt weitere 6 Gauligaspiele für die Eintracht.

Trumpp, Willi. Ein weiterer Zahnarzt im Eintracht-Tor, das er von 1923 bis 1930 in mindestens 136 Spielen hütete. Nach dem Gewinn der Süddeutschen Meisterschaft 1930 beendete er seine aktive Laufbahn, blieb der Eintracht aber treu und gehörte zeitweise dem Ehrenrat an.

Turek, Toni. Geb. 18.1.1919, gest. 11.5.1984. Von Dezember 1946 bis Juli 1947 bestritt der Torhüter der 54er WM-Mannschaft 22 Oberligaspiele für die Eintracht. Zuvor hatte der 20malige Nationalspieler für den Duisburger SV, TuS Duisburg 48/49 und die TSG Ulm 1846 gespielt, zu der er 1947 zurückkehrte. Von 1949 bis 1956 stand er bei Fortuna Düsseldorf im Tor. Seine Karriere beendete er 1956/57 bei Borussia Mönchengladbach.

Turowski, Janusz. Geb. 7.2.1961. Der Stürmer kam 1986 von Pogon Stettin zur Eintracht und wurde im Dezember gleichen Jahres deutscher Staatsbürger. Mit der Eintracht wurde er 1988 DFB-Pokalsieger. 1991 wechselte er zum VfB Leipzig, mußte seine Karriere aber 1993 wegen Sportinvalidität vorzeitig beenden. 105 Bundesligaspiele (28 Tore).

Weber, Ralf. Geb. 31.5.1969. Der jüngste Nationalspieler (9 A-, 1 U-21-Länderspiel) der Eintracht kam 1989 über die SpVgg Hainstadt und Kickers Offenbach an den Riederwald. 1995 schien er auf dem besten Wege, bei der EM 1996 in England dabei zu sein, doch statt dessen drohte nach drei Sprunggelenkoperationen das Ende seiner Karriere. Nachdem er 1995/96 kein einziges Spiel bestritten hatte und der Antrag zum Sportinvaliden bereits ausgefüllt war, feierte er jedoch kurz vor Ende der Saison 1996/97 ein erfolgversprechendes Comeback. 144 Bundesliga- (13 Tore), 32 Zweitligaspiele (10 Tore) für die Eintracht.

Weidle, Roland. Geb. 1.1.1949. Der Schwabe, der 1971 über den TSV Rohr und VfB Stuttgart zur Eintracht gekommen war, schien bereits als Fehleinkauf abgeschrieben, als er nach der schweren Verletzung von Jürgen Grabowski doch noch den Weg ins Eintracht-Team fand. 1974 und 1975 war er DFB-Pokalsieger. Von 1978 bis 1980 stand er bei Arminia Bielefeld unter Vertrag, bevor er seine Karriere in der Schweiz beim AC Bellinzona und FC Morobbia beendete. 198 Bundesligaspiele (17 Tore) für die Eintracht.

Weilbächer, Hans. Geb. 23.10.1933. Der linke Läufer kam 1952 vom SV Hattersheim an den Riederwald. Nach einem Jahr bei den Amateuren gehörte er ab 1953 zum Stamm der ersten Mannschaft und bestritt 1955 sogar ein A-Länderspiel (außerdem 2 B- und 2 Amateur-Länderspiele). 1959 wurde er Deutscher Meister, und ein Jahr später stand er mit der Eintracht im Endspiel um den Europapokal gegen Real Madrid (3:7). Für die Bundesliga erhielt er zwar noch einen Vertrag, wurde aber nicht mehr eingesetzt. Diese Ehre gebührte seinem jüngeren Bruder Josef (4 Einsätze), der 1965 aber zu Kickers Offenbach wechselte. 241 Oberligaspiele (48 Tore).

Wenzel, Rüdiger. Geb. 3.6.1953. Der Mittelstürmer kam 1975 über den VfB Lübeck und FC St. Pauli zur Eintracht. Sein Meisterstück machte der fünfmalige B-Nationalspieler (1 Tor) am 29. Januar 1977, als er beim 4:0 über den 1. FC Köln alle vier Tore erzielte, darunter zwischen der 68. und 76. Minute einen lupenreinen Hattrick. 1979 ging er zu Fortuna Düsseldorf, kehrte aber 1984 zum FC St. Pauli zurück, wo er 1990 seine Laufbahn beendete. 130 Bundesligaspiele (51 Tore) für die Eintracht.

Westerthaler, Christoph. Geb. 11.1.1965. Der sechsmalige österreichische Nationalspieler, der in seiner Heimat für Wacker Innsbruck, den Linzer ASK und Vorwärts Steyr spielte, kam im Januar 1998 von APOEL Nicosia zur Eintracht. 16 Zweitligaspiele (5 Tore).

Wienhold, Günter. Geb. 21.1.1948. Der 15malige Amateur-Nationalspieler (davon 12 als Eintracht-Spieler) und Olympia-Teilnehmer 1972 stammt aus Duisburg, wo er für die DJK Wanheimerort und den MSV spielte, bevor es ihn während seiner Bundeswehrzeit zum FC Singen 04 verschlug. Von dort fand er 1972 den Weg an den Riederwald. 1975 wurde er mit der Eintracht DFB-Pokalsieger. Nach einem Knöchelbruch im März 1976 büßte er allerdings seinen Stammplatz an Jupp Koitka ein und verließ die Eintracht 1978 Richtung SC Freiburg, wo er bis 1990 aktiv war. 69 Bundesligaspiele.

Wirsching, Albert. Geb. 1.9.1920. Der im September 1997 verstorbene Halbrechte war wohl eines der größten Talente, das die Eintracht-Jugend hervorbrachte. Bereits als 16jähriger gab er im Juni 1937 sein Debüt in der ersten Mannschaft, die er 1937/38 mit 25 Toren zur Gaumeisterschaft schoß. Bis 1948 erzielte er in nachgewiesenen 168 Pflichtspielen mindestens 97 Tore. Er wurde auch zu mehreren Nationalmannschafts-Lehrgängen eingeladen, doch verhinderte der Krieg eine Berufung. 1948 schied er zusammen mit Adolf Schmidt im Streit von der Eintracht und wechselte zu Kickers Offenbach. Beide gingen 1950 zum FC Bern. Nach 1954 war Albert Wirsching als Spielertrainer beim FC Winterthur und FC Langenthal tätig und lebte bis zu seinem Tod in der Schweiz.

Wirth, Karl-Heinz. Geb. 20.1.1944. „Kalla" Wirth kam 1965 von den Sportfreunden Hamborn 07 zur Eintracht, für die er bis 1973 als Verteidiger spielte. Von 1973 wechselte er zur SpVgg Bad Homburg und 1977 zum FC Paulus Gravenbruch, wo er seine aktive Laufbahn beendete. 138 Bundesligaspiele.

Wloka, Hans. Geb. 8.3.1925. Der 1976 verstorbene Verteidiger oder Mittelläufer spielte bis Kriegsende bei Vorwärts-Rasensport Gleiwitz und kam im Mai 1948 zur Eintracht, mit der er 1953 Süddeutscher Meister wurde. 1957 ließ er sich reamateurisieren und spielte für die SKV Mörfelden und Preußen Frankfurt. 191 Oberligaspiele (2 Tore).

Wolf, Dirk. Geb. 4.8.1972. Der Mittelfeldspieler kam 1986 als 14jähriger vom VfL Marburg zur Eintracht, wo er 1991/92 seine ersten Bundesligaspiele bestritt. Bald folgten auch zwei Berufungen in die U-21-Auswahl, ein Stammplatz blieb dem Talent, das sein Fußball-Abc beim SC Roth-Argenstein erlernt hatte, aber verwehrt. Daran änderte auch ein Wechsel zu Borussia Mönchengladbach nichts, wo er verletzungsbedingt 1996/97 überhaupt nicht eingesetzt wurde. 1997 kehrte er zur Eintracht zurück, wechselte im Sommer 1998 aber zum FC St. Pauli. 34 Bundesliga-, 26 Zweitligaspiele (3 Tore) für die Eintracht.

Yeboah, Anthony. Geb. 6.6.1964. Im Juni 1989 wurde der Ghanaer von den Eintracht-Fans noch mit üblen Schmährufen bedacht, als er die Eintracht mit dem 1. FC Saarbrücken in der Relegation fast aus der Bundesliga schoß. Von 1990 bis Dezember 1994 lagen sie ihm dann als „Zeugen Yeboahs" zu Füßen, worüber das Mundart-Duo „Badesalz" sogar einen Sketch produzierte („Anthony Sabini"). In seiner Heimat hatte der Vollblutstürmer bis 1988 für Ashanti Kotoko Kumasi, Corner Stones Kumasi und Okwahu United gespielt. Nach einem zweijährigen Gastspiel in Saarbrücken kam der Nationalspieler im Sommer 1990 zur Eintracht. Nach einem Streit mit Trainer Heynckes wurde der Bundesliga-Torschützenkönig von 1993 und 1994 im Dezember 1994 aus der Mannschaft geworfen und im Januar 1995 zu Leeds United transferiert, von wo aus er im September 1997 zum Hamburger SV in die Bundesliga zurückkehrte. 123 Bundesligaspiele (68 Tore) für die Eintracht.

Zampach, Thomas. Geb. 27.12.1969. Der gebürtige Frankfurter nimmt bei der Eintracht seinen zweiten Anlauf im Profi-Fußball. Von 1991 bis 1996 hatte der Mittelfeldspieler, der vorher bei der TSG Frankfurter Ber und beim FV Bad Vilbel gespielt hatte, bereits 130 Zweitligaspiele für den FSV Mainz 05 absolviert, war dann aber in die Oberliga zum SV Wehen gewechselt. Nachdem er mit diesem 1997 in die Regionalliga aufgestiegen war, wechselte er zur Eintracht, für deren Fans er in der Aufstiegs-Saison sogar ein „Fußball-Gott" war. 33 Zweitligaspiele (1 Tor) für die Eintracht.

Zchadadse, Kachaber. Geb. 7.9.1968. Der Georgier bestritt 6 A-Länderspiele für die UdSSR und nahm 1992 mit der GUS-Auswahl an der EM in Schweden teil. Zu diesem Zeitpunkt spielte er bei Spartak Moskau, wohin ihn der Weg über Metalurg Rustawi, Dynamo Tiflis und den schwedischen Klub GIF Sundsvall geführt hatte. Nach der EM wechselte er zu Dynamo Moskau, von wo ihn die Eintracht im Februar 1993 holte. Nachdem ein Transfer zu Manchester City im November 1996 an der fehlenden Arbeitserlaubnis gescheitert war, wechselte der Abwehrspieler und Kapitän der georgischen Nationalmannschaft (23 Länderspiele) im Januar 1997 zum russischen Erstligisten Alania Wladikawkas. Im Sommer 1998 kam der Wechsel zu Manchester City schließlich doch zustande. 64 Bundesliga- (1 Tor), 9 Zweitligaspiele.

Zelic, Nedijeljko Geb. 4.7.1971. Bekannt wurde der australische Nationalspieler kroatischer Abstammung, der im November 1997 mit seinem Land knapp in der WM-Qualifikation am Iran scheiterte, zwischen 1992 und 1995 bei Borussia Dortmund. Auf dem fünften Kontinent hatte er für Croatia Deakin Canberra, Australian Institute of Sport, Sydney Croatia und Sydney Olympic gespielt. Nachdem er in England bei den Queens's Park Rangers nicht glücklich wurde, holte ihn die Eintracht im Dezember 1995 nach Frankfurt. Doch auch hier gab es kein Happy-end. Nach dem Abstieg ging „Ned" zum französischen Meister AJ Auxerre, kehrte aber im Januar 1998 zum TSV 1860 München in die Bundesliga zurück. 17 Bundesligaspiele (1 Tor) für die Eintracht.

■ *Stichtag für alle statistischen Angaben: 10. August 1998.*

Anhang

Der Profi-Kader von Eintracht Frankfurt in der Saison 1998/99.
Hintere Reihe von links (in Klammern die Rückennummer): Urs Güntensberger (9), Uwe Schneider (14), Frank Gerster (29), Yang Chen (21), Thorsten Flick (4), Ralf Weber (8), Donald Agu (3), Petr Hubtchev (5), Alexander Kutschera (18), Uwe Bindewald (20).
Mitte: Rainer Falkenhain (Leiter der Lizenzspielerabteilung), Trainer Horst Ehrmantraut, Co-Trainer Bernhard Lippert, Damir Stojak (26), Alexander Rosen (25), Michael Mutzel (33), Patrick Glöckner (28), Burhanettin Kaymak (22), Alexander Schur (24), Ansgar Brinkmann (32), Henry Nwosu (31), Zeugwart Friedel Lutz, Physiotherapeuten Günther Ronconi und Lutz Meinl.
Vorn: Thomas Sobotzik (10), Thomas Epp (7), Thomas Zampach (6), Marco Gebhardt (11), Bernd Schneider (15), Oka Nikolov (1), Sven Schmitt (23), Zsolt Petry (12), Edi Martini (27), Christoph Westerthaler (30), Antonio da Silva (19), Sascha Amstätter (2), Olaf Janßen (16).

Daten zur Eintracht

Anschrift:
Sportplatz am Riederwald
Am Erlenbruch 25
60386 Frankfurt am Main
Telefon: (069) 42 09 70 0
Telefax: (069) 42 09 70 43
Internet: http://www.eintracht.frankfurt-online.net

Gegründet: 8. März 1899

Titel:
Deutscher Meister: 1959
Deutscher Pokalsieger: 1974, 1975, 1981, 1988
UEFA-Pokal-Sieger: 1980
Rappan-Cup-Sieger (Intertoto-Runde): 1967
Alpenpokal-Sieger: 1967
Deutscher Flutlichtpokal-Sieger: 1957
Süddeutscher Meister: 1930, 1932, 1953, 1958
Gaumeister Südwest: 1938
Nordkreismeister: 1912, 1913, 1914 (FFV)
Meister des Frankfurter Associations-Bundes: 1902, 1903 (Victoria), 1904 (1899-Kickers)
Westmaingaumeister: 1905, 1906 (Victoria)
Südmaingaumeister: 1907, 1908 (Kikkers), Herbst 1915, Frühjahr 1916, Herbst 1917, Herbst 1918 (FFV)
Nordmainmeister: 1920, 1921
Mainbezirksmeister: 1928, 1929, 1930, 1931, 1932
Meister der 2. Bundesliga: 1998

Präsident: Rolf Heller
Vizepräsidenten: Dr. Peter Lämmerhirdt, Hans-Joachim Schroeder
Schatzmeister: Gaetano Patella
Leiter der Geschäftsstelle: Klaus Lötzbeier
Leiter der Lizenzspielerabteilung: Rainer Falkenhain

Trainer: Horst Ehrmantraut
Co-Trainer: Bernhard Lippert
Vereinsarzt: Dr. Günther Goll
Masseure: Lutz Meinl, Gunther Rocconi
Zeugwart: Friedel Lutz

Vereinsfarben: Rot-Schwarz-Weiß
Spielkleidung: rot-schwarzes Hemd, schwarze Hose, rote Stutzen; oder: weißes Hemd, schwarze bzw. weiße Hose, weiße Stutzen
Mitglieder: 6.000

Sportarten: Basketball (seit 1954), Boxen (seit 1919), Eissport (seit 1960), Fußball (seit 1899), Handball (seit 1921), Hockey (seit 1906), Leichtathletik (seit 1899), Rugby (seit 1923), Tennis (seit 1921), Tischtennis (seit 1947), Turnen (seit 1861), Volleyball (seit 1962)

Tabellen, eingesetzte Spieler, Torschützen

Saison 1899/1900

Keine Meisterschaft in Frankfurt. Im März 1900 Gründung des „Frankfurter Associations-Bund" (FAB) durch 1. Bockenheimer FC 1899, Germania 94 und FFC Victoria. Keiner der drei Vereine nahm an den Spielen um die Süddeutsche Meisterschaft teil.

Saison 1900/01

FAB-Meisterschaft:

1.	Germania 94 Frankfurt	2		5-3
2.	**FFC VICTORIA**	2	6:2	5-3
3.	1. Bockenheimer FC 99	2		2-6

Entscheidungsspiel am 18. 11. 1900 in Bokkenheim: Germania 94 – FFC Victoria 1:0

Süddeutsche Meisterschaft:

Victoria – Germania 94 Frankfurt 1:0 abgebr.
Darmstädter FC – Victoria 5:1

1899-Kickers – Karlsruher FV 0:8

Saison 1901/02

FAB-Meisterschaft:

1.	**FFC VICTORIA**	6	6:1	12-0
2.	**FFC 1899-KICKERS**	6	5:3	7-5
3.	1. Bockenheimer FC 99	6	5:5	3-9
4.	Germania 94 Frankfurt	6	5:12	2-10

Süddeutsche Meisterschaft:

FC Hanau 93 – Victoria 2:0

FC Hanau 93 – 1899-Kickers 5:1

Saison 1902/03

FAB-Meisterschaft:

1.	**FFC VICTORIA**	8	26:7	12-4
2.	Germania 94 Frankfurt	8	*6:3*	11-5
3.	FSV Frankfurt	8	*7:5*	11-5
4.	Hermannia Frankfurt	8	*4:20*	6-10
5.	**FFC 1899-Kickers**	8	2:10	0-16

Torverhältnisse in *Kursiv* sind anhand der bekannten Ergebnisse ermittelt. Es fehlen die Ergebnisse von fünf Spielen. Sechs Spiele des FFC 1899-Kickers wurden mit 0:X gewertet.

Süddeutsche Meisterschaft:

Victoria – Kickers Offenbach	3:0
Victoria – Viktoria 94 Hanau	2:0
FC Hanau 93 – Victoria	3:2
1899-Kickers – Germania Bockenheim	4.2
1899-Kickers – Hermannia Frankfurt	3:0
1899-Kickers – Darmstädter FC	2:3

Saison 1903/04

Nordkreis, Westmaingau:

1.	Germania 94 Frankfurt	11	76:5	20-2
2.	**FFC 1899-KICKERS**	11	66:31	17-5
3.	Hermannia Frankfurt	11	40:25	15-7
4.	Wiesbadener FC	11	40:29	15-7
5.	FSV Frankfurt	11	56:24	13-9
6.	Amicitia Bockenheim	11	40:23	11-11
7.	Bockenheimer FVgg	11	30:29	11-11
8.	Germania Bockenheim	11	27:39	11-11
9.	**FFC VICTORIA**	11	29:29	9-13
10.	Frankfurter FC 1902	11	18:26	6-16
11.	Alemannia Griesheim	11	9:75	3-19
12.	FC Rödelheim 02	11	4:80	1-21
13.	Helvetia Bockenheim zurückgezogen			

FAB-Meisterschaft:

1.	**FFC 1899-KICKERS**	3	*6:1*	6-0
2.	**FFC VICTORIA**	3	8:2	4-2
	Germania Bockenheim	*2*	*1:3*	*0-4*
	FSV Frankfurt	*2*	*1:10*	*0-4*

Tor- und Punktverhältnisse in *Kursiv* sind anhand der bekannten Ergebnisse ermittelt. Es fehlen die Ergebnisse von zwei Spielen.

Saison 1904/05

Nordkreis, Westmaingau:

1.	**FFC VICTORIA**	9	60:11	18-0
2.	Germania 94 Frankfurt	9	54:6	16-2
3.	**FCF KICKERS**	9	43:14	14-4
4.	Germania Bockenheim	9	36:24	10-8
5.	Wiesbadener FC	9	27:23	10-8
6.	Amicitia Bockenheim	9	18:28	8-10
7.	Bockenheimer FVgg	9	26:30	8-10

8.	FSV Frankfurt	9	26:24	6-12
9.	Hermannia Frankfurt	9	0:68	0-18
10.	Frankfurter FC 1902	9	0:72	0-18

Die Spiele von Hermannia und FFC 1902 wurden nachträglich annulliert. Siege gegen beide Klubs wurden mit 10:0, Niederlagen mit 5:0 für den jeweiligen Gegner gewertet. Wertung Hermannia – FFC 1902 (2:0): 0:8 für Hermannia, 0:2 für FFC 1902.

Nordkreis, Endrunde:

1.	FC Hanau 93	2	9:1	4-0
2.	Union 97 Mannheim	2	4:4	2-2
3.	**FFC VICTORIA**	2	1:9	0-4

FAB-Meisterschaft:

Victoria und der FSV Frankfurt waren punktgleich. Entscheidungsspiel am 25. 6. 1905 in Hanau: FSV – Victoria n. V. 4:2

Saison 1905/06

Nordkreis, Westmaingau:

1.	**FFC VICTORIA**	7	27:6	12-2
2.	FSV Frankfurt	7	22:12	12-2
3.	**FCF KICKERS**	7	27:9	11-3
4.	Germania 94 Frankfurt	7	16:19	8-6
5.	Frankfurter FC 1902	7	15:23	6-8
6.	Hermannia Frankfurt	7	13:13	5-9
7.	Bockenheimer FVgg	7	14:35	2-12
8.	Amicitia Bockenheim	7	10:27	0-14

Nordkreis, Endrunde:

1.	FC Hanau 93	3	10:1	6-0
2.	SV Wiesbaden	3	5:3	3-3
3.	Viktoria Mannheim	3	3:9	2-4
4.	**FFC VICTORIA**	3	4:9	1-5
5.	Pfalz Ludwigshafen	zurückgezogen		

Saison 1906/07

Nordkreis, Südmaingau:

1.	**FCF KICKERS**	8	*22:16*	10-6
2.	Germania 94 Frankfurt	8	*10:18*	10-6
3.	FSV Frankfurt	8	*17:10*	9-7
4.	Hermannia Frankfurt	8	*12:13*	8-8
5.	FFC VICTORIA	8	*19:23*	3-13

Torverhältnisse in *Kursiv* sind anhand der bekannten Ergebnisse ermittelt. Es fehlen die Ergebnisse von vier Spielen.

Nordkreis, Endrunde:

1.	FC Hanau 93	10	*68:11*	20-0
2.	Mannheimer FG 96	7	*19:11*	9-5
3.	SV Wiesbaden	7	*25:17*	7-7
4.	**FCF KICKERS**	7	*23:24*	4-10
5.	Pfalz Ludwigshafen	4	*3:33*	0-8
6.	Amicitia Bockenheim	5	*6:48*	0-10

Anzahl der Spiele und Torverhältnisse anhand der bekannten Ergebnisse. Es fehlen die Ergebnisse von elf Spielen.

Saison 1907/08

Nordkreis, Südmaingau:

1.	**FVF KICKERS**	14	*64:21*	25-3
2.	SV Wiesbaden	14	*58:16*	21-7
3.	FSV Frankfurt	14	*38:17*	17-11
4.	**FFC VICTORIA**	14	*28:40*	13-15
5.	Hermannia Frankfurt	14	*24:29*	13-15
6.	Germania 94 Frankfurt	14	*35:37*	12-16
7.	Wiesbadener FC	14	*5:31*	6-22
8.	Germania Wiesbaden	14	*9:70*	5-23

Torverhältnisse sind anhand der bekannten Ergebnisse ermittelt. Es fehlen die Ergebnisse von zehn Spielen.

Nordkreis, Endrunde:

1.	FC Hanau 93	6	39:10	10-2
2.	Viktoria Mannheim	6	38:11	10-2
3.	**FVF KICKERS**	6	23:21	4-8
4.	Bockenheimer FVgg	6	2:60	0-12

Saison 1908/09

Nordkreis, Bezirk I:

1.	FSV Frankfurt	12	49:13	23-1
2.	Viktoria 94 Hanau	12	39:18	18-6
3.	**FVF KICKERS**	12	23:14	15-9
4.	Hermannia Frankfurt	12	17:32	8-16
5.	Germania 94 Frankfurt	12	22:34	8-16
6.	**FFC VICTORIA**	12	18:35	7-17
7.	Germania Bieber	12	9:31	5-19
8.	Germania Wiesbaden	zurückgezogen		

Saison 1909/10

Nordkreis, A-Klasse:

1.	Viktoria 94 Hanau	22	69:25	37-7
2.	SV Wiesbaden	22	68:25	36-8
3.	FSV Frankfurt	22	69:40	32-12
4.	FC Hanau 93	22	87:30	28-16
5.	FFV Amicitia und 1902	22	55:57	25-19
6.	**FVF KICKERS**	22	45:35	24-20
7.	Kickers Offenbach	22	47:37	22-22
8.	**FFC VICTORIA**	22	56:48	18-26

9.	Britannia Frankfurt	22	36:56	15-29
10.	Germania Bockenheim	22	32:58	15-29
11.	Germania Bieber	22	23:90	7-37
12.	Bockenheimer FVgg	22	23:109	5-39

Saison 1910/11

Nordkreis, A-Klasse:

1.	SV Wiesbaden	24	59:15	39-9
2.	FSV Frankfurt	24	83:41	35-13
3.	FC Hanau 93	24	59:41	31-17
4.	Kickers Offenbach	24	70:40	31-17
5.	Viktoria 94 Hanau	24	45:27	28-20
6.	**FVF KICKERS**	24	62:41	28-20
7.	**FFC VICTORIA**	24	54:51	25-23
8.	Germania Bockenheim	24	52:69	22-26
9.	FFV Amicitia und 1902	24	54:65	21-27
10.	Germania Bieber	24	54:66	19-29
11.	Britannia Frankfurt	24	44:58	18-30
12.	Germania 94 Frankfurt	24	42:76	13-35
13.	Bockenheimer FVgg	24	27:115	2-46

Saison 1911/12

Nordkreis, A-Klasse:

1.	**FRANKFURTER FV**	22	50:26	35-9
2.	FC Hanau 93	22	86:33	31-13
3.	FSV Frankfurt	22	62:27	31-13
4.	Viktoria 94 Hanau	22	52:24	30-14
5.	Kickers Offenbach	22	50:36	28-16
6.	SC Bürgel	22	47:50	25-19
7.	SV Wiesbaden	22	53:35	23-21
8.	Britannia Frankfurt	22	54:69	17-27
9.	Germania Bockenheim	22	34:48	16-28
10.	Germania 94 Frankfurt	22	40:55	13-31
11.	Germania Bieber	22	38:64	13-31
12.	Bockenheimer FVgg	22	18:117	2-42
13.	FFV Amicitia und 1902		disqualifiziert	

Süddeutsche Meisterschaft:

1.	Karlsruher FV	6	31:6	11-1
2.	Phönix Mannheim	6	11:9	7-5
3.	SpVgg Fürth	6	11:22	4-8
4.	**FRANKFURTER FV**	6	5:21	2-10

Namentlich bekannte eingesetzte Spieler und Torschützen: Baumgärtner, Becker (3 Tore), Bertrand, M. Braun, Chabout-Mollard (TW), Dr. Claus, Dornbusch (11 Tore), Fortura (1 Tor), Gmelin (TW), Dr. von Goldberger (6 Tore), Heinemann (1+1 Tor), Henkel, Jockel, Kaufmann, Klebe, Köllisch II, Lampe (2 Tore), Neppach (TW), Van t'Oever, K. Pickel (10 Tore), Reich (6 Tore), Schulze (3 Tore), Schweikert, Seibel, Stephan, Stumpf (2 Tore), Thélin. Es fehlen die Schützen von drei Toren aus der Nordkreis- sowie von vier Toren aus der Süddeutschen Meisterschaft.

Saison 1912/13

Nordkreis, Liga-Klasse:

1.	**FRANKFURTER FV**	14	45:12	24-4
2.	Viktoria 94 Hanau	14	31:18	20-8
3.	Kickers Offenbach	14	32:21	18-10
4.	FSV Frankfurt	14	30:28	15-13
5.	SV Wiesbaden	14	19:25	13-15
6.	FC Hanau 93	14	23:34	9-19
7.	SC Bürgel	14	19:38	7-21
8.	Germania 94 Frankfurt	14	17:40	6-22

Süddeutsche Meisterschaft:

1.	Stuttgarter Kickers	6	8:4	7-5
2.	**FRANKFURTER FV**	6	5:5	6-6
3.	VfR Mannheim	6	8:16	6-6
4.	SpVgg Fürth	6	9:5	5-7

Namentlich bekannte eingesetzte Spieler und Torschützen: Becker, A. Braun, Burkhardt (+), Dr. Claus, Dornbusch (+), Fortura, Henkel, Jockel (+), Kaufmann, Köllisch II (+), Leissing (+), Neppach (TW), Pfeiffer, K. Pickel (+), Schulze, Schwarze, Stemmle, Weber, Weiss (+). Da die Schützen von 29 Toren unbekannt sind, sind die namentlich bekannten Torschützen mit (+) gekennzeichnet.

Saison 1913/14

Nordkreis, Liga-Klasse:

1.	**FRANKFURTER FV**	14	35:13	24-4
2.	SV Wiesbaden	14	23:17	15-13
3.	FC Hanau 93	14	27:27	15-13
4.	Kickers Offenbach	14	21:25	14-14
5.	Viktoria 94 Hanau	14	25:32	12-16
6.	SC Bürgel	14	27:33	11-17
7.	FSV Frankfurt	14	28:28	11-17
8.	Germania Bieber	14	12:23	10-18

Süddeutsche Meisterschaft:

1.	SpVgg Fürth	6	18:8	10-2
2.	**FRANKFURTER FV**	6	7:8	7-5
3.	Stuttgarter Kickers	6	8:9	6-6
4.	VfR Mannheim	6	6:14	1-11

Namentlich bekannte eingesetzte Spieler und Torschützen: Apfel, Becker, Braun, Burkhardt (+), Dr. Claus, Dornbusch, Gmelin (TW), Hohmann (+), Jockel (+), Köllisch II, Löbe, Martin (+), Pfeiffer, Sand, Schlüter (+), Schneider. Da die Schützen von 31 Toren unbekannt sind, sind die namentlich bekannten Torschützen mit (+) gekennzeichnet. Ein Treffer resultierte aus einem Eigentor von Kickers Offenbach.

Saison 1914/15

Nach Kriegsausbruch Einstellung des gesamten Spielverkehrs. Der Frankfurter FV trug nur Wohltätigkeits- und Freundschaftsspiele aus.

Saison 1915/16

Nordkreis, Südmaingau Bezirk I (Herbstrunde):

1.	**FRANKFURTER FV**	10	*21:3*	19-1
2.	FSV Frankfurt			
3.	SV Wiesbaden			
4.	Germania 94 Frankfurt			
5.	Amicitia 1911 Frankfurt			
6.	FSV Bergen			

Rangliste laut *Frankfurter Nachrichten* vom 6. 12. 1915. Alle anderen Punktstände unbekannt. Torverhältnis des FFV anhand der sechs bekannten Ergebnisse.

Endspiel um die Südmaingau-Meisterschaft am 6. 2. 1916: FFV – Viktoria Neu-Isenburg 4:1

Nordkreis, Südmaingau (Frühjahrsrunde um den „Eisernen Fußball“:

1.	**FRANKFURTER FV**	8	19:6	14-2
	SV Wiesbaden			
	FSV Frankfurt			
	Germania 94 Frankfurt			
	Viktoria Neu-Isenburg			

Nur vom FFV sind alle Ergebnisse überliefert. Die weitere Reihenfolge ist unbekannt.

Nordkreis, Endrunde:

FC Hanau 93 – Amicitia und 1902	n. V.	3:1
FC Hanau 93 – Frankfurter FV		3:1

Saison 1916/17

Nordkreis, Südmaingau (Herbstrunde):

1.	FSV Frankfurt	10	32:9	16-4
	Viktoria Neu-Isenburg	*7*	*16:11*	*10-4*
	FRANKFURTER FV	10	14:14	9-11
	SV Wiesbaden	*7*	*13:10*	*8-6*
	Germania 94 Frankfurt	*9*	*8:25*	*5-13*
	FV Neu-Isenburg	*5*	*3:17*	*0-10*

Nur vom FSV und FFV sind alle Ergebnisse bekannt. Die weitere Rangfolge, Tor- und Punktverhältnisse anhand der bekannten Ergebnisse.

Nordkreis, Südmaingau (Frühjahrsrunde):

1.	FSV Frankfurt	*5*	*19:5*	*9-1*
	FRANKFURTER FV	*6*	*5:9*	*6-6*
	FV Neu-Isenburg	*3*	*4:8*	*2-4*
	Germania 94 Frankfurt	*3*	*4:10*	*1-5*
	SV Wiesbaden	*1*	*0:X*	*0-2*

Meister wurde der FSV. Die weitere Rangfolge, Tor- und Punktverhältnisse anhand der bekannten Ergebnisse.

Saison 1917/18

Nordkreis, Südmaingau (Herbstrunde):

1.	**FRANKFURTER FV**	*7*	*28:7*	*11-3*
2.	FSV Frankfurt	*6*	*12:5*	*8-4*
	Viktoria Neu-Isenburg	*4*	*5:10*	*2-6*
	FV Neu-Isenburg	*4*	*2:18*	*1-7*
	FV Biebrich 02	*1*	*0:7*	*0-2*

Die weitere Rangfolge, Tor- und Punktverhältnisse anhand der bekannten Ergebnisse.

Nordkreis, Endrunde:

1.	FFV Amicitia und 1902	4	14:4	7-1
2.	Kickers Offenbach	4	8:8	4-4
3.	**FRANKFURTER FV**	4	2:12	1-7

Nordkreis, Südmaingau (Frühjahrsrunde):

1.	FSV Frankfurt	*8*	*42:8*	*15-1*
	FV Sprendlingen	*5*	*18:25*	*4-6*
	FV Neu-Isenburg	*5*	*10:19*	*4-6*
	FRANKFURTER FV	*7*	*16:26*	*4-10*
	Viktoria Neu-Isenburg	*3*	*6:14*	*1-5*
	SV Wiesbaden	*0*	*0:0*	*0-0*

Der SV Wiesbaden war vom SFV zu einer Geldstrafe verurteilt worden und nahm höchstwahrscheinlich nicht an der Runde teil. Meister wurde der FSV. Die weitere Rangfolge, Tor- und Punktverhältnisse anhand der bekannten Ergebnisse.

Saison 1918/19

Nordkreis, Südmaingau (Herbstrunde):

1.	**FRANKFURTER FV**	12	31:3	22-2
2.	FSV Frankfurt	12		22-2
	FC Langen			
	FV Sprendlingen			
	SV Wiesbaden			
	Viktoria Neu-Isenburg			
	FV Neu-Isenburg			

Nur vom FFV sind alle Ergebnisse bekannt. FFV und FSV waren punktgleich.

Entscheidungsspiele am 2. und 9. 3. 1919:

FFV – FSV	n. V. 2.2
FSV – FFV	n. V. 2:3

Nordkreis, Endrunde:

1.	FFV Amicitia und 1902	4	13:1	8-0
2.	**FRANKFURTER FV**	4	5:8	4-4
3.	SC Bürgel	4	2:11	0-8

Nordkreis, Liga (inoffizielle Frühjahrsrunde):

1.	Kickers Offenbach	12	28:15	16-8
2.	Viktoria 94 Hanau	12	27:15	16-8
3.	FSV Frankfurt	12	12:14	13-11
4.	Germania Bieber	12	16:21	13-11
5.	**FRANKFURTER FV**	12	12:13	10-14
6.	FC Hanau 93	12	13:19	8-16
7.	SC Bürgel	12	10:21	8-16

Saison 1919/20

Kreisliga Nordmain:

1.	**FRANKFURTER FV**	18	46:18	28-8
2.	FSV Frankfurt	18	33:19	26-10
3.	VfR 01 Frankfurt	18	42:27	25-11
4.	FFV Sportfreunde 04	18	30:25	22-14
5.	FC Hanau 93	18	23:28	18-18
6.	Helvetia Frankfurt	18	38:34	16-20
7.	Viktoria 94 Hanau	18	24:27	16-20
8.	Germania 94 Frankfurt	18	36:46	15-21
9.	FV Groß-Auheim	18	15:38	9-27
10.	FC Langendiebach	18	22:47	5-31

Süddeutsche Meisterschaft, Nordgruppe:

1.	1. FC Nürnberg	6	23:5	11-1
2.	TuSV 1877 Waldhof	6	15:18	6-6
3.	**EINTRACHT**	6	5:13	4-8
4.	Kickers Offenbach	6	7:14	3-9

Namentlich bekannte eingesetzte Spieler und Torschützen: Apfel, Becker, Brandt, Debus, Dornbusch, Gmelin (TW), Hohmann (+), Horber (+), Imke (+), Jockel, Klemm (+), Knörzer, Neureuther (+), Pfeiffer, Reußwig, Schneider (+), Schönfeld, Thönes. Da nur die Schützen von elf Toren bekannt sind, sind diese mit (+) gekennzeichnet.

Saison 1920/21

Kreisliga Nordmain:

1.	**EINTRACHT**	20	31:18	29-11
2.	Germania 94 Frankfurt	20	46:20	28-12
3.	Viktoria Aschaffenburg	20	30:22	24-16
4.	VfR 01 Frankfurt	20	29:24	24-16
5.	Helvetia Frankfurt	20	24:20	22-18
6.	Viktoria 94 Hanau	20	29:27	21-19
7.	Germania Rückingen	20	22:27	16-24
8.	FSV Frankfurt	20	20:26	16-24
9.	FC Hanau 93	20	28:32	15-25
10.	FFV Sportfreunde 04	20	24:30	15-25
11.	FG Seckbach 02	20	12:49	10-30

Eingesetzte Spieler und Torschützen: Brandt 16/0, Jockel 16/2, Pfeiffer 16/0, Böttcher 15/1, Szabo 15/8, Mölders 13/2, Schneider 13/0, Köster 12/0, Imke 11/7, Steiger 11/TW, Schönfeld 8/0, Dornbusch 7/1, Neureuther 6/5, Becker 5/0, Gmelin 5/TW, Dill 2/0, Roth 1/0. Da nicht alle Aufstellungen vollständig bekannt sind und außerdem fünf Torschützen fehlen, stellen die Zahlen nur Mindestwerte dar.

Süddeutsche Meisterschaft, Nordgruppe:

1.	1. FC Nürnberg	6	20:4	11-1
2.	TuSV 1877 Waldhof	6	11:9	7-5
3.	**EINTRACHT**	6	10:13	4-8
4.	Kickers Offenbach	6	6:21	2-10

Eingesetzte Spieler und Torschützen: Böttcher 6/1, Gmelin 6/TW, Imke 6/2, Jockel 6/0, Pfeiffer 6/0, Schneider 6/0, Schönfeld 6/0, Szabo 6/1, Brandt 5/0, Köster 5/2, Dornbusch 4/2, Neureuther 2/2, Dill 1/0, Mölders 1/0.

Saison 1921/22

Mainbezirk, Kreisliga Nordmain, Abteilung I:

1.	**EINTRACHT**	14	43:12	26-2
2.	FSV Frankfurt	14	37:16	20-8
3.	FC Hanau 93	14	28:13	17-11
4.	VfR 01 Frankfurt	14	42:24	16-12
5.	VfB Groß-Auheim	14	14:42	11-17
6.	Borussia Frankfurt	14	26:36	8-20
7.	FG Seckbach 02	14	14:26	7-21
8.	VfB Friedberg	14	10:45	7-21

Namentlich bekannte eingesetzte Spieler und Torschützen: Böttcher (4 Tore), Edinger, Egly (1 Tor), Gmelin (TW), Herder (1 Tor), Horber, Imke (5 Tore), Kaiser (1 Tor), Kirchheim, Knaus, Knörzer, Lindner (1 Tor), Pfeiffer (13 Tore), Schneider, Szabo (6Tore). Die Aufstellungen sind nur bruchstückhaft überliefert, außerdem fehlen elf Torschützen.

Endspiele um die Kreismeisterschaft am 29. 1, 5. 2. und 12. 2. 1922:

Germania 94 Frankfurt – Eintracht	2:2
Eintracht – Germania 94 Frankfurt	0:0 abg.
Eintracht – Germania 94 Frankfurt	1:4

Eingesetzte Spieler und Torschützen: Böttcher 2/0, Imke 2/0, Kirchheim 2/0, Köster 2/0,

Lindner 2/0, Pfeiffer 2/0, Szabo 2/2, Edinger 1/0, Egly +1/0, Knaus 1/TW, Koch 1/TW, Kraft +1/0, Schneider +1/0. Es fehlen zwei Einsätze aus dem ersten Spiel. Bei den mit „+“ gekennzeichneten Spielern ist nicht klar, ob sie in diesem Spiel mitgewirkt haben. – Dazu kommt ein Eigentor von Donner (Germania 94).

Saison 1922/23

Mainbezirk, Kreisliga Nordmain:

1. FSV Frankfurt	14	28:12	21-7
2. Helvetia Frankfurt	14	18:15	19-9
3. **EINTRACHT**	14	29:23	17-11
4. FC Hanau 93	14	20:20	14-14
5. VfR 01 Frankfurt	14	21:22	13-15
6. FFV Sportfreunde 04	14	16:21	10-18
7. Germania 94 Frankfurt	14	24:31	10-18
8. Viktoria 94 Hanau	14	21:33	8-20

Namentlich bekannte eingesetzte Spieler und Torschützen: Bachmann, Böttcher, Eberlein, Egly (1 Tor), Kirchheim (4 Tore), Klemm (8 Tore), Koch (TW), Larem, Lindner (1 Tor), Mölders, Pfeiffer (5 Tore), Rischlein, Rockmann, Sackmann (TW), Schneider, Schumacher (1 Tor), Szabo (6 Tore), Weber. – Dazu kommt ein Eigentor von Völler (FSV Frankfurt). Ein Torschütze ist unbekannt.

Saison 1923/24

Bezirksliga Main:

1. FSV Frankfurt	14	35:20	20-8
2. **EINTRACHT**	14	27:21	16-12
3. SC Bürgel	14	22:20	16-12
4. Helvetia Frankfurt	14	32:35	15-13
5. FC Hanau 93	14	31:30	15-13
6. Kickers Offenbach	14	32:27	14-14
7. Viktoria Aschaffenburg	14	22:27	11-17
8. SV Offenbach 99	14	18:39	5-23

Eingesetzte Spieler und Torschützen: Schönfeld 11/6, Trumpp 11/TW, Kirchheim 10/0, Mölders 10/0, Pfeiffer 10/8, Eberlein 9/0, Schneider 9/0, Weber 8/4, Beuttler 6/0, Klemm 6/0, Rockmann 5/1, Österling 7/5, Rauch 3/0, Knörzer 2/0, Egly 1/0, Horber 1/1, Roth 1/0. Da nicht alle Aufstellungen vollständig überliefert sind, stellen die Zahlen nur Mindestwerte dar. – Dazu kommt je ein Eigentor von Engelhardt (Helvetia Frankfurt) und eines Spielers vom SV Offenbach 99.

Saison 1924/25

Bezirksliga Main:

1. FSV Frankfurt	14	39:10	25-3
2. Kickers Offenbach	14	23:17	18-10
3. Helvetia Frankfurt	14	24:15	17-11
4. FC Hanau 93	14	29:22	16-12
5. Union Niederrad	14	22:31	12-16
6. **EINTRACHT**	14	15:20	12-16
7. VfR 01 Frankfurt	14	15:25	10-18
8. SC Bürgel	14	14:41	2-26

Eingesetzte Spieler und Torschützen: Eberlein 14/0, Kirchheim 14/0, Riegel 14/5, Schneider 14/0, Schönfeld 14/0, Trumpp 14/TW, Grünerwald 13/3, Weber 13/1, Pfeiffer 9/3, Roth 9/0, Müller 6/0, Österling 4/1, Schenk 4/0, Beuttler 3/0, Imke 3/2, Larem 2/0, Braun 1/0, Egly 1/0, Rauch 1/0, Schaffner 1/0.

Saison 1925/26

Bezirksliga Main:

1. FSV Frankfurt	14	41:10	22-6
2. FC Hanau 93	14	37:19	22-6
3. Kickers Offenbach	14	30:24	17-11
4. **EINTRACHT**	14	40:28	15-13
5. Union Niederrad	14	33:47	12-16
6. Germania 94 Frankfurt	14	18:27	12-16
7. Viktoria Aschaffenburg	14	31:38	11-17
8. Helvetia Frankfurt	14	7:44	1-27

Entscheidungsspiel um die Mainbezirksmeisterschaft am 28. 2. 1926 in Mannheim:
FSV Frankfurt – FC Hanau 93 2:1

Eingesetzte Spieler und Torschützen: Schütz 14/1, Karoly 13/9, Kirchheim 13/0, Kübert 13/2, Bäuerle 11/0, Döpfer 11/8, Schaller 11/7, Weber 11/5, Trumpp 10/TW, Dietrich 9/2, Block 8/1, Schönfeld 7/1, Egly 6/1, Grünerwald 6/1, During 4/TW, H. Bechtold 3/0, Bierling 2/0, Österling 1/1, Pfeiffer 1/1.

Saison 1926/27

Bezirksliga Main:

1. FSV Frankfurt	18	62:18	31-5
2. **EINTRACHT**	18	41:19	28-8
3. Kickers Offenbach	18	29:26	20-16
4. Rot-Weiss Frankfurt	18	29:22	19-17
5. VfL Neu-Isenburg	18	34:31	18-18
6. FC Hanau 93	18	26:31	16-20
7. Germania 94 Frankfurt	18	25:32	15-21
8. Union Niederrad	18	46:48	14-22
9. Viktoria Aschaffenburg	18	31:58	11-25
10. Viktoria 94 Hanau	18	13:51	8-28

Eingesetzte Spieler und Torschützen: Müller 18/0, Döpfer 17/9, Schütz 17/2, Egly 16/4, Kellerhoff 15/3, Trumpp 15/TW, Goldammer 14/2, Pfeiffer 14/1, Stroh 14/7, Dietrich 13/5, Kübert 11/0, Schaller 10/5, Kaufmann 8/3, Weber 5/0, Kirchheim 4/0, Judisch 3/TW, Schönfeld 2/0, Bierling 1/0.

Süddt. Meisterschaft („Runde der Zweiten"):

1. SV München 1860	8	20:8	11-5
2. Karlsruher FV	8	15:12	10-6
3. **EINTRACHT**	8	14:14	8-8
4. VfR Mannheim	8	16:20	7-9
5. FV Saarbrücken	8	9:20	4-12

Eingesetzte Spieler und Torschützen: Schütz 8/0, Dietrich 7/3, Egly +7/2, Kellerhoff 7/1, Pfeiffer +7/0, Döpfer 6/3, Trumpp +6/TW, Kaufmann +5/2, Kübert +4/0, Schönfeld +4/0, Stroh +4/0, H. Bechtold +3/0, Müller +3/0, Schaller 3/2, Weber +3/1, Goldammer +2/0, Biehler +1/0, Judisch +1/TW, Kirchheim 1/0. Es fehlen fünf Einsätze. Bei einigen mit „+" gekennzeichneten Spielern kann daher noch ein Einsatz dazukommen.

Saison 1927/28

Bezirksliga Main-Hessen, Gruppe Main:

1. **EINTRACHT**	22	93:13	41-3
2. FSV Frankfurt	22	87:25	36-8
3. Rot-Weiss Frankfurt	22	53:29	30-14
4. Union Niederrad	22	55:40	26-18
5. FC Hanau 93	22	48:46	22-22
6. Viktoria Aschaffenburg	22	53:57	21-23
7. Kickers Offenbach	22	32:42	20-24
8. SpVgg Fechenheim	22	60:82	20-24
9. Sport 1860 Hanau	22	41:80	17-27
10. Viktoria 94 Hanau	22	37:74	12-32
11. VfR Offenbach	22	29:81	10-34
12. Germania 94 Frankfurt	22	41:60	9-35

Eingesetzte Spieler und Torschützen: Egly 22/0, Ehmer 22/34, Kübert 22/0, Schütz 22/0, Trumpp 22/TW, Dietrich 21/14, Müller 21/0, Goldammer 20/2, Döpfer 19/15, Kellerhoff 19/8, Schaller 19/14, Kaufmann 6/1, Stamm 5/2, Biehler 1/2, Stroh 1/0.– Dazu kommt ein Eigentor von Wigidahl (Kickers Offenbach).

Süddeutsche Meisterschaft:

1. Bayern München	14	41:17	24-4
2. **EINTRACHT**	14	39:23	21-7
3. SpVgg Fürth	14	37:15	20-8
4. Karlsruher FV	14	34:29	12-16
5. Stuttgarter Kickers	14	25:30	11-17
6. Wormatia Worms	14	28:37	11-17
7. SV Waldhof	14	33:42	9-19
8. FV Saarbrücken	14	19:63	4-24

Eingesetzte Spieler und Torschützen: Dietrich 14/5, Döpfer 14/7, Schütz 14/1, Trumpp 14/TW, Goldammer 13/1, Kellerhoff 13/2, Kirchheim 13/0, Kissinger 13/8, Kübert 12/1, Schaller 12/9, Maurischat 10/0, Ehmer 6/5, Müller 4/0, H. Bechtold 1/0, Egly 1/0, Stamm 1/0.

Deutsche Meisterschaft:

R1 SpVgg Sülz 07 – Eintracht 3:1

Eingesetzte Spieler und Torschützen: Dietrich 1/0, Ehmer 1/1, Goldammer 1/0, Kellerhoff 1/0, Kirchheim 1/0, Kissinger 1/0, Kübert 1/0, Maurischat 1/0, Müller 1/0, Schaller 1/0, Trumpp 1/TW.

Saison 1928/29

Bezirksliga Main-Hessen, Gruppe Main:

1. **EINTRACHT**	18	56:29	27-9
2. FSV Frankfurt	18	72:25	25-11
3. Union Niederrad	18	52:26	25-11
4. Kickers Offenbach	18	34:30	23-13
5. FC Hanau 93	18	42:32	22-14
6. Germania Bieber	18	37:27	19-17
7. Rot-Weiss Frankfurt	18	34:26	19-17
8. SpVgg Fechenheim	18	26:68	10-26
9. Viktoria Aschaffenburg	18	19:62	5-31
10. SpVgg 60/94 Hanau	18	18:67	5-31

Eingesetzte Spieler und Torschützen: Ehmer 18/20, Kellerhoff 18/3, Schütz 18/0, Schaller 17/7, Döpfer 15/12, Mantel 15/0, Dietrich 14/3, Judisch 13/TW, Maurischat 13/0, Goldammer 12/2, Kissinger 12/9, Kübert 12/0, H. Bechtold 8/0, Trumpp 5/TW, Kirchheim 4/0, Höhl 3/0, Vesper 2/0, Klaar 1/0.

Süddeutsche Meisterschaft:

1. 1. FC Nürnberg	14	52:7	25-3
2. Bayern München	14	47:28	20-8
3. VfL Neckarau	14	30:28	15-13
4. **EINTRACHT**	14	27:26	15-13
5. Karlsruher FV	14	24:25	13-15
6. Germania Brötzingen	14	17:29	11-17
7. Wormatia Worms	14	18:37	10-18
8. Borussia Neunkirchen	14	10:45	3-25

Eingesetzte Spieler und Torschützen: Ehmer 14/9, Kellerhoff 14/0, Kübert 14/0, Mantel 13/0, Schütz 13/0, Dietrich 12/4, Goldammer 12/0, Schaller 12/9, Judisch 8/TW, Kirchheim 7/0, Pfeiffer 7/1, Kreuz 6/1, Trumpp 6/TW, Stamm 5/2, Döpfer 4/0, H. Bechtold 2/0, Kissinger 2/

0, Maurischat 2/0, Höhl 1/0. – Dazu kommt ein Eigentor von Zimmermann (Karlsruher FV).

Saison 1929/30

Bezirksliga Main-Hessen, Gruppe Main:

1. **EINTRACHT**	14	33:12	23-5
2. Rot-Weiss Frankfurt	14	26:17	16-12
3. FSV Frankfurt	14	29:22	16-12
4. Union Niederrad	14	35:26	16-12
5. Kickers Offenbach	14	30:26	15-13
6. Germania Bieber	14	23:25	13-15
7. FC Hanau 93	14	27:40	9-19
8. SpVgg 02 Griesheim	14	20:55	4-24

Eingesetzte Spieler und Torschützen: Ehmer 14/16, Goldammer 14/0, Mantel 14/0, Dietrich 13/3, Leis 13/1, Pfeiffer 13/0, Schaller 13/5, Trumpp 13/TW, Schütz 9/0, Kübert 8/0, Kellerhoff 7/1, Döpfer 6/2, Gramlich 6/4, Stubb 6/0, Kron 3/0, Schüler 1/TW, Krämer 1/0. – Dazu kommt ein Eigentor von Knöpfe (FSV Frankfurt).

Süddeutsche Meisterschaft:

1. **EINTRACHT**	14	45:26	24-4
2. SpVgg Fürth	14	45:20	17-11
3. Bayern München	14	55:30	16-12
4. FK Pirmasens	14	35:44	16-12
5. VfB Stuttgart	14	42:39	14-14
6. SV Waldhof	14	31:38	10-18
7. Wormatia Worms	14	23:39	10-18
8. Freiburger FC	14	29:69	5-23

Eingesetzte Spieler und Torschützen: Dietrich 14/8, Ehmer 14/20, Goldammer 14/2, Kellerhoff 14/3, Mantel 14/0, Gramlich 13/0, Pfeiffer 13/0, Trumpler 12/5, Trumpp 11/TW, Stubb 9/0, Schaller 8/1, Schütz 7/0, Leis 6/4, Schüler 2/TW, Hausmann 1/TW, Kron 1/0, Walsch 1/0. – Dazu kommt je ein Eigentor Hauth (SV Waldhof) und Schwab (Bayern München).

Deutsche Meisterschaft:

R1	Eintracht – VfL Benrath	1:0
VF	Holstein Kiel – Eintracht (in Berlin)	4:2

Eingesetzte Spieler und Torschützen: Dietrich 2/0, Ehmer 2/1, Goldammer 2/0, Gramlich 2/0, Kellerhoff 2/0, Mantel 2/0, Schütz 2/0, Trumpler 2/2, Kron 1/0, Leis 1/0, Pfeiffer 1/0, Schüler 1/TW, Stubb 1/0, Trumpp 1/TW.

Saison 1930/31

Bezirksliga Main-Hessen, Gruppe Main:

1. **EINTRACHT**	14	51:13	23-5
2. Rot-Weiss Frankfurt	14	26:17	18-10
3. Union Niederrad	14	41:22	17-11
4. Kickers Offenbach	14	29:21	16-12
5. FSV Frankfurt	14	19:16	14-14
6. FC Hanau 93	14	21:35	11-17
7. Germania Bieber	14	14:34	11-17
8. SpVgg Fechenheim	14	14:58	2-26

Eingesetzte Spieler und Torschützen: Dietrich 14/6, Möbs 14/8, Schaller 14/12, L. Schmitt 14/TW, Gramlich 13/0, Schütz 13/0, Ehmer 12/15, Mantel 12/0, Kellerhoff 11/4, Goldammer 9/0, Leis 9/3, Stubb 9/1, Pfeiffer 6/0, Kron 3/1. – Dazu kommt ein Eigentor von Germann (SpVgg Fechenheim).

Süddeutsche Meisterschaft:

1. SpVgg Fürth	14	36:17	21-7
2. **EINTRACHT**	14	32:20	20-8
3. Bayern München	14	44:25	19-9
4. SV Waldhof	14	33:31	13-15
5. Karlsruher FV	14	26:29	13-15
6. FK Pirmasens	14	30:42	10-18
7. Wormatia Worms	14	32:41	9-19
8. Union Böckingen	14	25:53	7-21

Eingesetzte Spieler und Torschützen: Ehmer 14/10, Kellerhoff 14/2, Leis 14/1, Schaller 14/8, L. Schmitt 14/TW, Möbs 12/7, Schütz 12/0, Stubb 12/0, Trumpler 12/2, Mantel 11/0, Gramlich 8/1, Kron 8/0, Goldammer 4/0, Dietrich 3/1, Pfeiffer 3/0, Kampschmieder 1/0.

Deutsche Meisterschaft:

R1	Fortuna Düsseldorf – Eintracht n. V.	2:3
VF	Hamburger SV – Eintracht (in Altona)	2:0

Eingesetzte Spieler und Torschützen: Ehmer 2/2, Gramlich 2/0, Kellerhoff 2/0, Kron 2/0, Leis 2/0, Mantel 2/0, Möbs 2/0, Schaller 2/0, L. Schmitt 2/TW, Stubb 2/0, Goldammer 1/0, Schütz 1/0. – Dazu kommt ein Eigentor von Albrecht (Fortuna Düsseldorf).

Saison 1931/32

Bezirksliga Main-Hessen, Gruppe Main:

1. **EINTRACHT**	20	81:18	35-5
2. FSV Frankfurt	20	50:30	28-12
3. Rot-Weiss Frankfurt	20	58:30	25-15
4. Union Niederrad	20	69:39	25-15
5. Kickers Offenbach	20	40:31	25-15
6. VfL Neu-Isenburg	20	42:46	18-22

7.	Germania Bieber	20	36:52	16-24
8.	FC Hanau 93	20	35:56	16-24
9.	FSV Heusenstamm	20	23:51	14-26
10.	SpVgg 02 Griesheim	20	33:59	12-28
11.	Germania 94 Frankfurt	20	25:80	6-34

Eingesetzte Spieler und Torschützen: L. Schmitt 20/TW, Dietrich 19/2, Ehmer 19/33, Leis 19/1, Möbs 19/22, Kellerhoff 18/6, Schaller 18/8, Gramlich 17/2, Schütz 16/0, Pfeiffer 14/1, Kron 12/1, Trumpler 10/4, Stubb 9/0, Mantel 8/0, Sobanski 1/0, H. Berger 1/0. – Dazu kommt ein Eigentor von Bauer (FSV Heusenstamm).

Süddeutsche Meisterschaft, Gruppe Nord-West:

1.	**EINTRACHT**	14	29:20	20-8
2.	FSV Frankfurt	14	31:17	19-9
3.	Wormatia Worms	14	36:25	17-11
4.	VfL Neckarau	14	28:26	16-12
5.	FV Saarbrücken	14	28:34	12-16
6.	FK Pirmasens	14	23:34	10-18
7.	SV Waldhof	14	27:31	9-19
8.	FSV Mainz 05	14	20:35	9-19

Endspiel am 1. 5. 1932 in Stuttgart:
Eintracht – Bayern München 2:0

Eingesetzte Spieler und Torschützen: Ehmer 15/14, Leis 14/1, Dietrich 13/4, Gramlich 12/1, Kellerhoff 12/0, Möbs 12/6, Trumpler 12/0, L. Schmitt 11/TW, Stubb 11/0, Schaller 10/4, Schütz 8/0, Kron 7/0, Mantel 7/0, Pfeiffer 7/0, Sobanski 6/0, Pfister 4/TW, Gorths 1/0, Kampschmieder 1/0. – Dazu kommt ein Eigentor von Haber (SV Waldhof).

Deutsche Meisterschaft:

R1	Hindenburg Allenstein – Eintracht (in Königsberg)	0:6
VF	Tennis Borussia Berlin – Eintracht	1:3
HF	Eintracht – FC Schalke 04 (in Dresden)	2:1
E	Bayern München – Eintracht (in Nürnberg)	2:0

Eingesetzte Spieler und Torschützen: Dietrich 4/2, Ehmer 4/7, Gramlich 4/0, Leis 4/0, Mantel 4/0, Möbs 4/0, L. Schmitt 4/TW, Schütz 4/0, Stubb 4/1, Trumpler 4/0, Sobanski 1/0, Schaller 3/1.

Saison 1932/33

Bezirksliga Main-Hessen, Gruppe Main:

1.	FSV Frankfurt	18	49:16	31-5
2.	**EINTRACHT**	18	45:16	29-7
3.	Kickers Offenbach	18	52:24	26-10
4.	Union Niederrad	18	39:37	20-16
5.	VfL Neu-Isenburg	18	36:33	17-19
6.	Germania Bieber	18	29:32	15-21
7.	Rot-Weiss Frankfurt	18	42:44	14-22
8.	FFV Sportfreunde 04	18	28:52	13-23
9.	FC Hanau 93	18	19:40	8-28
10.	VfB Friedberg	18	21:66	7-29

Eingesetzte Spieler und Torschützen: Leis 18/2, L. Schmitt 18/TW, Dietrich 16/1, Mantel 16/1, Möbs 16/10, Gramlich 15/1, Stubb 13/3, Ehmer 12/8, Trumpler 12/2, Kron 11/0, Schütz 11/0, Schaller 9/6, H. Berger 6/1, St. Hemmerich 6/3, Monz 4/1, Behning 3/2, E. Berger 3/2, Tiefel 3/0, W. Lindner 2/0, Bölp 1/0, Goldammer 1/0, Mayer 1/0, Sobanski 1/0. – Dazu kommt je ein Eigentor von Sand (Rot-Weiss Frankfurt) und Kolter (Union Niederrad).

Süddeutsche Meisterschaft, Gruppe Nord-Süd:

1.	FSV Frankfurt	18	33:17	21-7
2.	**EINTRACHT**	18	31:17	20-8
3.	Wormatia Worms	18	36:37	17-11
4.	Stuttgarter Kickers	18	35:27	15-13
5.	Karlsruher FV	18	24:29	13-15
6.	Phönix Karlsruhe	18	28:29	12-16
7.	FSV Mainz 05	18	35:38	8-20
8.	Union Böckingen	18	24:52	6-22

Entscheidungsspiele um den dritten Südvertreter in der Deutschen Meisterschaft am 23. und 30. 3. 1933:
Eintracht – VfB Stuttgart 2:0
Eintracht – SpVgg Fürth (in Saarbrücken) 1:0

Eingesetzte Spieler und Torschützen: Leis 16/0, L. Schmitt 16/TW, Schütz 16/0, Gramlich 15/0, W. Lindner 15/11, Mantel 13/0, Trumpler 13/5, Stubb 12/0, Dietrich 11/1, Ehmer 11/10, Behning 10/4, Möbs 6/1, Tiefel 6/0, E. Berger 5/0, Kron 4/0, Monz 3/0, H. Berger 2/0, St. Hemmerich 2/1.

Deutsche Meisterschaft:

R1	Hamburger SV – Eintracht	1:4
VF	Eintracht – Hindenburg Allenstein	12:2
HF	Fortuna Düsseldorf – Eintracht (in Berlin)	4:0

Eingesetzte Spieler und Torschützen: Dietrich 3/0, Ehmer 3/6, Leis 3/0, W. Lindner 3/3, Mantel 3/0, Möbs 3/4, L. Schmitt 3/TW, Schütz 3/0, Trumpler 3/2, Gramlich 2/0, Tiefel 2/1, St. Hem-merich 1/0, Stubb 1/0.

Saison 1933/34

Gauliga Südwest:

1. Kickers Offenbach	22	46:31	30-14
2. FK Pirmasens	22	59:32	27-17
3. Wormatia Worms	22	43:41	27-17
4. **EINTRACHT**	22	53:40	25-19
5. Borussia Neunkirchen	22	46:49	22-22
6. FSV Frankfurt	22	43:48	21-23
7. 1. FC Kaiserslautern	22	46:53	21-23
8. Sportfr. Saarbrücken	22	40:38	20-24
9. Phönix Ludwigshafen	22	39:44	20-24
10. SV Wiesbaden	22	37:43	20-24
11. FSV Mainz 05	22	44:53	19-25
12. Alem.-Olympia Worms	22	29:53	12-32

Eingesetzte Spieler und Torschützen: Leis 21/4, Gramlich 20/5, W. Lindner 20/18, L. Schmitt 19/TW, Tiefel 19/2, Trumpler 17/3, Stubb 15/1, Möbs 11/3, Otto 11/0, Zipp 11/0, E. Berger 10/1, Monz 10/4, Schütz 10/0, Behning 8/0, Mantel 7/0, H. Berger 5/3, Pettinger 5/6, Dietrich 4/1, St. Hemmerich 4/0, Kron 4/0, Koch 3/TW, Ehmer 2/2, Peinze 2/0, Diefenbach 10/0, Höhl 1/0, Meister 1/0, Wirsching 1/0.

Saison 1934/35

Gauliga Südwest:

1. Phönix Ludwigshafen	20	43:25	28-12
2. FK Pirmasens	20	49:32	25-15
3. Kickers Offenbach	20	52:37	23-17
4. FSV Frankfurt	20	43:42	23-17
5. Wormatia Worms	20	45:39	22-18
6. Union Niederrad	20	34:41	22-18
7. **EINTRACHT**	20	30:29	21-19
8. Borussia Neunkirchen	20	35:38	18-22
9. Sportfr. Saarbrücken	20	41:42	16-24
10. 1. FC Kaiserslautern	20	28:42	12-28
11. Saar 05 Saarbrücken	20	27:60	10-30

Eingesetzte Spieler und Torschützen: Gramlich 20/1, Leis 19/2, Stubb 19/4, Zipp 19/0, Möbs 18/6, W. Lindner 17/5, Ehmer 16/9, Siebel 16/TW, Tiefel 13/0, Monz 12/2, Diefenbach 11/1, Mantel 11/0, Pettinger 9/0, Boßler 8/0, Koch 4/TW, Beyel 3/0, Dietrich 1/0, Fürbeth 1/0, Heyl 1/0, Höhl 1/0, Loos 1/0, Meyer 1/0, Schneider 1/0.

Saison 1935/36

Gauliga Südwest:

1. Wormatia Worms	18	49:22	26-10
2. FK Pirmasens	18	46:24	26-10
3. **EINTRACHT**	18	32:19	25-11
4. Borussia Neunkirchen	18	37:26	23-13
5. FSV Frankfurt	18	37:30	19-17
6. Kickers Offenbach	18	26:33	17-19
7. FV Saarbrücken	18	28:37	15-21
8. Union Niederrad	18	19:38	13-23
9. Opel Rüsselsheim	18	31:49	8-28
10. Phönix Ludwigshafen	18	17:44	8-28

Eingesetzte Spieler und Torschützen: Gramlich 18/0, Konrad 18/0, Leis 16/0, Mantel 16/1, Möbs 16/8, Tiefel 16/2, Trumpler 16/6, Adam Schmitt 13/8, L. Schmitt 12/TW, Fürbeth 11/0, F. Groß 11/2, Weigand 11/3, Stubb 5/0, E. Berger 4/1, Gerth 4/0, Monz 3/0, Koch 3/0, Winkler 3/TW, Diefenbach 2/0.– Dazu kommt ein Eigentor von Allermann (Union Niederrad).

Saison 1936/37

Gauliga Südwest:

1. Wormatia Worms	18	48:23	26-10
2. **EINTRACHT**	18	48:31	26-10
3. Kickers Offenbach	18	37:31	21-15
4. Borussia Neunkirchen	18	37:32	19-17
5. FSV Frankfurt	18	37:31	18-18
6. FV Saarbrücken	18	30:38	17-19
7. FK Pirmasens	18	26:36	15-21
8. SV Wiesbaden	18	24:37	14-22
9. Union Niederrad	18	32:45	13-23
10. Sportfr. Saarbrücken	18	28:44	11-25

Eingesetzte Spieler und Torschützen: Fürbeth 18/0, Möbs 18/13, Stubb 18/0, Monz 17/10, F. Groß 16/0, Adam Schmitt 15/11, Mantel 11/1, Zipp 11/0, L. Schmitt 10/TW, St. Hemmerich 9/5, Dr. Herrmann 9/0, Gorka 8/TW, A. Hemmerich 8/3, Knapp 8/0, Gramlich 6/0, Röll 6/3, Lanz 5/0, Bißwurm 1/0, Ehmer 1/0, Leis 1/0, Mechling 1/0. – Dazu kommt je ein Eigentor eines Spielers vom FK Pirmasens und von Winkler (Wormatia Worms).

Saison 1937/38

Gauliga Südwest:

1. **EINTRACHT**	18	58:25	28-8
2. Borussia Neunkirchen	18	40:19	27-9
3. Wormatia Worms	18	41:32	22-14
4. Kickers Offenbach	18	47:27	21-15
5. FSV Frankfurt	18	33:33	17-19
6. FK Pirmasens	18	27:28	16-20
7. SV Wiesbaden	18	30:37	16-20
8. FV Saarbrücken	18	33:48	12-24
9. 1. FC Kaiserslautern	18	24:49	12-24
10. Opel Rüsselsheim	18	16:51	9-27

Eingesetzte Spieler und Torschützen: Fürbeth 18/0, Lindemann 18/0, Adam Schmitt 18/5, Wirsching 18/25, Gramlich 17/1, Röll 17/11, Stubb 15/0, F. Groß 14/0, Arheilger 11/10, Linken 11/4, Peuttler 11/TW, Ehmer 7/0, Gorka 7/TW, Grein 5/0, St. Hemmerich 5/1, Heyl 4/1, Knapp 1/0, Möbs 1/0.

Deutsche Meisterschaft:

1. Hamburger SV	6	21:5	10-2
2. **EINTRACHT**	6	24:13	10-2
3. Stettiner SC	6	12:18	4-8
4. Yorck Boyen Insterburg	6	4:25	0-12

Eingesetzte Spieler und Torschützen: Arheilger 6/3, F. Groß 6/1, Lindemann 6/0, Linken 6/1, Wirsching 6/5, Möbs 5/1, Röll 5/5, Adam Schmitt 5/7, Gramlich 4/0, Peuttler 4/TW, Stubb 4/0, Zipp 3/0, Fürbeth 2/0, L. Schmitt 2/TW, Becker 1/0, Ehmer 1/1.

Saison 1938/39

Gauliga Südwest:

1. Rb.-Wormatia Worms	18	34:20	26-10
2. FSV Frankfurt	18	38:27	23-13
3. **EINTRACHT**	18	49:34	22-14
4. Kickers Offenbach	18	40:30	19-17
5. SV Wiesbaden	18	23:26	18-18
6. Borussia Neunkirchen	18	30:27	15-21
7. TSG Ludwigshafen	18	30:40	15-21
8. FV Saarbrücken	18	31:45	14-22
9. Rb.-RW Frankfurt	18	24:35	14-22
10. FK Pirmasens	18	23:38	14-22

Eingesetzte Spieler und Torschützen: Arheilger 18/6, H. Fischer 18/TW, Röll 18/12, Adam Schmitt 18/14, F. Groß 16/1, Lindemann 16/0, Wirsching 16/5, Heyl 13/0, Linken 13/6, A. Groß 8/1, W. Lindner 7/2, Gramlich 6/0, Kolb 6/0, Künz 6/2, Adolf Schmidt 5/0, Heider 3/0, Stubb 3/0, Möbs 2/0, Pohl 2/0, Zipp 2/0, Helfenbein 1/0, Fürbeth 1/0.

Saison 1939/40

Gauliga Südwest, Gruppe Mainhessen:

1. Kickers Offenbach	12	41:9	21-3
2. **EINTRACHT**	12	28:17	19-5
3. FSV Frankfurt	12	33:27	14-10
4. SV Wiesbaden	12	22:28	9-15
5. Union Niederrad	12	23:39	8-16
6. Rb.-RW Frankfurt	12	15:37	7-17
7. Opel Rüsselsheim	12	23:28	6-18

Eingesetzte Spieler und Torschützen: Wirsching 12/7, H. Fischer 11/TW, Heyl 10/2, Künz 10/1, Moog 10/0, Kolb 7/0, Adam Schmitt 7/8, Resch 7/3, Roskony 7/0, Lehmann 6/0, Heider 5/0, F. Groß 4/0, Herberger 4/1, Linken 4/0, Reich 4/0, Arheilger 3/4, A. Groß 3/2, Köhler 3/0, Moritz 3/0, Feick 2/0, K. Höfer 2/0, Adolf Schmidt 2/0, Henig 1/TW, Hütter 1/0, Richter 1/0, Röll 1/0, Stübler 1/0, Wiese 1/0.

Saison 1940/41

Bereichsklasse Südwest, Gruppe Mainhessen:

1. Kickers Offenbach	14	54:12	27-1
2. Rb.-RW Frankfurt	14	35:15	20-8
3. **EINTRACHT**	14	34:22	17-11
4. Rb.-Wormatia Worms	14	34:32	12-16
5. FSV Frankfurt	14	24:33	12-16
6. Union Niederrad	14	24:33	11-17
7. SV (KSG) Wiesbaden	14	20:41	8-20
8. Germania 94 Frankfurt	14	17:54	5-23

Eingesetzte Spieler und Torschützen: Heilig 14/10, Adam Schmitt 14/11, Wirsching 14/6, Heider 13/0, Lehmann 13/0, Hütter 11/1, Henig 10/TW, Kolb 10/0, Moog 9/0, Menzerath 5/1, Schädler 5/0, Schminke 5/1, H. Fischer 4/TW, F. Groß 4/0, Krüger 4/0, Wiegand 4/0, W. Lindner 3/1, Adolf Schmidt 3/0, Fuge 2/1, Richter 2/0, Grosch 1/0, St. Hemmerich 1/1, König 1/0, Künz 1/0, Müller 1/1.

Saison 1941/42

Bereichsklasse Hessen-Nassau, Gruppe 1:

1. Kickers Offenbach	12	50:13	23-1
2. **EINTRACHT**	12	46:20	17-7
3. FSV Frankfurt	12	34:21	16-8
4. FC Hanau 93	12	43:29	11-13
5. KSG Wiesbaden	12	21:30	9-15
6. TSV 1860 Hanau	12	10:45	5-19
7. SV Wetzlar 05	12	11:57	3-21

Eingesetzte Spieler und Torschützen: Stubb 12/1, Vogel 12/6, Lehmann 11/0, Adam Schmitt 10/10, H. Fischer 9/TW, St. Hemmerich 9/0, Heilig 8/0, Alf. Bechtold 7/0, Ganzmann 7/3, A. Kraus 7/11, Wiegand 7/6, Richardt 6/0, Trumpler 6/0, Röll 5/3, Frese 3/TW, W. Lindner 3/1, Schädler 3/0, Zölls 2/0, Gebhardt 1/0, Hammer 1/1, Heyl 1/0, Richter 1/0, Wirsching 1/2. – Dazu kommt je ein Eigentor von Volkmar (SV Wetzlar 05) und Plükhan (Kickers Offenbach).

Der Frankfurter Fußballverein: Nordkreismeister 1911/12.

Die Eintracht 1926 (hier vor einem Spiel gegen Ajax Amsterdam). Von links: Schütz, Trumpp, Weber, Pfeiffer II, Dietrich, Kellerhoff, Schollst, Kübert, Egly, Döpfer, Kirchheim.

Die Eintracht 1954. Von links: Höfer, Dziwoki, Kudras, Heilig, Henig, Remlein, Wloka, Pfaff, Weilbächer, Bechtold, Kreß, Trainer Kurt Windmann.

Die Meisterelf von 1959. Von links: Sztani, Stinka, Lindner, Kreß, Eigenbrodt, Weilbächer, Feigenspan, Höfer, Lutz, Loy, Pfaff.

Saison 1942/43

Gauliga Hessen-Nassau:

1. Kickers Offenbach	18	70:20	30-6
2. FSV Frankfurt	18	65:24	29-7
3. Rb.-RW Frankfurt	18	38:23	27-9
4. FC Hanau 93	18	38:32	20-16
5. **EINTRACHT**	18	33:38	16-20
6. SpVgg Neu-Isenburg	18	25:32	16-20
7. Union Niederrad	18	38:55	12-24
8. Opel Rüsselsheim	18	25:44	12-24
9. Rb.-Wormatia Worms	18	36:52	10-26
10. SV Darmstadt 98	18	26:64	8-28

Eingesetzte Spieler und Torschützen: Kirchheim 17/4, Heilig 15/10, Holtz 14/1, Stubb13/0, Lindemann 11/0, De Jonge 8/1, Ganzmann 8/1, Hammer 8/3, A. Kraus 8/3, Adam Schmitt 8/2, Savelsberg 8/TW, Klüber 7/0, Röll 7/0, During 6/TW, Weber 6/0, Ackermann 5/0, Klaiber 5/1, Henig 4/TW, Augustinus 3/0, Ad. Bechtold 3/1, Alf. Bechtold 3/0, Henkel 3/1, St. Hemmerich 3/2, Hütter 3/1, Sonek 3/1, Engelhardt 2/0, Feth 2/0, F. Groß 2/0, Helfert 2/0, Pflughoefft 2/1, Skeib 2/0, Arheilger 1/0, Büscher 1/0, Kolb 1/0, W. Lindner 1/0, Müller 1/0, Rose 1/0, Solf 1/0, Wirsching 1/0.

Saison 1943/44

Gauliga Hessen-Nassau:

1. Kickers Offenbach	18	74:20	31-5
2. FC Hanau 93	18	67:28	26-10
3. FSV Frankfurt	18	78:39	23-13
4. **EINTRACHT**	18	53:33	23-13
5. SpVgg Neu-Isenburg	18	38:52	23-13
6. Opel Rüsselsheim	18	32:37	13-23
7. VfL Rödelheim	18	30:51	13-23
8. Rb.-RW Frankfurt	18	21:61	13-23
9. VfB Offenbach	18	23:42	11-25
10. Union Niederrad	18	15:68	4-32

Namentlich bekannte eingesetzte Spieler und Torschützen: Ad. Bechtold, Becker, E. Berger, Bolten, Büscher, De Jonge, Falow (1 Tor), Feth, Franke (TW), Gebhardt (TW), Gramlich, Heilig (5 Tore), Henig (TW), Henkel (3 Tore), Holtz, Kallab (1 Tor), Klaiber (1 Tor), Kolb, Kraft (1 Tor), A. Kraus (20 Tore), Künz, Lampert, Lange, Lidin (1 Tor), Mrowka, Paulus (1 Tor), Pflughoefft (1 Tor), Röll (1 Tor), Schädler (1 Tor), Adolf Schmidt, Schminke, Adam Schmitt (3 Tore), Sikorski, Stephan, Stubb (auch TW), Voigt (2 Tore), Wirsching (2 Tore). – Dazu kommt je ein Eigentor von Ackermann (VfL Neu-Isenburg) und Holz (VfL Rödelheim). Es fehlen die Torschützen aus dem 7:0 gegen Opel Rüsselsheim.

Saison 1944/45

Gauliga Hessen-Nassau, Staffel 3:

1. FFC Olympia 07	5	11:5	9-1
2. **KSG FSV/EINTRACHT**	5	32:4	6-4
3. Viktoria Eckenheim	5	3:23	5-5
4. KSG Rödelheim/RW	5	0:0	4-6
5. VDM Heddernheim	4	3:16	2-6
6. SpVgg Ostend 07	2	1:2	0-4

Tabellen- und Punktestände laut *Frankfurter Anzeiger* von Anfang Januar 1945. Torverhältnisse anhand der Tabelle vom 17. 12. 1944 und dem Spiel Viktoria Eckenheim – KSG FSV/Eintracht (0:16) vom 7. 1. 1945. Danach konnten für die Staffel 3 keine weiteren Ergebnisse mehr ermittelt werden. Laut *Rhein-Mainischer Zeitung* vom 22. 1. 1945 wurden VDM Heddernheim und KSG Rödelheim/Rot-Weiss wegen Nichtantretens am 7. 1. 1945 mit zwei Minuspunkten bestraft. Diese sind in der obigen Tabelle nicht berücksichtigt.

Saison 1945/46

Oberliga Süd:

1. VfB Stuttgart	30	91:34	46-14
2. 1. FC Nürnberg	30	86:44	45-15
3. Stuttgarter Kickers	30	88:51	42-18
4. SV Waldhof	30	55:36	39-21
5. Schwaben Augsburg	30	68:45	39-21
6. Bayern München	30	67:48	34-26
7. FC Schweinfurt 05	30	55:40	33-27
8. BC Augsburg	30	49:64	28-32
9. TSV München 1860	30	52:44	27-33
10. FSV Frankfurt	30	44:62	26-34
11. **EINTRACHT**	30	71:75	25-35
12. Kickers Offenbach	30	60:72	24-36
13. SpVgg Fürth	30	46:69	22-38
14. VfR Mannheim	30	41:74	19-41
15. Phönix Karlsruhe	30	54:90	18-42
16. Karlsruher FV	30	33:112	13-47

Eingesetzte Spieler und Torschützen: Heilig 30/8, Schädler 28/7, Lindemann 26/0, Adolf Schmidt 23/1, Farschon 22/1, Kolb 22/0, Liesem 20/0, Ricker 20/TW, Adam Schmitt 19/13, Arheiligen 17/15, A. Kraus 15/12, Ad. Bechtold 10/0, Röll 8/2, Wirsching 8/3, Csakany 6/2, H. Fischer 6/1 (TW), Hammer 5/0, Henig 5/TW, Lehmann 5/0, Trapp 5/0, Beckmann 4/0, Grigutsch 4/2, Henkel 3/0, Jakob 3/0, Janes 2/0, Franeck 1/0, Mohrmann 1/0. – Dazu kommt je ein Eigentor von Zollhöfer (SpVgg Fürth), Oswald (Stuttgarter Kickers) und Stadler (Karlsruher FV). Der Torschütze vom 1:4 gegen den 1. FC Nürnberg konnte nicht ermittelt werden. Es fehlen 12 Einsätze.

Saison 1946/47

Oberliga Süd:

1. 1. FC Nürnberg	38	108:31	62-14
2. SV Waldhof	38	74:54	49-27
3. **EINTRACHT**	38	72:50	46-30
4. TSV München 1860	38	67:50	44-32
5. Kickers Offenbach	38	76:58	43-33
6. VfB Stuttgart	38	64:58	43-33
7. Stuttgarter Kickers	38	90:56	42-34
8. Schwaben Augsburg	38	75:51	41-35
9. FC Schweinfurt 05	38	56:46	40-36
10. SpVgg Fürth	38	56:57	38-38
11. Bayern München	38	75:56	36-40
12. VfR Mannheim	38	50:62	35-41
13. TSG Ulm 1846	38	56:80	34-42
14. FSV Frankfurt	38	35:50	33-43
15. Viktoria Aschaffenburg	38	68:111	33-43
16. VfL Neckarau	38	74:83	32-44
17. BC Augsburg	38	62:89	30-46
18. 1. FC Bamberg	38	44:75	28-48
19. Karlsruher FV	38	48:84	27-49
20. Phönix Karlsruhe	38	46:95	24-52

Eingesetzte Spieler und Torschützen: Gärtner 36/0, Wirsching 33/18, Heilig 32/6, Adam Schmitt 32/10, Schädler 31/1, Adolf Schmidt 30/1, Ad. Bechtold 25/0, Kolb 25/0, Csakany 23/4, Liesem 23/1, Turek 22/TW, Adamkiewicz 21/15, Muth 18/5, W. Kraus 10/5, A. Kraus 8/2, Baas 7/4, Farschon 7/0, Ricker 7/TW, H. Fischer 6/TW, Kaufmann 3/0, Motsch 1/0, Roth 1/0.

Saison 1947/48

Oberliga Süd:

1. 1. FC Nürnberg	38	88:37	60-16
2. TSV München 1860	38	77:63	52-24
3. Stuttgarter Kickers	38	113:58	50-26
4. Bayern München	38	72:38	50-16
5. VfB Stuttgart	38	96:60	45-31
6. SV Waldhof	38	77:59	45-31
7. FSV Frankfurt	38	66:50	43-33
8. VfR Mannheim	38	66:55	43-33
9. Kickers Offenbach	38	75:55	42-34
10. **EINTRACHT**	38	64:56	41-35
11. Schwaben Augsburg	38	66:59	41-35
12. TSG Ulm 1846	38	60:60	38-38
13. FC Schweinfurt 05	38	49:53	34-42
14. VfB Mühlburg	38	53:59	33-43
15. SpVgg Fürth	38	68:86	31-45
16. VfL Neckarau	38	48:81	30-46
17. Viktoria Aschaffenburg	38	46:88	25-51
18. Rot-Weiss Frankfurt	38	50:99	22-54
19. Wacker München	38	41:89	21-55
20. Sportfreunde Stuttgart	38	30:100	14-62

Eingesetzte Spieler und Torschützen: Baas 38/14, Henig 36/TW, Ad. Bechtold 35/0, Heilig 34/1, Adolf Schmidt 34/2, Gärtner 32/2, Wirsching 32/12, Kolb 29/0, Liesem 28/4, W. Kraus 27/13, Linken 25/5, Adam Schmitt 22/4, Schädler 17/0, Giller 9/0, Farschon 6/0, Daßbach 3/2, Wloka 3/1, Kirchheim 2/0, Muth 2/0, Ricker 2/TW, Bardorf 1/1, Pries 1/0. – Dazu kommt je ein Eigentor von Meining (Viktoria Aschaffenburg), Nachreiner (Wacker München) und Müller (VfR Mannheim).

Saison 1948/49

Oberliga Süd:

1. Kickers Offenbach	30	79:29	49-11
2. VfR Mannheim	30	51:42	38-22
3. Bayern München	30	61:42	35-25
4. TSV München 1860	30	61:41	34-26
5. SV Waldhof	30	54:45	34-26
6. VfB Stuttgart	30	56:51	31-29
7. Schwaben Augsburg	30	49:50	30-30
8. Stuttgarter Kickers	30	53:65	30-30
9. VfB Mühlburg	30	51:45	29-31
10. FC Schweinfurt 05	30	46:56	29-31
11. 1. FC Nürnberg	30	49:55	27-33
12. FSV Frankfurt	30	40:53	27-33
13. **EINTRACHT**	30	28:41	26-34
14. BC Augsburg	30	46:66	22-38
15. TSG Ulm 1846	30	43:53	22-38
16. FC Rödelheim 02	30	40:73	17-43

Entscheidungsspiel um Platz 14 am 29.5.1949 in Frankfurt:
BC Augsburg – TSG Ulm 1846 1:0

Eingesetzte Spieler und Torschützen: Ad. Bechtold 30/0, Heilig 30/1, Henig 30/TW, Baas 29/9, Kudras 26/2, W. Kraus 23/6, Adam Schmitt 22/1, Nees 18/0, Schallmayer 18/0, Wloka 16/0, Giller 14/0, Bardorf 11/1, Dosedzal 11/4, W. Fischer 11/0, Schreiber 8/1, Böhringer 7/0, Pries 7/0, Schnitzler 6/1, Neff 4/0, Gärtner 3/1, Linken 2/0, Riedel 2/0, Nauheimer 1/1, Neumann 1/0.

Saison 1949/50

Oberliga Süd:

1. SpVgg Fürth	30	77:39	43-17
2. VfB Stuttgart	30	50:39	38-22

3. Kickers Offenbach	30	62:48	37-23
4. VfR Mannheim	30	57:41	34-26
5. FSV Frankfurt	30	45:38	34-26
6. SV Waldhof	30	51:53	33-27
7. VfB Mühlburg	30	44:42	32-28
8. 1. FC Nürnberg	30	52:40	31-29
9. TSV München 1860	30	46:42	31-29
10. BC Augsburg	30	50:74	26-34
11. Schwaben Augsburg	30	39:60	26-34
12. FC Schweinfurt 05	30	38:38	25-35
13. Bayern München	30	56:70	25-35
14. **EINTRACHT**	30	45:52	24-36
15. Jahn Regensburg	30	49:66	22-38
16. Stuttgarter Kickers	30	45:64	19-41

Eingesetzte Spieler und Torschützen: Henig 30/TW, Ad. Bechtold 29/0, Kudras 29/0, Heilig 28/3, Lemm 28/6, Pfaff 28/2, Schieth 28/15, Krömmelbein 27/3, Kaster 22/1, Kesper 18/0, W. Kraus 16/12, Giller 15/0, Reichert 12/1, Nees 6/0, Wloka 6/0, W. Fischer 2/0, Vogel 2/1, Kolb 1/0, Schädler 1/0, Schildt 1/0, Schreiber 1/0. – Dazu kommt ein Eigentor von Süßmann (Schwaben Augsburg).

Saison 1950/51

Oberliga Süd:

1. 1. FC Nürnberg	34	93:46	47-21
2. SpVgg Fürth	34	86:43	45-23
3. VfB Mühlburg	34	94:55	44-24
4. VfB Stuttgart	34	82:55	43-25
5. FSV Frankfurt	34	71:52	43-25
6. TSV München 1860	34	97:67	42-26
7. FC Schweinfurt 05	34	69:57	36-32
8. **EINTRACHT**	34	56:64	34-34
9. Bayern München	34	64:53	33-35
10. Kickers Offenbach	34	69:64	32-36
11. VfL Neckarau	34	74:94	32-36
12. VfR Mannheim	34	72:72	31-37
13. Schwaben Augsburg	34	46:67	29-39
14. SV Waldhof	34	54:67	28-40
15. SV Darmstadt 98	34	54:86	25-43
16. BC Augsburg	34	59:82	24-44
17. FC Singen 04	34	56:112	22-46
18. SSV Reutlingen	34	49:109	22-46

Eingesetzte Spieler und Torschützen: Ad. Bechtold 34/0, Henig 33/TW, Kaster 32/0, A. Kraus 31/12, Pfaff 31/12, Schieth 31/9, Kudras 27/2, W. Kraus 25/7, Reichert 25/6, Heilig 21/1, R. Schmitt 14/3, Zänger 14/0, Kesper 13/0, Wloka 13/0, Giller 12/0, Krömmelbein 13/2, Kolb 2/0, Stein 1/0, Vogel 1/0, Wiegand 1/0, Wohnaut 1/0, Wunderlich 1/TW. – Dazu kommt je ein Eigentor von Müller (TSV München 1860) und Zanin (FC Singen 04).

Saison 1951/52

Oberliga Süd:

1. VfB Stuttgart	30	60:24	44-16
2. 1. FC Nürnberg	30	72:33	43-17
3. Kickers Offenbach	30	75:41	40-20
4. **EINTRACHT**	30	52:43	34-26
5. VfR Mannheim	30	64:60	32-28
6. SpVgg Fürth	30	46:42	30-30
7. FSV Frankfurt	30	45:58	30-30
8. Bayern München	30	53:54	29-31
9. VfB Mühlburg	30	67:47	28-32
10. SV Waldhof	30	49:61	28-32
11. Viktoria Aschaffenburg	30	45:70	28-32
12. Stuttgarter Kickers	30	61:63	27-33
13. TSV München 1860	30	46:54	27-33
14. FC Schweinfurt 05	30	32:56	24-36
15. Schwaben Augsburg	30	41:62	19-41
16. VfL Neckarau	30	46:86	17-43

Eingesetzte Spieler und Torschützen: Heilig 30/0, Ad. Bechtold 29/2, Kudras 29/0, Pfaff 28/8, Henig 27/TW, Jänisch 26/12, Wloka 26/0, Kaster 25/0, Geier 24/5, Schieth 22/11, Reichert 19/8, Krömmelbein 14/3, Kesper 12/0, Tempel 9/3, A. Kraus 4/0, Rothuber 3/TW, Hesse 2/0, Kirchheim 1/0.

Saison 1952/53

Oberliga Süd:

1. **EINTRACHT**	30	62:49	39-21
2. VfB Stuttgart	30	69:33	38-22
3. SpVgg Fürth	30	65:45	35-25
4. KSC Mühlburg-Phönix	30	68:52	34-26
5. FC Schweinfurt 05	30	40:51	32-28
6. Kickers Offenbach	30	61:53	30-30
7. Bayern München	30	59:56	30-30
8. 1. FC Nürnberg	30	56:62	29-31
9. SV Waldhof	30	67:61	29-31
10. BC Augsburg	30	59:61	28-32
11. FSV Frankfurt	30	38:44	28-32
12. Viktoria Aschaffenburg	30	59:74	28-32
13. VfR Mannheim	30	46:59	27-33
14. Stuttgarter Kickers	30	65:69	26-34
15. TSV München 1860	30	46:58	24-36
16. TSG Ulm 1846	30	41:74	21-39

Das Spiel SV Waldhof – Kickers Offenbach wurde mit 0:0 Toren für beide Vereine als Niederlage gewertet.

Eingesetzte Spieler und Torschützen: Ad. Bechtold 30/0, Heilig 30/4, Henig 30/TW, Kudras 28/0, Pfaff 27/10, Wloka 26/0, Ebeling 24/10, Dokter 22/5, Krömmelbein 22/0, Schieth 22/10, Dziwoki 21/12, Kaster 17/1, Jänisch 12/

5, Hesse 10/3, Geier 3/0, Kirchheim 2/0, Reichert 2/0, Schwan 2/1. – Dazu kommt ein Eigentor von Müller (BC Augsburg).

Deutsche Meisterschaft, Gruppe 1:

1. 1. FC Kaiserslautern	6	16:7	11-1
2. **EINTRACHT**	6	8:7	7-5
3. 1. FC Köln	6	8:10	5-7
4. Holstein Kiel	6	8:16	1-11

Eingesetzte Spieler und Torschützen: Ad. Bechtold 6/0, Dziwoki 6/1, Ebeling 6/0, Heilig 6/0, Henig 6/TW, Hesse 6/3, Krömmelbein 6/0, Kudras 6/0, Pfaff 6/1, Wloka 5/1, Schieth 4/1, Kaster 2/0, Schwan 1/1.

Saison 1953/54

Oberliga Süd:

1. VfB Stuttgart	30	64:39	43-17
2. **EINTRACHT**	30	70:31	42-18
3. Kickers Offenbach	30	70:38	41-19
4. 1. FC Nürnberg	30	71:44	38-22
5. Karlsruher SC	30	61:53	35-25
6. Jahn Regensburg	30	42:48	33-27
7. FSV Frankfurt	30	60:56	30-30
8. FC Schweinfurt 05	30	53:50	28-32
9. Bayern München	30	42:46	28-32
10. VfR Mannheim	30	62:71	27-33
11. SpVgg Fürth	30	42:54	26-34
12. BC Augsburg	30	52:66	25-35
13. Hessen Kassel	30	54:74	23-37
14. Stuttgarter Kickers	30	63:79	21-39
15. SV Waldhof	30	47:66	21-39
16. Viktoria Aschaffenburg	30	44:82	19-41

Das Spiel SV Waldhof - Viktoria Aschaffenburg (2:2) wurde mit X:0 für Waldhof gewertet.

Eingesetzte Spieler und Torschützen: Dziwoki 30/16, Kreß 30/17, H. Weilbächer 30/9, Ad. Bechtold 29/0, Heilig 29/5, Henig 29/TW, Kudras 28/0, Pfaff 28/9, Wloka 28/1, Remlein 27/2, Geier 12/2, Ebeling 10/2, Krömmelbein 6/0, Reichert 5/1, Gonschorek 4/3, Greiner 1/0, Hesse 1/0, Höfer 1/1, Kaster 1/0, Rothuber 1/TW. – Dazu kommt je ein Eigentor von Schmitt (FC Schweinfurt 05) und Baumann (1. FC Nürnberg).

Deutsche Meisterschaft, Gruppe 2:

1. 1. FC Kaiserslautern	2	5:3	4-0
2. 1. FC Köln	2	6:6	2-2
3. **EINTRACHT**	2	2:4	0-4

Eingesetzte Spieler und Torschützen: Ad. Bechtold 2/0, Dziwoki 2/0, Heilig 2/1, Henig 2/TW, Höfer 2/0, Kreß 2/0, Kudras 2/0, Pfaff 2/0, Remlein 2/0, H. Weilbächer 2/1, Wloka 2/0.

Saison 1954/55

Oberliga Süd:

1. Kickers Offenbach	30	67:38	39-21
2. SSV Reutlingen	30	62:44	37-23
3. FC Schweinfurt 05	30	52:44	37-23
4. **EINTRACHT**	30	56:36	36-24
5. Karlsruher SC	30	69:51	35-25
6. FSV Frankfurt	30	55:49	33-27
7. BC Augsburg	30	72:60	32-28
8. Schwaben Augsburg	30	46:45	32-28
9. 1. FC Nürnberg	30	64:51	29-31
10. VfR Mannheim	30	77:79	29-31
11. SpVgg Fürth	30	56:67	29-31
12. Stuttgarter Kickers	30	48:56	27-33
13. VfB Stuttgart	30	58:60	26-34
14. Jahn Regensburg	30	47:85	26-34
15. Hessen Kassel	30	37:67	18-42
16. Bayern München	30	42:76	15-45

Eingesetzte Spieler und Torschützen: Ad. Bechtold 30/0, Kreß 30/8, Remlein 30/2, Wloka 29/0, Bäumler 28/12, Loy 28/TW, Pfaff 27/10, H. Weilbächer 26/13, Heilig 24/0, Höfer 24/7, Kudras 23/0, Geiger 11/4, Hesse 9/0, Bayer 6/0, Rothuber 2/TW, Dziwoki 1/0, Krömmelbein 1/0, Lange 1/0.

Saison 1955/56

Oberliga Süd:

1. Karlsruher SC	30	63:38	41-19
2. VfB Stuttgart	30	52:29	38-22
3. VfR Mannheim	30	73:45	36-24
4. Kickers Offenbach	30	66:51	36-24
5. Viktoria Aschaffenburg	30	61:45	35-25
6. **EINTRACHT**	30	56:49	31-29
7. 1. FC Nürnberg	30	42:41	31-29
8. FC Schweinfurt 05	30	53:53	30-30
9. FSV Frankfurt	30	51:43	29-31
10. Jahn Regensburg	30	41:51	28-32
11. BC Augsburg	30	48:53	26-34
12. Schwaben Augsburg	30	43:57	26-34
13. SpVgg Fürth	30	48:69	26-34
14. Stuttgarter Kickers	30	33:43	24-36
15. SSV Reutlingen	30	49:81	24-36
16. TSV München 1860	30	43:74	19-41

Eingesetzte Spieler und Torschützen: Ad. Bechtold 29/0, Kudras 29/0, Rothuber 29/TW, Pfaff 28/15, Kreß 27/3, Bäumler 26/11, Schymik 25/1, Geiger 24/8, Wloka 20/0, H. Weilbächer 18/8, Heilig 16/0, Feigenspan 13/5, Remlein 12/2, Heitkamp 9/1, H. Bechtold 7/0, Höfer 7/1, Hesse 6/0, Bayer 1/0, Eigenbrodt 1/0, Jakobi 1/0, Loy 1/TW, Zimmermann 1/0.

– Dazu kommt ein Eigentor von Zatopek (Stuttgarter Kickers).

Saison 1956/57

Oberliga Süd:

1. 1. FC Nürnberg	30	76:33	47-13
2. Kickers Offenbach	30	81:35	43-17
3. Karlsruher SC	30	74:41	41-19
4. VfB Stuttgart	30	69:44	39-21
5. **EINTRACHT**	30	60:42	35-25
6. SpVgg Fürth	30	61:57	29-31
7. VfR Mannheim	30	51:54	29-31
8. Viktoria Aschaffenburg	30	44:54	27-33
9. Jahn Regensburg	30	46:73	27-33
10. Bayern München	30	52:62	26-34
11. FSV Frankfurt	30	41:60	26-34
12. FC Schweinfurt 05	30	41:68	24-36
13. BC Augsburg	30	49:66	23-37
14. Stuttgarter Kickers	30	46:50	22-38
15. Schwaben Augsburg	30	35:64	22-38
16. Freiburger FC	30	43:66	20-40

Eingesetzte Spieler und Torschützen: Feigenspan 29/22, Schymik 28/3, Höfer 27/0, Pfaff 27/9, Ad. Bechtold 25/0, Kreß 25/4, Wloka 24/0, Geiger 22/13, H. Weilbächer 21/2, Rothuber 19/TW, H. Bechtold 15/0, Bäumler 13/0, Kudras 12/0, Loy 11/TW, Hesse 6/1, Meier 6/2, D. Lindner 5/3, Eigenbrodt 4/0, Seemann 4/0, Wehner 4/0, Bianchi 2/0, Heilig 1/0. – Dazu kommt ein Eigentor von Mirsberger (Viktoria Aschaffenburg).

Saison 1957/58

Oberliga Süd:

1. Karlsruher SC	30	60:38	42-18
2. 1. FC Nürnberg	30	74:45	41-19
3. **EINTRACHT**	30	58:32	39-21
4. SpVgg Fürth	30	54:33	39-21
5. Kickers Offenbach	30	68:45	37-23
6. TSV München 1860	30	50:48	36-24
7. Bayern München	30	66:56	30-30
8. FC Schweinfurt 05	30	51:48	29-31
9. VfB Stuttgart	30	55:46	28-32
10. VfR Mannheim	30	43:57	27-33
11. Viktoria Aschaffenburg	30	51:54	26-34
12. BC Augsburg	30	45:66	26-34
13. FSV Frankfurt	30	33:46	25-35
14. SSV Reutlingen	30	41:55	23-37
15. Jahn Regensburg	30	29:79	17-43
16. Stuttgarter Kickers	30	31:61	15-45

Das Spiel Stuttgarter Kickers - FSV Frankfurt wurde wegen einer Platzsperre nicht ausgetragen und mit X:0 für den FSV gewertet. Eingesetzte Spieler und Torschützen: Horvat 30/0, Kreß 30/4, Loy 30/TW, H. Weilbächer 30/6, Ad. Bechtold 29/0, Schymik 29/1, Höfer 28/3, Geiger 22/7, D. Lindner 22/5, Pfaff 21/7, Bäumler 15/5, Sztani 11/10, Feigenspan 10/4, Hesse 8/0, Meier 7/3, Lörinc 3/1, Eigenbrodt 2/0, Hanek 2/0, Lutz 1/0. – Dazu kommt je ein Eigentor von Weitz (VfR Mannheim) und Sommerlatt (Bayern München).

Saison 1958/59

Oberliga Süd:

1. **EINTRACHT**	30	71:25	49-11
2. Kickers Offenbach	30	73:31	47-13
3. 1. FC Nürnberg	30	80:38	43-17
4. Bayern München	30	79:49	39-21
5. VfB Stuttgart	30	61:49	30-30
6. TSV München 1860	30	61:47	30-30
7. SpVgg Fürth	30	47:45	30-30
8. VfR Mannheim	30	65:71	29-31
9. Karlsruher SC	30	73:69	28-32
10. FC Schweinfurt 05	30	47:59	25-35
11. FSV Frankfurt	30	49:69	24-36
12. SSV Reutlingen	30	44:71	24-36
13. TSG Ulm 1846	30	39:57	22-38
14. Viktoria Aschaffenburg	30	43:69	22-38
15. BC Augsburg	30	53:85	20-40
16. SV Waldhof	30	43:84	18-42

Eingesetzte Spieler und Torschützen: Höfer 30/2, H. Weilbächer 28/3, Feigenspan 27/21, Pfaff 27/9, Horvat 26/0, Lutz 25/0, Sztani 25/10, Schymik 24/1, Kreß 23/6, D. Lindner 22/5, Loy 22/TW, Meier 13/7, Stinka 10/0, Bäumler 9/3, Henig 8/TW, Ad. Bechtold 6/0, Eigenbrodt 5/0. – Dazu kommt je ein Eigentor von Fritschi (SSV Reutlingen), Schmitt (Viktoria Aschaffenburg), Preis (SV Waldhof) und H. Nazarenus (Kickers Offenbach).

Deutsche Meisterschaft, Gruppe 1:

1. **EINTRACHT**	6	26:11	12-0
2. 1. FC Köln	6	10:14	5-7
3. FK Pirmasens	6	16:18	4-8
4. Werder Bremen	6	12:21	3-9

Endspiel am 28. 6. 1959 in Berlin:
Eintracht – Kickers Offenbach n. V. 5:3
Loy – Eigenbrodt, Höfer – Stinka, Lutz, H. Weilbächer – Kreß, Sztani (2), Feigenspan (3), D. Lindner, Pfaff – Trainer: Oßwald – SR: Asmussen (Flensburg) – Zuschauer: 75 000.

Eingesetzte Spieler und Torschützen: Feigenspan 7/13, Höfer 7/0, Kreß 7/5, D. Lindner 7/1, Loy

7/TW, Lutz 7/0, Sztani 7/7, Stinka 6/1, Eigenbrodt 5/0, H. Weilbächer 5/0, Pfaff 4/2, Horvat 3/0, Meier 2/1, Schymik 2/1, Bäumler 1/0.

Saison 1959/60

Oberliga Süd:

1.	Karlsruher SC	30	78:39	45-15
2.	Kickers Offenbach	30	75:45	39-21
3.	**EINTRACHT**	30	81:57	37-23
4.	TSV München 1860	30	65:56	35-25
5.	Bayern München	30	81:55	34-26
6.	1. FC Nürnberg	30	73:54	34-26
7.	VfB Stuttgart	30	66:57	33-27
8.	SSV Reutlingen	30	55:57	31-29
9.	FSV Frankfurt	30	59:53	28-32
10.	VfR Mannheim	30	55:52	27-33
11.	SpVgg Fürth	30	48:59	26-34
12.	FC Schweinfurt 05	30	48:64	25-35
13.	Bayern Hof	30	45:84	25-35
14.	TSG Ulm 1846	30	39:64	21-39
15.	Viktoria Aschaffenburg	30	43:73	21-39
16.	Stuttgarter Kickers	30	38:80	15-45

Bayern München wurden wegen „Überbezahlung" seiner Spieler in der Saison 1957/58 vier Punkte abgezogen.

Eingesetzte Spieler und Torschützen: D. Lindner 29/16, H. Weilbächer 29/3, Lutz 28/0, Stinka 28/1, Loy 27/TW, Pfaff 25/12, Kreß 24/7, E. Stein 24/24, Höfer 22/0, Schymik 21/1, Bäumler 19/10, Eigenbrodt 15/0, Meier 14/4, Ad. Bechtold 11/0, Solz 9/3, Kirchhof 3/TW, Sorger 2/0.

Saison 1960/61

Oberliga Süd:

1.	1. FC Nürnberg	30	96:30	48-12
2.	**EINTRACHT**	30	78:38	41-19
3.	Karlsruher SC	30	75:51	38-22
4.	Kickers Offenbach	30	57:46	36-24
5.	SSV Reutlingen	30	65:55	32-28
6.	TSV München 1860	30	61:66	32-28
7.	VfB Stuttgart	30	57:53	30-30
8.	Bayern München	30	57:54	30-30
9.	VfR Mannheim	30	53:51	29-31
10.	Bayern Hof	30	41:60	27-33
11.	SpVgg Fürth	30	40:47	26-34
12.	FSV Frankfurt	30	45:59	26-34
13.	SV Waldhof	30	47:56	25-35
14.	FC Schweinfurt 05	30	42:54	25-35
15.	TSG Ulm 1846	30	48:62	24-36
16.	Jahn Regensburg	30	27:107	11-49

Eingesetzte Spieler und Torschützen: Höfer 30/0, Loy 30/TW, Schymik 30/4, H. Weilbächer 30/3, Kreß 28/12, Lutz 28/2, E. Stein 28/23, Schämer 24/8, Solz 23/5, D. Lindner 20/7, Stinka 19/9, Eigenbrodt 16/0, Kreuz 14/2, Pfaff 4/0, Kraft 3/0, Meier 2/1, Herbert 1/0. – Dazu kommt je ein Eigentor von Groß (SpVgg Fürth) und Krämer (FC Schweinfurt 05).

Deutsche Meisterschaft, Gruppe 1:

Qualifikation am 6. 5. 1961 in Ludwigshafen:
Eintracht – Borussia Neunkirchen 5:0

1.	Borussia Dortmund	6	19:12	7-5
2.	**EINTRACHT**	6	13:9	7-5
3.	Hamburger SV	6	14:19	6-6
4.	1. FC Saarbrücken	6	11:17	4-8

Eingesetzte Spieler und Torschützen: Höfer 7/0, Loy 7/TW, Lutz 7/1, E. Stein 7/4, Stinka 7/0, H. Weilbächer 7/0, Kreß 6/1, D. Lindner 6/2, Kreuz 5/3, Meier 5/5, Schymik 4/0, Solz 4/1, Eigenbrodt 3/0, Schämer 2/0. – Dazu kommt ein Eigentor von Diehl (1. FC Saarbrücken).

Saison 1961/62

Oberliga Süd:

1.	1. FC Nürnberg	30	70:30	43-17
2.	**EINTRACHT**	30	81:37	43-17
3.	Bayern München	30	67:55	40-20
4.	Kickers Offenbach	30	65:50	37-23
5.	VfB Stuttgart	30	66:53	34-26
6.	Bayern Hof	30	55:56	32-28
7.	TSV München 1860	30	64:57	30-30
8.	SSV Reutlingen	30	57:51	29-31
9.	Karlsruher SC	30	47:44	28-32
10.	VfR Mannheim	30	47:59	28-32
11.	BC Augsburg	30	55:63	26-34
12.	SpVgg Fürth	30	31:39	24-36
13.	Schwaben Augsburg	30	43:78	23-37
14.	FC Schweinfurt 05	30	39:63	22-38
15.	FSV Frankfurt	30	35:65	21-39
16.	SV Waldhof	30	39:61	20-40

Eingesetzte Spieler und Torschützen: Kreß 30/4, Loy 30/TW, Schämer 30/26, Höfer 29/3, E. Stein 29/16, Stinka 27/6, Eigenbrodt 26/0, H. Weilbächer 23/1, Kreuz 22/8, Lutz 20/2, Schymik 20/2, Horn 18/3, D. Lindner 18/9, Solz 7/1, Meier 1/0.

Deutsche Meisterschaft, Gruppe 2:

1.	1. FC Köln	6	14:1	6-0
2.	**EINTRACHT**	6	11:5	4-2
3.	Hamburger SV	6	7:6	2-4
4.	FK Pirmasens	6	4:24	0-6

Eingesetzte Spieler und Torschützen: Eigenbrodt 3/0, Höfer 3/0, Kreß 3/2, D. Lindner 3/2, Loy 3/TW, Schymik 3/0, E. Stein 3/6, Stinka 3/0, H. Weilbächer 3/1, Horn 2/0, Schämer 2/0, Meier 1/0, Solz 1/0.

Saison 1962/63

Oberliga Süd:

1. TSV München 1860	30	72:38	44-16
2. 1. FC Nürnberg	30	87:41	41-19
3. Bayern München	30	67:52	40-20
4. **EINTRACHT**	30	56:32	39-21
5. Karlsruher SC	30	59:48	34-26
6. VfB Stuttgart	30	49:40	32-28
7. Kickers Offenbach	30	57:49	32-28
8. TSG Ulm 1846	30	64:58	30-30
9. SpVgg Fürth	30	49:48	29-31
10. Hessen Kassel	30	49:57	29-31
11. FC Schweinfurt 05	30	43:53	26-34
12. VfR Mannheim	30	49:62	26-34
13. Bayern Hof	30	40:62	21-39
14. SSV Reutlingen	30	48:75	21-39
15. Schwaben Augsburg	30	49:73	19-41
16. BC Augsburg	30	38:88	17-43

Eingesetzte Spieler und Torschützen: Kreß 30/3, Landerer 30/1, Loy 30/TW, Solz 30/8, Horn 28/8, Höfer 26/0, E. Stein 26/12, Lutz 22/0, Schämer 22/9, D. Lindner 16/4, Stinka 16/2, Schymik 14/1, Eigenbrodt 10/1, R. Weber 9/0, Friedrich 7/3, Hahn 6/3, H. Weilbächer 6/0, Kraft 2/0. – Dazu kommt ein Eigentor von Hilpert (1. FC Nürnberg).

Saison 1963/64

Bundesliga:

1. 1. FC Köln	30	78:40	45-15
2. Meidericher SV	30	60:36	39-21
3. **EINTRACHT**	30	65:41	39-21
4. Borussia Dortmund	30	73:57	33-27
5. VfB Stuttgart	30	48:40	33-27
6. Hamburger SV	30	69:60	32-28
7. TSV München 1860	30	66:50	31-29
8. FC Schalke 04	30	51:53	29-31
9. 1. FC Nürnberg	30	45:56	29-31
10. Werder Bremen	30	53:62	28-32
11. Eintr. Braunschweig	30	36:49	28-32
12. 1. FC Kaiserslautern	30	48:69	26-34
13. Karlsruher SC	30	42:55	24-36
14. Hertha BSC Berlin	30	45:65	24-36
15. Preußen Münster	30	34:52	23-37
16. 1. FC Saarbrücken	30	44:72	17-43

Eingesetzte Spieler und Torschützen: D. Lindner 29/2, Höfer 29/0, Huberts 29/19, Loy 28/TW, Solz 27/14, Trimhold 24/6, Lutz 21/0, Horn 20/3, E. Stein 19/9, Kreß 17/2, Eigenbrodt 15/0, H. Kraus 15/4, Stinka 14/0, Schämer 14/5, Landerer 13/0, Herbert 6/0, R. Weber 4/0, Eisenhofer 2/TW, Friedrich 2/0, J. Weilbächer 2/0. – Dazu kommt ein Eigentor von Bockisch (Preußen Münster).

Saison 1964/65

Bundesliga:

1. Werder Bremen	30	54:29	41-19
2. 1. FC Köln	30	66:45	38-22
3. Borussia Dortmund	30	67:48	36-24
4. TSV München 1860	30	70:50	35-25
5. Hannover 96	30	48:42	33-27
6. 1. FC Nürnberg	30	44:38	32-28
7. Meidericher SV	30	46:48	32-28
8. **EINTRACHT**	30	50:58	29-31
9. Eintr. Braunschweig	30	42:47	28-32
10. Borussia Neunkirchen	30	44:48	27-33
11. Hamburger SV	30	46:56	27-33
12. VfB Stuttgart	30	46:50	26-34
13. 1. FC Kaiserslautern	30	41:53	25-35
14. Hertha BSC Berlin	30	40:62	25-35
15. Karlsruher SC	30	47:62	24-36
16. FC Schalke 04	30	45:60	22-38

Hertha BSC Berlin wurde die Lizenz entzogen, der Abstieg ausgesetzt und die Bundesliga auf 18 Vereine aufgestockt.

Eingesetzte Spieler und Torschützen: Loy 30/TW, Huberts 27/9, D. Lindner 26/1, Stinka 25/4, R. Weber 24/0, Blusch 23/1, H. Kraus 22/2, Lutz 21/0, E. Stein 21/5, Schämer 20/3, Trimhold 20/2, Solz 19/9, Höfer 18/1, Lechner 17/8, Tutschek 7/3, Landerer 5/0, J. Weilbächer 2/0, Friedrich 1/0, Herbert 1/0, Kübert 1/0. – Dazu kommt je ein Eigentor von Hornig (1. FC Köln) und Steinwedel (Hannover 96).

Saison 1965/66

Bundesliga:

1. TSV München 1860	34	80:40	50-18
2. Borussia Dortmund	34	70:36	47-21
3. Bayern München	34	71:38	47-21
4. Werder Bremen	34	76:40	45-23
5. 1. FC Köln	34	74:41	44-24
6. 1. FC Nürnberg	34	54:43	39-29
7. **EINTRACHT**	34	64:46	38-30
8. Meidericher SV	34	70:48	36-32
9. Hamburger SV	34	64:52	34-34
10. Eintr. Braunschweig	34	49:49	34-34
11. VfB Stuttgart	34	42:48	32-36

12. Hannover 96	34	59:57	30-38
13. Bor. Mönchengladbach	34	57:68	29-39
14. FC Schalke 04	34	33:55	27-41
15. 1. FC Kaiserslautern	34	42:65	26-42
16. Karlsruher SC	34	35:71	24-44
17. Borussia Neunkirchen	34	32:82	22-46
18. Tasmania 1900 Berlin	34	15:108	8-60

Eingesetzte Spieler und Torschützen: D. Lindner 33/0, Huberts 32/17, Lutz 32/0, Blusch 29/2, Lechner 28/8, Grabowski 27/10, Trimhold 27/7, Kunter 25/TW, Solz 23/6, Höfer 21/1, K.-H. Wirth 21/0, W. Bechtold 17/6, Lotz 17/3, Sztani 12/2, Friedrich 9/2, Loy 9/TW, Landerer 4/0, Stinka 4/0, Schämer 2/0, E. Stein 1/0, R. Weber 1/0.

Saison 1966/67

Bundesliga:

1. Eintr. Braunschweig	34	49:27	43-25
2. TSV München 1860	34	60:47	41-27
3. Borussia Dortmund	34	70:41	39-29
4. **EINTRACHT**	34	66:49	39-29
5. 1. FC Kaiserslautern	34	43:42	38-30
6. Bayern München	34	62:47	37-31
7. 1. FC Köln	34	48:48	37-31
8. Bor. Mönchengladbach	34	70:49	34-34
9. Hannover 96	34	40:46	34-34
10. 1. FC Nürnberg	34	43:50	34-34
11. MSV Duisburg	34	40:42	33-35
12. VfB Stuttgart	34	48:54	33-35
13. Karlsruher SC	34	54:62	31-37
14. Hamburger SV	34	37:53	30-38
15. FC Schalke 04	34	37:63	30-38
16. Werder Bremen	34	49:56	29-39
17. Fortuna Düsseldorf	34	44:66	25-43
18. Rot-Weiß Essen	34	35:53	25-43

Eingesetzte Spieler und Torschützen: Lotz 34/8, Huberts 33/8, D. Lindner 33/0, Jusufi 33/0, Schämer 33/4, Friedrich 32/2, Solz 31/12, Blusch 29/1, Grabowski 29/7, Kunter 24/TW, Bronnert 16/11, W. Bechtold 14/10, K.-H. Wirth 13/0, Feghelm 8/TW, Krafczyk 4/1, Abbé 2/2, H. Kraus 2/0, Loy 2/TW, Sztani 2/0.

Saison 1967/68

Bundesliga:

1. 1. FC Nürnberg	34	71:37	47-21
2. Werder Bremen	34	68:41	44-24
3. Bor. Mönchengladbach	34	77:45	42-26
4. 1. FC Köln	34	68:52	38-30
5. Bayern München	34	68:58	38-30
6. **EINTRACHT**	34	58:51	38-30
7. MSV Duisburg	34	69:58	36-32
8. VfB Stuttgart	34	65:54	35-33
9. Eintr. Braunschweig	34	37:39	35-33
10. Hannover 96	34	48:52	34-34
11. Alemannia Aachen	34	52:66	34-34
12. TSV München 1860	34	55:39	33-35
13. Hamburger SV	34	51:54	33-35
14. Borussia Dortmund	34	60:59	31-37
15. FC Schalke 04	34	42:48	30-38
16. 1. FC Kaiserslautern	34	39:67	28-40
17. Borussia Neunkirchen	34	33:93	19-49
18. Karlsruher SC	34	32:70	17-51

Eingesetzte Spieler und Torschützen: Friedrich 34/8, Jusufi 34/0, Schämer 34/5, Lotz 33/6, Blusch 29/1, Huberts 29/6, D. Lindner 26/0, Tilkowski 26/TW, W. Bechtold 21/12, Grabowski 17/3, H. Kraus 17/1, Solz 13/5, Hölzenbein 11/2, Racky 11/1, Nickel 9/3, Bronnert 8/1, Keifler 8/1, Kunter 8/TW, Sztani 7/1, Abbé 6/0, Bellut 6/0, K.-H. Wirth 4/0, Lutz 3/0. – Dazu kommt je ein Eigentor von Steinmann (Werder Bremen) und Wessel (Borussia Dortmund).

Saison 1968/69

Bundesliga:

1. Bayern München	34	61:31	46-22
2. Alemannia Aachen	34	57:51	38-30
3. Bor. Mönchengladbach	34	61:46	37-31
4. Eintr. Braunschweig	34	46:43	37-31
5. VfB Stuttgart	34	60:54	36-32
6. Hamburger SV	34	55:55	36-32
7. FC Schalke 04	34	45:40	35-33
8. **EINTRACHT**	34	46:43	34-34
9. Werder Bremen	34	59:59	34-34
10. TSV München 1860	34	44:59	34-34
11. Hannover 96	34	47:45	32-36
12. MSV Duisburg	34	33:37	32-36
13. 1. FC Köln	34	47:56	32-36
14. Hertha BSC Berlin	34	31:39	32-36
15. 1. FC Kaiserslautern	34	45:47	30-38
16. Borussia Dortmund	34	49:54	30-38
17. 1. FC Nürnberg	34	45:55	29-39
18. Kickers Offenbach	34	42:59	28-40

Eingesetzte Spieler und Torschützen: Nickel 34/8, Huberts 33/6, Hölzenbein 32/3, Grabowski 30/8, Jusufi 30/1, Kalb 28/4, Bellut 27/3, Schämer 27/2, Lutz 26/1, D. Lindner 24/1, W. Bechtold 22/5, Kunter 20/TW, K.-H. Wirth 20/0, Tilkowski 14/TW, Lotz 13/2, H. Kraus 9/0, Keifler 6/0, Abbé 5/1, Racky 5/0, Trinklein 1/0. – Dazu kommt ein Eigentor von Trimhold (Borussia Dortmund).

Saison 1969/70

Bundesliga:

1. Bor. Mönchengladbach	34	71:29	51-17
2. Bayern München	34	88:37	47-21
3. Hertha BSC Berlin	34	67:41	45-23
4. 1. FC Köln	34	83:38	43-25
5. Borussia Dortmund	34	60:67	36-32
6. Hamburger SV	34	57:54	35-33
7. VfB Stuttgart	34	59:62	35-33
8. **EINTRACHT**	34	54:54	34-34
9. FC Schalke 04	34	43:54	34-34
10. 1. FC Kaiserslautern	34	44:55	32-36
11. Werder Bremen	34	38:47	31-37
12. Rot-Weiß Essen	34	41:54	31-37
13. Hannover 96	34	49:61	30-38
14. Rot-Weiß Oberhausen	34	50:62	29-39
15. MSV Duisburg	34	35:48	29-39
16. Eintr. Braunschweig	34	40:49	28-40
17. TSV München 1860	34	41:56	25-43
18. Alemannia Aachen	34	31:83	17-51

Eingesetzte Spieler und Torschützen: Hölzenbein 34/10, Kalb 34/1, Schämer 34/3, Grabowski 32/8, Heese 32/12, Nickel 31/9, Trinklein 31/3, Dr. Kunter 30/TW, Huberts 30/2, Lutz 29/2, K.-H. Wirth 29/0, Bellut 14/0, Jusufi 14/1, Lindemann 10/0, Hommrich 8/0, Feghelm 5/TW, G. Wagner 5/0, D. Lindner 3/0, Wachsmann 3/0. – Dazu kommt je ein Eigentor von Senger (FC Schalke 04), Schwarzenbeck (Bayern München) und Zembski (Werder Bremen).

Saison 1970/71

Bundesliga:

1. Bor. Mönchengladbach	34	77:35	50-18
2. Bayern München	34	74:36	48-20
3. Hertha BSC Berlin	34	61:43	41-27
4. Eintr. Braunschweig	34	52:40	39-29
5. Hamburger SV	34	54:63	37-31
6. FC Schalke 04	34	44:40	36-32
7. MSV Duisburg	34	43:47	35-33
8. 1. FC Kaiserslautern	34	54:57	34-34
9. Hannover 96	34	53:49	33-35
10. Werder Bremen	34	41:40	33-35
11. 1. FC Köln	34	46:56	33-35
12. VfB Stuttgart	34	49:49	30-38
13. Borussia Dortmund	34	54:60	29-39
14. Arminia Bielefeld	34	34:53	29-39
15. **EINTRACHT**	34	39:56	28-40
16. Rot-Weiß Oberhausen	34	54:69	27-41
17. Kickers Offenbach	34	49:65	27-41
18. Rot-Weiß Essen	34	48:68	23-45

Eingesetzte Spieler und Torschützen: Grabowski 34/3, Hölzenbein 33/5, Kalb 32/4, Lutz 32/0, Nickel 32/13, Heese 31/7, Dr. Kunter 26/TW, Trinklein 26/0, Papies 25/3, Reichel 24/1, Schämer 24/1, K.-H. Wirth 24/0, Rohrbach 22/1, D. Lindner 15/1, M.-W. Wagner 11/0, M. Wirth 9/0, Feghelm 8/TW, Lindemann 3/0, J. Weber 3/0, Keifler 2/0.

Saison 1971/72

Bundesliga:

1. Bayern München	34	101:38	55-13
2. FC Schlake 04	34	76:35	52-16
3. Bor. Mönchengladbach	34	82:40	43-25
4. 1. FC Köln	34	64:44	43-25
5. **EINTRACHT**	34	71:61	39-29
6. Hertha BSC Berlin	34	46:55	37-31
7. 1. FC Kaiserslautern	34	59:53	35-33
8. VfB Stuttgart	34	52:56	35-33
9. VfL Bochum	34	59:69	34-34
10. Hamburger SV	34	52:52	33-35
11. Werder Bremen	34	63:58	31-37
12. Eintr. Braunschweig	34	43:48	31-37
13. Fortuna Düsseldorf	34	40:53	30-38
14. MSV Duisburg	34	36:51	27-41
15. Rot-Weiß Oberhausen	34	33:66	25-43
16. Hannover 96	34	54:69	23-45
17. Borussia Dortmund	34	34:83	20-48
18. Arminia Bielefeld	34	0:0	0-0

Arminia Bielefeld wurde die Lizenz entzogen. Alle Spiele (41:75 Tore, 19-49 Punkte) wurden nur für den Gegner gewertet.

Eingesetzte Spieler und Torschützen: Hölzenbein 34/12, Heese 32/6, Dr. Kunter 32/TW, Lutz 32/1, Parits 31/12, Rohrbach 31/0, Trinklein 30/0, Nickel 28/13, Reichel 28/0, Grabowski 26/8, Konca 26/7, Kalb 20/8, K.-H. Wirth 20/0, Weidle 15/4, Schämer 11/0, Aust 10/0, Ungewitter 7/0, Stahl 4/0, Feghelm 3/TW, W. Kraus 1/0.

Saison 1972/73

Bundesliga:

1. Bayern München	34	93:29	54-14
2. 1. FC Köln	34	66:51	43-25
3. Fortuna Düsseldorf	34	62:45	42-26
4. Wuppertaler SV	34	62:49	40-28
5. Bor. Mönchengladbach	34	82:61	39-29
6. VfB Stuttgart	34	71:65	37-31
7. Kickers Offenbach	34	61:60	35-33
8. **EINTRACHT**	34	58:54	34-34
9. 1. FC Kaiserslautern	34	58:68	34-34
10. MSV Duisburg	34	53:54	33-35
11. Werder Bremen	34	50:52	31-37

12.	VfL Bochum	34	50:68	31-37
13.	Hertha BSC Berlin	34	53:64	30-38
14.	Hamburger SV	34	53:59	28-40
15.	FC Schalke 04	34	46:61	28-40
16.	Hannover 96	34	49:65	26-42
17.	Eintr. Braunschweig	34	33:56	25-43
18.	Rot-Weiß Oberhausen	34	45:84	22-46

Eingesetzte Spieler und Torschützen: Kliemann 34/3, Weidle 33/4, Dr. Kunter 31/TW, Hölzenbein 30/13, Kalb 29/4, Grabowski 27/11, Rohrbach 27/3, Trinklein 27/2, Nickel 26/9, Parits 26/4, Reichel 24/1, Körbel 18/0, Schämer 17/1, W. Kraus 14/0, Krauth 14/0, Heese 13/2, Hofmeister 10/1, Konca 10/0, K.-H. Wirth 7/0, Lutz 4/0, Wienhold 4/TW.

Saison 1973/74

Bundesliga:

1.	Bayern München	34	95:53	49-19
2.	Bor. Mönchengladbach	34	93:52	48-20
3.	Fortuna Düsseldorf	34	61:47	41-27
4.	**EINTRACHT**	34	63:50	41-27
5.	1. FC Köln	34	69:56	39-29
6.	1. FC Kaiserslautern	34	80:69	38-30
7.	FC Schalke 04	34	72:68	37-31
8.	Hertha BSC Berlin	34	56:60	33-35
9.	VfB Stuttgart	34	58:57	31-37
10.	Kickers Offenbach	34	56:62	31-37
11.	Werder Bremen	34	48:56	31-37
12.	Hamburger SV	34	53:62	31-37
13.	Rot-Weiß Essen	34	56:70	31-37
14.	VfL Bochum	34	45:57	30-38
15.	MSV Duisburg	34	42:56	29-39
16.	Wuppertaler SV	34	42:65	25-43
17.	Fortuna Köln	34	46:79	25-43
18.	Hannover 96	34	50:66	22-46

Eingesetzte Spieler und Torschützen: Kliemann 34/5, Körbel 34/2, Hölzenbein 33/12, Grabowski 32/9, Reichel 32/2, Weidle 31/3, Trinklein 30/2, W. Kraus 28/0, Rohrbach 28/6, Kalb 27/5, Nickel 21/10, Andree 17/1, Dr. Kunter 17/TW, Parits 17/2, Wienhold 17/TW, H. Müller 16/1, Krauth 9/1. – Dazu kommt je ein Eigentor von Weber (1. FC Köln) und Senger (Rot-Weiß Essen).

Saison 1974/75

Bundesliga:

1.	Bor. Mönchengladbach	34	86:40	50-18
2.	Hertha BSC Berlin	34	61:43	44-24
3.	**EINTRACHT**	34	89:49	43-25
4.	Hamburger SV	34	55:38	43-25
5.	1. FC Köln	34	77:51	41-27
6.	Fortuna Düsseldorf	34	66:55	41-27
7.	FC Schalke 04	34	52:37	39-29
8.	Kickers Offenbach	34	72:62	38-30
9.	Eintr. Braunschweig	34	52:42	36-32
10.	Bayern München	34	57:63	34-34
11.	VfL Bochum	34	53:53	33-35
12.	Rot-Weiß Essen	34	56:68	32-36
13.	1. FC Kaiserslautern	34	56:55	31-37
14.	MSV Duisburg	34	59:77	30-38
15.	Werder Bremen	34	45:69	25-43
16.	VfB Stuttgart	34	50:79	24-44
17.	Tennis Borussia Berlin	34	38:89	16-52
18.	Wuppertaler SV	34	32:86	12-56

Eingesetzte Spieler und Torschützen: Nickel 34/11, Grabowski 33/13, Hölzenbein 33/16, Körbel 32/10, Trinklein 31/1, Beverungen 30/9, Reichel 29/1, Weidle 28/4, W. Kraus 27/6, Rohrbach 26/6, Neuberger 22/2, Wienhold 21/TW, Lorenz 16/10, Kalb 15/0, Dr. Kunter 13/TW, H. Müller 13/0, Stradt 2/0, Andree 1/0.

Saison 1975/76

Bundesliga:

1.	Bor. Mönchengladbach	34	66:37	45-23
2.	Hamburger SV	34	59:32	41-27
3.	Bayern München	34	72:50	40-28
4.	1. FC Köln	34	62:45	39-29
5.	Eintr. Braunschweig	34	52:48	39-29
6.	FC Schalke 04	34	76:55	37-31
7.	1. FC Kaiserslautern	34	66:60	37-31
8.	Rot-Weiß Essen	34	61:67	37-31
9.	**EINTRACHT**	34	79:58	36-32
10.	MSV Duisburg	34	55:62	33-35
11.	Hertha BSC Berlin	34	59:61	32-36
12.	Fortuna Düsseldorf	34	47:57	30-38
13.	Werder Bremen	34	44:55	30-38
14.	VfL Bochum	34	49:62	30-38
15.	Karlsruher SC	34	46:59	30-38
16.	Hannover 96	34	48:60	27-41
17.	Kickers Offenbach	34	40:72	27-41
18.	Bayer Uerdingen	34	28:69	22-46

Eingesetzte Spieler und Torschützen: Grabowski 34/10, Hölzenbein 34/16, Körbel 34/2, Neuberger 34/5, Nickel 33/15, Wenzel 33/13, Reichel 30/2, Weidle 30/1, Beverungen 28/5, H. Müller 24/0, Wienhold 24/TW, W. Kraus 16/6, Lorenz 14/3, Trinklein 11/0, Krobbach 9/0, Dr. Kunter 8/TW, Simons 4/0, Stradt 3/0, Koitka 3/TW, Borchers 1/0, Friedl 1/TW. – Dazu kommt ein Eigentor von Müllner (Werder Bremen).

Saison 1976/77

Bundesliga:

1.	Bor. Mönchengladbach	34	58:34	44-24
2.	FC Schalke 04	34	77:52	43-25
3.	Eintr. Braunschweig	34	56:38	43-25
4.	**EINTRACHT**	34	86:57	42-26
5.	1. FC Köln	34	83:61	40-28
6.	Hamburger SV	34	67:56	38-30
7.	Bayern München	34	74:65	37-31
8.	Borussia Dortmund	34	73:64	34-34
9.	MSV Duisburg	34	60:51	34-34
10.	Hertha BSC Berlin	34	55:54	34-34
11.	Werder Bremen	34	51:59	33-35
12.	Fortuna Düsseldorf	34	52:54	31-37
13.	1. FC Kaiserslautern	34	53:59	29-39
14.	1. FC Saarbrücken	34	43:55	29-39
15.	VfL Bochum	34	47:62	29-39
16.	Karlsruher SC	34	53:75	28-40
17.	Tennis Borussia Berlin	34	47:85	22-46
18.	Rot-Weiß Essen	34	49:103	22-46

Eingesetzte Spieler und Torschützen: Grabowski 34/6, Wenzel 34/20, Neuberger 33/1, Nickel 33/11, Körbel 32/1, Koitka 31/TW, Weidle 31/1, Hölzenbein 30/26, Reichel 30/1, Trinklein 30/1, W. Kraus 29/10, Stepanovic 20/2, H. Müller 17/1, Bihn 9/2, Borchers 5/0, Beverungen 3/2, Krobbach 3/0, Simons 3/0, Wienhold 3/TW, Stradt 2/0, Dörr 1/0. – Dazu kommt ein Eigentor von H. Kremers (FC Schalke 04).

Saison 1977/78

Bundesliga:

1.	1. FC Köln	34	86:41	48-20
2.	Bor. Mönchengladbach	34	86:44	48-20
3.	Hertha BSC Berlin	34	59:48	40-28
4.	VfB Stuttgart	34	58:40	39-29
5.	Fortuna Düsseldorf	34	49:36	39-29
6.	MSV Duisburg	34	62:59	37-31
7.	**EINTRACHT**	34	59:52	36-32
8.	1. FC Kaiserslautern	34	64:63	36-32
9.	FC Schalke 04	34	47:52	34-34
10.	Hamburger SV	34	61:67	34-34
11.	Borussia Dortmund	34	57:71	33-35
12.	Bayern München	34	62:64	32-36
13.	Eintr. Braunschweig	34	43:53	32-36
14.	VfL Bochum	34	49:51	31-37
15.	Werder Bremen	34	48:57	31-37
16.	TSV München 1860	34	41:60	22-46
17.	1. FC Saarbrücken	34	39:70	22-46
18.	FC St. Pauli	34	44:86	18-50

Eingesetzte Spieler und Torschützen: Grabowski 34/9, Hölzenbein 34/15, Koitka 34/TW, Neuberger 34/2, Nickel 34/11, Wenzel 34/14, Weidle 30/0, Körbel 29/0, Stepanovic 29/1, W. Kraus 27/3, Reichel 27/1, Krobbach 14/0, H. Müller 14/0, Trinklein 13/1, Skala 8/0, Borchers 6/1, Nachtweih 5/0, Bihn 3/0, Trapp 2/0. – Dazu kommt ein Eigentor von Jakobs (MSV Duisburg).

Saison 1978/79

Bundesliga:

1.	Hamburger SV	34	78:32	49-19
2.	VfB Stuttgart	34	73:34	48-20
3.	1. FC Kaiserslautern	34	62:47	43-25
4.	Bayern München	34	69:46	40-28
5.	**EINTRACHT**	34	50:49	39-29
6.	1. FC Köln	34	55:47	38-30
7.	Fortuna Düsseldorf	34	70:59	37-31
8.	VfL Bochum	34	47:46	33-35
9.	Eintr. Braunschweig	34	50:55	33-35
10.	Bor. Mönchengladbach	34	50:53	32-36
11.	Werder Bremen	34	48:60	31-37
12.	Borussia Dortmund	34	54:70	31-37
13.	MSV Duisburg	34	43:56	30-38
14.	Hertha BSC Berlin	34	40:50	29-39
15.	FC Schalke 04	34	55:61	28-40
16.	Arminia Bielefeld	34	43:56	26-42
17.	1. FC Nürnberg	34	36:67	24-44
18.	SV Darmstadt 98	34	40:75	21-47

Eingesetzte Spieler und Torschützen: Lorant 34/8, Elsener 33/6, Körbel 33/0, Neuberger 33/3, W. Kraus 32/4, Pezzey 32/4, H. Müller 29/0, Wenzel 29/4, Borchers 27/5, Grabowski 27/4, Hölzenbein 26/8, Koitka 23/TW, Nachtweih 22/1, Trapp 13/0, Pahl 10/TW, Schaub 10/2, Nickel 3/1, Friedl 2/TW, Skala 2/0, Reichel 1/0, Wacker 1/0, Weigert 1/0.

Saison 1979/80

Bundesliga:

1.	Bayern München	34	84:33	50-18
2.	Hamburger SV	34	86:35	48-20
3.	VfB Stuttgart	34	75:53	41-27
	1. FC Kaiserslautern	34	75:53	41-27
5.	1. FC Köln	34	72:55	37-21
6.	Borussia Dortmund	34	64:56	36-32
7.	Bor. Mönchengladbach	34	61:60	36-32
8.	FC Schalke 04	34	40:51	33-35
9.	**EINTRACHT**	34	65:61	32-36
10.	VfL Bochum	34	41:44	32-36
11.	Fortuna Düsseldorf	34	62:72	32-36
12.	Bayer Leverkusen	34	45:61	32-36
13.	TSV München 1860	34	42:53	30-38
14.	MSV Duisburg	34	43:57	29-39

15. Bayer Uerdingen	34	43:61	29-39
16. Hertha BSC Berlin	34	41:61	29-39
17. Werder Bremen	34	52:93	25-43
18. Eintr. Braunschweig	34	32:64	20-48

Eingesetzte Spieler und Torschützen: Körbel 32/4, Nachtweih 32/7, Neuberger 32/1, Cha 31/12, Hölzenbein 29/11, Borchers 28/4, Lorant 26/1, Nickel 26/6, Funk 25/TW, Grabowski 25/0, Lottermann 25/3, H. Müller 25/1, Karger 23/9, Pezzey 14/3, Ehrmanntraut 13/0, Gruber 12/0, Pahl 9/TW, Trapp 8/0, Schaub 6/0, Künast 2/1, Blättel 1/0, Peukert 1/1, Zick 1/0. – Dazu kommt ein Eigentor von Zander (TSV München 1860).

Saison 1980/81

Bundesliga:

1. Bayern München	34	89:41	53-15
2. Hamburger SV	34	73:43	49-19
3. VfB Stuttgart	34	70:44	46-22
4. 1. FC Kaiserslautern	34	60:37	44-24
5. **EINTRACHT**	34	61:57	38-30
6. Bor. Mönchengladbach	34	68:64	37-31
7. Borussia Dortmund	34	69:59	35-33
8. 1. FC Köln	34	54:55	34-34
9. VfL Bochum	34	53:45	33-35
10. Karlsruher SC	34	56:63	32-36
11. Bayer Leverkusen	34	52:53	30-38
12. MSV Duisburg	34	45:58	29-39
13. Fortuna Düsseldorf	34	57:64	28-40
14. 1. FC Nürnberg	34	47:57	28-40
15. Arminia Bielefeld	34	46:65	26-42
16. TSV München 1860	34	49:67	25-43
17. FC Schalke 04	34	43:88	23-45
18. Bayer Uerdingen	34	47:79	22-46

Eingesetzte Spieler und Torschützen: Borchers 34/3, Neuberger 34/1, Lorant 32/5, Lottermann 32/6, Pezzey 31/10, Körbel 30/0, Nachtweih 30/7, Cha 27/8, Hölzenbein 27/11, Sziedat 27/0, Nickel 23/8, Pahl 23/TW, Trapp 19/0, Blättel 12/0, Funk 9/TW, Gruber 9/1, Hönnscheidt 5/0, Schaub 5/1, Jüriens 3/TW, Karger 3/0, Falkenmayer 2/0, Künast 2/0, Zick 1/0.

Saison 1981/82

Bundesliga:

1. Hamburger SV	34	95:45	48-20
2. 1. FC Köln	34	72:38	45-23
3. Bayern München	34	77:56	43-25
4. 1. FC Kaiserslautern	34	70:61	42-26
5. Werder Bremen	34	61:52	42-26
6. Borussia Dortmund	34	59:40	41-27
7. Bor. Mönchengladbach	34	61:51	40-28
8. **EINTRACHT**	34	83:72	37-31
9. VfB Stuttgart	34	62:55	35-33
10. VfL Bochum	34	52:51	32-36
11. Eintr. Braunschweig	34	61:66	32-36
12. Arminia Bielefeld	34	46:50	30-38
13. 1. FC Nürnberg	34	53:72	28-40
14. Karlsruher SC	34	50:68	27-41
15. Fortuna Düsseldorf	34	48:73	25-43
16. Bayer Leverkusen	34	45:72	25-43
17. SV Darmstadt 98	34	46:82	21-47
18. MSV Duisburg	34	40:77	19-49

Eingesetzte Spieler und Torschützen: Körbel 34/5, Falkenmayer 32/3, Pahl 32/TW, Cha 31/11, Nachtweih 31/11, Neuberger 31/3, Pezzey 30/4, Lorant 29/7, Sziedat 29/1, Nickel 28/7, Lottermann 27/5, Löw 24/5, Borchers 22/9, Anthes 15/4, Künast 10/5, Trapp 8/0, Görtz 4/0, Jüriens 4/TW, Otto 3/0, Eufinger 1/0, Karger 1/0, Raps 1/TW. – Dazu kommt je ein Eigentor von Rüssmann (Borussia Dortmund), Dusend (Fortuna Düsseldorf) und Groß (Karlsruher SC).

Saison 1982/83

Bundesliga:

1. Hamburger SV	34	79:33	52-16
2. Werder Bremen	34	76:38	52-16
3. VfB Stuttgart	34	80:47	48-20
4. Bayern München	34	74:33	44-24
5. 1. FC Köln	34	69:42	43-25
6. 1. FC Kaiserslautern	34	57:44	41-27
7. Borussia Dortmund	34	78:62	39-29
8. Arminia Bielefeld	34	46:71	31-37
9. Fortuna Düsseldorf	34	63:75	30-38
10. **EINTRACHT**	34	48:57	29-39
11. Bayer Leverkusen	34	43:66	29-39
12. Bor. Mönchengladbach	34	64:63	28-40
13. VfL Bochum	34	43:49	28-40
14. 1. FC Nürnberg	34	44:70	28-40
15. Eintr. Braunschweig	34	42:65	27-41
16. FC Schalke 04	34	48:68	22-46
17. Karlsruher SC	34	39:86	21-47
18. Hertha BSC Berlin	34	43:67	20-48

Eingesetzte Spieler und Torschützen: Pezzey 34/6, Cha 33/15, Körbel 33/6, Falkenmayer 32/0, Nickel 31/6, Schreml 29/1, Sziedat 26/2, Kroth 21/3, Trieb 20/1, Pahl 19/TW, Jüriens 16/TW, U. Müller 16/3, Borchers 15/1, Gulich 15/0, Kaczor 15/1, Neuberger 14/0, Lorant 13/0, Lottermann 13/0, Künast 8/2, Berthold 7/1, Sievers 7/0, Kahlhofen 2/0, Görtz 1/0, Karger 1/0.

Saison 1983/84

Bundesliga:

1. VfB Stuttgart	34	79:33	48-20
2. Hamburger SV	34	75:36	48-20
3. Bor. Mönchengladbach	34	81:48	48-20
4. Bayern München	34	84:41	47-21
5. Werder Bremen	34	79:46	45-23
6. 1. FC Köln	34	70:57	38-30
7. Bayer Leverkusen	34	50:50	34-34
8. Arminia Bielefeld	34	40:49	33-35
9. Eintr. Braunschweig	34	54:69	32-36
10. Bayer Uerdingen	34	66:79	31-37
11. SV Waldhof Mannheim	34	45:58	31-37
12. 1. FC Kaiserslautern	34	68:69	30-38
13. Borussia Dortmund	34	54:65	30-38
14. Fortuna Düsseldorf	34	63:75	29-39
15. VfL Bochum	34	58:70	28-40
16. **EINTRACHT**	34	45:61	27-41
17. Kickers Offenbach	34	48:106	19-49
18. 1. FC Nürnberg	34	38:85	14-54

Eingesetzte Spieler und Torschützen: Falkenmayer 34/8, Svensson 33/8, Borchers 31/1, Trieb 31/1, Körbel 30/5, Kroth 30/4, Berthold 28/3, Kraaz 28/0, Pahl 27/TW, Sievers 23/1, Fruck 21/1, U. Müller 20/4, Schreml 17/1, Sziedat 17/1, Tobollik 13/3, Mohr 12/1, Mattern 9/1, Jüriens 7/TW, Krämer 6/0, Rieth 3/0, Eymold 2/0, Kloss 2/0, Borkenhagen 1/0. – Dazu kommt je ein Eigentor von Kutzop (Kickers Offenbach) und Edvaldsson (Fortuna Düsseldorf).

Relegation gegen den Dritten der 2. Bundesliga:
MSV Duisburg – Eintracht 0:5, 1:1

Eingesetzte Spieler und Torschützen: Berthold 2/0, Borchers 2/0, Falkenmayer 2/1, Kraaz 2/0, Krämer 2/1, Kroth 2/0, Mohr 2/0, U. Müller 2/2, Pahl 2/TW, Sievers 2/0, Tobollik 2/1, Trieb 2/0, Fruck 1/0, Svensson 1/1.

Saison 1984/85

Bundesliga:

1. Bayern München	34	79:38	50-18
2. Werder Bremen	34	87:51	46-22
3. 1. FC Köln	34	69:66	40-28
4. Bor. Mönchengladbach	34	77:53	39-29
5. Hamburger SV	34	58:49	37-31
6. SV Waldhof Mannheim	34	47:50	37-31
7. Bayer Uerdingen	34	57:52	36-32
8. FC Schalke 04	34	63:62	34-34
9. VfL Bochum	34	52:54	34-34
10. VfB Stuttgart	34	79:59	33-35
11. 1. FC Kaiserslautern	34	56:60	33-35
12. **EINTRACHT**	34	62:67	32-36
13. Bayer Leverkusen	34	52:54	31-37
14. Borussia Dortmund	34	51:65	30-38
15. Fortuna Düsseldorf	34	53:66	29-39
16. Arminia Bielefeld	34	46:61	29-39
17. Karlsruher SC	34	47:88	22-46
18. Eintr. Braunschweig	34	39:79	20-48

Eingesetzte Spieler und Torschützen: Svensson 33/6, Körbel 32/1, U. Müller 32/6, Kraaz 31/2, Sievers 31/4, Berthold 30/7, Mohr 29/4, Tobollik 29/9, Pahl 25/TW, Falkenmayer 23/0, Kroth 23/6, Trieb 21/3, Krämer 17/10, Boy 16/0, Fruck 16/1, Gundelach 10/TW, Friz 6/2, Binz 3/0, Mattern 3/0, Conrad 2/0. – Dazu kommt ein Eigentor von Storck (Borussia Dortmund).

Saison 1985/86

Bundesliga:

1. Bayern München	34	82:31	49-19
2. Werder Bremen	34	83:41	49-19
3. Bayer Uerdingen	34	63:60	45-23
4. Bor. Mönchengladbach	34	65:51	42-26
5. VfB Stuttgart	34	69:45	41-27
6. Bayer Leverkusen	34	63:51	40-28
7. Hamburger SV	34	52:35	39-29
8. SV Waldhof Mannheim	34	41:44	33-35
9. VfL Bochum	34	55:57	32-36
10. FC Schalke 04	34	53:58	30-38
11. 1. FC Kaiserslautern	34	49:54	30-38
12. 1. FC Nürnberg	34	51:54	29-39
13. 1. FC Köln	34	46:59	29-39
14. Fortuna Düsseldorf	34	54:78	29-39
15. **EINTRACHT**	34	35:49	28-40
16. Borussia Dortmund	34	49:65	28-40
17. 1. FC Saarbrücken	34	39:68	21-47
18. Hannover 96	34	43:92	18-50

Eingesetzte Spieler und Torschützen: Körbel 33/2, Sievers 33/3, Gundelach 31/TW, Svensson 30/2, Falkenmayer 28/2, Sarroca 28/4, Theiss 28/7, Berthold 25/2, Friz 25/5, Krämer 23/4, U. Müller 21/0, Kitzmann 18/3, Trieb 18/0, Kraaz 16/0, Bühler 15/1, Caspary 12/0, Conrad 8/0, Fruck 7/0, Kwiecin 6/0, Pahl 4/TW, Mitchell 3/0, Binz 2/0, Reubold 2/0, Boy 1/0, A. Möller 1/0.

Saison 1986/87

Bundesliga:

1. Bayern München	34	67:31	53-15
2. Hamburger SV	34	68:37	47-21
3. Bor. Mönchengladbach	34	74:44	43-25
4. Borussia Dortmund	34	70:50	40-28
5. Werder Bremen	34	65:54	40-28
6. Bayer Leverkusen	34	56:38	39-29

7. 1. FC Kaiserslautern	34	64:51	37-31
8. Bayer Uerdingen	34	51:49	35-33
9. 1. FC Nürnberg	34	62:62	35-33
10. 1. FC Köln	34	50:53	35-33
11. VfL Bochum	34	52:44	32-36
12. VfB Stuttgart	34	55:49	32-36
13. FC Schalke 04	34	50:58	32-36
14. SV Waldhof Mannheim	34	52:71	28-40
15. **EINTRACHT**	34	42:53	25-43
16. FC Homburg	34	33:79	21-47
17. Fortuna Düsseldorf	34	42:91	20-48
18. Blau-Weiß 90 Berlin	34	36:76	18-50

Eingesetzte Spieler und Torschützen: Körbel 33/1, Binz 32/1, Mitchell 32/5, Gundelach 31/TW, Smolarek 30/4, Kraaz 29/0, Sievers 28/1, U. Müller 26/5, Falkenmayer 22/5, A. Möller 22/1, Berthold 21/4, Münn 21/0, Turowski 17/7, Krämer 15/1, W. Kraus 15/1, Theiss 14/2, Biernat 9/1, Kitzmann 9/0, Friz 5/0, Sarroca 5/0, Conrad 4/0, Jessl 4/1, Pahl 3/TW, Würzburger 1/0. – Dazu kommt je ein Eigentor von Schaaf (Werder Bremen) und Thiele (Borussia Mönchen-Gladbach).

Saison 1987/88

Bundesliga:

1. Werder Bremen	34	61:22	52-16
2. Bayern München	34	83:45	48-20
3. 1. FC Köln	34	57:28	48-20
4. VfB Stuttgart	34	69:49	40-28
5. 1. FC Nürnberg	34	44:40	37-31
6. Hamburger SV	34	63:68	37-31
7. Bor. Mönchengladbach	34	55:53	33-35
8. Bayer Leverkusen	34	53:60	32-36
9. **EINTRACHT**	34	51:50	31-37
10. Hannover 96	34	59:60	31-37
11. Bayer Uerdingen	34	59:61	31-37
12. VfL Bochum	34	47:51	30-38
13. Borussia Dortmund	34	51:54	29-39
14. 1. FC Kaiserslautern	34	53:62	29-39
15. Karlsruher SC	34	37:55	29-39
16. SV Waldhof Mannheim	34	35:50	28-40
17. FC Homburg	34	37:70	24-44
18. FC Schalke 04	34	48:84	23-45

Eingesetzte Spieler und Torschützen: Binz 34/2, Detari 33/11, Körbel 33/2, Smolarek 33/9, Schulz 32/8, Sievers 31/0, Roth 27/0, Klepper 25/2, Turowski 23/5, Balzis 21/4, U. Stein 20/TW, Schlindwein 18/1, Kraaz 19/1, U. Müller 16/0, Heitkamp 15/0, Gundelach 14/TW, A. Möller 12/4, Kostner 10/0, Münn 8/0, Friz 6/1, Haub 5/0, Ernst 1/TW, Kitzmann 1/0. – Dazu kommt ein Eigentor von Olsen (1. FC Köln).

Saison 1988/89

Bundesliga:

1. Bayern München	34	67:26	50-18
2. 1. FC Köln	34	58:30	45-23
3. Werder Bremen	34	55:32	44-24
4. Hamburger SV	34	60:36	43-25
5. VfB Stuttgart	34	58:49	39-29
6. Bor. Mönchengladbach	34	44:43	38-30
7. Borussia Dortmund	34	56:40	37-31
8. Bayer Leverkusen	34	45:44	34-34
9. 1. FC Kaiserslautern	34	47:44	33-35
10. FC St. Pauli	34	41:42	32-36
11. Karlsruher SC	34	48:51	32-36
12. SV Waldhof Mannheim	34	43:52	31-37
13. Bayer Uerdingen	34	50:60	31-37
14. 1. FC Nürnberg	34	36:54	26-42
15. VfL Bochum	34	37:57	26-42
16. **EINTRACHT**	34	30:53	26-42
17. Stuttgarter Kickers	34	41:68	26-42
18. Hannover 96	34	36:71	19-49

Eingesetzte Spieler und Torschützen: Binz 34/2, U. Stein 34/TW, Körbel 33/3, Roth 33/1, Sievers 28/0, Turowski 27/7, Klepper 26/0, Eckstein 25/6, Gründel 23/1, Studer 23/2, Bakalorz 21/3, Andersen 20/2, Schulz 18/2, Hobday 15/0, Balzis 14/1, Schlindwein 14/0, Heidenreich 12/0, Lasser 12/0, Kostner 4/0, Bindewald 3/0, Rompel 3/0, Biernat 2/0, Heitkamp 2/0, Pistauer 2/0, Gundelach 1/TW.

Relegation gegen den Dritten der 2. Bundesliga:
Eintracht – 1. FC Saarbrücken 2:0, 1:2

Eingesetzte Spieler und Torschützen: Andersen 2/1, Binz 2/1, Eckstein 2/0, Gründel 2/0, Körbel 2/0, Roth 2/0, Schulz 2/1, Sievers 2/0, U. Stein 2/TW, Studer 2/0, Turowski 2/0, Balzis 1/0, Lasser 2/0, Schlindwein 1/0.

Saison 1989/90

Bundesliga:

1. Bayern München	34	64:28	49-19
2. 1. FC Köln	34	54:44	43-25
3. **EINTRACHT**	34	61:40	41-27
4. Borussia Dortmund	34	51:35	41-27
5. Bayer Leverkusen	34	40:32	39-29
6. VfB Stuttgart	34	53:47	36-32
7. Werder Bremen	34	49:41	34-34
8. 1. FC Nürnberg	34	42:46	33-35
9. Fortuna Düsseldorf	34	41:41	32-36
10. Karlsruher SC	34	32:39	32-36
11. Hamburger SV	34	39:46	31-37
12. 1. FC Kaiserslautern	34	42:55	31-37
13. FC St. Pauli	34	31:46	31-37

14. Bayer Uerdingen	34	41:48	30-38
15. Bor. Mönchengladbach	34	37:45	30-38
16. VfL Bochum	34	44:53	29-39
17. SV Waldhof Mannheim	34	36:53	26-42
18. FC Homburg	34	33:51	24-44

Eingesetzte Spieler und Torschützen: Andersen 34/18, Binz 34/4, Körbel 34/1, U. Stein 34/TW, Bein 33/9, Falkenmayer 33/6, Studer 33/2, Eckstein 28/7, Roth 26/1, Gründel 23/3, Sievers 23/0, Bindewald 20/0, Sippel 18/2, R. Weber 18/2, Turowski 16/3, Klein 12/0, Lasser 11/0, Bakalorz 5/0, Hobday 2/1, Conrad 1/0, Klepper 1/0. – Dazu kommt je ein Tor von Wohlert (FC Homburg) und Klinkert (Borussia Mönchengladbach).

Saison 1990/91

Bundesliga:

1. 1. FC Kaiserslautern	34	72:45	48-20
2. Bayern München	34	74:41	45-23
3. Werder Bremen	34	46:29	42-26
4. **EINTRACHT**	34	63:40	40-28
5. Hamburger SV	34	60:38	40-28
6. VfB Stuttgart	34	47:44	38-30
7. 1. FC Köln	34	50:43	37-31
8. Bayer Leverkusen	34	47:46	35-33
9. Bor. Mönchengladbach	34	49:54	35-33
10. Borussia Dortmund	34	46:57	34-34
11. SG Wattenscheid 09	34	42:51	33-35
12. Fortuna Düsseldorf	34	40:49	32-36
13. Karlsruher SC	34	46:52	31-37
14. VfL Bochum	34	50:52	29-39
15. 1. FC Nürnberg	34	40:54	29-39
16. FC St. Pauli	34	33:53	27-41
17. Bayer Uerdingen	34	34:54	23-45
18. Hertha BSC Berlin	34	37:84	14-54

Eingesetzte Spieler und Torschützen: Binz 34/4, U. Stein 34/TW, Körbel 33/0, Studer 33/3, A. Möller 32/16, Bein 31/8, Roth 30/0, Gründel 29/4, Yeboah 26/8, Turowski 22/6, Falkenmayer 21/1, Sippel 19/2, Eckstein 17/1, Lasser 15/1, Klein 14/0, Bindewald 13/0, R. Weber 13/2, Kruse 12/3, Conrad 1/0, Sievers 1/0, D. Wagner 1/0. – Dazu kommt je ein Eigentor von Hutwelker (Fortuna Düsseldorf), Seckler (Bayer Leverkusen), Reekers (VfL Bochum) und Langbein (SG Wattenscheid 09).

Saison 1991/92

Bundesliga:

1. VfB Stuttgart	38	62:32	52-24
2. Borussia Dortmund	38	66:47	52-24
3. **EINTRACHT**	38	76:41	50-26
4. 1. FC Köln	38	58:41	44-32
5. 1. FC Kaiserslautern	38	58:42	44-32
6. Bayer Leverkusen	38	53:39	43-33
7. 1. FC Nürnberg	38	54:51	43-33
8. Karlsruher SC	38	48:50	41-35
9. Werder Bremen	38	44:45	38-38
10. Bayern München	38	59:61	36-40
11. FC Schalke 04	38	45:45	34-42
12. Hamburger SV	38	32:43	34-42
13. Bor. Mönchengladbach	38	37:49	34-42
14. Dynamo Dresden	38	34:50	34-42
15. VfL Bochum	38	38:55	33-43
16. SG Wattenscheid 09	38	50:60	32-44
17. Stuttgarter Kickers	38	53:64	31-45
18. Hansa Rostock	38	43:55	31-45
19. MSV Duisburg	38	43:55	30-46
20. Fortuna Düsseldorf	38	41:69	24-52

Eingesetzte Spieler und Torschützen: Binz 38/1, U. Stein 38/TW, A. Möller 37/12, Bindewald 36/0, Roth 35/2, Bein 34/8, R. Weber 34/4, Yeboah 34/15, Falkenmayer 33/4, Sippel 32/14, Andersen 26/9, Studer 18/0, Klein 16/0, Gründel 14/1, Kruse 14/5, F. Möller 13/0, Wolf 9/0, E. Schmitt 7/0, Lasser 6/0, Köhler 4/0, Nachtweih 3/0. – Dazu kommt ein Eigentor von Kuntz (1. FC Kaiserslautern).

Saison 1992/93

Bundesliga:

1. Werder Bremen	34	63:30	48-20
2. Bayern München	34	74:45	47-21
3. **EINTRACHT**	34	56:39	42-26
4. Borussia Dortmund	34	61:43	41-27
5. Bayer Leverkusen	34	64:45	40-28
6. Karlsruher SC	34	60:54	39-29
7. VfB Stuttgart	34	56:50	36-32
8. 1. FC Kaiserslautern	34	50:40	35-33
9. Bor. Mönchengladbach	34	59:59	35-33
10. FC Schalke 04	34	42:43	34-34
11. Hamburger SV	34	42:44	31-37
12. 1. FC Köln	34	41:51	28-40
13. 1. FC Nürnberg	34	30:47	28-40
14. SG Wattenscheid 09	34	46:67	28-40
15. Dynamo Dresden	34	32:49	27-41
16. VfL Bochum	34	45:52	26-42
17. Bayer Uerdingen	34	35:64	24-44
18. 1. FC Saarbrücken	34	37:71	23-45

Das Spiel Bayer Uerdingen – Eintracht (2:5) wurde mit 2:0 Toren und 2-0 Punkten für Uerdingen gewertet, da die Eintracht unerlaubterweise vier Ausländer gleichzeitig eingesetzt hatte. Die fünf Tore sind jedoch in der untenstehenden Torstatistik berücksichtigt.

Eingesetzte Spieler und Torschützen: Binz 34/2, U. Stein 34/TW, Bindewald 33/1, Kruse 28/6, Yeboah 27/20, Roth 26/1, Bein 25/7, R. Weber 25/1, Bommer 24/2, E. Schmitt 23/10, Studer 21/2, Okocha 20/2, Komljenovic 18/0, Falkenmayer 17/0, Zchadadse 17/0, Penksa 12/0, Rahn 12/3, Wolf 11/0, Anicic 9/1, Klein 7/0, Andersen 6/2, Adamczuk 5/0, Reis 3/0, Kientz 1/0, F. Möller 1/0, Da Silva 1/0. – Dazu kommt ein Eigentor von Nowotny (Karlsruher SC).

Saison 1993/94

Bundesliga:

1. Bayern München	34	68:37	44-24
2. 1. FC Kaiserslautern	34	64:36	43-25
3. Bayer Leverkusen	34	60:47	39-29
4. Borussia Dortmund	34	49:45	39-29
5. **EINTRACHT**	34	57:41	38-30
6. Karlsruher SC	34	46:43	38-30
7. VfB Stuttgart	34	51:43	37-31
8. Werder Bremen	34	51:44	36-32
9. MSV Duisburg	34	41:52	36-32
10. Bor. Mönchengladbach	34	65:59	35-33
11. 1. FC Köln	34	49:51	34-34
12. Hamburger SV	34	48:52	34-34
13. Dynamo Dresden	34	33:44	30-34
14. FC Schalke 04	34	38:50	29-39
15. SC Freiburg	34	54:57	28-40
16. 1. FC Nürnberg	34	41:55	28-40
17. SG Wattenscheid 09	34	48:70	23-45
18. VfB Leipzig	34	32:69	17-51

Dynamo Dresden wurden wegen Verstoßes gegen die DFB-Lizensierungsauflagen vier Pluspunkte abgezogen.

Eingesetzte Spieler und Torschützen: Binz 32/3, Dickhaut 32/3, Gaudino 32/7, U. Stein 30/TW, Zchadadse 29/0, Bein 27/6, Furtok 27/6, Komljenovic 26/0, R. Weber 25/3, Falkenmayer 24/1, Yeboah 22/18, Bommer 21/1, Roth 20/0, Okocha 19/2, Bindewald 13/0, Andersen 12/2, Mihajlovic 10/0, Reis 9/1, Doll 6/1, Anicic 4/0, Ernst 4/TW, Hagner 4/0, Becker 3/1, F. Möller 2/0, Wolf 2/0. – Dazu kommt je ein Eigentor von Wolf (1. FC Nürnberg) und Skok (SG Wattenscheid 09).

Saison 1994/95

Bundesliga:

1. Borussia Dortmund	34	67:33	49-19
2. Werder Bremen	34	70:39	48-20
3. SC Freiburg	34	66:44	46-22
4. 1. FC Kaiserslautern	34	58:41	46-22
5. Bor. Mönchengladbach	34	66:41	43-25
6. Bayern München	34	55:41	43-25
7. Bayer Leverkusen	34	62:51	36-32
8. Karlsruher SC	34	51:47	36-32
9. **EINTRACHT**	34	41:49	33-35
10. 1. FC Köln	34	54:54	32-36
11. FC Schalke 04	34	48:54	31-37
12. VfB Stuttgart	34	52:66	30-38
13. Hamburger SV	34	43:50	29-39
14. TSV München 1860	34	41:57	27-41
15. Bayer Uerdingen	34	37:52	25-43
16. VfL Bochum	34	43:67	22-46
17. MSV Duisburg	34	31:64	20-48
18. Dynamo Dresden	34	33:68	16-52

Das Spiel Eintracht – Bayern München (2:5) wurde mit 2:0 Toren und 2-0 Punkten für die Eintracht gewertet, da Bayern unerlaubterweise vier Amateure eingesetzt hatte. Die beiden Tore sind in der untenstehenden Torstatistik berücksichtigt.

Eingesetzte Spieler und Torschützen: Binz 34/4, Köpke 34/TW, Komljenovic 32/3, Bindewald 29/0, Dickhaut 29/3, R. Weber 29/1, Okocha 27/7, Furtok 26/3, Falkenmayer 24/0, Legat 22/2, Roth 22/0, Zchadadse 15/1, Bommer 14/0, Yeboah 14/7, Wolf 12/0, Becker 11/2, Penksa 11/0, Anicic 10/4, Doll 10/1, Gaudino 10/0, Flick 9/0, Reis 4/1, Obajdin 3/0, Sobotzik 2/0, Dworschak 1/0, Hagner 1/0, Reuter 1/0. – Dazu kommt je ein Eigentor von Dowe (TSV München 1860) und Franck (Borussia Dortmund).

Saison 1995/96

Bundesliga:

Ab dieser Saison gibt es drei Punkte für einen Sieg.

1. Borussia Dortmund	34	76:38	68
2. Bayern München	34	66:46	62
3. FC Schalke 04	34	45:36	56
4. Bor. Mönchengladbach	34	52:51	53
5. Hamburger SV	34	52:47	50
6. Hansa Rostock	34	47:43	49
7. Karlsruher SC	34	53:47	48
8. TSV München 1860	34	52:46	45
9. Werder Bremen	34	39:42	44
10. VfB Stuttgart	34	59:62	43
11. SC Freiburg	34	30:41	42
12. 1. FC Köln	34	33:35	40
13. Fortuna Düsseldorf	34	40:47	40
14. Bayer Leverkusen	34	37:38	38
15. FC St. Pauli	34	43:51	38
16. 1. FC Kaiserslautern	34	31:37	36
17. **EINTRACHT**	34	43:68	32
18. KFC Uerdingen 05	34	33:56	26

Eingesetzte Spieler und Torschützen: Köpke 32/TW, Komljenovic 31/1, Schupp 30/4, Bindewald 29/1, Dickhaut 28/1, Hagner 26/10, Rauffmann 26/4, Binz 25/3, Okocha 24/7, Bekker 23/1, Mornar 19/2, Böhme 18/1, Roth 18/0, Zelic 17/1, Ekström 16/2, Anicic 12/0, Bunzenthal 12/0, Doll 12/1, Falkenmayer 12/0, Bommer 11/0, Beuchel 7/0, Dworschak 7/1, Sbordone 7/0, Nikolov 4/TW, Zchadadse 3/0, Flick 2/0, Kaymak 2/0, Gaudino 1/0. – Dazu kommt je ein Eigentor von Golz (Hamburger SV), Kadlec (1. FC Kaiserslautern) und Ritter (Karlsruher SC).

Saison 1996/97

2. Bundesliga:

1. 1. FC Kaiserslautern	34	74:28	68
2. VfL Wolfsburg	34	52:29	58
3. Hertha BSC Berlin	34	57:38	58
4. FSV Mainz 05	34	50:34	54
5. Stuttgarter Kickers	34	38:27	53
6. SpVgg Unterhaching	34	35:29	49
7. **EINTRACHT**	34	43:46	48
8. VfB Leipzig	34	53:54	46
9. KFC Uerdingen 05	34	46:44	44
10. SV Meppen	34	44:48	44
11. Fortuna Köln	34	52:47	42
12. Carl Zeiss Jena	34	44:49	42
13. FC Gütersloh	34	43:51	42
14. FSV Zwickau	34	34:48	42
15. SV Waldhof Mannheim	34	45:56	40
16. VfB Lübeck	34	32:53	36
17. Rot-Weiß Essen	34	47:74	29
18. VfB Oldenburg	34	33:67	27

Dem FC Gütersloh wurden wegen eines Verstoßes im DFB-Lizensierungsauflagen drei Punkte abgezogen.

Eingesetzte Spieler und Torschützen: Gaudino 32/9, Dickhaut 31/2, Nikolov 31/TW, Bindewald 30/1, Güntensperger 29/7, Becker 28/5, Roth 27/0, Komljenovic 27/1, Guht 21/1, Schur 20/3, Beuchel 19/0, Ekström 18/5, Kutschera 15/0, Flick 14/0, Bommer 14/1, Pejovic 14/0, Rossi 14/0, Hubtchev 12/0, Dworschak 11/0, Menze 10/1, Glöckner 9/0, Zchadadse 9/0, Reuter 8/1, Janßen 7/1, Bunzenthal 5/0, Hennig 3/0, S. Schmitt 3/0, König 2/0, R. Weber 2/1, Corrochano 1/0 – Dazu kommt je ein Eigentor von Marell (SV Meppen), Bucher (SpVgg Unterhaching), Neustädter (FSV Mainz 05) und Weidemann (Hertha BSC Berlin).

Saison 1997/98

2. Bundesliga:

1. **EINTRACHT**	34	50:32	64
2. SC Freiburg	34	57:36	61
3. 1. FC Nürnberg	34	52:35	59
4. FC St. Pauli	34	43:31	56
5. FC Gütersloh	34	43:26	55
6. Fortuna Köln	34	53:53	46
7. Fortuna Düsseldorf	34	52:54	46
8. Energie Cottbus	34	38:36	45
9. SpVgg Greuther Fürth	34	32:32	45
10. FSV Mainz 05	34	55:48	44
11. SpVgg Unterhaching	34	41:35	44
12. Stuttgarter Kickers	34	44:47	44
13. KFC Uerdingen 05	34	36:40	43
14. SG Wattenscheid 09	34	41:41	40
15. VfB Leipzig	34	31:51	39
16. Carl Zeiss Jena	34	39:61	33
17. FSV Zwickau	34	32:55	28
18. SV Meppen	34	35:61	27

Eingesetzte Spieler und Torschützen: Bindewald 34/1, Kutschera 34/1, Nikolov 34/TW, Zampach 33/1, Epp 32/4, Hubtchev 32/2, Sobotzik 32/10, Gebhardt 31/2, Schur 31/2, Weber 30/9, Wolf 26/3, Brinkmann 17/3, Mehic 16/0, Westerthaler 16/5, Güntensperger 15/4, Cengiz 11/0, Janßen 11/1, Flick 8/1, Kaymak 7/0, Sawieh 7/0, Levy 6/0, Amstätter 3/0, Lorenz 1/0, Martini 1/0. – Dazu kommt ein Eigentor von Wehner (Energie Cottbus).

Alle Pokalspiele der Eintracht

Saison 1917/18

Süddeutscher Pokal, Nordkreis:

In dieser Saison erstmals ausgetragen. Nordkreis-Pokalsieger wurde der FSV Frankfurt (5:0 gegen TV Offenbach). Ob der Frankfurter FV an den Pokalspielen teilnahm, ist nicht bekannt.

Saison 1918/19

Süddeutscher Pokal, Nordkreis:

Von eventuellen früheren Runden sind keine Ergebnisse bekannt.

VF	FFV – Viktoria 94 Hanau	n. V. 1:0
HF	FFV – Viktoria Neu-Isenburg	3:0
E	FFV – Britannia Frankfurt	2:3

Saison 1919/20

Süddeutscher Pokal, Nordkreis:

Nordkreis-Pokalsieger wurde der VfR 01 Frankfurt (1:0 gegen FFV Sportfreunde 04). Der FFV bzw. die Eintracht nahm anscheinend nicht an den Pokalspielen teil.

Saison 1920/21

Süddeutscher Pokal, Mainkreis:

Mainkreis-Pokalsieger wurde der VfR 01 Frankfurt (1:0 gegen Union Niederrad). Die Eintracht nahm anscheinend nicht an den Pokalspielen teil

Saison 1921/22

Süddeutscher Pokal, Mainkreis:

1 Germania Mörfelden – Eintracht 2:1
(Das Spiel wurde von der sog. „Schupo"-Mannschaft der Eintracht bestritten.)

Saison 1922/23

Süddeutscher Pokal, Mainbezirk:

1 Kickers Offenbach – Eintracht 6:5

Saison 1923/24

Süddeutscher Pokal:

Ab dieser Saison durfte der Süddeutsche Pokalsieger an der Endrunde um die Süddeutsche Meisterschaft teilnehmen.

1	Eintracht – Kickers Vikt. Mühlheim	5:2
2	Eintracht – Germania 94 Frankfurt	2:0
3	Viktoria Aschaffenburg – Eintracht	1:2
AF	Eintracht – SV Darmstadt 98	3:2
VF	Eintracht – Stuttgarter Kickers	3:4

Saison 1924/25

Süddeutscher Pokal:

1	Eintracht – SV 05 Bad Homburg	3:0
2	Germania 94 Frankfurt – Eintracht	2:0

Saison 1925/26

Süddeutscher Pokal:

1	Eintracht – SpVgg 1911 Bürgel	6:2
2	FSV Frankfurt – Eintracht	2:1

Saison 1926/27

Süddeutscher Pokal:

3 FC Pirmasens – Eintracht 3:2

Nach dieser Saison wurde der SFV-Pokal eingestellt. 1931/32 und 1932/33 wurde er wiederbelebt. Die jeweils Dritt- bis Achtplazierten der Bezirke ermittelten zunächst in einer einfachen Runde die Bezirkspokalsieger, die dann um den Süddeutschen Pokal spielten. Der Pokalsieger nahm an der Qualifikation um den dritten Südvertreter an der Deutschen Meisterschaft teil. Die Eintracht nahm in beiden Jahren als Mainmeister bzw. Zweiter nicht an den Pokalspielen teil.

Pokal-Saison 1935

In diesem Jahr wurde erstmals ein nationaler deutscher Pokalsieger ermittelt. Zu Ehren des Stifters des Pokals, Reichssportführer Hans von Tschammer und Osten hieß der Wettbewerb „Tschammer-Pokal". Der Pokalwettbewerb zog sich jedoch nicht über ein Spieljahr (Herbst/Frühling), sondern über das Kalenderjahr hin. In Anschluß an die Meisterschaft wurden zunächst auf Gauebene 64 Mannschaften ermittelt, die dann nach der Sommerpause auf Reichs-ebene den deutschen Pokalsieger ausspielten.

Tschammer-Pokal, Gauebene:

1 Eintracht – Opel Rüsselsheim 1:3

Pokal-Saison 1936

Tschammer-Pokal, Gauebene:

1 FC Egelsbach – Eintracht 1:2
2 Eintracht – Schwarz-Weiß Worms 5:1
3 Eintracht – SV Flörsheim 1:2

Pokal-Saison 1937

Tschammer-Pokal, Gauebene:

1 Eintracht – Germania Schwanheim 4:1
2 Eintracht – Rb.-RW Frankfurt n. V. 4:3
3 VfL Neckarau – Eintracht 1:3

Tschammer-Pokal, Reichsebene:

1 SpVgg Sülz 07 – Eintracht 2:0

Pokal-Saison 1938

Tschammer-Pokal, Gauebene:

Als Gaumeister direkt für die Schlußrunden auf Reichsebene qualifiziert.

Tschammer-Pokal, Reichsebene:

1 Eintracht – TSV München 1860 1:2

Pokal-Saison 1939

Tschammer-Pokal, Gauebene:

1 MSV Darmstadt – Eintracht 3:8
2 Eintracht – Viktoria Walldorf 3:0
3 Kickers Obertshsn. – Eintracht n. V. 2:2
3 Eintracht – Kickers Obertshausen 4:1

Tschammer-Pokal, Reichsebene:

1 SV Beuel 06 – Eintracht 0:5
2 Eintracht – SV Waldhof n. V. 0:1

Pokal-Saison 1940

Tschammer-Pokal, Gauebene:

V Viktoria Eckenheim – Eintracht 1:5
1 SV Steinheim – Eintracht 1:4
2 Eintracht – Rb.-SpVgg Bad Homburg 8:0
3 Germania 94 Frankfurt – Eintracht 1:4

Tschammer-Pokal, Reichsebene:

1 Eintracht – Westfalia Herne 3:2
2 Rot-Weiß Essen – Eintracht 0:2
3 Eintracht – Fortuna Düsseldorf 2:3

Pokal-Saison 1941

Tschammer-Pokal, Bereichsebene:

1 GfL Darmstadt – Eintracht 1:5
2 Eintracht – FSV Frankfurt 2:0
3 FFV Sportfreunde 04 – Eintracht 1:3
4 Eintracht – SV Waldhof 1:6

Pokal-Saison 1942

Tschammer-Pokal, Bereichsebene:

V1 SV Bonames – Eintracht 0:7
V2 Eintracht – Post SV Frankfurt 4:3
1 Teut. Watzenb.-Steinberg – Eintracht 2:5
2 Eintracht – Union Niederrad kampflos
(Niederrad bekam keine Mannschaft zusammen)
3 SV Niederlahnstein – Eintracht 0:3

Tschammer-Pokal, Reichsebene:

1 Eintracht – SpVgg Fürth 4:1
2 FC Schalke 04 – Eintracht (in Kassel) 6:0

Pokal-Saison 1943

Tschammer-Pokal, Gauebene:

1 TSG Bensheim – Eintracht 0:14
2 FSV Schierstein – Eintracht 2:4
AF Eintracht – FC Hanau 93 3:2
VF SV Darmstadt 98 – Eintracht 2:5
HF SpVgg Weisenau – Eintracht 2:7
E Kickers Offenbach – Eintracht 2:1
(im Stadion)

Pokal-Saison 1944

Tschammer-Pokal, Gauebene:

1	KSG Wiesbaden – Eintracht	4:2

Nachdem alle Gau-Pokalsieger ermittelt waren, sollten am 6.8.1944 Qualifikationsspiele für die 1. Schlußrunde auf Reichsebene stattfinden. Am 4.8. meldete die gemeinsame Kriegsausgabe des *Kicker/Fußball*: „Die Reichsmeisterschaften im deutschen Sport werden eingestellt. Dadurch entfallen auch die Ausscheidungsspiele im Tschammer-Pokal."

Saison 1951/52

Nach Ende der Oberliga-Saison wurden im Süden erstmals wieder Pokalspiele ausgetragen. Ähnlich wie 1931/32 und 1932/33 wurden dazu sechs Gruppen gebildet, deren Sieger sich für den ab August ausgespielten DFB-Vereinspokal 1952/53 qualifizierten.

Süddeutscher Pokal, Gruppe 1:

1.	Kickers Offenbach	10	26:11	16-4
2.	**EINTRACHT**	10	20:11	12-8
3.	FSV Frankfurt	10	17:15	10-10
4.	Hessen Kassel	10	20:20	8-12
5.	SV Darmstadt 98	10	18:25	7-13
6.	SpVgg Bad Homburg	10	14:33	5-15

Saison 1952/53

Süddeutscher Pokal:

Als Teilnehmer an der Endrunde um die Deutsche Meisterschaft war die Eintracht von den ersten Runden befreit.

VF	Stuttgarter Kickers – Eintracht	3:0

Saison 1953/54

Die Spiele um den Süddeutschen Pokal entfielen. Für die 1. Hauptrunde des DFB-Pokals 1954/55 qualifizierten sich die ersten acht Mannschaften der Oberliga Süd 1953/54.

Saison 1954/55

DFB-Pokal:

1	Eintracht – FK Pirmasens	1:0
AF	Altonaer FC 93 – Eintracht	2:1

Saison 1955/56

Wegen Terminschwierigkeiten wurden im Süden keine Pokalspiele ausgetragen. Für die Endrunde auf Bundesebene wurde der Süddeutsche Pokalsieger 1955 und Süddeutsche Meister 1956, der Karlsruher SC, gemeldet.

Saison 1956/57

Süddeutscher Pokal:

Q	1. FC Pforzheim – Eintracht	0:6
1	FC Hanau 93 – Eintracht	0:3
AF	Eintracht – FSV Frankfurt	3:4

Saison 1957/58

Süddeutscher Pokal:

1	Würzburger Kickers – Eintracht	2:4
2	ASV Cham – Eintracht	1:0

Saison 1958/59

Süddeutscher Pokal:

1	VfL Marburg – Eintracht	1:8
2	Hessen Kassel – Eintracht	2:3
AF	Karlsruher SC – Eintracht	0:8
VF	Kickers Offenbach – Eintracht	1:3
HF	VfB Stuttgart – Eintracht	n. V. 2:2
HF	Eintracht – VfB Stuttgart	5:0
E	VfR Mannheim – Eintracht	1:0
		(in Karlsruhe)

Saison 1959/60

Süddeutscher Pokal:

1	FC Rödelheim 02 – Eintracht	0:8
2	SV Darmstadt 98 – Eintracht	2:3
AF	Freiburger FC – Eintracht	2:3
VF	Eintracht – SpVgg Fürth	4:1
HF	FSV Frankfurt – Eintracht	2:4
E	Karlsruher SC – Eintracht	2:1
		(in Mannheim)

Saison 1960/61

Ab dieser Saison wurde der Süddeutscher Pokal nur noch bis zum Viertelfinale ausgespielt. Die vier Viertelfinalsieger qualifizierten sich für die Schlußrunden des DFB-Pokals, der zu Beginn der folgenden Saison ausgetragen wurde.

Süddeutscher Pokal:

1	VfB Friedberg – Eintracht	0:6
2	SV Hünfeld – Eintracht	0:6
AF	Hessen Kassel – Eintracht	n. V. 0:1
VF	Eintracht – 1. FC Pforzheim	4:0

DFB-Pokal 1961:

AF	Eintracht – 1. FC Köln	n. V. 2:3

Saison 1961/62

Süddeutscher Pokal:

1	VfR 07 Limburg – Eintracht	n. V. 3:5
2	SV Wiesbaden – Eintracht	0:5
AF	Eintracht – SpVgg Neu-Isenburg	3:2
VF	Eintracht – SV Waldhof	2:0

DFB-Pokal 1962:

AF	Eintracht – Tasmania 1900 Berlin	1:0
VF	1. FC Köln – Eintracht	n. V. 1:2
HF	1. FC Nürnberg – Eintracht	4:2

Saison 1962/63

Süddeutscher Pokal:

1	Eintracht Wetzlar – Eintracht	0:6
2	FSV Frankfurt – Eintracht	1:2
AF	VfR Heilbronn – Eintracht	0:7
VF	Hessen Kassel – Eintracht	2:1

Saison 1963/64

Neuordnung des Pokal-Wettbewerbs. Die Bundesligaklubs sind automatisch für die 1. Hauptrunde des DFB-Pokals qualifiziert.

DFB-Pokal:

1	VfL Wolfsburg – Eintracht	0:2
AF	Eintracht – Hessen Kassel	6:1
VF	Eintracht – FC Schalke 04	2:1
HF	Eintracht – Hertha BSC Berlin	3:1
E	TSV München 1860 – Eintracht	2:0 (in Stuttgart)

Saison 1964/65

DFB-Pokal:

1	Eintracht – Borussia Neunkirchen	2:1
AF	Eintracht – FC Schalke 04	1:2

Saison 1965/66

DFB-Pokal:

1	Eintracht – SV Alsenborn	2:1
AF	1. FC Nürnberg – Eintracht	2:1

Saison 1966/67

DFB-Pokal:

Q	Hessen Kassel – Eintracht	6:2

Saison 1967/68

DFB-Pokal:

1	FC Schweinfurt 05 – Eintracht	n. V. 1:2
AF	1. FC Köln – Eintracht	n. V. 1:1, 1:0

Saison 1968/69

DFB-Pokal:

1	Eintracht – Borussia Dortmund	6:2
AF	1. FC Kaiserslautern – Eintracht	1:0

Saison 1969/70

DFB-Pokal:

1	VfL Osnbrück – Eintracht	n. V. 1:2
AF	Eintracht – Hamburger SV	2:0
VF	Eintracht – Kickers Offenbach	0:3

Saison 1970/71

DFB-Pokal:

1	FC St. Pauli – Eintracht	n. V. 2:3
AF	Eintracht – 1. FC Köln	1:4

Saison 1971/72

1971/72 und 1972/73 wurden die Pokalspiele mit Hin- und Rückspiel ausgetragen.

DFB-Pokal:

1	FC Schweinfurt 05 – Eintracht	1:0, 1:6
AF	Bor. M'gladbach – Eintracht	4:2, 2:3

Saison 1972/73

DFB-Pokal:

1	Hannover 96 – Eintracht	1:0, 2:4
AF	Eintr. Braunschweig – Eintracht	1:0, 2:2

Saison 1973/74

DFB-Pokal:

1	Tennis Borussia Berlin – Eintracht	1:8
AF	Hessen Kassel – Eintracht	2:3
VF	Eintracht – 1. FC Köln	n. V. 4:3
HF	Eintracht – Bayern München	3:2

Endspiel am 17. 8. 1974 in Düsseldorf:
Eintracht – Hamburger SV n. V. 3:1
Dr. Kunter – Reichel (106. H. Müller), Trinklein (1), Körbel, Kalb – Beverungen, Weidle (74. W. Kraus (1)), Nickel – Grabowski, Hölzenbein (1), Rohrbach – Trainer: Weise – SR: Weyland (Oberhausen) – Zuschauer: 52 800.

Saison 1974/75

Ab dieser Saison sind auch alle Zweitligisten automatisch für die 1. Runde qualifiziert.

DFB-Pokal:

1	Arminia Bielefeld – Eintracht	1:3
2	Union Solingen – Eintracht	n. V. 1:2
3	1. FC Mülheim – Eintracht	0:3
AF	Eintracht – VfL Bochum	1:0
VF	Eintracht – Fortuna Köln	4:2
HF	Eintracht – Rot-Weiß Essen	n. V. 3:1

Endspiel am 21. 6. 1975 in Hannover:
Eintracht – MSV Duisburg 1:0
Wienhold – Reichel, Trinklein, Körbel (1), Neuberger – Weidle, Beverungen, Nickel – Grabowski, Hölzenbein, Lorenz – Trainer: Weise – SR: Horstmann (Groß-Escherde) – Zuschauer: 43 000.

Saison 1975/76

DFB-Pokal:

1	Eintracht – Viktoria Köln	6:0
2	Offenburger FV – Eintracht	1:5
3	Eintracht – VfL Osnabrück	3:0
AF	Hertha BSC Berlin – Eintracht	n. V. 1:0

Saison 1976/77

DFB-Pokal:

1	Saar 05 Saarbrücken – Eintracht	1:6
2	Eintracht – Hertha Zehlendorf	10:2
3	Röchling Völklingen – Eintracht	2:3
AF	FC Schalke 04 – Eintracht	n.V. 2:2, 3:4
VF	Bayer Uerdingen – Eintracht	n.V. 6:3

Saison 1977/78

DFB-Pokal:

1	FC Konstanz – Eintracht	1:6
2	TuS Schloß-Neuhaus – Eintracht	n.V. 2:2, 0:4
3	FC Schalke 04 – Eintracht	1:0

Saison 1978/79

DFB-Pokal:

1	SpVgg Bad Pyrmont – Eintracht	1:2
2	Werder Bremen – Eintracht	2:3
3	Eintracht – KSV Baunatal	4:1
AF	Borussia Dortmund – Eintracht	1:3
VF	Eintracht – Rot-Weiß Oberhausen	2:1
HF	Hertha BSC Berlin – Eintracht	2:1

Saison 1979/80

DFB-Pokal:

1	Eintracht – Olympia Neugablonz	6:1
2	Freiburger FC – Eintracht	1:4
3	Eintracht – SV Waldhof Mannheim	2:0
AF	VfB Stuttgart – Eintracht	3:2

Saison 1980/81

DFB-Pokal:

1	VfB Gaggenau – Eintracht	6:1
2	Eintracht – VfB Friedrichshafen	6:0
3	Eintracht – SSV Ulm 1846	3:0
AF	VfB Oldenburg – Eintracht	4:5
VF	Eintracht – VfB Stuttgart	2:1
HF	Eintracht – Hertha BSC Berlin	1:0

Endspiel am 2. 5. 1981 in Stuttgart:
Eintracht – 1. FC Kaiserslautern 3:1
Pahl – Sziedat, Pezzey, Körbel, Neuberger (1) – Lorant, Nachtweih, Borchers (1), Nickel – Hölzenbein, Cha (1) – Trainer: Buchmann – SR: Joos (Stuttgart) – Zuschauer: 71 000.

Saison 1981/82

DFB-Pokal:

1	Eintracht – BSC Brunsbüttel	6:1
2	Fortuna Düsseldorf – Eintracht	3:1

Saison 1982/83

Ab dieser Saison haben Amateurvereine bis auf das Endspiel automatisch Heimrecht.

DFB-Pokal:

1	SV Waldhof Mannheim – Eintracht	2:0

Saison 1983/84

DFB-Pokal:

1	SC Göttingen 05 – Eintracht	4:2

Saison 1984/85

DFB-Pokal:

1	Eintracht Braunschweig – Eintracht	1:3
2	Bor. M'gladbach – Eintracht	n. V. 4:2

Saison 1985/86

DFB-Pokal:

1	1. FC Kaiserslautern – Eintracht	3:1

Saison 1986/87

DFB-Pokal:

1	Eintracht – Eintracht Braunschweig	3:1
2	FSV Mainz 05 – Eintracht	n. V. 0:1
AF	SG Wattenscheid 09 – Eintracht	1:3
VF	Stuttgarter Kickers – Eintracht	3:1

Saison 1987/88

DFB-Pokal:

1	Eintracht – FC Schalke 04	3:2
2	Eintracht – SSV Ulm 1846	3:0
AF	Fortuna Düsseldorf – Eintracht	0:1
VF	Eintracht – Bayer Uerdingen	4:2
HF	Werder Bremen – Eintracht	0:1

Endspiel am 28. 5. 1988 in Berlin:
Eintracht – VfL Bochum 1:0
U. Stein – Binz – Schlindwein, Körbel – Kostner (71. Klepper), Sievers, Schulz, Detari (1), Roth – Friz (78. Turowski), Smolarek – Trainer: Feldkamp – SR: Heitmann (Drentwede) – Zuschauer: 76 000.

Als DFB-Pokalsieger spielte die Eintracht gegen den Deutschen Meister Werder Bremen um den Supercup:
Eintracht – Werder Bremen (in Frankfurt) 0:2

Saison 1988/89

DFB-Pokal:

1	VfL Wolfsburg – Eintracht	n. V. 1:1, 1:6
2	Bayer Uerdingen – Eintracht	n. V. 5:4

Saison 1989/90

DFB-Pokal:

1	Eintracht – Bayern München	0:1

Saison 1990/91

Ab dieser Saison wird jedem Amateurverein in der 1. Runde automatisch ein Klub der Lizenzligen zugelost.

AF 1. FC Saarbrücken – Eintracht n. V. 0:0, n. V. 2:3
VF Eintracht – SG Wattenscheid 09 3:1
HF Eintracht – Werder Bremen n.V. 2:2, 3:6

Saison 1991/92

Ab dieser Saison entfallen die Wiederholungsspiele. Bei unentschiedenem Spielstand nach 120 Minuten gibt es sofort Elfmeterschießen.

DFB-Pokal:

1 Freilos
2 SpVgg Ludwigsburg – Eintracht 1:6
3 Eintracht – Karlsruher SC 0:1

Saison 1992/93

DFB-Pokal:

1 SV Wehen – Eintracht 2:3
2 SC 08 Bamberg – Eintracht 1:3
3 Eintracht – SV Waldhof Mannheim n. V. 4:1
AF Eintracht – VfL Osnabrück 3:1
VF Karlsruher SC – Eintracht n. V. 1:1 (E. 3:5)
HF Eintracht – Bayer Leverkusen 0:3

Saison 1993/94

DFB-Pokal:

1 Freilos
2 Fortuna Düsseldorf – Eintracht 0:2
3 SC Freiburg – Eintracht n. V. 5:3

Saison 1994/95

DFB-Pokal:

1 SC Göttingen 05 – Eintracht 0:6
2 Eintracht – VfL Wolfsburg n.V. 0:0 (E. 3:4)

Saison 1995/96

DFB-Pokal:

1 1. FC Saarbrücken – Eintracht n. V. 1:2
2 TSV München 1860 – Eintracht 5:1

Saison 1996/97

DFB-Pokal:

1 Holstein Kiel – Eintracht 2:4
2 SV Meppen – Eintracht 6:1

Saison 1997/98

DFB-Pokal:

1 VfL Halle 96 – Eintracht 0:4
2 Eintracht – Werder Bremen 3:0
AF MSV Duisburg – Eintracht 1:0

Alle Pokalsieger der Eintracht auf einen Blick:

Viermal Pokalsieger: Körbel (1974, 1975, 1981, 1988).

Dreimal Pokalsieger: Hölzenbein (1974, 1975, 1981), Nickel (1974, 1975, 1981).

Zweimal Pokalsieger: Beverungen (1974, 1975), Grabowski (1974, 1975), Neuberger (1975, 1981), Reichel (1974, 1975), Trinklein (1974, 1975), Weidle (1974, 1975).

Einmal Pokalsieger: Binz (1988), Borchers (1981), Cha (1981), Detari (1988), Friz (1988), Kalb (1974), Klepper (1988), Kostner (1988), W. Kraus (1974), Dr. Kunter (1974), Lorant (1981), Lorenz (1975), H. Müller (1974), Nachtweih (1981), Pahl (1981), Pezzey (1981), Rohrbach (1974), Roth (1988), Schlindwein (1988), Schulz (1988), Sievers (1988), Smolarek (1988), U. Stein (1988), Sziedat (1981), Turowski (1988), Wienhold (1975).

DFB-Pokalsieg 1981: Bernd Hölzenbein mit der Trophäe nach dem 3:1-Sieg gegen den 1. FC Kaiserslautern.

Zahlreiche Fans begleiteten 1960 ihre Eintracht zum Europapokal-Finale in Glasgow gegen Real Madrid (3:7).

Es traten an (von links, stehend): Lindner, Lutz, Höfer, Stein, Pfaff, Meier; knieend: Kreß, Weilbächer, Loy, Stinka, Eigenbrodt.

Die Eintracht im Europapokal

Messe-Pokal 1955–58

Am ersten Wettbewerb nahm Frankfurt mit einer Stadtauswahl teil, in der neben Spielern der Eintracht auch Akteure des FSV Frankfurt, von Kickers Offenbach und der SpVgg Neu-Isenburg eingesetzt wurden.

Vorrunde, Gruppe 1:

1. London	4	9:3	6-2
2. **Frankfurt**	4	10:10	4-4
3. Basel	4	7:13	2-6

Saison 1959/60

Europapokal der Landesmeister:

1 Kuopio PS verzichtet.
AF Young Boys Bern – Eintracht 1:4, 1:1
VF Eintracht – Wiener SC 2:1, 1:1
HF Eintracht – Glasgow Rangers 6:1, 6:3

Endspiel am 18. 5. 1960 in Glasgow:
Real Madrid – Eintracht 7:3
Loy – Lutz, Höfer – H. Weilbächer, Eigenbrodt, Stinka – Kreß (1), D. Lindner, E. Stein (2), Pfaff, Meier – Trainer: Oßwald – SR: Mowat (Schottland) – Zuschauer: 135 000.

Saison 1964/65

Messe-Pokal:

1 Eintracht – FC Kilmarnock 3:0, 1:5

Saison 1966/67

Messe-Pokal:

1 Drumcondra Dublin – Eintracht 0:2, 1:6
2 Eintracht – Hvidovre Kopenhagen 5:1, 2:2
AF Ferencvaros Budapest – Eintracht 2:1, 1:4
VF Eintracht – FC Burnley 1:1, 2:1
HF Eintracht – Dinamo Zagreb 3:0, n. V. 0:4

Saison 1967/68

Messe-Pokal:

1 Eintracht – Nottingham Forest 0:1, 0:4

Saison 1968/69

Messe-Pokal:

1 Wacker Innsbruck – Eintracht 2:2, 0:3
2 Juventus Turin – Eintracht 0:0, n. V. 0:1
AF Atletico Bilbao – Eintracht 1:0, 1:1

Saison 1972/73

UEFA-Pokal:

1 FC Liverpool – Eintracht 2:0, 0:0

Saison 1974/75

Europapokal der Pokalsieger:

1 Eintracht – AS Monaco 3:0, 2:2
AF Eintracht – Dynamo Kiew 2:3, 1:2

Saison 1975/76

Europapokal der Pokalsieger:

1 Eintracht – FC Coleraine 5:1, 6:2
AF Atletico Madrid – Eintracht 1:2, 0:1
VF Sturm Graz – Eintracht 0:2, 0:1
HF Eintracht – West Ham United 2:1, 1:3

Saison 1977/78

UEFA-Pokal:

1 Eintracht – Sliema Wanderers 5:0, 0:0
2 FC Zürich – Eintracht 0:3, 3:4
AF Eintracht – Bayern München 4:0, 2:1
VF Eintracht – Grasshopper Zürich 3:2, 0:1

Saison 1979/80

UEFA-Pokal:

1	FC Aberdeen – Eintracht	1:1, 0:1
2	Dinamo Bukarest – Eintracht	2:0, n.V. 0:3
AF	Eintracht – Feyenoord Rotterdam	4:1, 0:1
VF	Eintracht – Zbrojovka Brünn	4:1, 2:3
HF	Bayern München – Eintracht	2:0, n.V. 1:5

1. Endspiel am 7. 5. 1980 in Mönchengladbach: Borussia Mönchengladbach – Eintracht 3:2
Pahl – Neuberger, Pezzey, Körbel, Ehrmanntraut – Lorant, Nickel, Hölzenbein (1) (79. Nachtweih) – Karger (1) (81. Trapp), Cha – Trainer: Rausch – SR: Guruceta y Muro (Spanien) – Zuschauer: 25 000.

2. Endspiel am 21. 5. 1980 in Frankfurt: Eintracht – Borussia Mönchengladbach 1:0
Pahl – Neuberger, Pezzey, Körbel, Ehrmanntraut – Lorant, Nickel, Nachtweih (79. Schaub (1)) – Hölzenbein, Cha – Trainer: Buchmann – SR: Ponnet (Belgien) – Zuschauer: 59 000.

Saison 1980/81

UEFA-Pokal:

1	Schachtjor Donezk – Eintracht	1:0, 0:3
2	FC Utrecht – Eintracht	2:1, 1:3
AF	Eintracht – FC Sochaux	4:2, 0:2

Saison 1981/82

Europapokal der Pokalsieger:

1	Eintracht – PAOK Saloniki	2:0, n. V. 0:2 (E. 5:4)
AF	SKA Rostow – Eintracht	1:0, 0:2
VF	Tottenham Hotspur – Eintracht	2:0, 1:2

Saison 1988/89

Europapokal der Pokalsieger:

1	Grasshopper Zürich – Eintracht	0:0, 0:1 (Hinspiel in Basel)
AF	Eintracht – Sakaryaspor	3:1, 3:0
VF	Eintracht – KV Mechelen	0:0, 0:1

Saison 1990/91

UEFA-Pokal:

1	Bröndby IF – Eintracht	5:0, 1:4

Saison 1991/92

UEFA-Pokal:

1	Eintracht – Spora Luxemburg	6:1, 5:0
2	AA Gent – Eintracht	0:0, 1:0

Saison 1992/93

UEFA-Pokal:

1	Widzew Lodz – Eintracht	2:2, 0:9
2	Eintracht – Galatasaray Istanbul	0:0, 0:1

Saison 1993/94

UEFA-Pokal:

1	Dynamo Moskau – Eintracht	0:6, 2:1
2	Eintracht – Dnjepr Dnjepropetrow.	2:0, 0:1
AF	Eintracht – Deportivo La Coruña	1:0, 1:0
VF	Austria Salzburg – Eintracht (Hinspiel in Wien)	1:0, n. V. 0:1 (E. 5:4)

Saison 1994/95

UEFA-Pokal:

1	Olimpija Ljubljana – Eintracht	1:1, 0:2
2	Rapid Bukarest – Eintracht	2:1, 0:5
AF	Eintracht – SSC Neapel	1:0, 1:0
VF	Eintracht – Juventus Turin	1:1, 0:3

Weitere nationale und internationale Wettbewerbe

Herbst 1939

Frankfurter Stadtrunde:

Nach Kriegsausbruch von September bis November 1939 ausgespielt. Da Ende November die Kriegsmeisterschaft begann, wurde die Eintracht zum Sieger erklärt.

1. **EINTRACHT**	6	25:6	11-1
2. Germania 94 Frankfurt	8	16:9	11-5
3. Union Niederrad	9	21:14	10-8
4. FSV Frankfurt	6	27:8	9-3
5. Rb.-RW Frankfurt	7	12:12	8-6
6. FFV Sportfreunde 04	9	8:25	8-10
7. VfL Rödelheim	7	18:19	7-7
8. SpVgg Neu-Isenburg	8	17:18	7-9
9. SpVgg 02 Griesheim	8	15:21	6-10
10. Germania Schwanheim	7	12:2	33-11
11. BSG IG Farben	7	15:31	2-12

Fortsetzung der Runde im Sommer 1940:

Eintracht – VfL Neu-Isenburg	5:0
Eintracht – VfL Rödelheim	7:0

Im Sommer 1941 weitere Fortsetzung:

Viktoria Eckenheim – Eintracht	4:4
SV Heddernheim – Eintracht	3:2
SG 01 Höchst – Eintracht	3:2
Germania 94 Frankfurt – Eintracht	1:1
SpVgg 02 Griesheim – Eintracht	1:4
SpVgg Fechenheim – Eintracht	1:8
Eintracht – FFV Sportfreunde 04	1:1
Reichsbahn-Rot-Weiss – Eintracht	2:0
Eintracht – BSG Adlerwerke	4:2
FSV Frankfurt – Eintracht	2:1

Ende September 1941 abgebrochen, Eintracht belegte mit 64:25 Toren und 24-12 Punkten Platz 4 der "Gesamttabelle".

Sommer/Herbst 1940

Kriegserinnerungspokal der Stadt Frankfurt:

Von Juni bis Dezember 1940 ausgespielt.

1	Eintracht – BSG Degussa	9:1
2	BSG Voigt & Haeffner – Eintracht	1:9
AF	VfL Rödelheim – Eintracht	0:2
VF	Eintracht – Flak Hausen	5:0
HF	Eintracht – FSV Frankfurt	3:1
E	Eintracht – SpVgg 02 Griesheim	9:1

Saison 1942/43

Kriegserinnerungspokal Hessen-Nassau:

Von April 1942 bis Mai 1943 ausgespielt. Die noch ausstehenden Spiele wurden vermutlich nicht mehr ausgetragen.

1. FSV Frankfurt	15	59:23	24-6
2. Rb.-RW Frankfurt	13	52:19	17-9
3. Kickers Offenbach	8	26:16	10-6
4. FC Hanau 93	9	44:20	10-8
5. **EINTRACHT**	10	28:25	10-10
6. KSG Wiesbaden	10	17:30	8-12
7. Union Niederrad	14	35:76	8-20
8. SV Darmstadt 98	11	16:70	3-19

Sommer 1943

Rhein-Main-Preis:

Von Mai bis September 1943 ausgespielt. Tabelle aufgrund der vorliegenden Einzelergebnisse.

1. Kickers Offenbach	8	51:9	15-1
2. FC Hanau 93	8	26:9	14-2
3. **EINTRACHT**	8	29:7	9-7
4. Opel Rüsselsheim	8	19:12	9-7
5. FSV Frankfurt	8	20:22	8-8
6. SpVgg Neu-Isenburg	7	14: 16	6-8
7. SV Darmstadt 98	7	13:28	6-8
8. Rb.-RW Frankfurt	5	13:19	5-5
9. KSG Wiesbaden	7	8:31	1-13
10. Union Niederrad	8	7:50	1-15

Entscheidungsspiele:

FC Hanau 93 – Kickers Offenbach 1:3, 0:9

Sommer 1946

Hessenpokal:

Von Juli bis September 1946 ausgespielt.

1	Eintracht – Viktoria Eckenheim	5:0

2	SG Heldenbergen – Eintracht	0:1
3	Eintracht – SG Kriftel	7:5
AF	Eintracht – SpVgg Neu-Isenburg	7:0
VF	Borussia Fulda – Eintracht	0:3
HF	Eintracht – TSG Mainflingen	5:2
E	Eintracht – Rot-Weiss Frankfurt	3:2

Herbst/Winter 1949

Hessenpokal:

Es sind nur die Ergebnisse vom Halbfinale und Endspiel bekannt (September und Dezember 1949).

HF	Eintracht – FC Hanau 93	n. V. 2:1
E	Eintracht – Kickers Offenbach	1:4

Sommer 1955

Oberliga-Vergleichsrunde (Totorunde), Gr. 3:

Im Mai/Juni 1955 ausgespielt.

1.	Hannover 96	6	12:5	9-3
2.	**EINTRACHT**	6	14:8	8-4
3.	Fortuna Düsseldorf	6	8:12	4-8
4.	SSV Reutlingen	6	14:20	3-9

Sommer 1956

Oberliga-Vergleichsrunde (Totorunde), Gr. 1:

Von Mai bis August 1956 ausgespielt.

1.	**EINTRACHT**	10	31:14	13-7
2.	Arminia Hannover	10	18:13	13-7
3.	Alemannia Aachen	10	26:25	11-9
4.	FK Pirmasens	10	15:27	10-10
5.	Viktoria Aschaffenburg	10	22:19	9-11
6.	TuS Neuendorf	10	12:25	4-16

Sommer/Herbst 1957

Flutlicht-Pokal:

Von Mai bis Oktober 1957 ausgetragen.

VF	Eintracht – Fortuna Düsseldorf	3:1, 2:3
HF	Preußen Münster – Eintracht	1:2, 3:6
E	FC Schalke 04 – Eintracht	3:3, 0:0

(Eintracht wegen des besseren Eckenverhältnisses – 8:6 – Sieger)

Sommer 1958

Flutlicht-Pokal, Gruppe 3:

Im Mai/Juni 1958 ausgetragen.

1.	Eintr. Braunschweig	4	9:8	6-2
2.	**EINTRACHT**	4	13:9	4-4
3.	Viktoria 89 Berlin	4	11:16	2-6

Sommer 1960

„Trofeo Ramon de Carranza“

Im August 1960 in Cadiz ausgespielt.

HF	Atletico Bilbao – Eintracht	2:1
3. Pl.	Stade Reims – Eintracht	4:1

Sommer 1965

Intertoto-Runde, Gruppe 3:

Gruppenspiele im Juni/Juli 1965.

1.	IFK Norrköping	6	16:7	9-3
2.	PSV Eindhoven	6	15:12	8-4
3.	**EINTRACHT**	6	11:11	4-8
4.	FC La Chaux-de-Fonds	6	8:20	3-9

Saison 1966/67

Intertoto-Runde, Gruppe 1:

Gruppenspiele im Juni/Juli 1966, Endrunde bis Juni 1967.

1.	**EINTRACHT**	6	15:9	10-2
2.	Lanerossi Vicenza	6	10:11	5-7
3.	FC La Chaux-de-Fonds	6	12:15	5-7
4.	Feyenoord Rotterdam	6	9:11	4-8

VF	IFK Norrköping – Eintracht	2:1, 1:3
HF	Zaglebie Sosnowitz – Eintracht	4:1, 1:6
E	Inter Bratislava – Eintracht	2:3, n. V. 1:1

Sommer 1967

Alpenpokal:

Von Juni bis August 1967 ausgespielt.

1.	**EINTRACHT**	5	12:5	9-1
2.	TSV 1860 München	5	11:8	7-3
3.	AS Rom	5	12:10	6-4

4. AC Turin	5	3:3	5-5
5. Servette Genf	5	5:7	5-5
6. AC Mailand	5	3:3	4-6
7. FC Zürich	5	6:9	3-7
8. FC Basel	5	5:12	1-9

Sommer 1968

Alpenpokal, Gruppe 2:

Im Juni 1968 ausgespielt.

1. FC Schalke 04	5	13:4	8-2
2. US Cagliari	5	12:7	8-2
3. **EINTRACHT**	5	16:10	7-3
4. Young Boys Bern	5	10:11	3-7
5. Juventus Turin	5	8:11	2-8
6. FC Luzern	5	9:25	0-10

Sommer 1969

Alpenpokal, Gruppe 2:

Im Juni 1969 ausgespielt.

1. FC Basel	4	12:6	6-2
2. SSC Neapel	4	8:6	5-3
3. KSV Waregem	4	9:8	4-4
4. **EINTRACHT**	4	7:9	4-4
5. Sampdoria Genua	4	7:10	3-5
6. FC Biel	4	4:8	2-6

Saison 1972/73

Ligapokal, Gruppe 7:

Gruppenspiele von Juli bis September 1972, Endrunde bis Juni 1973.

1. **EINTRACHT**	6	23:9	10-2
2. Borussia Neunkirchen	6	14:18	6-6
3. 1. FC Kaiserslautern	6	11:12	5-7
4. FSV Mainz 05	6	8:17	3-9

VF Fortuna Köln – Eintracht 2:3, 3:3
HF Bor. M'gladbach – Eintracht 3:1, 0:1

Sommer 1976

„Copa Juan Gamper"

Im August 1976 in Barcelona ausgespielt.

HF Eintracht – ZSKA Moskau 5:3
E FC Barcelona – Eintracht 2:0

Sommer 1977

Intertotorunde, Gruppe 3:

Gruppenspiele im Juni/Juli 1977.

1. Inter Bratislava	6	18:11	9-3
2. **EINTRACHT**	6	13:8	7-5
3. Wacker Innsbruck	6	10:10	6-6
4. FC Zürich	6	4:17	2-10

Sommer 1992

Fuji-Cup:

Im August 1992 ausgespielt.

HF Eintracht – VfB Stuttgart (in Worms) 2:0
E Eintracht – 1. FC Kaiserslautern 1:1 (in Trier) (E. 5:3)

Sommer 1993

Fuji-Cup:

Im August 1993 ausgespielt.

HF Borussia Dortmund – Eintracht 0:0 (in Lüdenscheid) (E. 5:4)
3P Werder Bremen – Eintracht (in Marburg) 3:1

Sommer 1994

Fuji-Cup:

Im August 1994 ausgespielt.

HF Eintracht – Bor. Dortmund (in Münster) 1:0
E Bayern München – Eintracht 0:0 (in Koblenz) (E. 5:4)

Sommer 1995

UEFA-Intertoto-Cup, Gruppe 12:

Im Juni/Juli 1995 ausgespielt.

1. Vorwärts Steyr	4	8:2	10
2. **EINTRACHT**	4	14:3	9
3. Spartak Plovdiv	4	3:6	4
4. Iraklis Saloniki	4	4:9	4
5. Panerys Vilnius	4	2:11	1

AF Girondins Bordeaux – Eintracht 3:0

Die Vorsitzenden und Präsidenten

Frankfurter Fußball-Club Victoria

(Protokollbücher liegen vor vom 8. März 1899 bis zum 31. August 1906)

1899 – 1903	Albert Pohlenk
1903 – 1904	Emil Müller
11. – 18. 3. 1904	Albert Pohlenk
1904 –	Carl Schwab Michael Pickel

Fußball-Club Frankfurter Kickers

(Protokollbuch liegt vor vom 10. April 1904 bis zum 21. April 1908)

1900 – 1901	Karl Trapp/Friedrich Hamburger/Hermann Hößbacher
1901 – 1903	Ludwig Gatzert
1903 – 1905	Theodor Streit
1905	Philipp Wolff
1905 – 1906	Ludwig Gatzert
1906 – 1908	Heinrich Duntze
1908 – 1911	Arthur Cahn Rudolf Hetebrügge Dr. Paul von Goldberger

Frankfurter Fußball-Verein (FFV)

1911 – 1913	Rudolf Hetebrügge
1913 – 1915	Emil Flasbarth
1915 – 1920	Rudolf Hetebrügge

Frankfurter Turn- und Sportgemeinde Eintracht (FFV)

1920 – 1926	Dr. Wilhelm Schöndube

Frankfurter Sportgemeinde Eintracht (FFV)

– 1927	Fritz Steffan/Heinrich Berger
1927	Dr. Horst Rebenschütz
1927 – 1933	Egon Graf von Beroldingen
1933	Willi Lotz
1933 – 1939	Hans Söhngen („Vereinsführer“)
1939 – 1942	Rudi Gramlich/Adolf Metzner
1942 – 1945	Anton Gentil (kommissarisch)
1945 – 1946	Christian Kiefer (kommissarisch)
1946	Günther Reis
1946 – 1949	Robert Brubacher
1949 – 1955	Dr. Anton Keller
1955 – 1969	Rudi Gramlich (ab 1966 Präsident)

Eintracht Frankfurt e.V.

1969 – 1970	Rudi Gramlich
1970 – 1973	Albert Zellekens
1973 – 1981	Achaz von Thümen
1981 – 1983	Axel Schander
1983 – 1988	Dr. Klaus Gramlich
14. – 22. 11. 88	Dr. Joseph Wolf
1988 – 1996	Matthias Ohms
Mai – Okt. 1996	Dieter Lindner (kommissarisch)
2. 10. – 5. 11. 96	Hans-Joachim Otto
seit 11. 11. 1996	Rolf Heller

Die stellvertretenden Vorsitzenden und Vizepräsidenten seit 1945

1945 – 1946	Carl Dimpfl
1946	Carl Dimpfl/Christian Kiefer
1946 – 1947	C. Dimpfl/Emanuel Rothschild
15. – 17. 11. 47	Karl Zimmer/Walter Kunkel
24. 11. 47 – 1949	Chr. Kiefer/Walter Kunkel
1949 – 1950	Dr. Willi Jacobi/E. Geerling
1950 – 1955	Ernst Geerling/Chr. Kiefer
1955 – 1956	Rudi Gramlich (29.6. – 1.9.)/ Chr. Kiefer/Ernst Geerling
1956 – 1957	Chr. Kiefer/Ernst Geerling/ Dr. John A. Block
1957 – 1958	E. Gabler/Dr. John A Block/ Ernst Geerling
1958 – 1965	Erich Gabler/Ernst Geerling/ Dr. John A. Block
1965 – 1966	Dr. H.-E. Amend/Maximilian Riedel/Jürgen Gerhardt
1966 – 1969	Dr. Hans-Eberhard Amend (stellv. Präsident)
1969 – 1970	Kurt Jöst/Albert Zellekens
1970 – 1973	Kurt Jöst
1973 – 1977	Ernst Berger
1977 – 1979	Dr. Peter Kunter
1979 – 1980	Kurt Krömmelbein
1980 – 1981	Dieter Lindner
1981 – 1982	Hermann Höfer
1982 – 1983	Wolfgang Zenker
1983 – 1985	Dr. Harald Böhm
1985 – 1988	Klaus Mank
1988 – 1994	Bernd Hözenbein
1994 – 3. 9. 96	Peter Röder
2. 10. – 11. 11. 96	Rolf Heller/H.-J. Schroeder
11. – 22. 11. 96	Hans-Joachim Schroeder
seit 22. 11. 96	H.-J. Schroeder/Dr. Peter Lämmerhirdt

Die Schatzmeister seit 1945

1945 – 1947	Jost Deeg
1947 – 1949	Bernhardt Levi/Fritz Ewe/Karl Meyer (Finanzausschuß)
1949 – 1950	Edi Kempf
1950 – 1951	Fritz Ewe
1951 – 1965	Karl Hohmann
1965 – 1971	Dr. Hartmut Knöpke
1971 – 1979	Gerhard Jakobi
1979 – 1981	Joachim Erbs
1981	Dieter Bartl
1981 – 1982	Peter Heinz
1982 – 1994	Wolfgang Knispel
1994 – 1996	Joachim Erbs
Mai – Dez. 1996	Wolfgang Knispel (kommissarisch)
20.10. – 5.11. 96	Bernd Thate
seit 8. 12. 1996	Gaetano Patella

Die Spielausschuß-Vorsitzenden, Manager und Sportlichen Leiter seit 1945

1945 – 1946	Emanuel Rothschild
1946 – 1947	Fritz Becker
1947 – 1949	Hans Bechtold
1949 – 1950	Rudi Gramlich
1950 – 1955	Willi Balles
1955 – 1965	Ernst Berger
1965 – 1968	Ludwig Kolb (ab 1966 Leiter der Lizenzspielerabteilung)
1977 – 1978	Dr. Joseph Wolf (Hauptgeschäftsführer)
1978 – 1981	Udo Klug (Manager)
1986 – 1988	Wolfgang Kraus
1988 – 1989	Jürgen Friedrich
1994 – 1996	Bernd Hölzenbein (Sportlicher Leiter)
seit August 1997	Rainer Falkenhain (Leiter der Lizenzspielerabteilung)

Die Trainer

1919	Albert Sohn („übernahm die Leitung“)
Mai 1922	Dori Kürschner
März 1925	Maurice Parry
Okt. 1927 – 1928	Gustav Wieser
1928 – 30. 8. 33	Paul Oßwald
1. 9. 1933 – 1935	Willi Spreng
1935 – 1938	Paul Oßwald
Aug. – Dez. 1938	ohne Trainer
Januar 1939	Otto Boer
1939 – 31. 5. 41	Paul Szabo
Juli 1941	Willi Lindner
März 1942	Paul Szabo („leitet das Frankfurter Gemeinschaftstraining“)
Sept. 1942	Willi Balles („stellt die Mannschaft auf“)
1945 – 1. 6. 1947	Emil Melcher
2. 6. 47 – 30. 1. 48	Willi Treml
1. 2. – 31. 12. 48	Bernhard Kellerhoff
1. 1. 1949 – 1950	Walter Hollstein
1950 – 1956	Kurt Windmann
1956 – 1958	Adolf Patek
1958 – 17. 4. 64	Paul Oßwald
18. 4. 64 – 1965	Ivica Horvath
1965 – 1968	Elek Schwartz
1968 – 1973	Erich Ribbeck

1973 – 1976	Dietrich Weise
1. 7. – 8. 11. 76	Hans-Dieter Roos
9. 11. 1976 – 30. 11. 1977	Gyula Lorant
9. 12. 77– 1978	Dettmar Cramer
1. 7. – 31. 12. 78	Otto Knefler
8. 1. 1979 – 1980	Friedel Rausch
1980 – 1982	Lothar Buchmann
1. 7. – 17. 9. 82	Helmut Senekowitsch
19. 9. 1982 – 17. 10. 1983	Branko Zebec
18. – 29. 10. 83	Klaus Mank/Jürgen Grabowski (Interim)
30. 10. 1983 – 3. 12. 1986	Dietrich Weise
4. 12. 86 – 1987	Hans-Dieter Zahnleiter
1987 – 13. 9. 88	Karl-Heinz Feldkamp
14. 9. – 12. 12. 88	Pal Csernai
2. 1. 89 – 13. 3. 91	Jörg Berger
14. 4. 1991 – 30. 3. 1993	Dragoslav Stepanovic
31. 3. – 30. 6. 93	Horst Heese
1993 – 10. 4. 94	Klaus Toppmöller
10. 4. – 30. 6. 94	Karlheinz Körbel
1994 – 2. 4. 1995	Jupp Heynckes
3. 4. 95 – 30. 3. 96	Karlheinz Körbel
1. 4. – 7. 12. 96	Dragoslav Stepanovic
seit 18. 12. 1996	Horst Ehrmantraut

Die A-Nationalspieler der Eintracht

44 **Jürgen Grabowski** (1966 – 1974, 5 Tore)
40 **Bernd Hölzenbein** (1973 – 1978, 5 Tore)
25 **Andreas Köpke** (1994 – 1996, dazu kommen 14 für den 1. FC Nürnberg und 20 für Olympique Marseille)
22 **Rudolf Gramlich †** (1931 – 1936)
21 **Thomas Berthold** (1985 – 1986, 1 Tor, dazu kommen 10 für Hellas Verona, 18 für den AS Rom, und13 für VfB Stuttgart)
17 **Uwe Bein** (1989 – 1993, 3 Tore)
14 **Manfred Binz** (1990 – 1992, 1 Tor)
12 **Friedel Lutz** (1960 – 1966)
12 **Andreas Möller** (1990 – 1992, 1 Tor, dazu kommen 50 für Borussia Dortmund und 20 für Juventus Turin)
11 **Franz Schütz †** (1929 – 1932)
10 **Hans Stubb †** (1930 – 1934, 1 Tor)
9 **Richard Kreß †** (1954 – 1961, 2 Tore)
9 **Ralf Weber** (1994 – 1995)
7 **Alfred Pfaff** (1953 – 1956, 2 Tore)
7 **Willi Tiefel** (1935 – 1936)
6 **Ronald Borchers** (1978 – 1981)
6 **Karl-Heinz Körbel** (1974 – 1975)
5 **Maurizio Gaudino** (1993 – 1994, 1 Tor)
4 **Ralf Falkenmayer** (1984 – 1986)
4 **Hugo Mantel †** (1930 – 1933)
2 **Peter Reichel** (1975 – 1976)
2 **Wolfgang Solz** (1962 – 1964)
1 **Erich Bäumler** (1956, 1 Tor)
1 **Fritz Becker (FCF Kickers) †** (1908, 2 Tore)
1 **Thomas Kroth** (1985)
1 **Willi Lindner †** (1933)
1 **Bernd Nickel** (1974)
1 **Hans Weilbächer** (1955)

Eintrachtspieler bei internationalen Turnieren

Olympische Spiele 1928 in Amsterdam:
Walter Dietrich (1 Einsatz für die Schweiz)

Weltmeisterschaft 1934 in Italien:
Rudolf Gramlich (1 Einsatz)

Olympische Spiele in Berlin:
Rudolf Gramlich (1 Einsatz)

Weltmeisterschaft 1954 in der Schweiz:
Alfred Pfaff (1 Einsatz/1 Tor)

Olympische Spiele 1956 in Melbourne:
Hermann Höfer (1 Einsatz)

Weltmeisterschaft 1966 in England:
Friedel Lutz (1 Einsatz)
Jürgen Grabowski (kein Einsatz)

Weltmeisterschaft 1970 in Mexiko:
Jürgen Grabowski (5 Einsätze)

Europameisterschaft 1972 in Belgien:
Jürgen Grabowski (1 Einsatz)

Olympische Spiele 1972 in München:
Jürgen Kalb (6 Einsätze/1 Tor)
Bernd Nickel (6 Einsätze/6 Tore)
Günter WienholdRudolf (5 Einsätze)

Weltmeisterschaft 1974 in Deutschland:
Jürgen Grabowski (6 Einsätze/1 Tor)
Bernd Hölzenbein (6 Einsätze)

Europameisterschaft 1976 in Jugoslawien:
Bernd Hölzenbein (2 Einsätze/1 Tor)

Weltmeisterschaft 1978 in Argentinien:
Bernd Hölzenbein (3 Einsätze/1 Tor)

Weltmeisterschaft 1982 in Spanien:
Bruno Pezzey (5 Einsätze/1 Tor für Österreich)

Europameisterschaft 1984 in Frankreich:
Ralf Falkenmayer (kein Einsatz)

Weltmeisterschaft 1986 in Mexiko:
Thomas Berthold (6 Einsätze)

Olympische Spiele 1988 in Seoul:
Ralf Sievers (1 Einsatz)

Weltmeisterschaft 1990 in Italien:
Uwe Bein (4 Einsätze/1 Tor)

Europameisterschaft 1992 in Schweden:
Manfred Binz (3 Einsätze)
Andreas Möller (3 Einsätze)

Weltmeisterschaft 1994 in den USA:
Maurizio Gaudino (kein Einsatz)
Augustine Okocha (3 Einsätze für Nigeria)

Europameisterschaft 1996 in England:
Andreas Köpke (6 Einsätze)

Die ausländischen Spieler der Eintracht

(Es sind nur Spieler berücksichtigt, die auch tatsächlich zum Einsatz kamen)

Albanien:
Edi Martini (1997/98)

Australien:
David Mitchell (1985-87)
Nedijelko Zelic (1995/96)

Bosnien-Herzegowina:
Sead Mehic (1997/98)

Brasilien:
Alessandro Alvarez da Silva „Butijao" (1992/93)
Antonio da Silva (1997/98)

Bulgarien:
Petr Hubtchev (seit 1996)

England:
Peter Hobday (1988-90)

Frankreich:
Charles Chaboud-Mollard (1911/12 FFV)

Georgien:
Kachaber Zchadadse (1992-97)

Ghana:
Anthony Yeboah (1990-95)

Holland:
Augustinus (1942/43 Gastspieler)
De Jonge (1942-44 Gastspieler)
Van t'Oever (1911/12 FFV)

Italien:
Marco Rossi (1996/97)

Jugoslawien:
Michael Anicic (1992-96)
Ivica Horvat (1957-59)
Fahrudin Jusufi (1966-70)
Slobodan Komljenovic (1992-97)
Radmilo Mihajlovic (1993/94)
Dragoslav Stepanovic (1976-78)

Kroatien:
Ivica Mornar (1995/96)
Zvezdan Pejovic (1996/97)

Liberia:
Jonathan Sawieh (1997/98)

Mazedonien:
Oka Nikolov (seit 1995)

Nigeria:
Augustine Okocha (1992-96)

Norwegen:
Jörn Andersen (1988-90, 1991-94, ab 9.5.1992 deutscher Staatsbürger)

Österreich:
Willi Huberts (1963-70)
Ernst Künz (1938-44)
Thomas Parits (1971-74)
Bruno Pezzey (1978-83)
Sonek (1942/43 Gastspieler)
Hans-Georg Tutschek (1964-65)
Christof Westerthaler (seit 1997)

Polen:
Dariusz Adamczuk (1992/93)
Jaroslaw Biernat (1986-89, ab Dezember 1986 deutscher Staatsbürger)
Jan Furtok (1993-95)
Bogdan Kwiecin (1985/86, ab 9. 1. 1986 als Wolfgang April deutscher Staatsbürger)
Wlodzimierz Smolarek (1986-87)
Cezary Tobollik (1983-85, ab 1984 deutscher Staatsbürger)
Janusz Turowski (1986-91, ab Dezember 1986 deutscher Staatsbürger)

Schweden:
Johnny Ekström (1995-97)
Jan Svensson (1983-86)

Schweiz:
Walter Dietrich (1925-35)
Rudolf Elsener (1978/79)
Urs Güntensperger (seit 1996)

Slowakei:
Marek Penksa (1992/93 und 1994/95)

Spanien:
Oscar Corrochnao (1996/97)

Südkorea:
Bum-kun Cha (1979-83)

Tschechien:
Josef Obajdin (1994/95)

Türkei:
Burhanetin Kaymak (1995/96 und seit 1997)
Ender Konca (1971-73)
Hakan Cengiz (1997/98)

Ungarn:
Lajos Detari (1987/88)
Janos Hanek (1957/58)
Tibor Lörinc (1957/58)
Peter Szabo (1920-23)
Istvan Sztani (1957-60 und 1965-68)
Fritz Weicz (1912/13 FFV)

Treffer, Treter,
Fliegenfänger
Im Abo
oder
8x im Jahr
am Kiosk
HATTRICK
FUSSBALLMAGAZIN

Die Eintracht-Amateure

1953/54 B-Klasse Frankfurt, Gr. 2: Meister und Aufstieg

1954/55 A-Klasse Frankfurt: Meister und Aufstieg

1965-65 II. Amateurliga Frankfurt-West
1965 Qualifikation für die neue Gruppnliga)

1965-69 Gruppenliga Süd
1969 Meister und Aufstieg)

1969-95 Hessenliga (seit 1978 Amateur-Oberliga Hessen)

1970 Meister und Teilnehmer an der Deutschen Amateurmeisterschaft (Viertelfinale)

1978 Zweiter und Teilnehmer an der Deutschen Amateurmeisterschaft (Halbfinale)

1983 Zweiter und Teilnehmer an der Deutschen Amateurmeisterschaft (1. Runde)

1995 Zweiter und Aufstieg

1995/96 Regionalliga Süd (Abstieg)

seit 1996 Amateur-Oberliga Hessen

Die Eintracht-Jugend

A-Junioren (U 18):

Deutscher Meister: 1982, 1983, 1985

Süddeutscher Meister: 1970

Hessenmeister: 1964, 1965, 1968, 1970, 1976, 1978, 1981, 1982, 1983, 1985, 1986, 1987, 1988, 1990, 1992, 1993, 1994, 1996 – seit 1996 Regionalliga Süd

Gaumeister Hessen-Nassa: 1943

B-Junioren (U 16):

Deutscher Meister: 1977, 1980, 1991

Süddeutscher Meister: 1977

Hessenmeister: 1977, 1980, 1981, 1982, 1984, 1986, 1987, 1988, 1991, 1993, 1995, 1996, 1997, 1998

C-Junioren (U 14):

Süddeutscher Meister: 1980, 1989, 1995, (1998?)

Hessenmeister: 1976, 1977, 1978, 1979, 1980, 1983, 1985, 1986, 1989, 1990, 1993, 1995, 1997

Die Zuschauer-Statistik von 1920 bis 1998

Aus der Vorkriegszeit sind nicht alle Zuschauerzahlen überliefert. In diesen Fällen ist nur die Summe der bekannten Zahlen mit einem entsprechenden Hinweis angegeben (z. B. „3 von 10“, d. h. nur von drei der insgesamt zehn Heimspiele sind die Zuschauerzahlen bekannt). Außerdem ist dann auf die Angabe eines Zuschauerschnitts verzichtet worden (mit einem Sternchen [*] markiert), wenn nicht mindestens 80 Prozent der Zuschauerzahlen bekannt sind. Eine Ausnahme wurde in der Saison 1945/46 gemacht, da wegen des beschränkten Fassungsvermögens des Sportplatzes an der Roseggerstraße über den gesamten Saisonverlauf keine großen Schwankungen möglich waren.

Süddeutsche Kreis- und Bezirksliga

Saison	Heimspiele	Gesamt	Schnitt	Saison	Heimspiele	Gesamt	Schnitt
1920/21	3 von 10	22 500	*	1928/29	9	57 000	6 333
Süddt. Meist.	3	33 000	11 000	Süddt. Meist.	7	100 000	14 286
1921/22	3 von 7	13 000	*	1929/30	3 von 7	40 000	*
Kreismeist.	1	unbekannt		Süddt. Meist.	7	93 000	13 286
1922/23	5 von 7	34 000	*	DM-Endrunde	1	15 000	15 000
1923/24	1 von 7	10 000	*	Süddt. Meist.	7	108 000	15 428
1924/25	2 von 7	10 500	*	1931/32	10	55 000	5 500
1925/26	7	25 500	3 643	Süddt. Meist.	7	55 500	7 928
1926/27	9	50 000	5 556	DM-Endrunde	1	22 000	22 000
Trostrunde	4	25 000	6 250	1932/33	9	43 000	4 778
1927/28	11	58 500	5 318	Süddt. Meist.	8	53 500	6 687
Süddt. Meist.	7	117 000	16 714	DM-Endrunde	1	12 000	12 000
DM-Endrunde	kein Heimspiel						

Gauliga Südwest und Hessen-Nassau

Saison	Heimspiele	Gesamt	Schnitt	Saison	Heimspiele	Gesamt	Schnitt
1933/34	10 von 11	49 000	4 900	1939/40	5 von 6	25 800	5 160
1934/35	9 von 10	48 500	5 338	1940/41	7	18 000	2 571
1935/36	9	73 000	8 111	1941/42	2 von 6	9 000	*
1936/37	8 von 9	67 000	8 375	1942/43	5 von 9	17 000	*
1937/38	9	62 000	6 889	1943/44	9	unbekannt	
DM-Endrunde	3	18 000	6 000	1944/45		unbekannt	
1938/39	9	74 000	8 222				

Oberliga Süd

1945/46	11 von 15	79 500	7 227	1955/56	15	135 000	9 000
1946/47	19	233 000	12 263	1956/57	15	157 500	10 500
1947/48	19	225 000	11 842	1957/58	15	204 000	13 633
1948/49	15	173 000	11 533	1958/59	15	265 500	17 700
1949/50	15	195 000	13 000	DM-Endrunde	3	150 665	50 222
1950/51	17	178 000	10 471	1959/60	15	222 000	14 800
1951/52	15	174 500	11 633	1960/61	15	174 000	11 600
1952/53	15	246 000	16 400	DM-Endrunde	3	187 510	62 503
DM-Endrunde	3	124 033	41 389	1961/62	15	284 000	18 933
1953/54	15	266 000	17 733	DM-Endrunde	1	47 100	47 100
1954/55	15	233 000	15 533	1962/63	15	202 380	13 492

Bundesliga

1963/64	15	398 425	26 561	1980/81	17	354 672	20 863
1964/65	15	338 416	22 561	1981/82	17	344 685	20 276
1965/66	17	491 412	28 906	1982/83	17	338 763	19 927
1966/67	17	472 096	27 770	1983/84	17	352 895	20 759
1967/68	17	355 719	20 924	1984/85	17	378 643	22 273
1968/69	17	371 983	21 881	1985/86	17	267 651	15 744
1969/70	17	308 574	18 151	1986/87	17	299 845	17 638
1970/71	17	392 283	23 075	1987/88	17	337 320	19 842
1971/72	17	372 304	21 900	1988/89	17	255 266	15 016
1972/73	17	233 138	13 714	1989/90	17	425 776	25 046
1973/74	17	429 031	25 237	1990/91	17	400 266	23 545
1974/75	17	399 689	23 511	1991/92	19	551 494	29 026
1975/76	17	350 529	20 619	1992/93	17	416 616	24 507
1976/77	17	383 664	22 568	1993/94	17	524 305	30 841
1977/78	17	405 489	23 852	1994/95	17	480 360	28 256
1978/79	17	398 499	23 441	1995/96	17	465 592	27 388
1979/80	17	348 797	20 517				

2. Bundesliga

1996/97	17	245 785	14 458	1997/98	17	(370 436)	(21 790)

Literaturverzeichnis

1. Originalquellen

Protokoll-Buch für den F.F.C. „Victoria", 8. März 1899 bis 12. Januar 1900

Spiel-Berichte des F.F.C. „Victoria" 1899, 19. März 1899 bis 7. April 1907

Fußballclub Frankfurter Kickers, Protokollbuch, 10. April 1905 bis 21. April 1908

Michel Pickel, Aus den Gründungsjahren 1899 – 1911 und Aus den Jahren 1911 – 1920: Der Frankfurter Fussball-Verein, 2 Schreibmaschinen-Manuskripte zum 25jährigen Vereinsjubiläum 1924

Jürgen Gerhardt, Eintracht-Vorstände leisteten Pionierarbeit beim Wiederuafbau des Vereins nach dem 2. Weltkrieg, Schreibmaschinen-Manuskript 1959

Heiner Stocke, Dokumentation über die Vereinsgeschichte von „Eintracht Frankfurt e. V." nach Ende des letzten Krieges, abgeschlossen im Mai 1988

2. Vereinspublikationen

Festschriften, Vereinschroniken und Jahrbücher

Frankfurter Fußball-Verein (Kickers-Victoria-Turnsportverein) e. V., Satzungen, Druckerei Enz & Rudolph, Frankfurt 1914

Kriegsjahre und Zukunft, Frankfurter Fußball-Verein 1919

Festschrift zur Einweihung des neuen Sport- und Spielplatzes „Am Riederwald" der Frankfurter Turn- und Sportgemeinde „Eintracht von 1861", 5. September 1920

Programm zum 25jährigen Jubiläum der Sportgemeinde „Eintracht" Frankfurt a. M., 30. August bis 7. September 1924

30 Jahre Frankfurter Sportgemeinde Eintracht, Selbstverlag 1929

Offizielles Programm zur Tribünen-Weihe, Fortuna Düsseldorf – Eintracht Frankfurt, 5. September 1937

Eintracht kämpfte in aller Welt, 40 Jahre Erziehungsarbeit im deutschen Sport, Sonderausgabe der Vereins-Nachrichten zum 40jährigen Jubiläum, Juli/August 1939

Es war nicht nur ein Name..., 50 Jahre Eintracht 1899-1949

Eintracht Frankfurt gegen Ägypten, Offizielles Sportprogramm zur Einweihung des Sportplatzes am Riederwald, 17. August 1952

Eintracht in aller Welt, 60 Jahre Eintracht 1899-1959

Eintracht Frankfurt 75 Jahre, Der Eintracht-Report, Dokumentation 1899-1974

Eintracht Report '78, 15 Jahre Bundesliga, Verlag Birkholz u. Schnell 1978

Eintracht Jahrbuch 1995/96, Hg. Eintracht Frankfurt 1995

Vereinszeitungen/-Magazine, Fanzeitung

Vereins-Zeitung des Frankfurter Fußball-Vereins, 15. Mai 1911 bis 15. Juli 1914, insgesamt 76 Ausgaben

Rundschreiben an die Mitglieder während des 1. Weltkrieges, 8. Dezember 1914, April, Juni und Dezember (Liebe F. F. Ver!) 1915, 1. Mai 1916, 1. Dezember 1916 und August 1917

Mitteilungen der Frankfurter Turn- und Sportgemeinde Eintracht, Dezember 1920 bis Juni 1923, Mai 1924 bis März 1927, insgesamt 60 Ausgaben

Vereins-Nachrichten der Frankfurter SportgemeindeEintracht e. V. (F. F. V.), Juni 1927 bis Mai 1941, insgesamt 225 Ausgaben

Eintracht Hefte, Mitteilungen der Sportgemeinde Eintracht (F. F. V.) e. V., April 1950 bis Oktober/Dezember 1967, insgesamt 176 Ausgaben

Eintracht Frankfurt, Vereinszeitung und Stadionprogramm, erstmals am 17. August 1968 erschienen, seit November 1980 reines Stadionprogramm, pro Saison erschienen bis zu 20 und mehr Hefte je nach Spielprogramm (Liga, DFB-Pokal, Europapokal), bis 1988 Zeitungsformat, seit 1988/89 farbig im Format DIN A4

Eintracht-Magazin, erstmals zum Abschiedsspiel von Jürgen Grabowski am 12. November 1980 erschienen, bisher 45 Ausgaben

Fan geht vor, 1. Frankfurter Allgemeine Fanzeitung, seit 1991, bis Juni 1998 64 Ausgaben

3. Stadionprogramme

Der Sport-Expreß, Hg. Rolf Knötzele, Frankfurt ca. 1928 bis 1960

Das Programm, Illustrierter Sonntags-Sportspiegel, Verlag M. Inke, Frankfurt 1937 bis 1944 und 1950 bis 1967

Fußball-Expreß, Programm für die Spiele der Süddeutschen Oberliga, Verlag E. Wilhelm, Frankfurt 1948/49

Der Neue Sport, Programm mit Mannschaftsaufstellung, Verlag M. Inke/Verlag Der Neue Sport, Frankfurt 1949/50

Der Sportfreund, Das Sportprogramm der Woche, Verlag Th. Hartwig, Oberstedten 1953

Offizielles Programm, Verlag unbekannt, ca. 1956 bis 1974

Eintracht Fußball, Stadionprogramm der Frankfurter Sportgemeinde Eintracht (F. F. V.) e. V., 1965 bis 1968

Eintracht Frankfurt, Vereinszeitung u. Stadionprogramm, seit 1968 (siehe Vereinszeitungen)

4. Broschüren, Hefte, Dias, Schallplatten, Filme, Videos

D.F.B. Meisterschaft 1932 in Nürnberg, Eintracht Frankfurt – Bayern München, Deutscher Sport-, Werbe- und Nachrichten-Verlag, Frankfurt 1932

Eintracht Frankfurt, Serie: Fußball-Sportbildhefte, Stalling-Verlag Bad Soden, Saison 1950/51

Eintracht Frankfurt, Serie: Sport-Report, Walhalla u. Praetoria Verlag, Regensburg/München 1965

Eintracht Frankfurt, Serie: Stars im Stadion, Ehapa-Verlag Stuttgart, Saison 1965/66 und 1966/67

Eintracht Frankfurt, Serie: Am Ball, Bundesliga-Sportarchiv in Bildern, J. Bauer-Verlag München, Saison 1968/69

Eintracht Frankfurt, Serie: Merky-Pokket, Verlag E. Klett, Stuttgart 1979

Eintracht Frankfurt, Revue Dia-Serien Deutscher Bundesliga-Mannschaften 1968/69

Das Sportliche Ereignis, Deutsche Fußball-Meisterschaft 1959 Eintracht-Frankfurt – Kickers Offenbach, Single-Schallplatte, Ariola

Traumendspiel um die Deutsche Fußball-Meisterschaft, Vorderseite: Der Meister heißt „Eintracht" aus Frankfurt, Rückseite: Schuß und Tor ruft Offenbach im Chor, Single-Schallplatte, Bella Musica 1959

Endspiel Europa-Cup 1960, Eintracht Frankfurt – Real Madrid, Single-Schallplatte, Ariola

Eintracht, Eintracht über alles, Langspielplatte, Univers 1977

Frankfurter Erzählcafé, Bert Merz: In vielen Sportstätten zu Hause und Richard Kreß: Fußballstar ohne Allüren, Video 12. November 1994

Eintracht Frankfurt, Die Fußball-Zauberer vom Main, Video, ran-Fußball Bundesliga, Saison 1993/94

Die Zweitkläßler, Eintracht Frankfurt lernt, was absteigen heißt, ein Film von Jörg Rheinländer und Rudi Schmalz-Goebels, HR3 11. Juni 1997

Eine Diva wird 99. „Eintracht Frankfurt" und 99 Jahre Fußball, Film von Holger Avenarius, HR 3, 21. August 1998

5. Bücher über die Eintracht

Herbert Neumann, Eintracht Frankfurt, Die Geschichte eines berühmten Sportvereins, Droste Verlag, Düsseldorf 1974, ^{2}1977

Rainer Franzke und Wolfgang Tobien, Die Eintracht, 80 Jahre Fußball-Zauber, Dasbach Verlag, Taunusstein 1979

Rainer Franzke und Wolfgang Tobien, Eintracht Frankfurt, Immer oben dabei, Dasbach Verlag, Taunusstein 1981, ^{2}1992

Hartmut Scherzer, Jürgen Grabowski, Copress Verlag, München ca. 1985

Hartmut Scherzer und Peppi Schmitt, Der treue Charly, Karl-Heinz Körbel und die Eintracht, Hg. K.-H. Körbel 1986

Uli Stein, Halbzeit, Eine Bilanz ohne Deckung, Simander Verlag, Frankfurt 1993

Thomas Kilchenstein, Olé, Olé, SGE!, Eintracht Frankfurt, 343 trickreiche Fragen für echte Fans der Riederwälder, Eichborn Verlag, Frankfurt 1994

Steffen Gerth, Jay Jay Best in Soccer, Hg. Eintracht Frankfurt 1996

6. Tageszeitungen

Frankfurter Nachrichten und Intelligenz-Blatt

Frankfurter Zeitung und Handelsblatt

General-Anzeiger der Stadt Frankfurt

Kleine Presse

Rhein-Mainische Volkszeitung

Frankfurter Anzeiger

Rhein-Mainische Zeitung

Frankfurter Presse

Frankfurt Rundschau

Frankfurter Neue Presse

Frankfurter Allgemeine Zeitung

7. Sport- und Fußball-Zeitschriften, Jahrbücher

Illustrierte Sportzeitung zur Hebung der Volkskraft

Fußball

(Der) Kicker

Sport-Echo aus dem Maingebiet

Der Kicker-Fußball

Sportmagazin

kicker-Almanach

kicker-sportmagazin

Jahrbuch des Fußballs

8. Sonstige Literatur

Internationale Ausstellung für Sport und Spiel, Frankfurt a. M. 15. Mai bis 15. Juli 1910 (Programm)

Festschrift 17. Vertretertag des Verbandes Süddeutscher Fußball-Vereine e. V., Frankfurt 9. bis 11. August 1913

Festbuch zur Stadionweihe Frankfurt a. M. 21. Mai 1925, Römerverlag, Frankfurt 1925

Fritz Becker, Fußball, in: Frankfurter Sport-Almanach 1925/26, Hg. Deutscher Reichsausschuß für Leibesübungen e.V., Ortsgruppe Frankfurt a. M., Frankfurt 1925

Aus der Steinzeit des Frankfurter Fußballs, Erinnerungen von Ludwig Isenburger, Druck und Verlag: Otto E. Schröder, Frankfurt 1929

Neue Ausgrabungen aus der Steinzeit des Frankfurter Fußballs, Erinnerungen von Phil. Wolf, Selbstverlag des Herausgebers, Frankfurt 1930

H. Heimpel, Frankfurter Sport um die Jahrhundertwende, in: Frankfurter Wochenschau, 16. August 1936

Hessisches Fußball-Jahrbuch 1954, Von der Oberliga bis zur A-Klasse, bearbeitet von Fritz Röhn und Rudolf Lamers, Marburg 1954

Die Sportstadt Frankfurt am Main, Neue Hauptkampfbahn im Stadion, W. Limpert-Verlag, Frankfurt 1955

Sechzig Jahre Süddeutscher Fußball-Verband 1897-1957, hg. vom SFV, Druck F. Willmy, Nürnberg 1957

Hajo Bernett, Sportpolitik im Dritten Reich, Aus den Akten der Reichskanzlei, Schorndorf 1971

Das Frankfurter Waldstadion, Hg. Dezernat Soziales und Freizeit, Sport- und Badeamt, Stadion GmbH, Frankfurt ca. 1974

Günther Vogt, Mit Armbrust und Degen, Frankfurter Sport begann mit Waffengeklirre, in: Frankfurt, Lebendige Stadt, Vierteljahresheft für Kulter, Wirtschaft und Verkehr, Heft 1, März 1975

Erich Beyer, Sport in der Weimarer Republik, in: Geschichte der Leibesübungen, Hg. Horst Ueberhorst, Band 3/2: Leibesübungen und Sport in Deutschland vom Ersten Weltkrieg bis zur Gegenwart, Berlin 1982

Hajo Bernett, Der Weg des Sports in die NS-Diktatur, Schorndorf 1983

Dieter Bott, Gerold Hartmann, „Wir sind alle Frankfurter Jungs", Die Fans der SGE, Hessische Sportjugend/Fußballfanprojekt, Frankfurt 1985, 21986

Ludolf Hyll, Süddeutschlands Fußballgeschichte in Tabellenform, ruf-Druck, Karlsruhe 1988

Raphael Keppel, Die deutsche Pokalgeschichte 1935-1988, Sport- und Spielverlag, Rotenburg/Fulda 1988

Martin Lothar Müller, Sozialgeschichte des Fußballsports im Raum Frankfurt am Main 1890-1933, Magisterarbeit Johann Wolfgang Goethe-Universität Frankfurt 1989

Josef (Peppi) Schmitt, Eintracht Frankfurt, Spiele, Siege, Sensationen, in: Fußball-Magazin, Oktober 1990

Hans-Dieter Baroth, Anpfiff in Ruinen, Fußball in der Nachkriegszeit und die ersten Jahre der Oberligen Süd, Südwest, West, Nord und Berlin, Klartext-Verlag, Essen 1990

Dieter Rebentisch, Frankfurt am Main in der Weimarer Republik und im Dritten Reich 1918 - 1945, in: Frankfurt am Main, Die Geschichte der Stadt, J. Thorbecke Verlag, Sigmaringen 1991

Hardy Grüne, Who's Who des Deutschen Fußballs, Deutsche Vereine von 1903 - 1992, Agon-Sportverlag, Kassel 1992, ^{2}1995

Werner Skrentny (Hg.), Als Morlock noch den Mondschein traf, Die Geschichte der Oberliga Süd 1945-1963, Klartext-Verlag, Essen 1993

Hardy Grüne, Vom Kronprinzen zur Bundesliga, Deutsche Meisterschaft, Gauliga, Oberliga. Agon-Sportverlag, Kassel 1996

Gundi Mohr, Die fiskalische Ausbeutung der Juden im Dritten Reich. Ein Beitrag zur Rolle der Finanzverwaltung 1933 - 1945, Frankfurt 1996

50 Jahre Hessischer Fußball-Verband, Dokumentation, hg. vom HFV, Frankfurt 1996

Sport aus den Trümmern, Frankfurter Sportgeschichte der Nachkriegszeit 1945 - 1948, Faltblatt zur Ausstellung im Historischen Museum Frankfurt am Main, 23. Mai bis 30. Juni 1996

Skydome. Mehr erleben! Faltblatt der Projektgruppe Weltstadion, Frankfurt 1996

Zum Autor

Ulrich Matheja wurde am 23. Juli 1956 in Frankfurt geboren. Nach Abitur, kaufmännischer Ausbildung und Zivildienst studierte er 1979 bis 1985 in Frankfurt und Newcastle upon Tyne (England) Geschichte und Englisch für das Lehramt an Gymnasien. 1985 bis 1987 absolvierte er ein Referendariat. Seit 1987 ist er in der Dokumentation des *kicker-sportmagazin* in Nürnberg tätig.

Fotonachweis

Mehrens-Pressebild: Seiten 75, 132, 137, 142, 145, 161, 164, 171, 188, 208, 237, 260, 263, 277, 279, 286, 292, 296, 312, 332, 358

Alte Publikationen / Archiv von Eintracht Frankfurt: Seiten 18, 19, 29, 39, 40, 42, 49, 95, 102, 105

Archiv Dr. Hermann: Seiten 53, 56, 88, 106, 118

Archiv Der Kicker / kicker-sportmagazin: Seiten 57, 66, 69, 73, 76, 83, 84, 85, 102, 109, 111, 114, 128, 139, 331

Fotoagenturen:
Baumann 177; Belz 357; Berlin-Bild 154; Bongarts 223, 231, 243, 302, 304; Fan geht vor 152, 156; Gayer 169, 182; Harder 266, 270, 272, 306, 309; Hartung 241, 281, 284, 298, 303, 313; Maibohm 127; Moenkebild 249, 302; Horst Müller 149, 256, 291, 297; Rauchensteiner 217, 235; Reilaender 143; Schirner 11, 133, 299; Schmidtpeter 167; Stephan 247, 262; Sven Simon 193; Wende 251; Werek 201, 206; Zentralbild 259.

Umschlagfotos:
Rauchensteiner, Sven Simon (vorne); Berlin-Bild (hinten)